J.-C.   1450

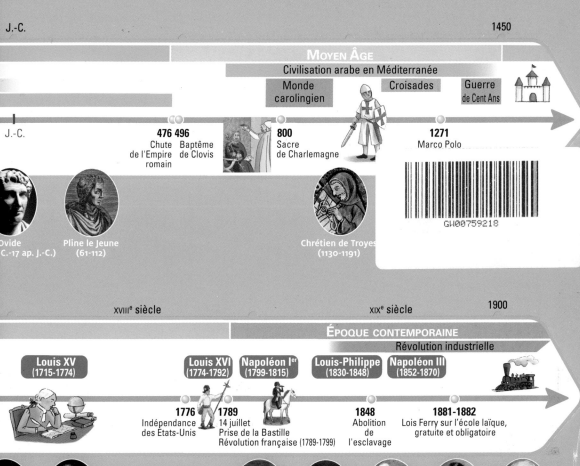

MOYEN ÂGE

Civilisation arabe en Méditerranée

Monde carolingien   Croisades   Guerre de Cent Ans

J.-C.
476 496   800   1271
Chute Baptême   Sacre   Marco Polo
de l'Empire de Clovis   de Charlemagne
romain

GH00759218

Ovide   Pline le Jeune   Chrétien de Troyes
-C.-17 ap. J.-C.)   (61-112)   (1130-1191)

XVIIIe siècle   XIXe siècle   1900

ÉPOQUE CONTEMPORAINE

Révolution industrielle

Louis XV   Louis XVI   Napoléon Ier   Louis-Philippe   Napoléon III
(1715-1774)   (1774-1792) (1799-1815)   (1830-1848)   (1852-1870)

1776   1789   1848   1881-1882
Indépendance 14 juillet   Abolition   Lois Ferry sur l'école laïque,
des Etats-Unis Prise de la Bastille   de   gratuite et obligatoire
              Révolution française (1789-1799) l'esclavage

an Swift   Voltaire   Alexandre Dumas Victor Hugo   Jules Verne   Arthur Rimbaud Jules Renard
7-1745)   (1694-1778)   (1802-1870)   (1802-1885)   (1828-1905)   (1854-1891)   (1864-1910)

2000   XXIe siècle   2016

Mondialisation

Construction européenne

erre froide

Ve République

1968   1989   2002
énements   Chute du mur de Berlin   Mise en circulation de l'euro
de Mai
                     1993
                     Internet

olding   Aimé Césaire   Michel Tournier   Jean-Claude Mourlevat
993)   (1913-2008)   (1924-2016)   (né en 1952)

Attendus de fin de cycle 4 : détail des compétences évaluées dans votre manuel

Programme du cycle 4	Évaluation
Comprendre et s'exprimer à l'oral	
• **Comprendre et interpréter des messages et des discours oraux complexes.**	• S'exprimer à l'oral : séquences 2 (p. 46), 6 (p. 118), 7 (p. 149), 9 (p. 192), 12 (p. 246), 13 (p. 266)
• **S'exprimer de façon maitrisée en s'adressant à un auditoire.**	• Bilan de fin de séquence : séquence 11 (p. 238) • S'exprimer à l'oral : séquences 1 (p. 26), 7 (p. 149), 10 (p. 214), 12 (p. 246)
• **Participer de façon constructive à des échanges oraux.**	• Bilan de fin de séquence : séquence 1 (p. 27) • S'exprimer à l'oral : séquences 2 (p. 46), 12 (p. 246), 13 (p. 266)
• **Percevoir et exploiter les ressources expressives de la parole.**	• Bilan de fin de séquence : séquence 3 (p. 75) • S'exprimer à l'oral : séquences 2 (p. 46), 3 (p. 74), 6 (p. 118), 7 (p. 146), 8 (p. 168), 9 (p. 192), 10 (p. 214), 11 (p. 238), 13 (p. 266)
Lire	
• **Lire des textes variés avec des objectifs divers.**	• Bilan de fin de séquence : séquences 7 (p. 149), 8 (p. 170), 13 (p. 269)
• **Lire des images, des documents composites (y compris numériques) et des textes non littéraires.**	• Bilan de fin de séquence : séquence 12 (p. 245) • S'exprimer à l'oral : séquence 5 (p. 100)
• **Lire et comprendre des images fixes ou mobiles variées empruntées à la peinture, aux arts plastiques, à la photographie, à la publicité et au cinéma en fondant sa lecture sur quelques outils d'analyse simples.**	• Bilan de fin de séquence : séquences 6 (p. 119), 8 (p. 171), 12 (p. 245)
• **Situer les œuvres dans leur contexte historique et culturel.**	• Lecture intégrale : séquences 5 (p. 98), 6 (p. 116), 11 (p. 236) • Bilan de fin de séquence : séquences 1 (p. 27), 9 (p. 195)
• **Lire des œuvres littéraires et fréquenter des œuvres d'art.**	• Lecture intégrale : séquences 3 (p. 72), 5 (p. 98), 6 (p. 116), 11 (p. 236) • Bilan de fin de séquence : séquences 2 (p. 49), 7 (p. 149), 9 (p. 195), 10 (p. 217), 13 (p. 269)
• **Élaborer une interprétation de textes littéraires.**	• Bilan de fin de séquence : séquences 1 (p. 27), 2 (p. 49), 3 (p. 75), 5 (p. 101), 6 (p. 119), 7 (p. 149), 8 (p. 171), 9 (p. 195), 10 (p. 217), 11 (p. 239), 13 (p. 269)
Écrire	
• **Exploiter les principales fonctions de l'écrit.**	• Bilan de fin de séquence : séquences 1 (p. 27), 7 (p. 147), 9 (p. 195), 10 (p. 217), 12 (p. 245) • S'exprimer à l'écrit : séquence 10 (p. 215)
• **Adopter des stratégies et des procédures d'écriture efficaces.**	• Bilan de fin de séquence : séquences 2 (p. 49), 9 (p. 195), 10 (p. 217), 12 (p. 245) • S'exprimer à l'écrit : séquences 2 (p. 47), 3 (p. 74), 8 (p. 169), 9 (p. 193), 10 (p. 215), 13 (p. 267)
• **Pratiquer l'écriture d'invention.**	• Bilan de fin de séquence : séquence 13 (p. 269) • S'exprimer à l'écrit : séquences 1 (p. 26), 2 (p. 47), 4 (p. 76), 5 (p. 100), 6 (p. 118), 8 (p. 169), 11 (p. 237)
• **Exploiter des lectures pour enrichir son récit.**	• Bilan de fin de séquence : séquences 1 (p. 26), 2 (p. 49), 5 (p. 101), 6 (p. 119), 9 (p. 195), 11 (p. 239), 13 (p. 269) • S'exprimer à l'écrit : séquences 3 (p. 74), 4 (p. 76), 5 (p. 101), 7 (p. 147)
• **Passer du recours intuitif à l'argumentation à un usage plus maitrisé.**	• Bilan de fin de séquence : séquence 12 (p. 245) • S'exprimer à l'écrit : séquences 12 (p. 246), 13 (p. 267)
Comprendre le fonctionnement de la langue	
• **Connaître les aspects fondamentaux du fonctionnement syntaxique.**	• S'exprimer à l'écrit : séquences 2 (p. 47), 4 (p. 76), 5 (p. 100), 6 (p. 118), 7 (p. 147), 13 (p. 267) • Fiches Étude de la langue : fiches 12 (p. 300), 13 (p. 302), 14 (p. 303), 15 (p. 306), 16 (p. 308), 17 (p. 310), 18 (p. 312), 19 (p. 313), 20 (p. 314), 21 (p. 315), 22 (p. 316), 23 (p. 318), 24 (p. 320), 25 (p. 322)
• **Connaître les différences entre l'oral et l'écrit.**	• Bilan de fin de séquence : séquences 7 (p. 149), 9 (p. 195) • S'exprimer à l'oral : séquence 2 (p. 46) • Fiches Étude de la langue : fiches 21 (p. 315), 37 (p. 350), 38 (p. 351), 39 (p. 352), 40 (p. 353), 41 (p. 354), 42 (355)
• **Maitriser la forme des mots en lien avec la syntaxe.**	• S'exprimer à l'écrit : séquences 2 (p. 47), 9 (p. 217) • Fiches Étude de la langue : fiches 36 (p. 348), 37 (p. 350), 38 (p. 351), 39 (p. 352), 40 (p. 353), 41 (p. 354), 42 (p. 355)
• **Maitriser le fonctionnement du verbe et son orthographe.**	• Bilan de fin de séquence : séquence 8 (p. 171) • Fiches Étude de la langue : fiches 14 (p. 303), 15 (p. 306), 26 (p. 326), 27 (p. 329), 28 (p. 333), 29 (p. 335), 30 (p. 336), 31 (p. 338), 32 (p. 340), 33 (p. 342), 34 (p. 344), 35 (p. 346), 36 (p. 348)
• **Maitriser la structure, le sens et l'orthographe des mots.**	• S'exprimer à l'écrit : séquences 6 (p. 118), 9 (p. 193) • Fiches Étude de la langue : fiches 1 (p. 286), 2 (p. 288), 3 (p. 289), 4 (p. 290), 5 (p. 291), 6 (p. 292), 7 (p. 293), 8 (p. 294), 9 (p. 295), 10 (p. 297), 11 (p. 298), 36 (p. 348), 37 (p. 350), 38 (p.351), 39 (p. 352), 40 (p. 353), 41 (p. 354), 42 (p. 355)
• **Construire les notions permettant l'analyse et la production des textes et des discours.**	• S'exprimer à l'écrit : séquences 1 (p. 26), 3 (p. 74), 10 (p. 215), 12 (p. 245) • Fiches Étude de la langue : fiches 43 (p. 356), 44 (p. 358), 45 (p. 361), 46 (p. 362), 47 (p. 363), 48 (p. 364)

Nouveau programme 2016

Français

L'envol des lettres

CYCLE 4
5e

Sous la direction de Florence Randanne
Agrégée de Lettres classiques
Académie d'Amiens

Emmanuel Broc
Agrégé de Lettres modernes
Lycée du Vimeu, Friville Escarbotin
Académie d'Amiens

Gaëlle Brodhag
Agrégée de Lettres classiques
Collège Arthur Rimbaud, Amiens
Académie d'Amiens

Alexis Buffet
Certifié de Lettres modernes
Collège Les Amognes,
Saint-Benin d'Azy
Académie de Dijon

Florence Cognard
Agrégée de Lettres classiques
Académie d'Amiens

Martine Dewald
Agrégée de Lettres modernes
Formatrice
Académie de Caen

Patricia Fize
Agrégée de Lettres modernes
Académie de Caen

Claude Gapaillard
Certifié de Lettres modernes
Formateur
Académie de Caen

Matthieu Genet
Agrégé de Lettres modernes
Collège Jean Mermoz, Belleu
Académie d'Amiens

Cédric Hannedouche
Agrégé de Lettres modernes
Collège Denis Diderot, Dainville
Académie de Lille

Nathalie Marin
Agrégée de Lettres modernes
Collège Daniel Féry, Limeil-Brévannes
Académie de Créteil

Éva Mouillaud
Certifiée de Lettres modernes
Collège Valmy, Paris
Académie de Paris

Delphine Rouault
Agrégée de Lettres modernes
Collège Jacques Monod, Compiègne
Académie d'Amiens

Martine Schwebel
Agrégée d'Arts plastiques
Académie d'Amiens

Belin

L'envol des lettres 5^e

Lectures

Étude de la langue

© Éditions Belin, 2016, 170 bis boulevard du Montparnasse, 75680 Parix Cedex 14
ISBN 978-2-7011-9845-3

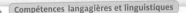

Étude de la langue

Annexes

Le voyage et l'aventure, pourquoi aller vers l'inconnu ?

À la découverte

OBJECTIFS
• Découvrir une forme de récit : le journal de bord.
• Comprendre ce qui pousse vers l'inconnu.

Parcours d'une œuvre **Christophe Colomb,**
La Découverte de l'Amérique (1492)

Newell Convers Wyeth,
Les Caravelles de Christophe Colomb,
lithographie en couleur, xxe siècle.

de l'Amérique

▸ *Quelle vision du monde nous donne un journal de bord à l'époque des grandes découvertes du XV*^{e} *siècle ?*

**Christophe Colomb
(1451-1506)**

Christophe Colomb est un navigateur au service des souverains espagnols Isabelle de Castille et Ferdinand d'Aragon. En 1492, il découvre ce qu'on appellera plus tard le « Nouveau Monde » alors qu'il cherche la route des Indes. Dans son journal de bord, il livre le témoignage de ses explorations.

L'exploration de nouvelles voies

L'époque des grandes découvertes

Au XVe siècle, les Européens se lancent à la découverte de nouveaux territoires. Les seules cartes du monde connues sont celles de Ptolémée (v. 100-v. 170), astronome et astrologue grec. Christophe Colomb s'en est inspiré pour tracer son itinéraire.

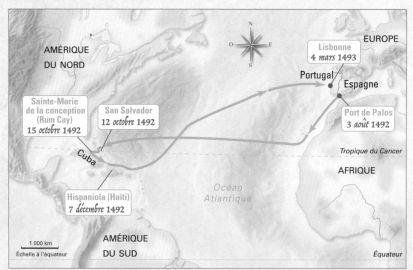

Le premier voyage de Christophe Colomb.

Les voyages de Christophe Colomb

Christophe Colomb, ignorant l'existence de l'Amérique, croit pouvoir rejoindre l'Asie par l'Ouest. Il pense donc avoir atteint les Indes lorsqu'il accoste sur le nouveau continent. S'appuyant sur les repères pris lors de sa première expédition, il fait trois autres voyages, découvrant et investissant de plus en plus de territoires pour ses souverains.

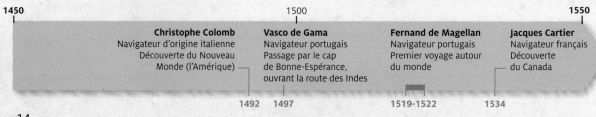

1450		1500			1550
	Christophe Colomb Navigateur d'origine italienne Découverte du Nouveau Monde (l'Amérique)	**Vasco de Gama** Navigateur portugais Passage par le cap de Bonne-Espérance, ouvrant la route des Indes	**Fernand de Magellan** Navigateur portugais Premier voyage autour du monde		**Jacques Cartier** Navigateur français Découverte du Canada
	1492	1497	1519-1522		1534

Explorez de nouveaux continents

Christophe Colomb, comme Marco Polo, a voulu rejoindre le Japon. Il a été influencé par Le Livre des merveilles, *dans lequel Marco Polo raconte sa traversée de l'Asie et son périple en Chine qui dura vingt ans.*

Le Japon est une île du Levant, île vaste, en haute mer, à mille cinq cents milles de la terre ferme. Les habitants [...] sont d'un bel aspect. Ils sont idolâtres, et constituent un royaume indépendant. Je vous le dis, ils ont de l'or en quantité innombrable, et qu'ils trouvent sur leur île. Personne n'oserait prendre et emporter de cet or hors de l'île, car peu de marchands du continent s'y rendent, tant elle est éloignée. C'est pourquoi ils ont tant d'or à ne savoir quoi en faire. [...] De l'évaluer, il est impossible, ce serait un prodige.

Marco Polo, *Le Livre des merveilles* [1298-1299], traduction de Louis-Georges Tin, Larousse, 2009.

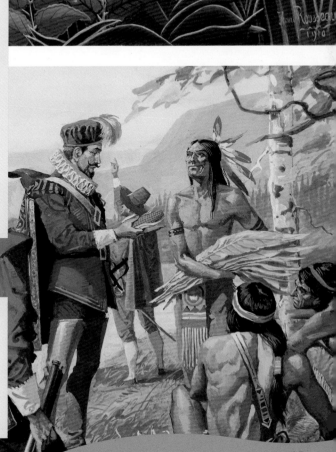

1 Quels sont les éléments du livre de Marco Polo qui ont pu, selon vous, décider Christophe Colomb à partir ?

2 Quelles seraient aujourd'hui les raisons d'aller explorer de nouveaux espaces ? Pensez à la conquête spatiale. Vous organiserez un débat dans lequel vous essaierez d'en présenter les enjeux pour l'avenir de l'homme.

Faites le récit d'une découverte

3 Vous arrivez sur des terres inconnues. Observez l'illustration et racontez ce que vous découvrez comme si vous étiez un explorateur du XVe siècle. Êtes-vous surpris(e) ? Quelles pourraient être vos craintes, vos interrogations ?

Lecture 1

Objectifs
• Comprendre l'enjeu du journal de bord.
• Percevoir les enjeux de la conquête.

Compétence
• Adapter sa lecture aux supports et aux modes d'expression.

Cap sur le Nouveau Monde !

Lettre de 1492
Christophe Colomb explique dans une lettre adressée aux souverains espagnols, Isabelle de Castille et Ferdinand d'Aragon, pourquoi il souhaite tenir un journal de bord.

Je quittai donc la ville de Grenade[1] le douzième jour du mois de mai de cette même année 1492, un samedi, et vins en la ville de Palos, qui est port de mer, où j'armai trois navires[2]. Puis je quittai ledit port, bien pourvu d'une profusion de nourriture et de nombreux gens de mer, le
5 troisième jour du mois d'août de ladite année, qui était un vendredi, une demi-heure avant le lever du soleil, et suivis le chemin des îles Canaries qui appartiennent à Vos Altesses et sont en ladite mer océane, afin de prendre là ma route et naviguer jusqu'à ce que j'arrivasse aux Indes pour y porter l'ambassade de Vos Altesses aux princes de ces
10 pays, accomplissant ainsi ce qu'elles m'avaient mandé[3] ; c'est pourquoi j'ai pensé coucher par écrit tout ce voyage très précisément, de jour en jour, en notant tout ce que je ferais, verrais et parcourrais, comme on le verra plus avant.

---

1. **Grenade :** ville d'Espagne. 2. **J'armai trois navires :** Christophe Colomb équipe les navires du matériel et du personnel nécessaire à la navigation. 3. **Mandé :** demandé.

Pour bien écrire

« Une demi-heure » (l. 6). « Demi » ne s'accorde pas lorsqu'il est suivi d'un trait d'union, par contre on dit « une heure et demie ». Comment écrit-on la moitié d'une part de gâteau ?

Christophe Colomb découvre le Nouveau Monde, lithographie en couleurs, 1900.

Vendredi 12 octobre

Après des mois de navigations éprouvantes, Christophe Colomb et son équipage accostent, la nuit du 12 octobre, sur une terre inconnue. Il s'agit d'une île des Bahamas, San Salvador. Christophe Colomb en prend possession au nom du roi et de la reine d'Espagne et découvre les habitants.

Quant à moi, afin qu'ils nous tinssent en grande amitié, car je vis que c'étaient des gens qui s'ouvriraient et se convertiraient à notre sainte religion plus par amour que par force, je donnai à quelques-uns d'entre eux des bonnets rouges et des colliers de perles de verre qu'ils se
5 mettaient autour du cou, et bien d'autres choses de peu de valeur, grâce auxquelles ils furent très contents et nous restèrent si attachés que c'en était merveille. Ces gens venaient ensuite à la nage jusqu'aux barques des navires sur lesquelles nous nous trouvions, et nous apportaient des perroquets, du fil de coton en pelotes, des sagaies[1] et bien d'autres
10 choses que nous leur donnions, comme des petites perles de verre et des grelots. Enfin, ils acceptaient tout et donnaient ce qu'ils avaient de bon gré, mais il me sembla que c'étaient des gens très pauvres de tout.

Tous vont nus comme leur mère les a mis au monde, les femmes également, quoique je n'en eusse vu qu'une seule, fort jeunette ; et tous
15 ceux que je vis étaient tous jeunes, de sorte que je n'en vis aucun âgé de plus de trente ans.

Christophe Colomb, *La Découverte de l'Amérique*, 1492.

---

1. **Sagaies** : javelots composés d'une perche terminés par un fer de lance ou une arête de poisson.

> **MÉMO**
>
> **Le journal de bord** se reconnaît au fait qu'il est daté, chronologique, écrit à la première personne du singulier. Son souci est de rapporter des faits précis.

▶Quel témoignage Christophe Colomb apporte-t-il dans son journal de bord ?

Découvrir le texte

1. En vous aidant de la carte du voyage de Christophe Colomb (p. 14), dites combien de temps a duré la traversée de Christophe Colomb jusqu'à San Salvador. Vous semble-t-elle longue ? Pourquoi ?

Analyser et interpréter le texte

Le besoin de rendre compte

2. Lisez l'extrait du journal correspondant au vendredi 12 octobre. À quelle personne est rédigé le journal de bord ?
3. LANGUE À quel temps s'exprime Colomb ? Quand pouvez-vous supposer que ce journal a été écrit ?
4. Analysez la dernière phrase de la lettre page 16. Quelles sont les caractéristiques du journal de bord ?

Un navigateur en mission

5. À qui le journal de bord de Christophe Colomb est-il adressé ? Qui sont les commanditaires de sa mission ? Relevez une expression du texte pour répondre.

6. Pour quelle raison Christophe Colomb donne-t-il « des bonnets rouges et des colliers de perles » aux habitants de l'île ?
7. En quoi le journal de bord est aussi le récit d'une conquête ?

S'exprimer à l'oral

Raconter la traversée

8. Mettez-vous à la place des marins de Christophe Colomb qui pensaient atteindre les Indes en quelques jours et qui ont accosté sur une île inconnue au bout de plusieurs mois. Quels ont pu être leurs sentiments durant la traversée ? Et au moment de la découverte ? Notez ce que vous auriez pu ressentir à leur place et argumentez vos choix avec vos camarades.

> **Bilan** Pourquoi Christophe Colomb écrit-il un journal de bord ?

Lecture 2

À la recherche de l'or

Samedi 13 octobre

Le lendemain de son arrivée à San Salvador, Christophe Colomb consigne dans son journal le portrait des habitants de l'île.

Dès que le jour se leva, nombre de ces hommes vinrent sur la plage, tous jeunes, comme je l'ai dit[1], et tous de bonne taille, très bien faits ; leurs cheveux non crépus[2] mais au contraire raides et gros comme des crins de chevaux, et tous avec un front et une tête plus larges qu'aucune race que j'aie vue à ce jour ; ils n'avaient pas les yeux petits mais très beaux. Ils ont les jambes très droites, tous semblablement, et le ventre non point gros mais très bien proportionné. Ils vinrent jusqu'à la nef[3] avec des almadies, qui sont faites du tronc d'un seul arbre et sont une sorte de barque longue et toute d'une pièce, taillée de merveilleuses façons comme cela se fait dans ce pays ; certaines sont grandes, sur lesquelles pouvaient aller quarante à quarante-cinq hommes, et d'autres plus petites, si bien que sur certaines d'entre elles n'allait qu'un seul homme. Ils ramaient avec une pelle semblable à celle des boulangers ; cette barque avance à merveille, et si elle se retourne, aussitôt ils se mettent à nager, la redressent et la vident avec des calebasses[4] qu'ils ont avec eux. Ils apportaient des pelotes de coton filé, des perroquets, des sagaies et d'autres petites choses qu'il serait ennuyeux d'énumérer, et ils donnaient tout en échange de n'importe quelle chose qu'on leur pouvait donner.

---

1. **Comme je l'ai dit :** Christophe Colomb a déjà commencé leur description le soir de son arrivée, le 12 octobre. 2. **Leurs cheveux non crépus :** Christophe Colomb compare les Indiens aux Canariens (habitants des îles Canaries). Depuis l'Antiquité, on pensait que le teint des hommes s'assombrissait à mesure que l'on avançait vers le sud. Sur un parallèle plus méridional que les îles Canaries, Colomb pensait se trouver devant des hommes noirs. 3. **Nef :** navire à voile. 4. **Calebasses :** récipients faits à partir de fruits aux parois dures.

▽ **L'HISTOIRE DES MOTS**

« **Indiens** » : ignorant l'existence de l'Amérique et pensant qu'ils arrivaient aux Indes, les navigateurs du XVᵉ siècle ont appelé les humains qu'ils rencontraient des Indiens. Le terme est resté dans l'histoire. Recherchez l'origine du mot « cochon d'Inde ».

Indiens d'Amérique du Sud, illustration pour *Le Costume ancien et moderne* de Giulio Ferrario, Éditions Milan, 1819.

Lundi 15 octobre

Dans les jours qui suivent, Christophe Colomb poursuit son exploration des Bahamas. Le 15 octobre, il arrive sur une nouvelle île qu'il baptise Sainte-Marie de la Conception.

Theodor de Bry, *Arrivée de Christophe Colomb à San Salvadore (Guanahani), le 12 octobre 1492*, gravure sur cuivre, 1594.

Il devait être midi quand j'arrivai à ladite île. Puis, comme de cette île j'en vis une autre plus grande à l'ouest, je fis carguer les voiles[1] pour avancer douce-
5 ment tout le jour jusqu'au soir, car à ce moment-là je n'aurais pu encore atteindre le cap occidental de l'île près de laquelle je me trouvais et à laquelle je donnai le nom de Sainte-Marie-de-
10 la-Conception ; c'est donc presque au coucher du soleil que je mouillai près dudit cap[2], voulant savoir s'il y avait de l'or, car les gens que j'avais fait prendre[3] sur l'île de San Salvador me disaient que ceux d'ici portaient de très gros bracelets d'or aux jambes et aux bras. Je pensai bien que
15 tout ce qu'ils disaient était tromperie pour s'enfuir. Toutefois, ma volonté était de ne passer devant aucune île sans en prendre posses-sion, quoique, en ayant pris une, cela valait pour toutes.

Christophe Colomb, *La Découverte de l'Amérique,* 1492.

1. **Carguer les voiles**: serrer les voiles contre le mât au moyen de cordages. 2. **Je mouillai près dudit cap**: mouiller l'ancre signi-fie amarrer le navire. 3. **Que j'avais fait prendre**: Christophe Colomb a capturé des Indiens pour avoir des informations sur les îles qu'il découvre et les ramener avec lui en Espagne.

▶ Comment Christophe Colomb rend-il compte de ce qu'il découvre ?

Découvrir le texte
1. En vous aidant de la carte page 14, dites de quel lieu viennent les Indiens que Christophe Colomb rencontre.

Analyser et interpréter le texte
La rencontre des Indiens
2. Relevez les procédés de comparaison que Christophe Colomb utilise pour décrire les Indiens. Quelles sont leurs particularités physiques ?
3. Relevez les mots et expressions qui montrent comment Colomb considère les Indiens. Ces termes sont-ils péjora-tifs ou mélioratifs ?
La description d'un mode de vie
4. Quels aspects de la vie quotidienne Christophe Colomb décrit-il dans ces deux extraits ?
5. Que ressent Christophe Colomb en découvrant ce mode de vie ?

6. Pour Colomb, il serait ennuyeux d'énumérer les « petites choses » que possèdent les Indiens (p. 18). Pour quelle raison selon vous ? Que recherche Christophe Colomb avant tout ?

S'exprimer à l'écrit ✎
Rendre compte d'une civilisation
7. Imaginez que vous êtes un explorateur, venu d'une terre inconnue, qui découvre notre civilisation. À la manière de Christophe Colomb, décrivez ce que vous voyez en un paragraphe d'une dizaine de lignes.

≣ *Conseil:* inspirez-vous des éléments de votre vie quotidienne et utilisez des procédés de comparaison.

Bilan Quelle vision des Indiens Christophe Colomb donne-t-il ?

Lecture 3

Objectifs
• Comprendre le fonctionnement d'une description dans un journal de bord.
• Découvrir l'émerveillement face à un monde nouveau.

Compétence
• Recourir à des stratégies de lecture.

Un paysage enchanteur

Dimanche 21 octobre

Le 21 octobre, Christophe Colomb découvre une île qu'il nomme Isabelle en l'honneur de la souveraine Isabelle de Castille.

On y trouve de grandes lagunes[1], dans <u>lesquelles</u> et autour <u>desquelles</u> il y a ces arbres qui sont merveilleux et qui, comme sur toute l'île, sont tous aussi verts – les plantes également – qu'en avril en Andalousie ; il y a aussi le chant des petits oiseaux qui donne à l'homme
5   l'idée de ne jamais vouloir repartir d'ici, et les bandes de perroquets qui obscurcissent le soleil, et des oiseaux, gros et petits, de toute sorte et si différents des nôtres que c'est merveille. Et puis il y a des arbres de mille sortes, qui « donnent » chacun leur fruit et qui tous sentent si bon que c'est merveille et que je suis fort peiné de ne les point connaître, car je
10   suis bien certain que tous sont des choses de valeur ; c'est pourquoi j'en apporte avec moi des échantillons, ainsi que des plantes.

« En faisant ainsi le tour d'une de ces lagunes, je vis un serpent[2] que nous tuâmes et dont j'apporte la peau à <u>Vos Altesses</u>. Celui-ci, dès qu'il nous vit, se jeta à l'eau où nous le poursuivîmes, car elle était peu
15   profonde, jusqu'au moment où nous le tuâmes à coups de lance ; il a sept empans[3] de long ; je crois qu'il y en a beaucoup de semblable ici

Pour bien écrire

« Lesquelles » et « desquelles » (l. 1) sont des pronoms relatifs. Ils prennent les marques du genre et du nombre du nom qu'ils remplacent et s'écrivent toujours en un seul mot. Réécrivez la première phrase du texte en remplaçant « lagunes » par « grands espaces ».

▽ **L'HISTOIRE DES MOTS**

« Vos Altesses » (l. 2) vient du latin *vestra altitudo* et de l'italien *vostra altezza* signifiant « votre altitude ». Cette formule respectueuse s'adresse à un personnage « haut » placé comme un prince ou un roi. À qui s'adresse-t-on lorsque l'on dit : Votre Altesse, Votre Sainteté ?

Alain Thomas, *Toucanets de Gould*, huile sur bois, collection privée, 1998.

dans ces lagunes. Ici, j'ai reconnu de l'aloès[4] et ai décidé d'en faire porter demain dix quintaux[5] à la nef, car on me dit que cela vaut cher.

_____

1. **Lagunes** : étendues d'eau de mer comprise entre la terre ferme et la mer.
2. **Serpent** : probablement un iguane. 3. **Empans** : intervalle de mesure comprise entre le pouce et le petit doigt. 4. **Aloès** : plante grasse des régions chaudes qui ne peut être présente sur l'île, mais Colomb est influencé par sa lecture du livre de Marco Polo. 5. **Un quintal** : cent kilogrammes.

Dimanche 4 novembre

Ces terres sont très fertiles. Ils les couvrent de _mames_[1] qui sont comme des carottes qui ont le goût des châtaignes, et ils ont des haricots et des fèves très différents des nôtres, et beaucoup de coton, qu'ils ne sèment pas mais qui pousse
5   dans les forêts parmi les grands arbres, et je pense qu'en toute saison on en peut cueillir, parce que j'en ai vu avec les fruits tout ouverts et d'autres qui commencent à s'ouvrir ou en fleur, tout cela sur le même arbuste, et mille autres sortes de fruits qu'il ne m'est point possible de décrire, et
10   tout cela doit être chose profitable. »

Christophe Colomb, _La Découverte de l'Amérique_, 1492.

_____

1. **Mames** : patates douces.

Catherine Abel, _Feuillage II_, 2005.

▶ _Comment parler d'un monde inconnu ?_

Découvrir le texte

1. Quel sentiment anime Christophe Colomb face au spectacle qu'il découvre ?

Analyser et interpréter le texte

Transmettre son émerveillement

2. À quels sens (odorat, toucher...) Christophe Colomb fait-il appel pour exposer ses impressions ? Justifiez votre réponse.
3. Comment Christophe Colomb traduit-il sa fascination ? Quel mot est répété plusieurs fois dans le texte ?

Décrire l'inconnu

4. LANGUE Comment Colomb s'y prend-il pour rendre compte d'une végétation et d'animaux qu'il ne connaît pas ? Relevez quelques propositions subordonnées relatives et dites ce qu'elles apportent à la description.
❯ Distinguer phrase simple et phrase complexe : les propositions subordonnées, p. 322

5. Pourquoi selon vous Christophe Colomb évoque-t-il l'épisode du serpent ? Expliquez en quoi son témoignage se veut aussi être un récit plaisant.
6. « Et tout cela doit être chose profitable », écrit Christophe Colomb le dimanche 4 novembre (l.10). Quelle intention claire ne perd-il jamais de vue ?

S'exprimer à l'écrit 🖋

Faire un compte rendu d'exploration

7. Décrivez dans un court paragraphe ce que Christophe Colomb a découvert en notant en quoi chacune de ses découvertes pourrait « être profitable ».

Conseil : l'utilité, l'usage, la rentabilité seront à chaque fois marqués. Le texte sera écrit au présent et à la troisième personne du singulier.

Bilan Comment peut-on s'y prendre pour décrire ce que l'on ne connaît pas ?

Lecture 4

Une mission obsédante

Objectifs
• Percevoir le jugement
de l'explorateur.
• Repérer et interpréter
les redondances littéraires.

Compétence
• Élaborer une interprétation.

Pour bien écrire

« Qu'on leur apprenne
à aller habillés » (l. 16).
L'orthographe d'« habillés »
(participe passé au
pluriel) s'explique par
le sens : on pourrait dire
« qu'on leur apprenne à
être habillés, vêtus ». On
écrirait : « Il faudrait aller
habiller, vêtir ta poupée ».
Comment écririez-vous la
terminaison manquante :
« Il est l'heure d'aller
travaill... » ?

Joseph Nicolas Robert Fleury,
*Réception de Christophe Colomb
par les rois d'Espagne Ferdinand II
d'Aragon et Isabelle Iʳᵉ de Castille
(dite la Catholique) à Barcelone
en 1493*, XIXᵉ siècle.

Dimanche 16 décembre
*Colomb cherche à convaincre ses souverains de l'intérêt de posséder
ces nouveaux territoires.*

Que Vos Altesses soient persuadées que ces immenses terres sont
bonnes et fertiles, et particulièrement celles de cette île Espagnole, au
point qu'il n'est personne qui soit capable de le dire et que personne
ne peut croire cela s'il ne le voit ; et que Vos Altesses soient persua-
5 dées que cette île et toutes les autres leur appartiennent autant que la
Castille, et qu'il ne manque que de s'y établir et de leur faire faire ce
qu'elles voudront ; en effet, moi-même, avec ces hommes que j'amène
avec moi et qui ne sont pas nombreux, je pourrais parcourir toutes
ces îles sans dommage, car j'ai vu trois seulement de mes marins
10 descendre à terre et faire fuir une multitude de ces Indiens qu'il y
avait là, sans qu'ils voulussent faire de mal. Ils n'ont pas d'armes et
sont tout nus, sans aucune idée de l'art de la guerre et très couards, au
point que mille d'entre eux ne feraient pas face à trois des nôtres ; ils
sont donc bons pour être commandés et pour qu'on les fasse travailler,
15 semer et qu'on leur fasse faire toute chose qui pourra être nécessaire ;
et qu'ils fassent des villes et qu'on leur apprenne à aller habillés et
aussi nos coutumes.

Lundi 24 décembre

Colomb rencontre des Indiens qui lui parlent de Cibao, une région de l'île d'Haïti qui a vraiment possédé des mines d'or. Il est persuadé qu'il s'agit bien de Cipango (ancien nom du Japon).

Que Vos Altesses soient persuadées qu'il ne peut y avoir au monde de gens meilleurs ni plus doux ; Vos Altesses doivent grandement se réjouir, car elles en feront vite des chrétiens et leur feront enseigner les bonnes coutumes de leurs royaumes ;
5 il ne peut, en effet, y avoir de meilleurs gens ni de meilleurs pays, et les gens comme les pays sont en si grande quantité que je ne sais comment exprimer cela, parce que j'ai déjà parlé à un degré superlatif des gens et des pays de l'île Juana qu'ils appellent Cuba. Hommes et femmes, par ailleurs de bonne
10 taille, ne sont pas noirs. Il est vrai que tous se peignent, certains en noir et d'autres d'une autre couleur, mais la plupart en rouge ; j'ai appris qu'ils le font pour que le soleil ne leur fasse pas mal ; et les maisons et les villages sont si beaux, chacun gouverné par une sorte de juge ou seigneur, auquel tout le monde obéit,
15 que c'est merveille : tous ces seigneurs sont gens de peu de mots mais de belles manières, et leur commandement se fait tout au plus avec des gestes de la main qui sont si vite compris que c'est merveille.

Christophe Colomb, *La Découverte de l'Amérique* [1492], trad. de l'espagnol par J.-P. Clément et J.-M. Saint-Lu, abrégé par Marie-Hélène Sabard, L'École des loisirs, « Classiques abrégés », 1999.

Olivier Frey, *Colomb de retour en Espagne*, détail, 1948.

▶ *Quelles sont les véritables motivations des voyages d'exploration ?*

Découvrir le texte

1. D'après votre lecture des extraits du journal de Christophe Colomb, faites la liste des raisons qui peuvent pousser les souverains du xve siècle à posséder de nouveaux territoires. Aidez-vous d'un manuel d'histoire puis comparez vos hypothèses.

Analyser et interpréter le texte

De curieux compliments

2. « Il ne peut… meilleurs ni plus doux » (l. 1-2, p. 23) : quelles réelles intentions cachent ces adjectifs flatteurs ? Justifiez votre réponse.

3. Quels défauts attribués aux Indiens sont pourtant reçus positivement par Colomb ? Pourquoi ?

4. LANGUE Relevez les pronoms indéfinis qui désignent les Indiens et dites ce qu'ils révèlent de la manière dont ils sont considérés. ↘ Identifier les pronoms, p. 297

Les intentions de Christophe Colomb

5. Colomb ne cesse de s'adresser aux souverains de Castille. Que souhaite-t-il obtenir selon vous ?

6. Dans quasiment chacune des pages de son journal, Colomb oriente ses observations et rappelle ses intentions. Résumez-les. Comment les expliquer ?

S'exprimer à l'oral 💬

Faire un discours

7. Transposez le récit du dimanche 16 décembre en un discours adressé aux souverains. Pour convaincre le roi et la reine, vous travaillerez votre force de persuasion.

Bilan Que révèle le journal de bord de la vision du monde qu'ont les explorateurs au xve siècle ?

Objectif

• Lire des biographies et des ouvrages documentaires pour revivre l'histoire.

Les voyages de découvertes

Claire Ubac, *Jacques Cartier*, L'École des loisirs, « Belles vies », 2006

À la recherche d'un passage vers les Indes, Jacques Cartier entreprend trois voyages et découvre le Canada. Dans sa biographie, Claire Ubac nous fait partager les grands moments de la vie de Jacques Cartier.

Rédiger un écrit documentaire

• Comment Claire Ubac s'y prend-elle pour redonner vie au personnage ? Relevez quelques passages pour illustrer votre réponse.

• Retenez trois grands moments de cette expédition et relatez-les sous forme d'un écrit documentaire.

Maryse Lamigeon et François Vincent, *Les Voyages de Jacques Cartier à la découverte du Canada*, L'École des loisirs, « Archimède », 2006

Dans cet album, les auteurs ont choisi de retracer les deux premiers voyages de Jacques Cartier à travers le regard d'un jeune mousse de l'équipage.

Comprendre les choix narratifs

• Quel est le point de vue adopté pour raconter le voyage de Jacques Cartier dans cet album ? Relevez les sentiments et réactions du jeune mousse pour répondre.

• Comparez cet album à la biographie de Jacques Cartier par Claire Ubac. Expliquez en quoi les choix narratifs modifient le rapport du lecteur à l'histoire.

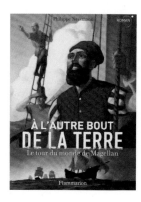

Philippe Nessmann, *À l'autre bout de la terre : Le tour du monde de Magellan*, Flammarion, 2006

Antonio Pigafetta, chevalier de Malte, embarque avec Magellan en 1519. Il fait le récit de cette expédition, comprenant cinq navires et trois cents hommes, sur la route des épices.

Recréer l'atmosphère d'une expédition

• Chapitre 9, « Un océan dit "Pacifique" – Des rats à manger – Le scorbut et la mort ». Relisez la partie documentaire traitant de tous les dangers du voyage. Comment ces dangers sont-ils mis en scène dans le chapitre 9 ?

• Chapitre 11, « Le dernier combat de Magellan ». Quelles sont toutes les étapes de cette scène de combat ? Comment est-elle dramatisée ? Racontez la mort de Magellan en un paragraphe purement informatif.

Sandrine Mirza et Marcelino Truong, *Sur les traces de Marco Polo*, Gallimard jeunesse, 2010

Dans cette incroyable histoire d'un périple de vingt ans, entrepris au XIIIᵉ siècle, se mêlent réalisme, fantastique et légendes…

Extraire et exploiter des informations

• Qui est le narrateur ? Comment l'auteur s'y prend-il pour faire de ce récit un véritable roman d'aventures ?

• Prenez la carte du voyage reproduite dans le livre et, pour chaque étape indiquée, faites un bref résumé de ce qui s'y est passé (vous pouvez, quand c'est possible y joindre une illustration du livre).

À vous de créer

Exposer l'histoire d'un explorateur

À l'aide du livre que vous avez lu, réalisez un diaporama pour présenter un explorateur :

– faites une recherche sur Internet pour compléter vos connaissances sur l'explorateur de votre choix et présentez une brève biographie ;

– présentez le parcours de l'explorateur sur une carte et indiquez quatre ou cinq étapes décisives durant son voyage ;

– faites un bref résumé des étapes retenues ;

– lisez un court passage d'une scène particulièrement marquante ;

– illustrez ces étapes en recourant aux images et aux cartes documentaires des ouvrages ;

– concluez en donnant vos impressions personnelles (ce qui vous a marqué, surpris et ce que vous avez appris).

Objectifs
• Connaître le lexique de la navigation.
• S'approprier des procédés d'écriture pour évoquer l'inconnu.

La navigation et l'inconnu

Découvrir la navigation

1 Que signifie l'expression « mettre les voiles » ? Donnez le sens du mot employé dans la navigation puis indiquez son sens plus familier.

2 Classez les mots suivants dans la bonne colonne.

carguer les voiles • nef • gréement • amener les voiles • mouiller • jeter l'ancre • chaloupe • château de proue • mettre à la voile • caravelle • mâture • garder le cap • lever l'ancre • poupe

Une manœuvre	Un type de bateau	Une partie d'un bateau

3 Choisissez quatre de ces mots et rédigez une phrase pour en illustrer le sens.

4 Associez les mots à la phrase qui convient.

la longitude •
tribord •
le pavillon •
le gouvernail •
bâbord •
la latitude •
les écoutilles •

• Pour faire le point, trouver la position exacte du bateau, il me faut déterminer ...... et ....

• Les vagues passaient par-dessus bord, il fallut fermer ...... afin de ne pas inonder la cale.

• Des baleines apparurent de chaque côté du bateau, d'abord à ...... puis à ....

• Le bateau était maintenant impossible à diriger, le ...... était cassé.

• L'équipage fut inquiet à la vue du ...... : il s'agissait d'un bateau corsaire.

Explorer l'inconnu

5 Trouvez trois mots de la même famille du mot « explorateur » et deux mots de la même famille du mot « découvert ». Puis, classez-les dans le tableau suivant selon leur classe grammaticale.

Nom	Verbe

Comparons nos langues

Les mots « explorer » et « exploration » sont très proches de l'espagnol *explorar* et *exploración*, dans leur orthographe comme dans leur prononciation. Ils puisent leurs origines dans une même racine latine *explorare* signifiant « examiner, vérifier ».

6 Lisez le texte suivant. Que tente de décrire Christophe Colomb ? À quoi cet animal est-il comparé ? Relevez tous les mots utilisés qui permettent de faire ces comparaisons.

Ici les poissons sont si différents des nôtres que c'est merveille. Il y en a quelques-uns qui ressemblent à des saint-pierre, avec des couleurs les plus fines du monde, bleus, jaunes, rouges, bariolés de mille façons...
Un poisson, parmi bien d'autres, qui ressemblait tout à fait à un cochon, mais pas à un thon ; il était fait d'une carapace très dure et n'avait rien de mou sauf la queue et les yeux...

Christophe Colomb, *La Découverte de l'Amérique* [1492],
trad. de l'espagnol par J.-P. Clément et J.-M. Saint-Lu,
L'École des loisirs, 1999.

À vous d'écrire !

7 Voici le début du journal de bord de Christophe Colomb. Poursuivez ce journal en une dizaine de lignes en imaginant une mer démontée et une navigation difficile. Empruntez au moins une dizaine de mots au champ lexical de la navigation.

Nous partîmes le vendredi troisième jour d'août de l'an 1492, de la barre de Saltès, à huit heures. Nous avançâmes avec une forte brise de mer...

Christophe Colomb, *La Découverte de l'Amérique* [1492],
trad. de l'espagnol par J.-P. Clément et J.-M. Saint-Lu,
L'École des loisirs, 1999.

S'exprimer...

Parler d'un monde étranger

Deux Indiens ayant été en Espagne avec Christophe Colomb rapportent aux habitants de leur village ce qu'ils ont vu et compris du monde qu'ils ont découvert.

ÉTAPE 1 — Se documenter

1 Répartissez-vous par groupes de deux élèves et choisissez un thème : la vie à la ville, à la campagne...

2 Recherchez des documents sur la vie au XVe siècle dans votre manuel d'histoire, au CDI et sur Internet.

ÉTAPE 2 — Présenter un autre monde

3 Organisez votre tour de parole de façon thématique. Ex. : le premier élève parlera de l'aspect extérieur d'une maison, le second fera la visite de l'intérieur.

4 Établissez des comparaisons avec le mode de vie indien. Faites part de vos émotions (surprise, incompréhension...).

ÉTAPE 3 — Utiliser les ressources de sa voix

5 Vous baisserez votre voix, sur le ton de la confidence, quand vous révélerez une information et la monterez pour marquer votre enthousiasme.

6 Insistez sur ce que vous racontez. Par exemple, détachez les syllabes « c'était for-mi-dable ».

> **Méthode**
> Vous pouvez laisser un silence avant de terminer par une chute inattendue : « Et cette maison était aussi haute [courte pause...] que deux palmiers l'un sur l'autre ! »

Écrire quelques pages d'un journal de bord

Vous faites partie d'un groupe d'explorateurs et notez chaque jour vos découvertes.

ÉTAPE 1 — Décrire ce que l'on voit

1 Décrivez les animaux et la végétation que vous rencontrez (forme, couleurs...), en vous inspirant des images ci-contre. Utilisez des procédés de comparaison pour décrire ce que vous ne connaissez pas.

2 Faites part de vos impressions : votre surprise, votre émerveillement, voire votre peur...

Iguane dans la forêt tropicale.

Ramboutan, fruit exotique.

ÉTAPE 2 — Classer ses descriptions dans le journal de bord

3 Ajoutez à ces descriptions quelques événements afin de donner une chronologie au journal de bord.

Jeune héron bleu mangeant un iguane vert.

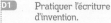

COMPÉTENCES

D1, D5 S'exprimer de façon maitrisée en s'adressant à un auditoire.

D1 Pratiquer l'écriture d'invention.

Bilan de la séquence

Les caractéristiques du journal de bord de Christophe Colomb

Il est écrit de façon **chronologique** et consigne des faits au jour le jour.

Il est rédigé à la **première personne** et exprime le point de vue de son auteur.

Il rend compte des **péripéties d'un voyage** et de la découverte d'un monde nouveau.

Il est adressé aux souverains qui l'ont envoyé en **mission**.

Le voyage d'exploration : entre émerveillement et soif de conquête

L'explorateur transmet son **émerveillement**. Ex. : « Il y a des oiseaux, gros et petits, de toute sorte et si différents des nôtres que c'est merveille. »

Il porte un **regard intéressé** sur ce monde. Christophe Colomb n'oublie pas son objectif premier.

Un témoignage précieux pour l'histoire

Outre le goût pour l'aventure, les raisons qui poussent les explorateurs à partir sont :
– **commerciales** (pour se procurer de l'or, des épices, de la soie) ;
– **religieuses** (pour convertir de nouveaux peuples) ;
– **scientifiques** (pour découvrir de nouvelles espèces).

Le journal de bord transmet le **mode de pensée d'une époque**. Les Européens se considèrent au centre du monde et veulent posséder des territoires de plus en plus nombreux.

Évaluation   Mobiliser les acquis de la séquence

1. Je connais les caractéristiques du journal de bord d'un explorateur du XVe siècle.

2. Je sais identifier le point de vue de son auteur.

3. Je sais identifier les procédés permettant de décrire un monde inconnu.

4. Je sais tirer des éléments historiques d'un journal de bord.

5. Je sais situer ce document dans le contexte historique des grandes découvertes.

COMPÉTENCES ATTENDUES EN FIN DE 5e

D1, D2, D3 Comprendre et s'exprimer à l'oral
– Participer de façon constructive à des échanges oraux. ■ ■ ■ ■

D1, D5 Lire
– Élaborer une interprétation des textes littéraires.
– Situer le journal de bord dans son contexte historiques et culturel. ■ ■ ■ ■

D1 Écrire
– Exploiter les principales fonctions de l'écriture.
– Exploiter des lectures pour enrichir son récit. ■ ■ ■ ■

Derrière les

OBJECTIFS
- Lire des récits d'aventures et de voyage.
- Comprendre ce qui nous pousse vers l'ailleurs et les autres.

Paul Gauguin, *Arearea dit aussi Joyeusetés*, huile sur toile, 1892.

paysages exotiques

▶ Que nous révèlent les écrivains
à travers les voyages exotiques ?

La fascination des écrivains pour l'autre et le lointain

1719

Daniel Defoe,
Robinson Crusoé

Un fait réel à l'origine d'un mythe
William Defoe écrit *Robinson Crusoé* à partir de l'histoire vraie du marin écossais, Alexandre Selkirk, qui fut abandonné sur une île au large du Chili entre 1704 et 1709. ⤷ p. 34

1726

1767

Voltaire, *L'Ingénu*
Les Hurons du Canada
Voltaire est fasciné par les habitants du Nouveau Monde. Il imagine la rencontre d'un Huron avec des Français, et confronte ainsi des points de vue afin de se moquer de sa société. Le plus éclairé n'est pas toujours celui qu'on pense. ⤷ p. 40

Jonathan Swift, *Voyages de Gulliver*
Des êtres imaginaires
Swift imagine une société composée d'êtres imaginaires de petite taille, les Lilliputiens, pour critiquer la société de son temps. ⤷ p. 38

1954

William Golding, *Sa Majesté des Mouches*
Une île habitée par des enfants
William Golding nous emmène avec ce roman dans une île à l'autre bout du monde où des enfants se retrouvent livrés à eux-mêmes loin des lois et des règles sociales. ⤷ p. 32

1971

Michel Tournier, *Vendredi ou la vie sauvage*
Le retour à la nature
Michel Tournier donne une nouvelle version de *Robinson Crusoé* de Daniel Defoe. ⤷ p. 36

Daniel Defoe
Écrivain britannique
1660-1731

Voltaire Écrivain et philosophe français
1694-1778

Jonathan Swift
Écrivain irlandais
1667-1745

Blaise Cendrars
Écrivain français
1887-1961

William Golding
Écrivain britannique
1911-1993

Michel Tournier
Écrivain français
1924-2016

Préparez-vous à rêver

Îles

Îles
Îles
Îles où l'on ne prendra jamais terre
Îles où l'on ne descendra jamais
Îles couvertes de végétations
Îles tapies[1] comme des jaguars
Îles muettes
Îles immobiles
Îles inoubliables et sans nom
Je lance mes chaussures par-dessus bord
car je voudrais bien aller jusqu'à vous

Blaise Cendrars, *Feuilles de route* [1924], volume 1
« Tout autour d'aujourd'hui », Éditions Denoël, 2005.

1. **Tapies** : cachées et à l'affût comme un chasseur guettant sa proie.

1 Lisez ce poème à voix haute : quelles émotions ressentez-vous ?

2 Relevez les vers qui montrent le désir de partir du poète. À quel indice voit-on qu'il s'agit peut-être d'îles rêvées ?

3 À la manière de Blaise Cendrars, rédigez une seconde strophe à ce poème. Vous évoquerez le soleil par des images et des sensations qui lui sont associées.

Soleil ...
Soleil ...
Soleil qui ...

Partez à l'aventure

4 Alors que vous naviguez dans les mers du Sud avec un ami, votre bateau fait naufrage. Vous vous retrouvez sur une île éloignée de tout. Partez à la rencontre de cette île et dites ce que vous découvrez en une dizaine de lignes.

Objectifs
• Découvrir les caractéristiques de l'exotisme.
• Comprendre le rôle d'une description dans un roman d'aventures.

Compétence
• Percevoir un effet esthétique.

À la découverte de l'île

Des jeunes garçons se retrouvent isolés du monde sur une île déserte après l'accident de leur avion. On découvre la géographie de l'île et les personnages de Jack et Ralph qui prennent la situation en main.

REPÈRES

2ᵉ Guerre mondiale
1900   1939 - 1945   2000
xxᵉ siècle
1954
William Golding
Sa Majesté des Mouches

Ils avaient bien deviné qu'ils étaient sur une île. Tant qu'ils avaient escaladé des rochers roses, avec un bras de mer de chaque côté, dans l'air cristallin des hauteurs, un instinct leur avait assuré que la mer les entourait de tous côtés. Mais il leur paraissait plus normal, avant de
5 décider, d'atteindre le sommet et de voir l'eau à l'horizon, de tous côtés.

Ralph se retourna vers les autres.

– Dites donc, les gars, on est chez nous !

L'île avait à peu près la forme d'un bateau ; ramassée sur elle-même du côté où ils se tenaient, elle dévalait derrière eux vers la côte dans le
10 désordre de ses roches. Des deux côtés, des rochers, des falaises, des sommets d'arbres et des pentes raides ; devant eux, sur toute la longueur du bateau, une descente plus douce, boisée, tachée de rose ; en bas, la jungle plate, d'un vert dense, mais s'étirant à l'autre bout en une traînée rose. Au-delà de leur île, touchant presque sa pointe, une autre île
15 sortait de l'eau, un roc semblable à un fort qui leur faisait face, à travers l'étendue verte, défendu par un unique bastion rose et fier.

Les garçons observèrent ce cadre, puis regardèrent la mer. Ils étaient sur une hauteur. L'après-midi tirait à sa fin. Aucun mirage ne brouillait la vue.
20 – Ça c'est un atoll[1]. Un atoll de corail. J'en ai vu sur des images.

L'atoll encerclait un des côtés de l'île et débordait sur l'autre ; il s'étendait à plus d'un kilomètre d'elle, parallèlement à ce qu'ils appelaient maintenant en pensée « leur » plage. Le corail gribouillait des arabesques dans la mer comme si
25 un géant s'était penché pour reproduire les contours de l'île d'un trait hâtif, mais s'était arrêté, interrompu par la fatigue. À l'intérieur, c'était une eau bleu paon, des roches et des algues visibles dans une clarté d'aquarium ; dehors, c'était le bleu foncé de la pleine mer. La marée entraînait
30 l'écume, l'effilochait loin du récif, de sorte que les garçons eurent l'illusion, un moment, qu'ils se trouvaient sur un bateau en marche arrière.

Jack désigna un endroit.

– C'est là que nous avons atterri.
35 Au-delà des éboulis et des falaises, une déchirure se montrait dans les arbres : des troncs éclatés et une longue tranchée qui ne laissait qu'une frange de palmiers entre

Marion Gib, *Palawan*,
île des Philippines.

elle et la mer. Là, on distinguait le plateau en promontoire[2] dans la mer, couvert de minuscules silhouettes mouvantes.

40

Ralph ébaucha du doigt un itinéraire qui zigzaguait depuis le sommet dénudé où ils se trouvaient, dévalait une pente, un ravin rempli de fleurs et aboutissait au rocher où commençait la déchirure.

45

– C'est le chemin le plus rapide pour rentrer.

Les yeux brillants, la bouche entrouverte, triomphants, ils savouraient leur droit de conquérants. Le même sentiment les enivrait, les liait : ils étaient amis.

50

– Il n'y a pas de fumée de village, pas de bateau, dit Ralph d'un ton avisé. Il faudra s'en assurer plus tard, mais je crois que c'est une île déserte.

William Golding, *Sa Majesté des Mouches* [1954],
traduction de l'anglais par L. Tranec,
Gallimard, 1956.

1. **Atoll** : île en forme d'anneau, constituée de récifs coralliens.
2. **Promontoire** : pointe de terre élevée qui avance dans la mer.

Sa Majesté des mouches, film de Harry Hook, 1990.

Comment l'île apparaît-elle aux jeunes naufragés ?

Découvrir le texte

1. À quoi l'île ressemble-t-elle ? Dessinez l'île que les garçons découvrent et ajoutez une légende.

2. Qu'ont fait les garçons pour vérifier qu'ils étaient sur une île déserte ?

Analyser et interpréter le texte

Un paysage vivant

3. LANGUE Relevez les indicateurs de lieu des lignes 18 à 32. À travers quel regard le paysage est-il perçu ?

↘ *Maîtriser l'expression du temps et du lieu, p. 308*

4. Dans les lignes 23 à 32, relevez le vocabulaire du dessin et expliquez le sens des images employées.

5. Montrez comment le paysage prend vie en relevant les verbes de mouvement, les comparaisons, les personnifications.

Une géographie mystérieuse

6. Qu'est-ce qui rend l'île séduisante ? Quels détails pourraient la rendre un peu inquiétante ?

7. MISE EN VOIX Préparez une lecture à plusieurs voix et faites ressentir les émotions qu'éprouvent les enfants face à cette île mystérieuse.

S'exprimer à l'écrit ✐

Écrire un journal

8. Ralph tient son journal. Rédigez les quelques lignes qu'il va noter ce soir-là.

▤ *Conseil* : appuyez-vous sur les sentiments que Ralph a pu ressentir en découvrant l'île.

Bilan D'après ce début de roman, quelles suites pouvez-vous imaginer ?

MÉMO

Dans un roman d'aventures, **la description traduit la vision subjective** que les personnages ont du lieu.

Lecture 2

Objectifs
• Découvrir ce qui pousse
à reconstruire un univers
à l'autre bout du monde.
• Reconstituer
la chronologie d'un récit
d'aventures.

Compétence
• Faire des hypothèses
de lecture.

Après le naufrage

Alors qu'il se dirige vers le Brésil pour y faire du commerce, le navire de Robinson Crusoé fait naufrage. Seul survivant, Robinson échoue sur une île déserte avec les quelques objets et provisions qu'il a récupérés sur l'épave du bateau.

Je n'avais, de ma vie, manié un outil ; et pourtant, à la longue, par mon travail, mon application, mon industrie[1], je reconnus enfin qu'il n'y avait aucune des choses qui me manquaient que je n'eusse pu faire, surtout si j'avais eu des instruments. [...] Je me fis en premier lieu une
5 chaise et une table, et je me servis, pour cela, des planches que j'avais tirées du navire. Quand j'eus façonné des planches, je plaçai de grandes tablettes, larges d'un pied[2] et demi, l'une au-dessus de l'autre, tout le long d'un côté de ma grotte, pour poser mes outils, mes clous, ma ferraille, en un mot pour assigner à chaque chose sa place, et pouvoir les trouver
10 aisément. J'enfonçai aussi quelques chevilles dans la paroi du rocher pour y pendre mes mousquets[3] et tout ce qui pouvait se suspendre.

Si quelqu'un avait pu visiter ma grotte, à coup sûr elle lui aurait semblé un entrepôt général d'objets de nécessité. J'avais ainsi toutes choses si bien à ma main, que j'éprouvais un vrai plaisir à voir le bel
15 ordre de mes effets[4], et surtout à me voir à la tête d'une si grande provision.

Ce fut seulement alors que je me mis à tenir un journal de mon occupation de chaque jour ; car dans les commencements, j'étais trop embarrassé de travaux et j'avais l'esprit dans un trop grand trouble ; mon
20 journal n'eût été rempli que de choses attristantes. Par exemple, il aurait fallu que je parlasse ainsi : « Le 30 septembre, après avoir gagné le rivage ; après avoir
25 échappé à la mort, au lieu de remercier Dieu de ma délivrance, ayant rendu d'abord une grande quantité d'eau salée, et m'étant assez bien remis, je courus çà
30 et là sur le rivage, tordant mes mains, frappant mon front et ma face, invectivant[5] contre ma misère, et criant : « Je suis perdu !

REPÈRES

1700   1800
XVIIIᵉ siècle

1704 1719
Daniel Defoe
Robinson Crusoé

Naufrage du marin écossais
Alexandre Selkirk au large
du Chili sur l'archipel
de Juan Fernández

L'HISTOIRE DES MOTS

« Mousquet » (l. 11)
vient de l'italien
moschetto qui désigne
une arme à feu portable.
Quel nom d'un fameux
régiment français provient
de mousquet ?

Robinson Crusoé, couverture
du livre de Daniel Defoe,
XIXᵉ siècle.

perdu!...» Jusqu'à ce qu'affaibli et harassé, je
35 fus forcé de m'étendre sur le sol, où je n'osai
pas dormir de peur d'être dévoré.»

Quelques jours plus tard, après mes voyages
au bâtiment[6], et après que j'en eus tout retiré,
je ne pouvais encore m'empêcher de gravir
40 sur le sommet d'une petite montagne, et de là
regarder en mer, dans l'espérance d'y aperce-
voir un navire. Alors j'imaginais voir poindre
une voile dans le lointain. Je me complaisais
dans cet espoir, mais après avoir regardé fixe-
45 ment jusqu'à en être presque aveuglé, mais
après cette vision évanouie, je m'asseyais et je
pleurais comme un enfant.

Daniel Defoe, *Robinson Crusoé* [1719],
traduction de l'anglais par P. Borel, 1836.

---

1. **Industrie**: activité. 2. **Pied**: longueur d'environ 30 cm. 3. **Mousquets**: fusils. 4. **Effets**: affaires. 5. **Invectivant**: me plaignant.
6. **Bâtiment**: bateau.

Maximilian Schaefer, *Robinson Crusoé*, gravure sur bois, v. 1910.

▶ Comment reconstruire un mode de vie après un naufrage?

Découvrir le texte

1. Quels objets Robinson a-t-il récupérés après le naufrage? Quelle utilité ont-ils?
2. Pourquoi est-il si important pour le naufragé de disposer d'une table et d'une chaise?

Analyser et interpréter le texte

Un personnage plein de ressource
3. LANGUE Dans les lignes 12 à 13, pourquoi l'emploi du conditionnel «aurait semblé» est-il obligatoire dans la situation de Robinson?
4. En quoi les activités de Robinson nous renseignent-elles sur son caractère?

Souvenirs d'un naufragé
5. Qu'apprend le lecteur en lisant la page de journal imaginée par Robinson (l. 23-36)? Reconstituez la chronologie des événements.

6. Quelles ont été les premières réactions de Robinson suite à son naufrage?
7. Comment a-t-il pu surmonter son désespoir?

S'exprimer à l'écrit

Écrire un appel à l'aide
8. Rédigez les deux lignes du message que Robinson, quelques jours après son naufrage, décide d'envoyer dans une bouteille qu'il jette à la mer: il espère ainsi que quelqu'un viendra le sauver.

Conseil: n'oubliez pas que Robinson doit tenter d'indiquer le plus précisément possible la localisation de son île.

Bilan Pour quelles raisons Robinson a-t-il besoin de reconstruire un univers ordonné alors qu'il est seul au monde?

Pour bien écrire

«Que je n'eusse pu faire» (l. 3): ce verbe est conjugué au plus-que-parfait du subjonctif. Aujourd'hui, on utiliserait plutôt le conditionnel: «que je n'aurais pu faire». Y a-t-il un autre verbe dans le texte conjugué au plus-que-parfait du subjonctif?

⌾ MÉMO

Le récit d'aventures ne se raconte pas toujours selon la chronologie des événements. Des «retours en arrière» servent alors à exposer des événements dont le lecteur n'a pas eu connaissance.

Une scène effrayante

*Robinson vit seul sur son île de Speranza depuis de longues années
quand il aperçoit au travers de sa longue-vue des visiteurs qui accostent.*

Trois longues <u>pirogues</u> à flotteurs et balanciers étaient tirées sur le
sable sec. Une quarantaine d'hommes faisaient cercle debout autour
d'un feu d'où montait un torrent de fumée lourde, épaisse et blanche.
Robinson reconnut à la longue-vue des Araucans du type *costinos*,
redoutables Indiens de la côte du Chili. Ce peuple avait tenu en échec
les envahisseurs incas[1], puis il avait infligé de sanglantes défaites aux
conquistadores espagnols. Petits, trapus, ils étaient vêtus d'un grossier
tablier de cuir. Leur visage large aux yeux extraordinairement écartés
était rendu plus bizarre encore par l'habitude qu'ils avaient de s'épi-
ler complètement les sourcils. Ils avaient tous une chevelure noire,
très longue, qu'ils secouaient fièrement à toute occasion. Robinson les
connaissait par les fréquents voyages qu'il avait faits à Temuco[2], leur
capitale. Il savait que si un nouveau conflit avec les Espagnols avait
éclaté, aucun homme blanc ne trouverait grâce à leurs yeux.

Avaient-ils effectué sur leurs pirogues l'énorme traversée des côtes du
Chili à Speranza ? Ce n'était pas impossible à en juger par leur réputation
de marins émérites. Mais il était plus probable qu'ils avaient colonisé
l'une ou l'autre des îles Juan Fernández[3] – et Robinson pensa aussitôt
qu'il avait eu de la chance de ne pas avoir été jeté entre leurs mains, car
il aurait été à coup sûr réduit en esclavage, ou peut-être même massacré !

Grâce à des récits qu'il avait entendus en Araucanie, il devinait le
sens de la cérémonie qui se déroulait actuellement sur le rivage. Une
vieille femme, maigre et échevelée, allait et venait en chancelant au
milieu du cercle formé par les hommes. Elle s'approchait du feu, y jetait
une poignée de poudre, et respirait avidement la lourde fumée blanche
qui s'élevait aussitôt. Puis elle se tournait vers les Indiens immobiles,
et elle paraissait les passer en revue, pas à pas, s'arrêtant devant celui-
ci, puis devant celui-là. Ensuite elle revenait près du foyer et le manège
recommençait.

Il s'agissait d'une sorcière qu'on avait chargée de trouver parmi les
Indiens lequel était responsable d'un malheur quelconque qui avait frappé
la <u>tribu</u> – maladie, mort inexplicable, ou simplement incendie, orage,
mauvaise récolte... Et tout à coup, elle choisit en effet sa victime. Son long
bras maigre se tendit vers l'un des hommes, tandis que sa bouche grande
ouverte proférait des malédictions que Robinson n'entendait pas. L'Indien
désigné par la sorcière se jeta à plat ventre sur le sol, secoué de grands
frissons de terreur. L'un des Indiens marcha vers lui. Il leva sa machette
– un grand couteau qui leur sert d'arme et d'outil à la fois – et fit d'abord

Gerhard Rauchwetter, *Pirogue
au sud des Philippines.*

George Catlin, *Conseil d'Indiens sioux*, lithographie, 1847.

voler le tablier du misérable. Puis il l'abattit sur lui à coups réguliers,
40 détachant sa tête, puis ses bras et ses jambes. Enfin les six morceaux de
la victime furent portés dans le feu dont la fumée aussitôt devint noire.

Michel Tournier, *Vendredi ou la vie sauvage* [1971], Éditions Gallimard, 1977.

---

1. **Incas** : peuple d'Amérique du Sud dont l'empire s'étendait jusqu'au Chili. Il a été anéanti par
l'arrivée des conquérants espagnols au XVIe siècle. 2. **Temuco** : ville chilienne, capitale de la province
d'Araucanie. 3. **Îles Juan Fernández** : archipel au large du Chili où l'on a situé l'île de Robinson.

 Pour bien écrire

« **Tribu** » (l. 33) est un
nom féminin qui désigne
un groupe de même
origine. Il ne faut pas
le confondre avec son
homophone, le nom
masculin « tribut ».
Que veut dire ce mot ?

▶ Comment rendre compte de coutumes différentes ?

Découvrir le texte

1. Allez sur www.google.com/earth et trouvez
l'île de Robinson Crusoé. Choisissez la photo qui
correspond le mieux au texte selon vous.
2. Quelle image l'auteur donne-t-il des Indiens ?

Analyser et interpréter le texte

Robinson plus savant que le lecteur
3. Qui est le narrateur de l'histoire ? Justifiez votre
réponse.
4. « Grâce à des récits [...] il devinait le sens de la
cérémonie » (l. 21 à 23). Le lecteur devine-t-il ce
qui va se passer ?

Une cérémonie effrayante
5. LANGUE Relevez les pronoms relatifs dans la
phrase « Il s'agissait d'une sorcière [...] récolte » (l. 30
à 33). Quels mots remplacent-ils ?

↘ Distinguer phrase simple et phrase complexe :
les propositions subordonnées, p. 322.

6. En découvrant la cérémonie, le lecteur prend peur.
Par quels moyens le récit s'accélère-t-il ?

S'exprimer à l'oral

Mener un débat
7. Que pensez-vous du comportement de la sorcière ?
Pour débattre, répondez aux questions suivantes :
quel rôle joue la sorcière dans cette « cérémonie » ?
Que représente-t-elle pour les Indiens ? Pensez-vous
qu'elle soit elle-même convaincue ? Cette exécution
est-elle juste ? Pourquoi ?

Bilan De quelles croyances des Indiens cette cérémonie rend-elle compte ?

À la découverte des Lilliputiens

Extrait 1

1699 : Lemuel Gulliver est médecin à bord de l'Hirondelle. Quand le navire fait naufrage dans les mers du Sud, Gulliver se retrouve seul sur un rivage où il s'endort. Au matin, il se réveille ligoté.

Au bout d'un instant, je sentis remuer quelque chose de vivant sur ma jambe gauche, puis cette chose avançant doucement sur ma poitrine arriva presque jusqu'à mon menton ; infléchissant alors mon regard aussi bas que je pus, je découvris que c'était une créature humaine, haute

5 tout au plus de six pouces[1] et, tenant d'une main un arc et de l'autre une flèche et portant un carquois sur le dos. Dans le même temps je sentis une quarantaine au moins d'êtres de la même espèce ou qui me parurent tels grimpant derrière le premier. J'éprouvai la plus inimaginable surprise et poussai un cri si étourdissant qu'ils s'enfuirent tous

10 épouvantés.

Extrait 2

Quand chacun est remis de ses émotions, un personnage qui semble important vient, monté sur une tribune, faire un discours à Gulliver.

Il se montra orateur accompli[2] et je pus discerner dans son discours des mouvements successifs et divers de menace, de promesse, de pitié et de bonté. Je répondis

5 brièvement, mais sur le ton le plus humble, levant ma main gauche et mes yeux vers le soleil, comme pour le prendre à témoin. Je commençais à sentir les tortures de la faim, car j'étais resté sans manger la moindre bouchée plusieurs heures

10 avant mon départ du navire, et j'étais tellement harcelé par cette exigence de la nature, que je ne pus m'abstenir de traduire mon impatience (enfreignant[3]

15 peut-être ainsi les règles de la stricte civilité[4]) en portant

Jean Geoffroy, *Les Voyages de Gulliver*, illustration pour la couverture du livre de Jonathan Swift, fin XIXe siècle.

plusieurs fois le doigt à la bouche pour montrer le besoin que j'avais
de nourriture. *Le Hurgo* (c'est ainsi que parmi eux on appelle un grand
seigneur, comme je l'ai su depuis) me comprit fort bien. Il descendit
20 de la tribune et donna l'ordre d'appliquer contre mon côté plusieurs
échelles sur lesquelles montèrent bientôt une centaine d'hommes ; ils
se mirent en marche vers ma bouche, chargés de paniers pleins de
victuailles, préparés et envoyés par les ordres du Roi, dès que <u>Sa Majesté</u>
avait eu connaissance de mon arrivée. Je remarquai qu'on me servait
25 des morceaux de divers animaux, mais sans pouvoir les distinguer par
leur goût. Il y avait des gigots, des épaules, des longes[5] ayant la forme de
ceux du mouton et fort bien accommodés, mais plus petits que les ailes
d'une alouette. J'en avalai deux ou trois d'une bouchée et engloutis trois
pains à la fois, qui étaient de la grosseur d'une balle de fusil. Ces gens
30 m'approvisionnaient aussi rapidement qu'ils le pouvaient, témoignant
par mille signes de leur émerveillement et de leur stupéfaction devant
l'énormité de mon appétit.

Jonathan Swift, Voyages de Gulliver [1726],
traduction de l'anglais par E. Pons, Gallimard, 1980.

---

1. **Pouce** : unité de longueur de 2,5 cm environ. 2. **Orateur accompli** : personne qui maîtrise l'art du
discours. 3. **Enfreignant** : désobéissant. 4. **Civilité** : politesse. 5. **Longes** : parties de viande dans le filet.

▶ *Comment comprendre un univers stupéfiant ?*

Découvrir le texte

1. Comment auriez-vous réagi à la place
de Gulliver ?
2. En quoi sa situation est-elle « inimaginable » et explique-t-elle son cri ? Quelles
en sont les conséquences ?

Analyser et interpréter le texte

Une société organisée

3. Quelle fonction exercent les premiers
personnages que voit Gulliver ? Justifiez
votre réponse.
4. Comment la société des Lilliputiens est-
elle organisée ? Qui la dirige ?

Des Lilliputiens très civilisés

5. LANGUE Relevez deux comparaisons,
l'une d'égalité et l'autre de supériorité :
que mettent-elles en valeur ?
↘ Les figures de style, p. 372

6. Comment les Lilliputiens traitent-
ils l'étranger ? Relevez les indices qui
montrent l'attention qu'ils lui portent.
7. MISE EN VOIX Faites un compte rendu
oral pour expliquer en quoi ce texte est
fascinant. Pourquoi, selon vous, ce livre
a eu, et a encore, un immense succès ?

S'exprimer à l'écrit ✐

Écrire le discours d'un roi

8. Rédigez quelques lignes du discours
« de menace, de promesse » qu'adresse
le Hurgo à Gulliver.

Conseil : vous pouvez commencer par : « Le
roi, sa Majesté, m'a chargé de vous prévenir qu'il ne supporterait pas… etc. »

Bilan Quelles qualités la société des Lilliputiens offre-t-elle au regard de Gulliver ?

Objectifs
• Comprendre des points
de vue dans un conte criti-
quant la société.
• S'interroger sur les
valeurs d'une société.

Compétence
• Situer des textes littéraires dans leur contexte.

Rencontre avec un Huron

1689 : Monsieur de Kerkabon et sa sœur voient débarquer un Indien du Canada, un Huron nommé « l'Ingénu ». Ils l'invitent à dîner avec leurs amis, l'abbé de Saint-Yves et sa sœur. On demande alors à l'Ingénu pourquoi il est venu en France.

REPÈRES

1700   1800
XVIIIe siècle
Les Lumières
1767
|
Voltaire
L'Ingénu

L'HISTOIRE DES MOTS

« **Huron** » (l. 8) vient de l'ancien français « hure » et signifiait au Moyen Âge « qui a la tête hérissée ». Le mot désigne au XVIIIe siècle un Algonquin (voir note 8) qui porte une coiffure en forme de crête.

« Je suis venu voir votre pays, parce que j'aime assez les Français quand ils ne font pas trop de questions. »

L'abbé de Saint-Yves, malgré ce petit avertissement, lui demanda laquelle des trois langues lui plaisait davantage, la huronne, l'anglaise,
5 ou la française. – La huronne, sans contredit[1], répondit l'Ingénu[2]. – Est-il possible ? s'écria Mlle de Kerkabon ; j'avais toujours cru que le français était la plus belle de toutes les langues après le bas-breton. »

Alors ce fut à qui demanderait à l'Ingénu comment on disait en huron du tabac, et il répondait *taya* ; comment on disait manger, et il répondait
10 *essenten*. Mlle de Kerkabon voulut absolument savoir comment on disait faire l'amour[3] ; il lui répondit *trovander*[4], et soutint, non sans apparence de raison, que ces mots-là valaient bien les mots français et anglais qui leur correspondaient. *Trovander* parut très joli à tous les convives. [...]

Mlle de Saint-Yves était fort curieuse de savoir comment on faisait
15 l'amour au pays des Hurons. « En faisant de belles actions, répondit-il, pour plaire aux personnes qui vous ressemblent. » Tous les convives applaudirent avec étonnement. Mlle de Saint-Yves rougit et fut fort aise. Mlle de Kerkabon rougit aussi, mais elle n'était pas si aise ; elle fut un peu piquée[5] que la galanterie ne s'adressât pas à elle, mais elle était si
20 bonne personne que son affection pour le Huron n'en fut point du tout altérée. Elle lui demanda, avec beaucoup de bonté, combien il avait eu de maîtresses[6] en Huronie. « Je n'en ai jamais eu qu'une, dit l'Ingénu ;

Cornelius Krieghoff, *Un chasseur huron-wendat appelant l'orignal*, estampe (détail), vers 1868.

▶Comment interpréter différents points de vue de personnages ?

Découvrir le texte

1. Quelle semble être l'occupation principale des Indiens du Canada d'après ce texte ?
2. Quelles questions auriez-vous posées au Huron si vous l'aviez rencontré ?

Analyser et interpréter le texte

Des opinions bien tranchées

3. Quelle est, pour une habitante de Bretagne, la plus belle langue du monde ? Et pour un Huron ? Est-ce étonnant selon vous ?
4. Quelles sont les réactions des différents personnages aux propos du Huron ? Justifiez vos réponses.
5. Prononcez les mots du Huron mentionnés dans le texte : à quels mots français pouvez-vous les associer ?

c'était Mlle Abacaba, la bonne amie de
ma chère nourrice ; les joncs ne sont
25 pas plus droits, l'hermine n'est pas plus
blanche, les moutons sont moins doux,
les aigles moins fiers, et les cerfs ne sont
pas si légers que l'était Abacaba. Elle
poursuivait un jour un lièvre dans notre
30 voisinage, environ à cinquante lieues[7]
de notre habitation. Un Algonquin[8] mal
élevé, qui habitait cent lieues plus loin,
vint lui prendre son lièvre ; je le sus, j'y
courus, je terrassai l'Algonquin d'un
35 coup de massue, je l'amenai aux pieds
de ma maîtresse, pieds et poings liés. Les
parents d'Abacaba voulurent le manger ;
mais je n'eus jamais de goût pour ces
sortes de festins ; je lui rendis sa liberté,
40 j'en fis un ami. Abacaba fut si touchée de
mon procédé qu'elle me préféra à tous
ses amants. Elle m'aimerait encore si elle
n'avait pas été mangée par un ours. J'ai
puni l'ours, j'ai porté longtemps sa peau,
45 mais cela ne m'a pas consolé. »

Voltaire, *L'Ingénu*, 1767.

1. **Sans contredit** : sans doute possible. 2. **Ingénu** : personne simple et naïve.
3. **Faire l'amour** : faire la cour, séduire. 4. Tous les mots en italique sont inventés par
Voltaire. 5. **Piquée** : vexée. 6. **Maîtresses** : amoureuses. 7. **Cinquante lieues** : environ
200 km, une lieue mesurant environ 4 km. 8. **Algonquin** : Amérindiens du Canada,
de la même famille que les Hurons.

Edward Sheriff Curtis, *Indien d'Amérique
du Nord*, photographie, 1910.

Lecture de l'image

En observant le visage de cet Indien,
son expression, sa tenue, les choix
de cadrage de l'image, dites quelles
impressions se dégagent de ce portrait.

Une leçon de sagesse

6. Quelle idée l'Ingénu a-t-il de
l'amour ? Étudiez le portrait que
l'Ingénu fait d'Abacaba. En quoi
est-il poétique ?

7. « Malgré ce petit avertissement »
(l. 3) : de quel avertissement est-il
question ? Que souligne le narrateur par cette remarque ?

8. À votre avis, l'Ingénu est-il aussi
naïf que son nom l'indique ? Justifiez votre réponse.

S'exprimer à l'écrit

**Créer un dictionnaire français/
huron**

9. Choisissez quelques mots de
Mlle de Kerkabon. Classez-les par
ordre alphabétique, puis inventez
des mots en huron qui pourraient
les traduire.

Bilan De quoi chaque personnage est-il convaincu ? Que veut
nous montrer Voltaire ?

MÉMO

Les personnages de conte sont
souvent réduits à une qualité ou
à un défaut. Voltaire utilise cette
particularité pour critiquer ses
contemporains.

Les romans d'aventures exotiques

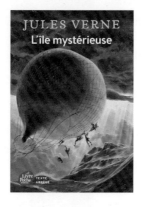

Jules Verne, *L'Île mystérieuse*, Le livre de poche, 1875

Échoués sur l'île Lincoln, cinq compagnons arrivent à survivre grâce à Cyrus Smith, un ingénieur très inventif.

Analyser le rôle d'un paysage

• Les passagers du dirigeable découvrent la géographie de l'île où ils ont atterri. À quels détails voit-on que le paysage est tourmenté et inhospitalier ?

• Pourquoi les naufragés sont-ils très démunis ? Que parviennent-ils cependant à produire alors qu'ils sont sur une île déserte ?

Jonathan Swift, *Voyage à Brobdingnag*, Gallimard, « Folio Junior », 1726

Après avoir été un géant au milieu d'un peuple minuscule, Gulliver se retrouve dans la situation inverse : tous les Brobdingnagiens sont des géants !

Choisir un extrait représentatif

• Analysez la couverture et montrez comment elle met en scène la situation de Gulliver dans ce récit.

• Choisissez un court passage qui illustre sa situation.

• Préparez la lecture orale du passage choisi pour mettre en valeur les sensations et les émotions du narrateur.

Michael Morpurgo, *Le Royaume de Kensuké*, Gallimard, « Folio Junior », 2007

Michael, le jeune héros, apprivoise un naufragé très âgé arrivé sur l'île bien avant lui et qui accepte de tout partager avec lui.

Partager les émotions d'un personnage

• Relevez les détails de la vie de Michael (l'école, sa famille, ses goûts, etc.) qui le font ressembler à beaucoup d'enfants de son temps.

• Citez deux émotions fortes parmi celles qu'il ressent et que vous éprouveriez dans la même situation.

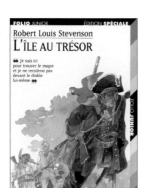

Robert Louis Stevenson, *L'Île au trésor*, Gallimard, « Folio Junior », 1883

Le jeune Jim Hawkins est entraîné dans des aventures au loin, à la recherche d'une île et de son trésor, au milieu des pirates conduits par le redoutable Long John Silver.

Faire le portrait d'un pirate

• Lisez le premier chapitre et faites le portrait de ce personnage en montrant qu'il possède une face rassurante et une autre effrayante.

À vous de créer

Réaliser un diaporama pour présenter une critique de livre

Réalisez cinq diapositives sur le livre que vous avez lu, en présentant :

– la couverture et son lien avec l'histoire ;
– un paysage qui évoque la géographie du roman ;
– un objet qui représente le héros de l'histoire ;
– quelques mots-clés d'un passage que vous lirez à voix haute pour dire ce que vous avez aimé du livre ;
– une émotion que le texte a provoquée chez vous (la peur, la tristesse ou la joie, l'admiration, etc.).

Méthode
Ne surchargez pas trop vos diapositives de textes ou de dessins : il ne s'agit pas d'écrire tout ce que vous allez dire mais d'illustrer vos propos.

Repérer les opinions des personnages

Tout allait bien en apparence. L'île prospérait au soleil, avec ses cultures, ses troupeaux, ses vergers, et les maisons qui s'édifiaient de semaine en semaine. Vendredi travaillait dur, et Robinson régnait en maître. Tenn qui vieillissait faisait des siestes de plus en plus longues.

5   La vérité, c'est qu'ils s'ennuyaient tous les trois. Vendredi était docile par reconnaissance. Il voulait faire plaisir à Robinson qui lui avait sauvé la vie. Mais il ne comprenait rien à toute cette organisation, à ces codes, à ces cérémonies, et même la raison d'être des champs cultivés, des bêtes domestiquées et des maisons lui échappait complètement. Robinson avait

10 beau lui expliquer que c'était comme cela en Europe dans les pays civilisés, il ne voyait pas pourquoi il fallait faire la même chose sur l'île déserte du Pacifique. De son côté Robinson voyait bien que Vendredi n'approuvait pas du fond du cœur cette île trop bien administrée qui était l'œuvre de sa vie.

Michel Tournier, *Vendredi ou la vie sauvage* [1971], Éditions Gallimard, 1977.

En bleu : éléments de contexte. **En rose :** informations sur Vendredi.
En vert : informations sur Robinson.

MÉTHODE GUIDÉE

Étape 1   Identifier les différentes voix du récit

- Lisez le texte et identifiez la thématique principale.
- Repérez qui est le narrateur (celui qui raconte l'histoire).
- Identifiez les différents personnages.
- Relevez les informations sur les personnages.

1. Quel est le sujet de cet extrait ?
2. Qui raconte l'histoire ? Le narrateur intervient-il dans le texte ?
3. De quels personnages est-il question dans l'extrait ?
4. Qu'apprend-on sur eux dans les passages surlignés ?

Étape 2   Reconstituer les opinions qui s'opposent

- Donnez les différentes opinions ou idées qui s'opposent.
- Repérez les arguments qui les justifient.
- Identifiez les relations entre ceux qui échangent : des amis, des gens qui n'ont pas le même âge.

5. Quel est le sujet du désaccord entre Robinson et Vendredi ?
6. Quelles sont les raisons des personnages pour défendre leurs idées ?
7. Pourquoi l'opposition ne tourne-t-elle pas au conflit ?

Étape 3   Entrer dans le débat

- Repérez comment les paroles des personnages sont rapportées : discours direct, indirect.
- Observez la présence du narrateur : ses interventions, son avis sur la question.

8. Rédigez un court dialogue entre Robinson et Vendredi : chacun expliquera son opinion à l'autre.
9. Quelle est l'opinion du narrateur ?
10. Êtes-vous d'accord avec Robinson ? Vendredi ? Le narrateur ? Confrontez vos réponses en classe.

Objectif
• Explorer le vocabulaire des sentiments des naufragés.

L'émerveillement et le désespoir

Dire le bonheur

1 Classez les synonymes du mot « bonheur » selon leur intensité, puis proposez un antonyme pour chacun d'eux.

| joie | allégresse | satisfaction | extase |

2 Reliez les synonymes et faites une phrase pour en expliquer le sens.

divertissement •
félicité •
bien-être •
bonne fortune •
gaieté •

• chance
• bonne humeur
• distraction
• contentement
• béatitude

Exprimer l'émerveillement

3 Lisez le texte suivant et répondez aux questions.
a. Quels sont les mots qui expriment la beauté et l'émerveillement ?
b. À quoi la mer est-elle associée ?

> Je me souviens d'avoir été émerveillé par la splendeur de cette île, un joyau vert cerclé de blanc, dans le bleu satiné et chatoyant de la mer.
>
> Michael Morpurgo, *Le Royaume de Kensuké*, Gallimard, « Folio junior », 2007.

Les Îles Vierges britanniques.

4 L'Ingénu exprime son émerveillement face à la beauté d'Abacaba en la comparant à des animaux. À la manière du Huron, décrivez Abacaba en la comparant à des fruits et des parfums.

> Les moutons sont moins doux, les aigles moins fiers, et les cerfs ne sont pas si légers que l'était Abacaba.
>
> Voltaire, *L'Ingénu*, 1767.

Évoquer le désespoir et la peur

5 Retrouvez des expressions sur la peur à partir des mots ou groupes de mots suivants.
• mauvaise conseillère • ventre • que de mal

6 Recopiez le tableau suivant et complétez-le avec trois synonymes du mot « peur ». Quand vous le pouvez, écrivez le verbe de la même famille.

Synonyme de « peur »	Verbe dérivé

7 Décrivez les réactions physiques que provoque la peur d'un naufrage en complétant les débuts de phrases suivants.
1. J'étais glacé... 2. Ma gorge... 3. Je perdis l'usage...
3. La panique... 4. Mon cœur...

Exprimez-vous !

8 Lisez le texte suivant, puis improvisez une courte scène par groupes de quatre élèves : deux naufragés et deux navigateurs. Mettez-vous d'accord avant l'improvisation : par quelles expressions les naufragés expriment-ils le soulagement ? Que disent leurs sauveteurs ? Comment la scène s'achève-t-elle ?

> *Les deux naufragés ont aperçu un bateau qui se dirige vers eux : ils sont sauvés !*
> Nous tombâmes dans les bras l'un de l'autre, là-haut sur la colline, à côté de notre phare flamboyant. Je sautais en l'air comme un fou, et Stella devint vite aussi dingue que moi.
>
> Michael Morpurgo, *Le Royaume de Kensuké*, Gallimard, « Folio junior », 2007.

9 Un alpiniste perdu dans la montagne aperçoit une ombre géante : terrifié, il tente de fuir mais le monstre le rattrape. Racontez l'aventure et montrez comment le sportif passe de la terreur au soulagement. Utilisez le vocabulaire de la peur et de l'émerveillement pour exprimer l'évolution de ses sentiments.

Objectifs
• Identifier les groupes syntaxiques : le groupe nominal.
• Identifier des classes de mots.

Grammaire

Les expansions du nom
à travers les récits d'aventures

Repérer des expansions du nom

1 Lisez le texte suivant.
a. Relevez toutes les expansions du nom qui complètent les mots en bleu.
b. Pouvez-vous les supprimer sans rendre les phrases incorrectes ?
c. Quelle version préférez-vous ? Pourquoi ?

> Des vastes nappes de fumée noire et jaune se déplaçaient vers l'océan. À la vue des flammes et de leur course irrésistible, les garçons surexcités poussèrent des cris aigus. [...] Les flammes rampaient vers une rangée de jeunes bouleaux qui garnissaient une crête de roche rose.
>
> William Golding, *Sa Majesté des Mouches*
> [1954], Gallimard, 1956.

Analyser des expansions du nom

2 Lisez le texte suivant.
a. Établissez la liste des objets récupérés par Robinson.
b. Analysez chacun des groupes nominaux en identifiant les expansions du nom.

> *Dans cet extrait, Robinson raconte comment il a pu sauver quelques objets de son bateau.*
> Il y avait dans la grande chambre deux très bons fusils de chasse et deux pistolets ; je les mis d'abord en réserve avec quelques poires à poudre, un petit sac de menu plomb et deux vieilles épées rouillées. Je savais qu'il existait à bord trois barils de poudre.
>
> Daniel Defoe, *Robinson Crusoé* [1719]
> trad. de l'anglais par P. Borel, 1836.

3 RÉÉCRITURE Réécrivez ce texte en complétant chaque nom en couleur avec des expansions qui souligneront la beauté et les caractéristiques de ces animaux exotiques.

> Kensuké me montra toutes ses peintures. C'était des dessins en noir et blanc représentant des orang-outangs, des gibbons, des papillons, des dauphins, des oiseaux, des fruits.
>
> Michael Morpurgo, *Le Royaume de Kensuké*,
> Gallimard, « Folio junior », 2007.

4 Dictée préparée
a. Lisez ce texte attentivement puis soulignez toutes les expansions du nom.
b. Justifiez les accords de « engorgé », « rempli », « blancs » et « pointus ».
c. Relisez le passage en vous concentrant sur les accords, avant de réécrire ce texte, cette fois sous la dictée de votre professeur.

> À l'embouchure de la rivière s'étendait un petit étang, à peine plus qu'une flaque, engorgé de sable et rempli de nénuphars blancs et de joncs pointus. Erik, Sam et Bill s'y trouvaient. Abrité du soleil, Jack s'agenouilla au bord de l'eau et défit les deux grandes feuilles qu'il tenait à la main. L'une contenait de l'argile blanche, l'autre de la terre rouge. Il y avait aussi un morceau de bois sorti du feu.
>
> William Golding, *Sa Majesté des Mouches* [1954], Gallimard, 1956.

À vous d'écrire !

5 Poursuivez le portrait de Robinson en ajoutant des expansions du nom variées. Employez au moins trois compléments du nom et deux propositions subordonnées.

> J'avais un bonnet grand, haut, informe, et fait de peau de chèvre, avec une basque tombant derrière pour me garantir du soleil et empêcher l'eau de la pluie de me ruisseler dans le cou. [...] J'avais une jaquette courte, également de peau de chèvre, dont les pans .... J'avais un large ceinturon Enfin une ombrelle...
>
> Daniel Defoe, *Robinson Crusoé*, 1719.

Réaliser l'interview d'un naufragé

Un jeune naufragé de douze ans vient d'être retrouvé sur une île déserte où il avait trouvé refuge. Deux journalistes enregistrent une interview à sa descente de l'avion.

F. von Myrbach-Rheinfeld,
Robinson Crusoé,
illustration, vers 1934.

ÉTAPE 1 Définir le cadre de l'interview

1 Formez des groupes de cinq élèves et répartissez-vous les rôles suivants : le rescapé, les deux journalistes, le preneur de son, un chef d'équipe.

2 Donnez une identité au naufragé : son nom, sa famille, son adresse, son physique.

3 Créez un scénario pour expliquer les circonstances de ses aventures : où a-t-il été retrouvé ? Par qui ? Comment s'est organisée sa vie sur place ? Combien de temps est-il resté ? Qu'est-ce qui l'avait conduit dans cet endroit ?

ÉTAPE 2 Préparer les questions et les réponses de l'interview

4 Définissez les thèmes à aborder dans l'interview, puis notez au brouillon les questions et les enchaînements entre les questions.

5 Préparez le contenu des réponses : les faits, les émotions à faire ressentir.

> **Méthode**
> Utilisez l'impératif : « Dites-nous », « Racontez-nous », des formes interro-négatives : « Est-ce que vous n'avez pas eu peur ? », des constructions pour insister « Et l'île, était-elle paradisiaque ? »

ÉTAPE 3 Enregistrer l'interview

6 Exercez-vous : répétez en suivant les consignes du chef d'équipe. Suivez les gestes du preneur de son pour prendre la parole, vous taire, parler plus fort.

> **Méthode**
> Utilisez un logiciel de type Audacity, et enregistrez votre interview.

7 Enregistrez l'interview en continu : variez votre voix pour faire entendre la curiosité du journaliste, les émotions du naufragé, la peur, le bonheur, ses hésitations et reformulations, etc.

8 Écoutez ensemble l'enregistrement : relevez ce qui est réussi, ce qui pourrait être amélioré.

9 Demandez-vous ce qu'ont appris les auditeurs, quel intérêt ils ont pu trouver à écouter cette interview.

COMPÉTENCES

D1, D2, D3 Comprendre et interpréter des messages.
D1, D2, D3 Participer de façon constructive à des échanges oraux.
D1, D2, D3 Percevoir et exploiter les ressources expressives de la voix.

ATELIER

Écrire la première page d'un roman d'aventures

Vous êtes un auteur célèbre. Pour votre prochain roman d'aventures, vous avez choisi un paysage hostile, battu par les vents.

Chine, Montagnes Jaunes.

ÉTAPE 1 ▸ Déterminer le cadre du roman

1 Un paysage est perçu selon un point de vue : celui du narrateur ou d'un personnage. La description, les connecteurs et les compléments de phrase sont alors orientés selon cette perspective. Lisez l'extrait suivant et répondez aux questions.

> De là où je me trouvais, je pouvais voir que la forêt devenait moins dense sur le flanc d'une grande colline, à l'intérieur de l'île, et je me dis que si j'atteignais la roche nue qui était au sommet, j'aurais une vision plus de large de la mer.
>
> Michael Morpurgo, *Le Royaume de Kensuké*, Gallimard, « Folio junior », 2007.

a. Relevez les connecteurs et les indications de lieu.
b. Selon quel point de vue est décrit ce paysage ?

ÉTAPE 2 ▸ Décrire un paysage

2 Commencez votre récit : un voyageur perdu dans une région peu hospitalière arrive dans un village à pied. Décrivez cette région dans un premier paragraphe et organisez votre description de manière à évoquer les éléments du paysage tels que le voyageur les découvre.
Utilisez le vocabulaire suivant :
colline • chemin de terre • quelques bovins • en haut de la colline • des pierres entassées.
Caractérisez les éléments par des couleurs, des détails sur les matières.

ÉTAPE 3 ▸ Créer une atmosphère et enclencher l'action

3 Arrivé au pied d'une colline, à la sortie du village, le voyageur n'a encore rencontré personne. Rédigez un deuxième paragraphe où il s'interroge sur cette absence de vie.

4 Un événement se produit soudain : imaginez ce qui peut bien arriver au voyageur. Terminez votre première page en proposant une aventure inattendue.

 Pour bien écrire

Pensez aux accords dans les expansions du nom : les adjectifs épithètes avec les noms auxquels ils se rapportent et les verbes des propositions subordonnées relatives avec l'antécédent du pronom relatif quand il est sujet.

Méthode

Relisez votre page une première fois pour vérifier qu'elle est compréhensible et une seconde fois pour vérifier les accords dans le groupe nominal, les temps et la conjugaison des verbes, la ponctuation.

COMPÉTENCES

D1 Adopter des stratégies et des procédures d'écriture efficaces.
D1 Pratiquer l'écriture d'invention.

Bilan de la séquence

Les caractéristiques du récit d'aventures

La **description** d'un décor, la géographie des lieux	Des **péripéties** ordonnées par une chronologie	Une **atmosphère** souvent inquiétante	Des **rencontres** et des conflits avec les autres

Les aventures de Robinson Crusoé, un modèle et des thèmes récurrents

Un **naufrage** ou un accident qui provoque l'isolement	La **solitude** loin de la civilisation, la vie dans la nature	La **relation avec les autres** : par exemple avec Vendredi, les cannibales ou le groupe d'amis	Le **retour à la vie** ordinaire

Le voyage exotique, un autre regard sur les autres

Les autres nous permettent d'interroger nos valeurs Avec l'Ingénu, le lecteur découvre que certains pensent à tort avoir une langue et une culture supérieures aux autres.	**Les autres nous fascinent et nous effrayent parfois** Les Indiens cannibales terrorisent Robinson, mais Vendredi lui enseigne la vie sauvage.	**Les autres nous ressemblent** Gulliver découvre que des êtres aussi différents que les Lilliputiens sont organisés et « civilisés ».

Évaluation 1. Mobiliser les acquis de la séquence

1. Je sais situer les écrivains dans le temps et les placer sur une frise chronologique.

Jonathan Swift • Daniel Defoe • Michel Tournier • William Golding • Voltaire

| XVIIIᵉ siècle | XIXᵉ siècle | XXᵉ siècle |

2. Je connais les caractéristiques du récit d'aventures exotique.

3. Je peux définir l'exotisme.

4. Je sais citer les différentes expansions du nom.

paysages exotiques

Quitter Speranza

Vingt-huit ans après son arrivée sur l'île, Robinson voit le navire du capitaine Hunter aborder Speranza. Robinson l'accueille ainsi que son second, Joseph, selon les règles de l'hospitalité.

À l'emplacement où s'élevait autrefois la banque de Speranza, de hautes herbes se creusaient sous le vent avec un murmure soyeux. Un matelot y trouva coup sur coup deux pièces d'or. Il ameuta aussitôt ses compagnons à grands cris, et après des disputes violentes, on décida d'incendier toute la prairie pour faciliter
5 les recherches. Robinson ne put s'empêcher de penser que cet or était à lui en somme, et que les bêtes allaient être privées par cet incendie de la meilleure pâture de toute l'île. Chaque nouvelle pièce trouvée était l'occasion de bagarres souvent sanglantes qui se livraient au couteau ou au sabre.

Il voulut détourner son attention de ce spectacle en faisant parler Joseph, le
10 second. Celui-ci lui décrivit aussitôt avec enthousiasme la traite des Noirs qui fournissait la main-d'œuvre des plantations de coton des États du sud de l'Amérique. Les Noirs étaient enlevés en Afrique sur des bateaux spéciaux où ils étaient entassés comme de la marchandise. Aux États-Unis, on les vendait et on rechargeait le bateau avec du coton, du sucre, du café et de l'indigo. C'était un fret[1] de retour idéal
15 qui s'écoulait avantageusement au passage dans les ports européens. Puis Hunter prit la parole et raconta en riant comment, au cours de la guerre, il avait coulé un transport de troupes français envoyé en renfort aux insurgés américains. Tous ces hommes s'étaient noyés sous ses yeux. Robinson avait l'impression d'avoir soulevé une pierre et d'observer des cloportes noirs et grouillants.

Michel Tournier, *Vendredi ou la vie sauvage* [1971], Gallimard, 1977.

————
1. **Fret**: chargement.

5. Quels comportements ont les marins sur l'île de Robinson ? Comment Robinson les juge-t-il ?

6. Quel événement historique découvre Robinson ?

7. Comment les marchands ont-ils trouvé le moyen de s'enrichir pendant tout ce temps ?

8. Quel regard Robinson porte-t-il sur les hommes à la fin de cet extrait ? Expliquez l'image utilisée.

9. Rédigez en une quinzaine de lignes une suite à cet extrait de *Vendredi ou la vie sauvage*.

a. Commencez par la phrase : « Le lendemain matin le capitaine Hunter revint sur l'île pour inviter Robinson à quitter l'île en compagnie de Vendredi. Robinson contempla à nouveau son île… »

b. Imaginez ce que décide Robinson et quels sont ses sentiments : l'île telle qu'il la voit après tant d'années, les raisons qui le poussent à partir, ses craintes.

COMPÉTENCES ATTENDUES EN FIN DE 5e

D1, D5 **Lire**
– Lire des œuvres littéraires.
– Élaborer une interprétation de textes littéraires.

D1 **Écrire**
– Adopter des procédés et des stratégies d'écriture efficaces (en fonction des règles propres au récit d'aventures).
– Exploiter des lectures pour enrichir son récit.

Explorateurs d'hier

Grâce à leurs récits et aux journaux de bord qu'ils ont patiemment tenus, les explorateurs ont pu témoigner de ce qu'ils ont vu et vécu. Entre émerveillement et désillusions, ces récits sont une source de connaissance précieuse.

▶ Quels projets et envies poussent les explorateurs à arpenter le monde et à le décrire ?

L'étonnement des premiers explorateurs : Jacques Cartier au Canada

Jacques Cartier (1491-1557)

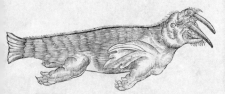

Doc 2 Dessin d'un morse par Conrad Gessner, 1558

À la Renaissance, les Européens ont encore une connaissance limitée du reste du monde. De nombreux explorateurs, dont Jacques Cartier, partent à l'aventure dans le but d'explorer de nouveaux territoires. Ces voyages mêlent parfois la fantaisie à des descriptions plus objectives.

Doc 1   Jacques Cartier aux îles de la Madeleine

Jacques Cartier explore l'archipel qui prendra le nom d'îles de la Madeleine. Le 25 juin 1534, Il décide de passer la nuit dans l'une des îles.

Nous trouvâmes [cette île] pleine de grands arbres, de prairies, de champs de blé et de pois en fleurs, comme je n'en vis jamais en Bretagne, si drus et si beaux qu'ils semblaient avoir été semés par un laboureur. Il y a beaucoup de groseilliers, de fraisiers et de roses
5 de Provins, du persil et d'autres bonnes herbes très odorantes. Il y a autour de cette île plusieurs gros animaux, comme de grands bœufs, qui ont deux dents dans leur gueule, semblables à celles des éléphants, et ils vivent dans la mer. Il y avait une de ces bêtes qui dormait au bord de l'eau. Alors nous allâmes vers nos bateaux
10 car nous voulions l'attraper mais aussitôt que nous nous trouvâmes à côté d'elle elle se jeta à la mer. Nous vîmes aussi des ours et des renards. Cette île fut appelée île de Bryon.

Relation originale du voyage de Jacques Cartier au Canada en 1534, réécrit en français contemporain par P. Fize.

Doc 1 **1.** Sur quoi porte l'étonnement de l'explorateur ?
2. Ce texte a été réécrit en français moderne. Observez ci-contre la phrase telle qu'elle a été écrite par Jacques Cartier (1re phrase du texte). Quelles différences notables repérez-vous ?

Essayez de lire à voix haute : quelles difficultés rencontrez-vous ?

Nous la trouuames plaine de beaulx arbres, prairies, champs de blé sauuaige, et de poys en fleurs, aussi espes et aussi beaulx que je vis oncques en Bretaigne, qu'ilx sembloient y avoir esté semer par laboureux.

Doc 2 **3.** En quoi le morse semble-t-il un animal exotique pour un Français ? À quel animal Jacques Cartier le compare-t-il ?
4. Cette représentation d'un morse vous paraît-elle fidèle à la description qu'en fait Cartier ?

Doc 3 **La représentation du monde au XVIᵉ siècle**

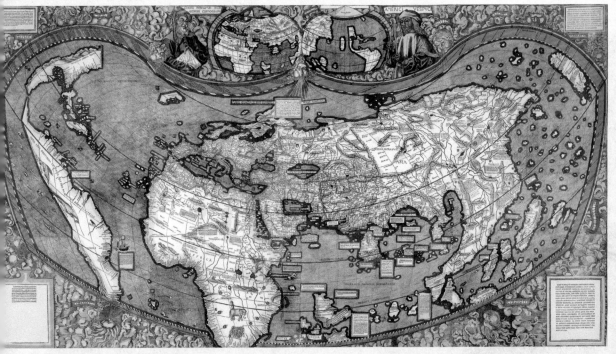

Martin Waldseemüller, *Planisphère*, 1507.

Doc 4 **Jacques Cartier rencontre les Canadiens**

Pierre Desceliers, *Carte du Canada* (détail), 1542.

REPÈRES ∽

En **1534**, le navigateur français **Jacques Cartier**, originaire de Saint-Malo, explore les côtes du nord du continent américain et découvre le Canada. Il fait le récit de ses **trois voyages** et décrit jour après jour des paysages, des plantes et des animaux et ses rencontres avec les hommes qui habitent ces territoires.

Docs 3 et 4 **5.** Ces cartes du monde du début du XVIᵉ siècle vous semblent-elles réalistes ou fantaisistes ?

6. À votre avis, le voyage de Jacques Cartier a-t-il contribué à améliorer (ou faire évoluer) la carte de 1507 ? Si oui, pour quelle partie du monde ?

Une aventure scientifique : le tour du monde de James Cook au XVIIIe siècle

Au XVIIIe siècle, l'Europe a soif de nouvelles connaissances. L'aventure prend un tournant scientifique : les explorateurs cherchent à cartographier le monde, à rapporter des connaissances géographiques et botaniques en Europe.

Doc 5

L'adieu aux îles de l'Amitié de James Cook

En 1777, James Cook et son équipage se rendent en Nouvelle-Zélande, puis vers Tahiti et Hawaï. Les îles de l'Amitié (aujourd'hui îles Tonga) se trouvent au milieu de l'océan Pacifique.

17 juillet 1777. Nous fîmes nos adieux aux îles de l'Amitié, après un long séjour vécu dans les plus cordiales relations. Nous dépensâmes très peu de nos provisions de mer et nous emportions avec nous une grande quantité de vivres frais.

5   J'avais laissé quelques animaux utiles qui devaient prospérer, pour le bien des insulaires[1] et celui des navigateurs européens qui viendraient à l'avenir dans cet archipel.

    Selon les renseignements recueillis, l'archipel était très étendu, comptant près de cent cinquante îles. Les plus importantes se nomme-

10 raient Hamoa (Samoa), Vavaou et Fedjee. Pour les autres les insulaires firent usage de feuilles d'arbres pour en déterminer le nombre, la position et l'étendue. Plusieurs semblaient n'être que des bancs de sable inhabités ou des rochers, quelques-unes paraissaient élevées et montueuses. Ce sera la tâche des futurs explorateurs d'en déterminer la

15 situation exacte et les ressources. Nous apprîmes seulement que Hamoa possède des hâvre[2] sûrs et de l'eau saine, qu'elle produit en abondance toutes les espèces de fruits et de racines que l'on trouve dans les parages. Ses habitants semblaient estimés pour la qualité de leurs danses et l'habileté avec laquelle ils construisent des maisons. [...]

20   Dans l'ensemble nos relations ne furent jamais hostiles et dans les pratiques du troc tous les insulaires firent preuve d'une grande confiance. Pour nous ils possédaient beaucoup des meilleures quali-tés humaines : l'affabilité[3], l'ingéniosité, la persévérance. L'archipel de l'Amitié semblait bien porter son nom.

James Cook, *Voyages à l'océan Pacifique* [1776-1780], adapté par Jean-Louis Dodeman, Epigones, 1991.

1. **Insulaires :** habitants d'une île.   2. **Hâvres :** petits ports protégés.   3. **Affabilité :** bienveillance.

Doc 5 **1.** Sur quelles infor-mations concernant les îles de l'Amitié James Cook insiste-t-il ? Que retient-il de son passage sur ces îles ?
2. Dans quel état d'esprit les quitte-t-il ? Pourquoi affirme-t-il que « l'archipel de l'Amitié semblait bien porter son nom » ?

Doc 6 **La mort de James Cook sur les îles Sandwich (Hawaï) le 14 février 1779**

Doc 6 **3.** Observez ce tableau. Qui sont les personnages représentés?

4. Quelle semble être l'atmosphère dominante? Faites des hypothèses pour expliquer le dénouement tragique de cette scène, puis cherchez sur Internet comment est mort James Cook.

George Carter, *La Mort du capitaine James Cook*, huile sur toile, 1783.

Les explorateurs d'aujourd'hui, de nouveaux Robinsons?

De nos jours, de nouveaux voyageurs tentent de retrouver un contact avec les grands espaces et la nature et ont à cœur de partager ce qu'ils vivent, par l'écriture, ou dans des documentaires pour un large public.

Doc 7 **Nicolas Vanier et ses chiens de traîneaux, sur le lac Baïkal gelé**

L'Odyssée sauvage, film documentaire de Nicolas Vanier, 2014

Doc 7 **5.** Nicolas Vanier est-il, selon vous, seul dans cet espace glacé? Justifiez votre réponse.

REPÈRES ∾

Sylvain Tesson est un écrivain voyageur français né en 1972. Son œuvre, *Dans les forêts de Sibérie* a connu un grand succès. Ce livre a été écrit à la suite d'une expérience qu'il s'est imposée : **vivre seul, éloigné de tous** pendant plusieurs mois dans une cabane en Sibérie.

REPÈRES ∾

Sylvain Tesson est un **écrivain voyageur** français né en 1972. Son œuvre, *Dans les forêts de Sibérie* a connu un grand succès. Ce livre a été écrit à la suite d'une expérience qu'il s'est imposée : **vivre seul, éloigné de tous** pendant plusieurs mois dans une cabane en Sibérie.

Doc 9 **Sylvain Tesson à sa table de travail**

Doc 10 **Sylvain Tesson en kayak sur les berges du lac Baïkal**

Pour aller plus loin

Regardez l'interview de Sylvain Tesson sur Europe 1 («Je voulais fuir la vie d'ici»), disponible sur YouYube.

Doc 8 **Voyage en Sibérie**

Texte 1 *14 février*

Il fait -33°. Le camion s'est fondu à la brume. Le silence descend du ciel sous la forme de petits copeaux blancs. Être seul, c'est entendre le silence. Une rafale. Le grésil[1] brouille la vue. Je pousse un hurlement. J'écarte les bras, tends mon visage au vide glacé et rentre au chaud.

5 J'ai atteint le débarcadère[2] de ma vie.

Je vais enfin savoir si j'ai une vie intérieure.

Texte 2 *5 avril*

Des rafales dans la nuit. Le vent du nord malmène la lisière du bois jusqu'à midi. Le thermomètre est à -23°C. Il est joli le printemps ! Dans le redoux de l'après-midi, j'entreprends la construction d'une table.

De grosses branches de cèdre pour les pieds, des 5 tasseaux pour le cadre et par-dessus quatre planches de bois qui dormaient sous l'auvent. Je passe trois heures à travailler et au soir tombant, j'ai ma table. Je l'installe dans la neige, sur la plage, au débouché de la clairière devant le cèdre en conque[3]. Puis je 10 m'assieds sur un rondin, dos contre le tronc. Ces gens qui vous interdisent de mettre les pieds sur la table. Ils ne savent pas la fierté de l'ébéniste.

Le soir, je fume un Partagas dans le froid, accoudé à mon nouveau bastingage[4]. Cette table et 15 moi, nous nous aimons déjà beaucoup. Sur cette Terre, il fait bon s'appuyer sur quelque chose.

Sylvain Tesson, *Dans les forêts de Sibérie*, Gallimard, 2011.

---

1. **Grésil :** pluie gelée. 2. **Débarcadère :** au sens propre, lieu d'où l'on embarque ou débarque les passagers. 3. **En conque :** en forme de coquillage. 4. **Bastingage :** ici, appui.

Doc 8 1. Où se situe la Sibérie ? Que pensez-vous du choix d'une telle région pour un explorateur d'aujourd'hui ?
Texte 1 : Selon vous, comment peut-on comprendre la phrase « Être seul, c'est entendre le silence » ?
Texte 2 : Quelles sont les conditions de vie de Sylvain Tesson en Sibérie ? En quoi peut-on dire qu'il est un « nouveau Robinson » ?

Doc 9 2. À quelle activité se livre ici Sylvain Tesson ? Que pouvez-vous dire du cadre dans lequel il se trouve ? Qui l'accompagne ?

Doc 10 3. Comment se déplace le voyageur ? Quels sont les dangers qu'il pourrait rencontrer ?
4. Que pouvez-vous dire des moyens techniques et matériels dont disposent les explorateurs ?

 **Créer un carnet de voyage**

Un carnet de voyage est plus qu'un simple journal de bord : c'est bien souvent le compagnon des explorateurs et des voyageurs. Ceux-ci le nourrissent non seulement de récits, mais aussi de dessins, de collages, de photos… À votre tour, partez à l'aventure et créez votre propre carnet de voyage à la manière des grands explorateurs !

Étape 1 Choisir une destination

• Étudiez les différents documents proposés. Définissez ce qu'est pour vous un explorateur. Imaginez-vous « en explorateur ».

• Déterminez le continent lointain où vous aimeriez aller ; procurez-vous une carte détaillée de ce continent.

Étape 2 Définir un itinéraire

• Par groupes de quatre élèves, choisissez un pays ou un espace précis. Définissez un parcours de voyage et signalez-le sur la carte par des points.

Étape 3 Se documenter

• Établissez une liste de ce que vous allez étudier si vous allez dans cette région pour la première fois : faune, flore, cuisine, habitants, langage, paysages… et répartissez-vous les sujets que vous allez observer.

• Dans chaque groupe, faites des recherches précises sur vos sujets (films, récits, expositions, documentaires…).

• Mettez en commun les résultats de vos recherches. Qu'est-ce qui a changé par rapport à ce que vous imaginiez ? Qu'avez-vous appris de nouveau ?

Étape 4 Raconter son voyage

• Définissez la structure de votre carnet de voyage selon des grands axes, par exemple : arrivée dans le pays ; installation ; voyage jusqu'au 1er lieu ; découverte du 1er lieu ; voyage jusqu'au 2e lieu ; découverte du 2e lieu, etc.

• À partir des recherches mises en commun, chaque groupe rédige un extrait du carnet de voyage sur un logiciel de traitement de texte.

Méthode
• Veillez à vous exprimer à la 1re personne du singulier et à faire figurer la date et le lieu où vous vous trouvez en tête de votre texte.
• Marquez votre étonnement lors de vos découvertes par des comparaisons.

Étape 5 Illustrer le carnet

• Recherchez pour chaque page une ou plusieurs images pour illustrer le carnet. Vous pouvez aussi illustrer vous-même les pages, par des collages, des dessins, des photos que vous aurez prises…

Méthode
Essayez de varier la mise en page du texte, en changeant la place et la taille de l'image, les couleurs des titres, etc.

Étape 6 Mettre en pages le carnet

• Choisissez le format du carnet (A3, A4, A5, à l'italienne…).

• Insérez vos images en regard des textes produits.

• Réalisez la couverture et la 4e de couverture (dernière page extérieure du livre). N'oubliez pas le titre du carnet et le nom des auteurs !

J'ai réussi mon carnet de voyage si :

□ j'ai effectué une recherche documentaire à partir de sources variées ;

□ j'ai fait un exposé clair de mes recherches à la classe ;

□ j'ai rédigé un texte utilisant le vocabulaire de l'étonnement ;

□ j'ai trouvé des illustrations en lien avec mon texte.

COMPÉTENCES

D1, D2, D3 Comprendre et s'exprimer à l'oral
– Interagir avec autrui dans un échange, une conversation, une situation de recherche.

D1 Écrire
– Adopter des stratégies permettant de trouver des idées ou des éléments du texte à produire.
– Organiser l'écrit en fonction des règles propres au genre du carnet de voyage.
– Pratiquer l'écriture d'invention : récit et texte documentaire.

La Rivière

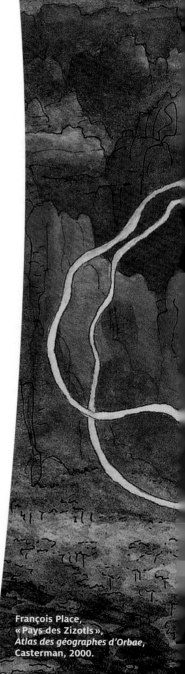

OBJECTIFS
• Découvrir des récits d'aventures pour se projeter dans des univers nouveaux.
• Comprendre la fonction du voyage en littérature.

Parcours d'une œuvre **Jean-Claude Mourlevat,**
La Rivière à l'envers (2000)

François Place,
« Pays des Zizotls »,
Atlas des géographes d'Orbae,
Casterman, 2000.

à l'envers

▶ *Comment le voyage vers l'inconnu*
devient-il un voyage initiatique ?

Le voyage aux origines du récit d'aventures

La Rivière à l'envers *est un roman qui s'inscrit dans la lignée des récits d'aventures, dans lesquels le voyage est déterminant pour le héros. Se confronter à des mondes imaginaires et extraordinaires renvoie le héros à un voyage intérieur. Cette quête initiatique est un thème central de la littérature depuis l'Antiquité, et a structuré l'essor du roman d'aventures au XIXe siècle.*

**Jean-Claude Mourlevat
(Né en 1952)**

Jean-Claude Mourlevat est un auteur connu pour ses récits destinés à la jeunesse. Ces romans ont été couronnés par de nombreux prix et sont traduits dans de nombreuses langues.

VIIIe siècle

Dans *L'Odyssée*, Homère fait voyager son héros Ulysse dans des contrées hostiles, peuplées de monstres. Ces aventures sont un moyen d'affirmer son humanité.

IXe siècle

Dans «les Voyages de Sinbad», légende d'origine persane associée aux contes des *Mille et Une Nuits* (traduits au XVIIIe siècle), est racontée l'histoire d'un marin, Sinbad, qui vit des aventures fantastiques au cours de ses voyages.

XIIe siècle

Dans les romans de chevalerie apparaît le mot « aventure » avec le sens qu'on lui connaît aujourd'hui. Le héros vit une série d'aventures : sa quête est semée d'épreuves que ses qualités exceptionnelles lui permettent de surmonter.

XIXe siècle

Le genre du roman d'aventures se développe largement au XIXe siècle, notamment grâce à la diffusion du roman feuilleton. Les *Voyages extraordinaires* qui réunissent une soixantaine de romans écrits par Jules Verne entre 1863 et 1905, ou *L'Île au trésor*, écrit par Robert Louis Stevenson en 1883, témoignent de cet engouement.

3500 av J.-C.		476		1453	1789	
ANTIQUITÉ			MOYEN ÂGE		ÉPOQUE MODERNE	ÉPOQUE CONTEMPORAINE

VIIIe siècle av J.-C.	IXe siècle	XIIe siècle	XIXe siècle	XXIe siècle
Homère, *L'Odyssée*	Premières traces écrites des contes des *Mille et une nuits*	Romans de chevalerie	Jules Verne, *Voyages extraordinaires*	Jean-Claude Mourlevat, *La Rivière à l'en...*

Entrer dans la séquence

Préparez votre voyage

Table des matières de *La Rivière à l'envers*

1 Lisez la table des matières qui figure à la fin du roman de J.- C. Mourlevat. Quelles sont vos premières impressions ? Choisissez l'un de ces titres et expliquez ce qu'il vous inspire.

2 Quels titres de chapitre vous montrent que ce roman est un récit d'aventures ?

3 Regroupez les titres de chapitre par thème et confrontez vos propositions. Faites des hypothèses sur l'histoire qui va être racontée.

Découvrez l'aventurier qui est en vous

4 Quelles remarques le titre *La Rivière à l'envers* vous inspire-t-il ? Comment vous représentez-vous cette expression ?

5 Imaginez que vous êtes un aventurier, vous partez à la découverte de nouveaux mondes. À la lecture de ce sommaire et du titre, identifiez la liste des lieux que vous allez parcourir et imaginez quelles seront leurs caractéristiques.

çois Place,
s des géographes, 2000.

Lecture 1

Objectifs
• Analyser la mise en place
d'un récit de voyage.
• Identifier la quête du héros.

Compétence
• Faire des hypothèses
de lecture.

Une rencontre inattendue

Tomek est un adolescent orphelin de treize ans qui tient la seule épicerie de son village et dont le rêve secret est de voyager pour découvrir le monde.

C'était la fin de l'été, un soir qu'il avait laissé la porte de sa boutique ouverte pour profiter de la fraîcheur de la nuit. Il était occupé à faire ses comptes sur son grand cahier spécial, à la lumière d'une lampe à huile, et il suçotait, rêveur, son crayon à papier, quand une voix claire
5 le fit presque sursauter :

– Est-ce que vous vendez des sucres d'orge ?

Il leva la tête et vit la plus jolie personne qu'on puisse imaginer. C'était une jeune fille de douze ans environ, brune comme on peut l'être, en sandales et dans une robe en piteux état. À sa ceinture pendait une
10 gourde de cuir. Elle était entrée sans bruit par la porte ouverte, si bien qu'on aurait dit une apparition, et maintenant elle fixait Tomek de ses yeux noirs et tristes :

– Est-ce que vous vendez des sucres d'orge ?

Alors Tomek fit deux choses en même temps.
15 La première, ce fut de répondre :

– Oui, je vends des sucres d'orge.

Et la seconde chose que fit Tomek, lui qui de toute sa vie ne s'était pas retourné trois fois sur une fille, ce fut de tomber amoureux de ce petit brin de femme, d'en tomber amoureux <u>instantanément</u>, complè-
20 tement et <u>définitivement</u>.

Il prit un sucre d'orge dans un bocal et le lui tendit. Elle le cacha aussitôt dans une poche de sa robe. Mais elle ne semblait pas vouloir s'en aller. Elle restait là à regarder les rayons et les rangées de petits
25 tiroirs qui occupaient un mur tout entier.

– Qu'avez-vous dans tous ces petits tiroirs ?

– J'ai... tout, répondit Tomek. Enfin tout le nécessaire...

– Des élastiques à chapeau ?
30 – Oui, bien sûr.

Tomek escalada son échelle et ouvrit un tiroir tout en haut :

– Voilà.

– Et des cartes à jouer ?

35   Il redescendit et ouvrit un autre tiroir :

– Voilà.

Elle hésita, puis un sourire timide se forma sur ses lèvres. Cela l'amusait visiblement :

– Et des images… de kangourou ?

40   Tomek dut réfléchir quelques secondes puis il se précipita vers un tiroir sur la gauche :

– Voilà.

Pour bien écrire

« **Définitivement** » (l. 20) est un adverbe formé de l'adjectif au féminin auquel s'ajoute le suffixe *-ment*. « **Instantanément** » (l. 19) est formé d'un adjectif en *-é*, auquel s'ajoute le suffixe *-ment*. Formez les adverbes correspondant aux adjectifs « rêveur » et « piteux ».

Cette fois, les yeux sombres de la petite s'éclairèrent tout à fait. C'était si charmant de la voir heureuse que le cœur de Tomek se

45   mit à faire des bonds dans sa poitrine.

– Et du sable du désert ? Du sable qui serait encore chaud ?

Tomek gravit encore une fois son échelle et prit dans un tiroir une petite fiole de sable orange. Il redescendit, fit couler le sable sur son cahier spécial pour que la jeune fille puisse le toucher.

50   Elle le caressa avec le dos de la main puis promena dessus le bout de ses doigts agiles.

– Il est tout chaud…

Comme elle s'était approchée très près du comptoir, Tomek sentit sa chaleur à elle, et plus que sur le sable chaud, c'est sur

55   son bras doré qu'il aurait voulu poser sa main. Elle le devina sans doute et reprit :

– Il est aussi chaud que mon bras…

Et de sa main libre elle prit la main de Tomek et la posa sur son bras. Les reflets de la lampe à huile jouaient sur son visage.

60   Cela dura quelques secondes, au bout desquelles elle se dégagea en un mouvement léger, virevolta dans la boutique puis pointa enfin son doigt au hasard vers l'un des trois cents petits tiroirs :

– Et dans celui-ci, qu'avez-vous dans celui-ci ?

– Oh, ce ne sont que des dés à coudre…, répondit Tomek en

65   versant le sable dans la fiole grâce à un entonnoir.

– Et dans celui-ci ?

– Des dents de Sainte Vierge… ce sont des coquillages assez rares…

– Ah, fit la petite, déçue. Et dans celui-là ?

70 – Des graines de séquoia... Je peux vous en donner quelques-unes si vous voulez, je vous les offre, mais ne les semez pas n'importe où, car les séquoias peuvent devenir très grands... [...]

– Ainsi vous avez tout dans votre magasin ? Vraiment tout ? dit la jeune fille en levant les yeux vers lui.

75 Tomek se trouva un peu embarrassé.

– Oui... enfin tout le nécessaire... répondit-il avec ce qu'il fallait de modestie.

– Alors, dit la petite voix fragile et hésitante, mais soudain pleine d'un fol espoir, sembla-t-il à Tomek, alors vous avez peut-être... de l'eau 80 de la rivière Qjar ?

Tomek ignorait ce qu'était cette eau. Il ignorait aussi où pouvait se trouver cette rivière Qjar. La jeune fille le vit bien, une ombre passa dans ses yeux et elle répondit sans qu'il eût à le demander :

– C'est l'eau qui empêche de mourir, vous ne le saviez pas ?

85 Tomek secoua doucement la tête, non, il ne le savait pas.

– J'en ai besoin... fit la petite.

Puis elle tapota la gourde qui pendait à sa ceinture et ajouta :

– Je la trouverai et je la mettrai là...

Jean-Claude Mourlevat, *La Rivière à l'envers*,
tome I, chapitre I, Pocket Jeunesse, 2000.

REPÈRES

La rivière Qjar évoque **le mythe très ancien** d'origine biblique, de la fontaine de jouvence que l'on retrouve dans toutes les civilisations. L'eau de cette fontaine d'immortalité (ou de vie) guérit et rend immortel. C'est **un objet de quête** de nombreux récits d'aventures.

▶ Comment le héros est-il gagné par l'appel de l'aventure ?

Découvrir le texte

1. Lisez le texte attentivement. À travers les yeux de quel personnage cette scène est-elle perçue ?

2. MISE EN JEU Imaginez une mise en scène : la rencontre entre Tomek et la jeune fille des premières lignes du texte. Insistez sur les jeux de regard entre les personnages. Présentez-la à deux devant la classe.

Analyser et interpréter

Une rencontre déterminante

3. Relevez deux expressions qui soulignent que la rencontre de la jeune fille est inattendue et vient rompre le quotidien de Tomek.

4. Observez le portrait de la jeune fille. Quels éléments de sa tenue en font une aventurière ?

5. LANGUE Relevez le champ lexical des sentiments. En quoi cette rencontre est-elle déterminante pour Tomek ?
↘ Identifier un champ lexical, p. 292

Une rivière merveilleuse

6. Expliquez pourquoi la jeune fille pense que Tomek pourrait vendre de l'eau de la rivière Qjar ? Justifiez par une expression qui caractérise une marchandise de l'épicerie.

7. Repérez le passage qui montre que Tomek ne vend pas d'eau de la rivière Qjar. Quelle est la caractéristique de cette eau ?

8. Mettez en relation le titre du roman et cette caractéristique de la rivière Qjar. Comment vous représentez-vous cette rivière ?

S'exprimer à l'oral

Émettre des hypothèses

9. Pourquoi la jeune fille a-t-elle besoin de « l'eau qui empêche de mourir » ? Faites des hypothèses et confrontez-les à l'oral.

Bilan Quels éléments annoncent le début d'une aventure ?

Lecture 2

Au village des Parfumeurs

Objectifs
• Découvrir un pays imaginaire dans un récit d'aventures.
• Identifier des références au conte merveilleux.

Compétence
• Élaborer une interprétation de textes littéraires.

Après le départ de la petite fille de l'épicerie, Tomek décide de quitter son village pour la rejoindre et l'accompagner dans sa quête de l'eau de la rivière Qjar. Suivant sa trace, il traverse une forêt magique, puis une prairie aux fleurs multicolores. Tomek s'évanouit au milieu de la prairie.

– Sous... le... ventre... du cocro... du croco... du cro... co... dile..., fit la petite voix.

Tomek se réveilla à cet instant-là et entrouvrit les paupières. Il se trouvait dans une chambre parfaitement rangée et qui sentait bon la
5 lavande. Il était allongé sur un lit propre, et l'enfant qui lui faisait la lecture suivait les lignes avec son doigt. Il n'avait que sept ans. [...]

– Et il... avança... imperper... imprestep... oh zut! imperspres...

– Imperceptiblement...? lui souffla Tomek pour l'aider.

Ce fut comme si une bombe avait éclaté dans la chambre. L'enfant
10 ouvrit une bouche immense, lâcha le gros livre qui tomba par terre et déguerpit à toutes jambes par la porte ouverte.

– Attends! lui cria Tomek, mais il avait déjà disparu. [...]

Les marches de l'escalier craquèrent un peu, puis une silhouette se dessina à la porte. Malgré la pénombre, Tomek vit un <u>vieil homme</u> à
15 barbe blanche, de très petite taille. Il s'avança vers le lit de Tomek avec un sourire bienveillant et dit en ouvrant les bras :

– Soyez le bienvenu parmi nous.

– Qui êtes-vous? demanda faiblement Tomek. Où suis-je?

20 – Vous êtes au village des Parfumeurs, répondit le vieux. Je m'appelle Eztergom et j'en suis le chef. En cherchant de nouveaux arômes dans la prairie, nous vous avons trouvé endormi et ramené ici. Mais n'ayez crainte, vous êtes en sécurité.
25 Regardez : vos affaires ont été rangées ici dans cette armoire.

REPÈRES

Dans **les récits initiatiques**, le voyage consiste souvent à faire l'épreuve de confrontation avec **des mondes imaginaires**. Se déplacer dans un ailleurs et découvrir l'inconnu invite le héros à se dépasser et à se connaître lui-même.

Pour bien écrire

« Vieil homme » (l. 14) : on écrit l'adjectif « vieil » au masculin devant un mot commençant par une voyelle ou un « h ». Comment écririez-vous cet adjectif dans la phrase suivante ? « La ... femme s'approche du ... arbre mort : tous deux étaient aussi ... l'un que l'autre. »

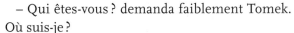

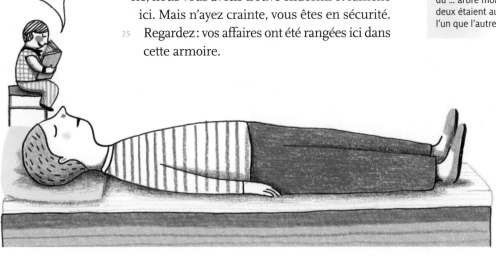

Il ouvrit l'armoire pour que Tomek puisse constater qu'il ne mentait pas, puis :

– Vous avez certainement mille questions à me poser, et j'y répondrai volontiers tout à l'heure. Mais auparavant j'aimerais que les habitants du village puissent vous voir... éveillé. C'est la tradition et cela leur ferait un immense plaisir. Y voyez-vous un inconvénient ?

– Mais... pas du tout... au contraire, bredouilla Tomek qui n'y comprenait rien. Cela me fera plaisir aussi...

– Merci infiniment, fit le vieil homme, et il se hâta vers la porte d'où il fit signe de la main à ceux qui étaient dans l'escalier.

La chambre se remplit aussitôt d'hommes, de femmes et d'enfants qui ressemblaient tous à Eztergom avec leur petite taille, leur bonne grosse tête ronde et leurs joues rebondies. Ils avaient surtout le même sourire désarmant que le vieil homme. Ils avançaient timidement, sans bruit, en le regardant avec l'air attendri que l'on prend au-dessus du berceau d'un nouveau-né. Comme Tomek ne savait pas quelle contenance adopter, il se contenta de remercier avec des hochements de tête. Le groupe sortit bientôt et un autre le remplaça, puis un autre, puis un autre encore. En dernier arriva seul l'enfant qui lui avait fait la lecture tout à l'heure. Eztergom le fit avancer tout près du lit et le présenta ainsi :

– Voici le jeune Atchigom. C'est à lui que vous devez d'être réveillé.

Le jeune Atchigom en question était bien près d'éclater de fierté et de confusion à la fois. Ses joues étaient rouges de bonheur et la joie pétillait dans ses yeux. [...]

Eztergom invita Tomek à s'asseoir et on leur apporta aussitôt un pichet de cidre et une grande quantité de crêpes. Il y en avait au lard, au fromage, au miel, aux pommes, à la confiture...

– Mon cher ami, dit le vieil homme, mangez à votre guise. Et pendant que vous mangerez, je vous donnerai les explications que vous attendez. Car tout cela doit vous sembler bien mystérieux.

– En effet, répondit Tomek, et il ouvrit grandes ses oreilles.

– Vous avez respiré le parfum d'immenses fleurs bleues nommées Voiles à cause de leur taille, expliqua Eztergom. Elles semblent flotter comme si elles étaient dans l'eau.

– Oui, se souvint Tomek, je les ai vues…

75 – Ces fleurs plongent dans un sommeil profond ceux qui respirent leur parfum. Et ils dorment aussi longtemps qu'on n'a pas prononcé devant eux, à voix haute, les Mots qui Réveillent. Un peu de cidre ?

– Les mots qui réveillent ? Quels mots qui réveillent ?
80 demanda Tomek qui en oubliait de boire et manger.

– Justement ! On ne le sait pas. Ces mots sont différents pour chacun d'entre nous. Voyons : quels sont ceux que vous avez entendus en vous réveillant ?

– C'était *crocodile*, se souvint Tomek.

85 – Non, dit Eztergom. Cela aurait été trop facile, nous l'aurions trouvé beaucoup plus tôt. Il y avait d'autres mots, sans doute…

– *Sous le ventre du crocodile*, je crois. Oui, c'est ça, Atchigom disait : sous le ventre du crocodile, quand je me suis réveillé.

Jean-Claude Mourlevat, *La Rivière à l'envers*,
tome I, chapitre VIII, Pocket Jeunesse, 2000.

▶ *Comment donner à voir un pays imaginaire ?*

Découvrir le texte

1. Repérez tous les passages qui permettent à Tomek de comprendre dans quel pays il se trouve.

2. Imaginez que vous rédigez une notice pour un guide touristique. Présentez le pays des Parfumeurs et leurs activités.

Analyser et interpréter

Des hôtes accueillants

3. LANGUE Relevez un adjectif qualifiant le chef du village qui montre que Tomek est en sécurité au pays des Parfumeurs.
↘ *Identifier les classes de mots*, p. 293

4. Relevez les noms propres des Parfumeurs et toutes les informations qui les décrivent. À quels personnages des contes merveilleux vous font-ils penser ? Vous montrerez en quoi ce texte rend hommage à ce genre de récits.

Une épreuve étonnante

5. Quel est le nom des fleurs qu'a respirées Tomek et quel est leur pouvoir ? Faites une recherche sur Internet ou au CDI et trouvez l'épisode de L'*Odyssée* d'Homère dans lequel une plante fait courir un danger à Ulysse et à ses compagnons.

6. Quel est le pouvoir de la lecture mis en scène dans cet extrait ? Justifiez votre réponse avec précision.

7. Quels sont les mots qui ont réveillé Tomek ? À quel genre de romans pensez-vous qu'ils pourraient appartenir ?

S'exprimer à l'écrit 🖊

Imaginer une scène de réveil

8. Cherchez dans un livre qui vous tient à cœur des mots qui réveillent et écrivez une scène de réveil. Inventez un personnage endormi et un lecteur, puis imaginez leur premier contact.

▤ *Conseil :* pour commencer votre texte, reprenez la structure des trois premières lignes de la lecture 2 (p. 63).

Bilan Quelles sont les particularités de ce monde imaginaire et de ses habitants ?

PISTES EPI

Cartes de mondes et de royaumes imaginaires

Projet : Inventer des géographies imaginaires et les cartographier

En groupes et à partir d'une liste d'éléments géographiques précis, vous imaginerez une carte d'un monde imaginaire avec au moins cinq milieux géographiques différents. Vous êtes libres de la forme de votre carte, mais vous devez inventer une légende cartographique précise. Rédigez un texte descriptif pour chaque lieu. Vous présenterez vos productions à l'oral en exposant les caractéristiques imaginaires de chaque région.

Thématiques : Culture et création artistique

Disciplines croisées : Français, Géographie, Arts plastiques

Lecture 3

Objectif
• Comprendre le sens
d'une épreuve dans un récit
initiatique.

Compétence
• Repérer des références
culturelles.

Une énigme à résoudre

Toujours à la poursuite d'Hannah, Tomek traverse l'océan et accoste sur une île frappée d'une malédiction : toute embarcation qui cherche à quitter l'île sombre lorsqu'elle passe un arc-en-ciel noir et menaçant. Tomek décide de braver ce danger. Seul dans sa barque, au milieu des flots glacés, il découvre une créature assise sur une balançoire géante, en mouvement.

Une gigantesque balançoire accrochée à l'arc-en-ciel et dont les crochets de fer grinçaient horriblement. C'était la seule chose qu'on entendait désormais : le grincement
5 régulier de la balançoire dans la brume. Toute vie s'était arrêtée. Tomek se demanda si son propre sang coulait encore. Il frissonna car un froid humide s'était abattu sur l'eau. Il tenta de ramer pour se réchauffer un
10 peu mais la barque ne bougea pas d'un seul centimètre. C'est juste après cela qu'il vit la créature assise sur la balançoire. Il n'avait jamais imaginé qu'un être aussi épouvantable puisse exister. Cette femme devait avoir
15 plus de cent cinquante ans. Elle était d'une maigreur extrême, ses membres n'étaient que des os d'où pendouillaient, flasques, des lambeaux de peau laiteuse.

— Bonjour, mon garçon, grinça-t-elle en
20 fixant Tomek de ses yeux de folle. Tu es venu répondre à la question ?

Quelle question ? se demanda Tomek, mais il fut incapable de prononcer un mot. La vieille lança en avant ses jambes squelettiques
25 pour accélérer le mouvement de la balançoire. Elle était entièrement nue sauf une paire de chaussettes blanches et des souliers de fillette qu'elle avait aux pieds. Ses longs doigts décharnés serraient les cordes depuis
30 si longtemps sans doute que les ongles noirs avaient fini par entrer dans les poignets et qu'ils ressortaient de l'autre côté. Elle souriait en se balançant, mais son regard d'aigle ne lâchait jamais Tomek.

35 — Je vais te poser la question comme aux autres, reprit-elle. Et comme les autres tu ne répondras pas, Tomek, tu vois, je sais ton nom, et ainsi tu iras ajouter aux leurs ton gros ventre blanc de noyé, au fond du
40 fond du fond du fond de l'océan. Songes-y bien, Tomek, l'eau est noire et glacée et tu y descendras lentement, lentement, lentement, lentement, Tomek, mon petit enfant, mon tout doux, mon lézard, mon...

45   – Tais-toi ! hurla Tomek. Tu n'as pas le droit de dire cela ! Tu dois te taire !

    Comment cette sorcière pouvait-elle savoir que Tomek était appelé ainsi par sa mère lorsqu'il était petit enfant : mon lézard, mon tout doux… Il l'avait oublié lui-même, mais maintenant qu'elle le lui disait, il se le rappelait très bien. Et c'était insupportable. [...]

50   – Si tu réponds, mon lézard, tu passeras sous l'arc-en-ciel noir. Tu seras le premier, et après toi tout le monde pourra le faire à sa guise. Et moi je disparaîtrai pour toujours… Voilà ce qui arriverait si tu répondais, mais tu ne répondras pas, mon tout doux…

    – Je t'écoute, dit Tomek en grelottant de peur et de froid.
55 Interroge-moi.

    La vieille relança d'un coup de jarret le mouvement de la balançoire, fit une dizaine de va-et-vient, se figea de nouveau et énonça enfin d'une étrange voix métallique :

60   *– Nous sommes sœurs, aussi fragiles que les ailes du papillon, mais nous pouvons faire disparaître le monde. Qui sommes-nous ?*

    Il y eut un long silence. La vieille restait suspendue dans les airs.

Jean-Claude Mourlevat, *La Rivière à l'envers*,
tome I, chapitre xiv, Pocket Jeunesse, 2000.

▶ *Quelle épreuve initiatique le héros doit-t-il affronter ?*

Découvrir le texte

1. Vous êtes cinéaste et vous adaptez cette scène pour un film d'aventures. Pour préparer votre story-board, dessinez un schéma de la scène en indiquant la position des personnages telle que vous souhaitez la filmer.

Analyser et interpréter

Un personnage effrayant

2. LANGUE Relevez les adjectifs qui caractérisent le portrait physique de la vieille dame. De quelle manière l'un des adjectifs est-il mis en valeur dans le premier paragraphe ? Quel est l'effet produit ?

3. Observez la description de la posture et des vêtements de la vieille femme. En quoi ces éléments apportent-ils une dimension inquiétante au personnage ?

4. Par quelle métaphore le regard de la vieille femme est-il caractérisé ? Expliquez le sens de cette image.

5. Dans la mythologie, quel personnage monstrueux affronte le héros Œdipe ? Cherchez quelle énigme il lui a posée.

Une épreuve initiatique

6. De quels surnoms la vieille femme affuble-t-elle Tomek ? Dans quel but ? Expliquez en quoi cette épreuve renvoie Tomek à une expérience intime de l'enfance.

7. Relevez la question posée par la vieille femme et repérez la comparaison utilisée. En quoi cette question se présente-t-elle comme une énigme ?

8. Décomposez chaque partie de l'énigme et cherchez à répondre à la question posée à Tomek. Indice : la réponse est une partie du corps humain.

S'exprimer à l'écrit ✍

Imaginer la suite du texte

9. Imaginez la suite de ce texte. Tomek va-t-il réussir cette épreuve ? Comment ? Que va-t-il se passer ensuite ? Intégrez à votre suite de texte la réponse à l'énigme et imaginez ce que va devenir la vieille femme.

> **Bilan** En quoi cette épreuve est-elle angoissante et déterminante pour le héros ?

Le retour de Tomek

Après de nombreuses épreuves, Tomek a rejoint Hannah et ils ont réussi à trouver la rivière Qjar. De retour de leur long voyage, ils arrivent au village de Tomek.

Ils se rendirent en premier à la boutique du vieil Icham, car c'est lui qui avait la clé de l'épicerie, et surtout parce que Tomek avait hâte de le revoir. Le vieil homme était assis en tailleur derrière son pupitre, comme à son habitude.

5 — Bonjour, grand-père ! appela Tomek de loin.

Hannah était restée en arrière. Elle ne voulait pas gêner les retrouvailles.

Icham regarda Tomek s'avancer, n'en croyant pas ses yeux, puis, quand il fut tout à fait sûr qu'il ne rêvait pas, il joignit ses mains devant 10 son visage et dit d'une voix faible :

— Mon fils, mon fils... Comme tu es fort ! Tu étais un enfant quand tu es parti et tu es un homme maintenant... Laisse-moi te serrer dans mes bras...

Tomek le rejoignit, s'agenouilla en face de lui et l'étreignit longue-15 ment. Puis, en se dégageant, il essuya ses larmes et dit avec tristesse :

— Pardonne-moi, grand-père, mais je n'ai pas pu te rapporter de l'eau de la rivière Qjar... Je...

Icham lui sourit :

— Console-toi, mon fils, car je n'en aurais pas bu, tu sais. Alors n'aie 20 pas de regrets. Entre un gobelet de cette eau et un morceau de nougat, je prends le nougat. Je ne tiens pas à vivre éternellement, tu comprends. Je crois même que je ne vivrai plus très longtemps. Je tenais à te revoir. Maintenant tu es là, et cela me suffit. Je n'attends désormais plus rien d'autre de la vie...

25 — Mais, grand-père, j'ai besoin de toi. Je veux te garder, moi !

— Tu veux me garder ? Alors je vais faire encore un petit effort pour toi. Mais vois-tu, Tomek, je ne sers plus à rien. Les <u>os</u> me font mal. Je me senti-30 rai mieux dans ton souvenir qu'assis aux courants d'air dans cette échoppe. Et puisque nous parlons de cela, je vais te dire quelque chose. Écoute bien parce que je ne le dirai pas une seconde fois.

« Quand je mourrai, Tomek, pleure un peu si 35 tu ne peux pas faire autrement, mais pas trop longtemps, s'il te plaît. Tu viendras peut-être de temps en temps sur ma tombe, alors dis-toi bien que je ne

Pour bien écrire

Le mot « os » (l. 29) s'écrit de la même manière au singulier et au pluriel, mais ne se prononcent pas pareil : au singulier \os\ et au pluriel \o\. Cherchez des mots dérivés du mot « os ». Comment s'écrit le son « s » ?

serai plus là. Si tu veux me voir, il faudra te
retourner. Tu regarderas les rangées d'arbres
40 dans le vent, la flaque d'eau où le petit oiseau
boit, le jeune chien qui joue, c'est là que je
serai, Tomek. Voilà, ne l'oublie jamais. Et
maintenant dis-moi un peu qui est cette jolie
demoiselle qui se tient cachée là… Tu ne m'as
45 pas présenté.

En poussant la porte de son épicerie, une
heure plus tard, Tomek fut stupéfait :

– Mon Dieu, comme elle est petite…
répéta-t-il plus de dix fois. Comme elle est
50 petite…

Hannah, elle, se rappelait chaque tiroir
ouvert par Tomek un an plus tôt.

Jean-Claude Mourlevat, *La Rivière à l'envers*,
tome I, chapitre XVIII, Pocket Jeunesse, 2000.

▶ Qu'a appris le héros au terme de sa quête ?

Découvrir le texte

1. Quel personnage Tomek retrouve-t-il en premier ? Pourquoi ?

2. Imaginez que vous partez pour un long voyage. Quelle est la personne que vous retrouverez en premier à votre retour ? Pourquoi ?

Analyser et interpréter

Un mentor indispensable à la quête

3. Comment Tomek et Icham s'adressent-ils l'un à l'autre ? Expliquez ce que cela nous indique sur la relation entre les personnages, sachant que Tomek est orphelin.

4. Quel sentiment submerge Tomek après ses retrouvailles avec Icham ? Comment l'expliquez-vous ?

5. Quel type de personnage Icham représente-t-il dans le roman ? Justifiez votre réponse en relevant la manière dont le personnage est présenté au début du texte.

Un voyage initiatique

6. En quoi Icham apporte-t-il une réponse inattendue au voyage de Tomek ? Justifiez votre réponse.

7. LANGUE Quel est le temps dominant auquel sont conjugués les verbes aux lignes 34 à 42 ? Expliquez en quoi la révélation est un ultime apprentissage pour Tomek.

8. Comment comprenez-vous la phrase des lignes 39 à 42 ?

S'exprimer à l'écrit 🖉

Réécrire une scène

9. « Hannah, elle, se rappelait chaque tiroir ouvert par Tomek un an plus tôt. » Racontez la scène de la rencontre entre Tomek et Hannah, du point de vue d'Hannah.

Conseil : relisez la lecture 1 (p. 60-61) et appuyez-vous sur l'entrée d'Hannah dans l'épicerie, puis sur ses réactions.

Bilan De quelle manière se termine le voyage du héros ?

Un extravagant voyage

T. S. Spivet est un jeune garçon de dix ans qui vit dans le Montana. Il est appelé par un institut scientifique de Washington l'informant qu'il a gagné un prix prestigieux pour l'une de ses inventions, la machine à mouvement perpétuel. À l'insu de sa famille, il décide de rejoindre Washington en train pour recevoir son prix.

L'inventaire de la valise de T. S. Spivet

Fiche signalétique du film

Titre : *L'Extravagant Voyage du jeune et prodigieux T. S. Spivet*

Genre : Film d'aventures

Durée : 1h45

Pays : France

Réalisateur : Jean-Pierre Jeunet

Date de sortie : 2013

Adaptation du roman : *L'Extravagant Voyage du jeune et prodigieux T. S. Spivet* de Reif Larsen (2010).

Transcription de la voix off de T. S. Spivet

« 1. Jouer et rejouer dans sa tête le scénario du voyage. (❶ et ❷)

2. faire l'inventaire de tous les articles indispensables par ordre d'importance :

– deux sextants ; (❸)
– trois pulls bordeaux ; (❹)
– un thermomètre, un hydromètre, un baromètre ; (❺)
– douze bâtonnets de carottes. (❻)

3. Surtout ne pas imaginer une séquence dans laquelle on aurait besoin d'un sismographe pour effectuer un relevé de coups de bec d'un pivert sur un tronc d'arbre. (❼)

4. Faire le bagage et rajouter ma peluche gros chouchou. » (❽)

Vocabulaire

• **Voix off** : voix d'un personnage ou d'un narrateur qu'on entend mais qu'on ne voit pas dans l'image.

• **Photogramme** : photo parmi celles qui constituent le film. On a dans un film 24 photos par seconde.

• **Plan rapproché** : cadrage d'un personnage à la poitrine ou à la taille ; il permet d'insister sur un détail (par exemple ici, les objets et l'attitude du personnage).

L'inventaire de Tomek

[Tomek] s'interrogeait longuement sur les habits qu'il devait prendre. [...] Il chercha des réponses dans les quelques livres d'aventures qu'il aimait, mais n'en trouva guère. La plupart des aventuriers ne possédaient rien, et son préféré, Robinson Crusoë, encore moins que les autres puisqu'il avait tout perdu au cours de son naufrage. La jeune fille aux sucres d'orge n'avait rien non plus, semblait-il. Aussi Tomek décida-t-il de suivre leur exemple et de n'emporter avec lui que l'indispensable.

Il lui fallait d'abord une bonne couverture de laine car il devrait sans doute dormir à la belle étoile et les nuits seraient vite fraîches.

Il avait également besoin d'une gourde. [...]

Dans les poches de son pantalon, il mit seulement un couteau à ours, au cas où il aurait à se défendre, et deux mouchoirs sur lesquels sa mère avait autrefois brodé le T de son prénom à lui, Tomek.

Jean-Claude Mourlevat, *La Rivière à l'envers*,
tome I, Pocket Jeunesse, 2000.

Photogrammes du film ***L'Extravagant voyage
du jeune et prodigieux T. S. Spivet*** de Jean-Pierre Jeunet, 2013.

Comprendre l'œuvre ❖ · ❖ · ❖ · ❖ · ❖ · ❖ · ❖

1. Observez les photogrammes et lisez la transcription de la voix off de la séquence. Expliquez comment le réalisateur réussit à montrer le caractère méthodique de la préparation de la valise du personnage. À quoi voit-on que T. S. est un enfant particulier ?

2. Observez le cadrage des photogrammes 3, 4, 5 et 6 (échelle de plan, position et mouvement de la caméra et position du personnage dans le cadre). Quel est leur point commun ? Quelle impression du personnage cela renforce-t-il ?

3. Relevez dans les photogrammes 2 et 4 des procédés de mise en scène originaux qui rendent cet inventaire poétique et décalé.

4. Observez le photogramme 4 et la voix off qui lui correspond. En quoi ce plan est-il comique ?

5. À partir du photogramme 6, expliquez en quoi le spectateur voit de T. S. Spivet est encore un enfant. Le voyage va-t-il le faire grandir selon vous ?

6. Lisez l'extrait dans lequel Tomek prépare son bagage. Montrez en quoi Tomek et T. S. Spivet ont des manières très différentes de voyager.

Activité

❶ Le point de vue d'un réalisateur

1. Faites une recherche sur la filmographie de Jean-Pierre Jeunet et préparez une présentation de ses films.
2. Cherchez sur Internet la bande-annonce du film et relevez dans cette vidéo tous les éléments qui montrent comment le réalisateur met en scène l'extravagance de la famille Spivet.

3. Regardez sur YouTube la vidéo du making of intitulée *Dans les coulisses de T. S. Spivet : Adapter le roman de Reif Larsen*. Expliquez la méthode de Jean-Pierre Jeunet pour écrire le scénario du film d'après le roman.
4. Présentez le fruit de votre recherche dans un diaporama pour expliquer le travail et le point de vue du réalisateur.

Lire *La Rivière à l'envers* de Jean-Claude Mourlevat

I. La construction du récit

1. Voici les différentes étapes d'un récit initiatique. Complétez le tableau en les plaçant dans le bon ordre.
a. Le retour du héros à son point de départ. **b.** Le héros atteint l'endroit le plus dangereux et passe une épreuve déterminante. **c.** Le héros comprend le sens de sa quête. **d.** Le héros vit dans un monde ordinaire. **e.** Le héros traverse des mondes et rencontre des alliés ou des opposants. **f.** Le héros saisit l'objet de sa quête. **g.** Le héros est appelé par l'aventure.

Étapes d'un récit initiatique	N° des chapitres du roman correspondant	Personnages rencontrés par Tomek (humains et non humains)
d. Le héros vit dans un monde ordinaire	chapitre I	Icham

2. Combien de temps dure le voyage de Tomek ? Justifiez votre réponse avec des indices du début et de la fin du récit.

3. Relevez les indicateurs temporels du chapitre XVIII et calculez le temps approximatif du retour. Quel choix l'auteur a-t-il fait pour raconter cette partie ? Justifiez votre réponse en vous appuyant sur le nombre de pages de ce chapitre.

4. Retrouvez dans l'ensemble du roman trois récits emboîtés que trois personnages différents adressent à Tomek. Quels sont les personnages qui racontent ? Et que racontent-ils ?

Bilan

ⓘ Créer une carte numérique du monde de Tomek

1. Dessinez une carte représentant les pays traversés par Tomek et intégrant le tracé de son parcours. Listez les lieux traversés et leurs caractéristiques et proposez une légende pour chacun.

2. Numérisez cette carte complète en format image, puis sélectionnez et numérisez des lieux de cette carte en gros plan.

3. Présentez le monde de Tomek comme un carnet de route dans un diaporama dynamique.

À vos carnets !

Lisez le tome II de *La Rivière à l'envers*, dans lequel Hannah raconte à Tomek son propre voyage.

Faites la liste de tous les pays traversés et peuples rencontrés par Hannah.

II. La quête

5. À quel moment Tomek découvre-t-il l'identité d'Hannah et le but de sa quête ? Pourquoi l'auteur a-t-il choisi de retarder ainsi cette révélation ?

6. Faites la liste de toutes les épreuves que Tomek a affrontées et, pour chacune, cherchez ce qu'elles lui ont appris. Comment le héros a-t-il évolué entre le début et la fin du récit ?

7. De quelles qualités Tomek a-t-il su faire preuve au cours de son voyage ?

8. Relevez dans le chapitre XIX « La Montagne sacrée » les questions que se posent Tomek et Hannah lorsqu'ils trouvent l'« eau qui empêche de mourir ». Pourquoi ne boivent-ils pas l'eau de cette source selon vous ?

III. Un roman qui rend hommage à différents genres littéraires

9. Quels sont les mots qui ont réveillé Hannah et que Tomek doit prononcer de nouveau à la fin du roman ? À quel genre littéraire cette formule vous fait-elle penser ?

10. Associez les épisodes ou extraits suivants aux œuvres ou genres littéraires auxquels l'auteur fait un clin d'œil dans ce roman.

Les récits d'aventures maritimes (Ulysse dans *L'Odyssée*, Sinbad dans les *Mille et Une Nuits*) ● *Le Petit Poucet*, de Charles Perrault ● *Robinson Crusoë*, de William Defoe ● *Alice au Pays des merveilles*, de Lewis Caroll ● Les *Bestiaires* et *Livres des Merveilles* du Moyen Âge ● La richesse botanique de *L'Île mystérieuse*, de Jules Verne ● *Hansel et Gretel*, des frères Grimm.

a. « Passèrent ensuite six garçons jumeaux qui en portaient un septième dans un sac de toile. »
b. La survie dans la nature et la construction d'un radeau.
c. Le capitaine Bastibal du navire *Vaillante* et les dangers de la mer.
d. Les paysages exotiques (les fleurs extraordinaires de la prairie, les forêts…).
e. « Les cheveux de Tomek avait poussé d'un coup et ils lui arrivaient jusqu'aux hanches. Il saisit donc aussitôt la paire de ciseaux que lui tendait gentiment une grande poule en costume de ville qui marchait à côté de lui. »
f. Les fourmis qui marchent à reculons, des oiseaux à queue palmée, les écureuils-fruits.
g. « Des petits haricots au goût de réglisse, et d'étranges galettes molles aussi goûteuses que du pain d'épice. »

Objectifs
• Enrichir son vocabulaire du voyage et de l'aventure.
• Explorer des moyens lexicaux pour caractériser des pays imaginaires.

Le voyage et l'imaginaire

Enrichir le vocabulaire du voyage et de l'aventure

1 Le mot « voyage » dérive du latin *viaticum*, lui-même formé sur le mot *via* qui signifie la route. Cherchez trois mots de la famille du mot « voyage » en français.

2 Parmi la liste de mots suivants, trouvez l'intrus.
aventure • boussole • exploration • magie • départ • itinéraire • destination • carte

3 Classez les adjectifs suivants selon qu'ils caractérisent un voyage avec une connotation positive ou négative.
dangereux • passionnant • périlleux • exaltant • joyeux • téméraire • menaçant • enivrant • stimulant

4 Cherchez cinq mots de la famille du mot « aventure » et inventez pour chacun une phrase dans laquelle vous les emploierez.

5 Relevez dans l'extrait suivant le champ lexical de la navigation.

> Le vent gonflait les voiles et *Vaillante* filait à bonne allure. Comme la navigation était facile, les matelots profitèrent pour enseigner quelques manœuvres à Tomek ; il prit un plaisir particulier à grimper sur le mât de misaine d'où il pouvait admirer l'immensité bleue. Tout était si calme et si rassurant qu'on avait peine à imaginer le moindre danger. Il eut même le droit de tenir la barre en compagnie de Bastibalagom.
>
> Jean-Claude Mourlevat, *La Rivière à l'envers*, tome I, Pocket Jeunesse, 2000.

Définir un pays imaginaire

6 Lisez l'extrait suivant.
a. Relevez les mots qui indiquent que Tomek découvre une végétation inconnue.
b. Tomek ne connaît pas les fruits qu'il découvre. Relevez les quatre comparaisons de cet extrait qui permettent de décrire ces fruits.
c. Relevez le vocabulaire des sensations. Par quel sens Tomek se familiarise-t-il principalement avec son environnement ?

> Il se rendit compte que ces arbres étaient chargés de fruits qu'il ne connaissait pas. Il cueillit en premier une sorte d'abricot géant aussi lourd qu'un melon. Lorsqu'il l'ouvrit en deux, il s'en échappa en abondance un liquide qui ressemblait à du lait. Il but d'abord avec prudence, puis sans retenue. Cela rappelait un peu le sirop d'orgeat. Puis il arracha du bout de l'ongle un peu de la chair tendre du fruit. Elle était exquise. Ensuite, il se régala de petits haricots au goût de réglisse, et d'étranges galettes molles aussi goûteuses que du pain d'épice.
>
> Jean-Claude Mourlevat, *La Rivière à l'envers*, tome I, Pocket Jeunesse, 2009.

Exprimez-vous !

7 Imaginez que vous avez accompagné les Parfumeurs dans leur quête de nouveaux arômes et que vous êtes apprenti auprès de Pépigom. Inventez un dialogue que vous jouerez devant la classe. Vous présenterez à Pépigom votre nouveau parfum. Inspirez-vous du texte suivant et utilisez la même structure. Insistez sur les sensations olfactives qui déclenchent le souvenir.

> *La jeune Pépigom fait découvrir à Tomek son laboratoire, où elle fabrique des parfums uniques au monde.*
> Tomek respira profondément le flacon qu'elle lui tendait. [...] Il se revit au bord d'un étang. C'était autrefois, du temps de ses parents. Ils avaient mangé là, mais la pluie les avait chassé. [...]
> – Ce parfum s'appelle : *Premières gouttes de pluie sur l'étang*.
>
> Jean-Claude Mourlevat, *La Rivière à l'envers*, tome I, Pocket Jeunesse, 2000.

8 Choisissez sur cette carte un territoire qui vous inspire et décrivez-le en insistant sur son caractère imaginaire.

Méthode
Pensez à décrire l'espace géographique, la végétation, la faune, les habitants et leurs activités.

François Place, « L'île d'Orbae », *Atlas des géographes d'Orbae*, 1998.

S'exprimer...

...à l'oral

Mettre en voix un inventaire

Vous êtes acteur et vous devez interpréter la page de l'album ci-contre.

ÉTAPE 1 — Préparer le texte

1 Observez cette page. De quels éléments est-elle composée ?

2 Quel métier exerce le narrateur ? À qui s'adresse-t-il et pourquoi ?

3 À qui appartenait la baguette magique ? Justifiez votre réponse en expliquant en quoi le narrateur nous invite dans un monde imaginaire et merveilleux.

ÉTAPE 2 — Utiliser les ressources de sa voix

4 De combien de phrases se compose cette page ? Que remarquez-vous ? Indiquez dans le texte les pauses que vous devrez respecter à l'oral.

5 Quelles indications pouvez-vous tirer de la typographie et des sonorités pour moduler votre voix et créer des effets ?

6 Mettez en scène cette page en vous adressant à vos camarades.

Cuisse de grenouille grenue
et miettes de baguette magique

Dans un tout autre genre j'ai à mon catalogue
un os de cuisse de la grenouille grenue
de la fée Carabosse
et quelques miettes de sa baguette magique.

La femme velue qui me les a vendues dans une boutique d'Honolulu m'a assuré qu'une seule **miette** de miette de la baguette magique de la fée **Carabosse**, pilée menue avec le petit os de cuisse de la grenouille grenue, pouvait réduire un **éléphant** à la taille d'un grain de sable...

Frédéric Clément, *Magasin Zinzin,
pour fêtes et anniversaires :
aux merveilles d'Alys*, Ipomée, 1995.

...à l'écrit

Rédiger un inventaire

À vous d'imaginer tous les trésors de la boutique de Tomek !

1 Relisez la lecture 1 (p. 60-61) et faites la liste des marchandises présentées par Tomek à Hannah. Laquelle pourrait figurer dans l'album de Frédéric Clément (voir S'exprimer à l'oral ci-dessus) ? Pourquoi ?

2 Imaginez que Tomek se mette à faire l'inventaire de tous les tiroirs de son épicerie. Rédigez cet inventaire à la manière de Frédéric Clément.

3 Vous commencerez votre texte par « Dans un tout autre genre, j'ai... ».

4 Votre texte sera constitué d'une énumération d'objets plus étonnants les uns que les autres. Donnez le plus de détails possible pour les présenter. Mettez en valeur leur aspect extravagant ou unique.

5 Imaginez une mise en page illustrée de votre inventaire.

Méthode

• Pensez à utiliser votre culture générale, et littéraire en particulier, pour rendre vos objets les plus extraordinaires possibles.
• Alternez des expressions courtes et des expansions du nom longues pour créer un effet poétique d'accumulation.

COMPÉTENCES

D1, D2, D3 Percevoir et exploiter les ressources expressives de la parole.
D1 Exploiter des lectures pour enrichir son récit.
D1 Adopter des stratégies d'écriture efficace.

Bilan de la séquence

Les caractéristiques du voyage vers des mondes imaginaires

La description de mondes merveilleux et de leurs habitants.

La quête du héros.

Des ennemis et des obstacles qui mettent le héros à l'épreuve.

Des rencontres avec des personnes humaines ou des créatures imaginaires.

Le voyage relève d'un parcours initiatique

Le déplacement géographique est **une métaphore d'un voyage intérieur** au cours duquel le héros apprend à se connaître.

L'aventure est **le moment d'un apprentissage** dont les épreuves sont les étapes symboliques.

Le héros réussit les épreuves grâce à **ses qualités qui le révèlent.**

La transformation du héros

Au terme de son voyage, le jeune héros a changé : il a grandi et cherche à donner du sens à son expérience. Il est prêt à prendre **sa place dans le monde des adultes.**

Le récit initiatique emporte le lecteur sur les traces du héros, auquel il s'identifie. Le lecteur partage ses émotions et profite aussi d'enseignements qui aident à grandir.

Évaluation — Mobiliser les acquis de la séquence

1. Je connais des œuvres littéraires à l'origine des récits de voyages et d'aventures et je sais les situer sur une frise chronologique.

2. Je sais analyser le sens d'un parcours initiatique dans un récit d'aventures.

3. Je sais analyser la structure d'un récit initiatique.

4. Je sais mobiliser ma culture générale en repérant des échos à d'autres œuvres littéraires.

COMPÉTENCES ATTENDUES EN FIN DE 5ᵉ

D1, D2, D3 **Comprendre et s'exprimer à l'oral**
- Exploiter les ressources expressives et créatives de la parole. ■ ■ ■ ■

D1, D5 **Lire**
- Élaborer une interprétation de textes littéraires. ■ ■ ■ ■

D5 **Acquérir des éléments de culture littéraire et artistique**
- Établir des liens entre des productions littéraires et artistiques issues d'époques différentes. ■ ■ ■ ■

4

LE RÉCIT DE VOYAGE DONT VOUS

OBJECTIF
• Découvrir un genre littéraire pour composer un récit créatif.

COMPÉTENCES
• Exploiter des lectures pour enrichir son écrit.
• Pratiquer l'écriture d'invention.

Vous êtes l'auteur d'un récit d'aventures. Votre jeune héros se lance dans un voyage vers un monde imaginaire accompagné de son fidèle compagnon. Par groupes de trois à quatre élèves, vous suivrez les étapes proposées pour élaborer votre histoire. Votre récit sera présenté sous la forme d'un petit livre de quatre pages.

ÉTAPE 1 · *Définir les grandes lignes du récit*

TEXTE 1

Le jeune héros Tomek décide de retrouver Hannah, une jeune fille qu'il vient de rencontrer, partie à la recherche de la rivière Qjar. L'eau de cette rivière est magique, elle empêche de mourir.

Le dernier soir, après avoir vérifié que ses affaires étaient prêtes, il s'assit derrière son comptoir, alluma sa lampe à huile et il écrivit pour Icham la lettre que voici.

5   Cher grand-père Icham,

Tu lis toujours les lettres des autres mais celle-ci est pour toi et tu n'auras pas besoin de la lire à haute voix. Je sais que je vais te faire de la peine et je te demande de me pardonner.
10   Je suis parti ce matin pour la rivière Qjar. Si j'y arrive, je te rapporterai de son eau. J'espère retrouver en chemin la jeune fille dont je t'ai parlé, puisqu'elle va là-bas aussi. Je te laisse la clef du magasin car là où je vais je risquerais
15   de la perdre. Je reviendrai le plus tôt possible.

À bientôt. Tomek.

[...] « Au revoir, grand-père... », murmura-t-il encore, comme si le vieil homme pouvait l'entendre. Puis il revint sur ses pas et jeta en
20   passant un dernier coup d'œil à sa boutique. Il s'engagea enfin à grandes enjambées sur ce chemin qu'il avait pris si souvent déjà. Seulement, cette fois, il ne ferait pas demi-tour. Cette fois, il s'en allait pour de bon. Il
25   était un aventurier.

Jean-Claude Mourlevat, *La Rivière à l'envers*, Tome I, Pocket Jeunesse, 2000.

TEXTE 2

Konrad discute avec son oncle Ringelhuth : il doit faire une rédaction sur les mers du Sud, mais il n'a aucune idée sur le sujet. Ils rencontrent alors un drôle de personnage : un cheval qui parle. Et pour faire cette rédaction, il a la solution !

Le cheval se dirigea alors vers le téléphone, décrocha le combiné, composa un numéro, et interrogea :

« Allô ! C'est bien l'agence de voyages des
5   chevaux de cirque ? Je voudrais parler à Bourrinsky, s'il vous plaît. Ah ! C'est vous ! Bonjour, comment ça va ? Votre crinière se fait de plus en plus grise ? Que voulez-vous, nous ne sommes plus de la première jeunesse. Bon, écoutez-
10   moi : quel est le plus court chemin pour les mers du Sud ? Je voudrais être de retour ce soir. C'est difficile ? Allons, Bourrinsky, ne faites pas tant d'histoires ! Où je suis ? Au 13 de la rue Johann-Mayer, chez quelqu'un que je connais
15   bien : M. Ringelhuth. Quoi ? ... Ah ! c'est absolument extraordinaire ! Mille fois merci, mon vieux... »

...

...

Le cheval hennit trois fois dans le téléphone pour prendre congé, raccrocha, se tourna vers
20 Ringelhuth et lui demanda :

« Y a-t-il une grande armoire sculptée sur votre palier ? En principe, c'est une armoire du XVᵉ siècle.

– Et si elle y est, répondit Ringelhuth, quel
25 rapport peut-elle bien avoir avec les mers du Sud et votre ami Bourrinsky ?

– Il nous faudrait entrer dans cette armoire, et puis continuer toujours tout droit, expliqua le cheval. Deux petites heures nous suffiraient
30 pour atteindre les mers du Sud.

– Je ne trouve pas la plaisanterie très drôle », dit l'oncle Ringelhuth.

Mais Konrad courut comme un fou sur le palier, ouvrit la porte grinçante de la vieille
35 armoire qui se trouvait là, s'y engouffra et disparut.

Erich Kästner, *Le 35 Mai* [1931], trad. de l'allemand par M. Kahn, Le Livre de Poche Jeunesse, 1970.

DOCUMENT 1

Pour aider Philémon à retrouver son ami Barthélémy, son oncle réduit sa taille grâce à une « lorgnette magique ». Il peut ainsi le déposer sur le globe, là où Barthélémy s'est perdu.

Fred, *Philémon et le piano sauvage* [1973], Dargaud, 2006.

1 Comprendre la mise en place d'un récit d'aventures

1. Qui est le héros de l'histoire dans le premier texte ? Où se situe la scène ?

2. Où doit mener le voyage du héros ? Quel est son but ? Qui espère-t-il rejoindre ?

3. Que ressent le héros sur le moment du départ ?

4. Comment le voyage débute-t-il dans le second texte ? À quoi peut servir la vieille armoire selon vous ?

5. De quelle manière le héros voyage-t-il dans le document 3 ?

6. Les situations vous paraissent-elles réalistes ? Comparez-les.

2 Élaborer une situation initiale

1. Établissez les grandes lignes de votre projet : quels seront vos héros ? Pourquoi partiront-ils ? Où partiront-ils ? Et comment ?

2. Recopiez et complétez le tableau ci-dessous pour établir le point de départ de votre récit.

Lieu de départ (cadre spatial commun, réaliste)	
Personnage du héros	
Personnage du compagnon (humain ou animal)	
Moyen de transport (imaginaire)	
Lieu du voyage (destination insolite)	
Le but du voyage	

3 Rédiger le début d'un récit

1. À partir de ces éléments et en vous aidant des textes 1, 2 et du document 1, écrivez le début de votre récit.

Méthode

Le lieu où mène le voyage doit être imaginaire. Il peut s'agir d'un pays, d'une région, d'une ville ou d'un site naturel. Notez au brouillon toutes vos idées. Inspirez-vous des extraits pour décrire le moyen que va trouver votre héros pour voyager.

ÉTAPE 2 *Imaginer un monde nouveau*

TEXTE 3

Konrad observa les environs. Ils se trouvaient dans un verger.

« Oncle Ringelhuth ! s'écria-t-il. Regarde ! Les cerises, les pommes, les poires et les prunes
5   poussent sur le même arbre !

– C'est plus pratique ainsi », affirma l'oncle.

Mais le cheval ne voulait toujours pas encore admettre la supériorité du Pays de Cocagne.

« N'empêche qu'ils sont quand même obli-
10 gés de les cueillir, leurs fruits ! » dit-il.

Konrad, qui venait d'examiner très attentivement un des arbres à quatre fruits, fit signe à l'oncle et au cheval de s'approcher. Et ce qu'ils constatèrent leur sembla vraiment d'une
15 extrême commodité. Il y avait sur le tronc de l'arbre un distributeur automatique muni de poignées et d'inscriptions. On pouvait y lire :

« Tirer une fois la poignée gauche : 1 pomme pelée et coupée en quartiers.
20 « Tirer deux fois la poignée gauche : 1 portion de compote.

« Tirer une fois la poignée droite : 1 tarte aux prunes à la crème Chantilly. »

« C'est sensationnel ! » dit l'oncle en tirant
25 deux fois sur la poignée de gauche. On entendit une sonnerie, et une assiette pleine de compote de cerises jaillit de l'arbre. [...]

Des poules traversaient parfois leur chemin en caquetant, traînant derrière elles de petites
30 poêles à frire en métal poli. Apercevant les voyageurs, elles s'arrêtèrent et pondirent prestement des œufs au jambon et des omelettes aux pointes d'asperges.

Erich Kästner, *Le 35 Mai* [1931], trad. de l'allemand
par M. Kahn, © Le Livre de Poche Jeunesse, 1970.

Le bateau dans l'univers de Peter Pan, *Pan*, un film de Joe Wright, 2015.

Fondcombe, refuge des elfes,
Le Seigneur des anneaux,
film de Peter Jackson, avec
Elijah Wood (Frodon), 2001.

Paysage de sucrerie,
Charlie et la chocolaterie,
film de Tim Burton, 2005.

1 Repérer les caractéristiques d'un monde imaginaire

1. Lisez le texte, quelle est la particularité de l'environnement décrit ?

2. Une poule pond des œufs, un arbre donne des fruits… Comment l'auteur s'y prend-il pour aller au-delà de la réalité et créer un autre monde ?

2 Déterminer l'univers extraordinaire de votre récit

1. Faites la liste des lieux, des éléments naturels et/ou des objets que vous souhaitez retrouver dans votre monde imaginaire. Inspirez-vous des paysages représentés dans les images de cette page.

2. Trouvez des adjectifs pour caractériser chaque élément.

3 Rédiger la description

1. Rédigez votre description en insistant sur le caractère surprenant de votre monde.

Méthode
Suivez un ordre logique ! Ordonnez les éléments de votre description pour aller d'une vision d'ensemble vers des détails particuliers.

ÉTAPE 3 *Inventer une rencontre*

TEXTE 4

Après avoir croisé des chiens volants et des mamans kangourous qui tricotaient, Konrad, Ringelhuth et Caballo, le cheval, s'engagent dans la forêt vierge, intrigués par des pleurs.

Le garçon leva la tête et vit, assise sur la plus haute branche, une petite fille qui mordillait un ananas en se lamentant.

« Que se passe-t-il ?

5 – Elle est partie ? demanda la petite fille.

– Qui est-ce qui devrait être partie ? se renseigna le garçon.

– La baleine !

– Tu es tombée sur la tête ! » s'exclama Konrad.

10 La petite descendit alors de son arbre avec l'agilité d'une belette, se planta devant Konrad et lui dit d'un ton indigné :

« Qu'est-ce qui te prend, espèce de malappris ! Je suis une princesse et je m'appelle Chicorée ! »

15 Il fut impossible à Konrad de lui répondre. Car cette petite fille, qui répondait au nom de Chicorée, avait le visage quadrillé en blanc et noir !

« Nom d'un petit bonhomme ! s'écria Konrad dès qu'il retrouva la parole, tu pourrais servir

20 d'échiquier ! »

Elle lui tendit un morceau de son ananas en lui expliquant :

« Mon papa est un célèbre chef de tribu. Il est noir. Maman est hollandaise. Elle était dactylo

25 chez un planteur de noix de coco des environs avant que papa ne l'épouse. Et voilà pourquoi ma peau est à la fois noire et blanche. Suis-je très laide ?

– Je ne suis pas connaisseur, répondit le

30 garçon. Mais moi, ça me plaît beaucoup ! Au fait, je m'appelle Konrad ! »

La petite Chicorée fit une révérence.

Erich Kästner, *Le 35 Mai* [1931], trad. de l'allemand par M. Kahn, © Le Livre de Poche Jeunesse, 1970.

Dobby, l'elfe, *Harry Potter et la chambre des secrets*, film de Chris Colombus, 2002.

1 Comprendre une rencontre singulière

1. Dans quelles circonstances les héros rencontrent-ils Chicorée ?

2. Quelles sont les caractéristiques physiques particulières de Chicorée ?

3. À la fin du texte, qu'est-ce qui laisse entrevoir le début d'une amitié ?

2 Rédiger un dialogue avec un nouveau personnage

1. Imaginez la rencontre avec un personnage inattendu. Déterminez quelles sont ses particularités physiques.

Méthode

Vous pouvez recourir au vocabulaire suivant pour décrire une silhouette et un regard. Une silhouette peut être : fine, élancée, robuste, ronde, trapue, décharnée. Un regard peut être : malicieux, vif, ou, au contraire, éteint, vide, inexpressif, endormi, triste ; ou bien encore sournois, menaçant.

2. Créez un dialogue entre votre héros et ce personnage. Insérez des passages descriptifs.

Méthode

Respectez les règles du dialogue. Utilisez des guillemets puis des tirets pour introduire chaque réplique. Trouvez des synonymes du verbe « dire » pour diversifier les verbes de parole.

Le Hobbit : un voyage inattendu, film de Peter Jackson avec Martin Freeman (Bilbo) et Ian McKellen (Gandalf), 2012.

ÉTAPE 4 *Concevoir un dénouement*

TEXTE 5

Nos trois compagnons cherchent à tout prix à rentrer chez eux. L'oncle de Konrad s'inquiète.

« Nom d'un petit bonhomme ! s'écria-t-il. Il est sept heures moins dix ! Et tu seras en retard pour le dîner si nous ne retrouvons pas mon armoire dans les minutes qui suivent !

5 – Je ne sais pas non plus quand je pourrai faire ma rédaction, constata le garçon.

– Allez, chantons autre chose », proposa l'oncle. Ils entonnèrent donc : « Écoute ce qui nous vient du dehors, hollahi, hollaho. »

10 Puis l'oncle regarda encore sa montre.

« S'il ne se produit pas immédiatement un miracle, dit-il, nous n'avons plus qu'à rester ici et nous offrir un tronc d'arbre en guise de rôti.

– Et pourquoi ne se produirait-il pas de

15 miracle ? » demanda quelqu'un derrière eux.

Ils se retournèrent. Et ils virent Soupotapioka, alias l'Express, qui les regardait en souriant.

« Vous nous avez déjà une fois très

20 gentiment sortis du pétrin, dit l'oncle. Ne pourriez-vous pas faire surgir ma vieille armoire, cher monsieur Soupe-Express ?

– Soupotapioka ! » corrigea le chef noir. Puis il murmura :

25 *« Quatre fois six font trois fois huit, et zéro égale zéro fois cent.*

Il faut, pour qu'un miracle vous profite,
Vous étonner aussi peu qu'un enfant. »

Là-dessus, il frappa dans ses mains, et l'ar-

30 moire apparut ! Au beau milieu de la forêt vierge ! Parmi les palmiers et les cactus !

« Merci beaucoup », s'écria Konrad. Mais Soupotapioka, dit L'Express, avait déjà disparu.

« Quel drôle d'individu ! déclara l'oncle.

35 Mais il est vraiment serviable. Ça, il faut le reconnaître. »

Puis il poussa le garçon dans le dos de l'armoire, qui était ouverte, et il y grimpa après lui. Et lorsqu'ils sortirent par le devant de

40 l'armoire, ils atterrirent – c'est tout ce qu'il y a de plus vrai ! – sur le palier de Ringelhuth ! Rue Johann-Mayer !

Erich Kästner, *Le 35 Mai* [1931], trad. de l'allemand par M. Kahn, © Le Livre de Poche Jeunesse, 1970.

TEXTE 6

Alice s'ennuie... Son attention est attirée par un lapin blanc qui parle, elle décide de le suivre dans son terrier et tombe dans un monde étrange et merveilleux. Elle vit de nombreuses aventures jusqu'à ce que sa sœur la réveille.

« Alice, ma chérie, réveille-toi ! » lui dit sa sœur. Comme tu as dormi longtemps !

– Oh, quel rêve bizarre je viens de faire ! » s'exclama Alice.

5   Et elle se mit à raconter, autant qu'elle pouvait se les rappeler, toutes les étranges Aventures que vous venez de lire.

Lorsqu'elle eut fini, sa sœur l'embrassa et dit :

« C'était un rêve vraiment très bizarre, ma
10   chérie ; mais, à présent, rentre vite à la maison pour prendre ton thé ; il commence à se faire tard. »

Alice se leva et s'en alla en courant, tout en réfléchissant de son mieux au rêve merveilleux
15   qu'elle venait de faire.

Lewis Carroll, *Les Aventures d'Alice au pays des merveilles*,
[1865], trad. de l'anglais par J. Papy, © Pauvert,
département de la librairie Arthème Fayard, 1961.

1 Découvrir des dénouements

1. Comment se termine le voyage de Konrad et de son oncle ? Quels liens peut-on établir avec les circonstances de leur départ ?

2. Comment se terminent les aventures d'Alice ? Qu'est-ce que cela signifie ?

3. Quel adjectif utilise Alice pour qualifier ses aventures ? Selon vous, est-ce que le voyage au pays des merveilles a été agréable pour Alice ?

2 Élaborer un dénouement

1. Imaginez ce qu'il advient de tous les personnages à la fin de votre récit. Recopiez et complétez le tableau suivant.

Personnages	Situation finale
Le héros	
Le compagnon du héros	
Le personnage rencontré	

2. Le voyage se termine. Racontez comment le héros rentre chez lui et évoquez ce qu'il ressent.

> **Méthode**
> Notez les sentiments que peut éprouver votre héros à la fin de ses aventures pour les intégrer à votre récit.

ÉTAPE 5 · *Finaliser le récit et trouver un titre*

1. Vérifiez que votre récit d'aventures respecte bien chaque étape à partir de la grille de relecture ci-dessous.

2. Rédigez des transitions entre chaque étape pour que votre récit soit cohérent et fluide.

3. Relisez-vous une dernière fois en vérifiant votre orthographe, en particulier les différents accords.

4. Trouvez un titre qui correspond à l'esprit de votre récit.

Grille de relecture – Mon récit doit comporter :

Une situation initiale
☐ un cadre spatial réaliste
☐ une description du héros et de son compagnon
☐ le voyage envisagé : un cadre spatial imaginaire
☐ le but du voyage
☐ le départ (un moyen de transport bien particulier)

Un univers imaginaire
☐ la description d'un monde nouveau

Une rencontre surprenante
☐ la description d'un nouveau personnage
☐ un dialogue entre le héros et ce nouveau personnage
☐ la naissance d'une amitié

Un dénouement
☐ une fin heureuse pour chaque personnage
☐ les sentiments du héros sont partagés

ÉTAPE 6 · *Composer le livre*

Pour réaliser la composition de votre livre, suivez les étapes suivantes.

1. Saisissez le texte et mettez-le en page (en double colonne et en format paysage). Organisez-le en chapitres. Numérotez et titrez chacun de ces chapitres.

2. Illustrez votre travail. Vous pouvez rechercher des illustrations sur Internet, ou faire des dessins, des collages à scanner et à insérer dans votre récit.

3. Créez une première et une quatrième de couverture.

4. Imprimez les pages de votre récit et reliez-les entre elles à l'aide d'agrafes.

5. Vous pourrez ensuite échanger vos productions, en lire quelques passages drôles ou surprenants et partager vos avis.

> **Méthode**
> À partir de quelques romans jeunesse de votre CDI, regardez comment est composée une première de couverture et les éléments qui la constituent (titre, auteur...). Puis faites de même pour la quatrième de couverture. Attention, le texte proposé n'est jamais un résumé complet de l'histoire, il a juste pour fonction de donner envie de lire.

Alice au pays des merveilles, film de Tim Burton, 2010.

SÉQUENCE

5

Imaginer des univers nouveaux

Héros et héroïsmes

Les Mille et

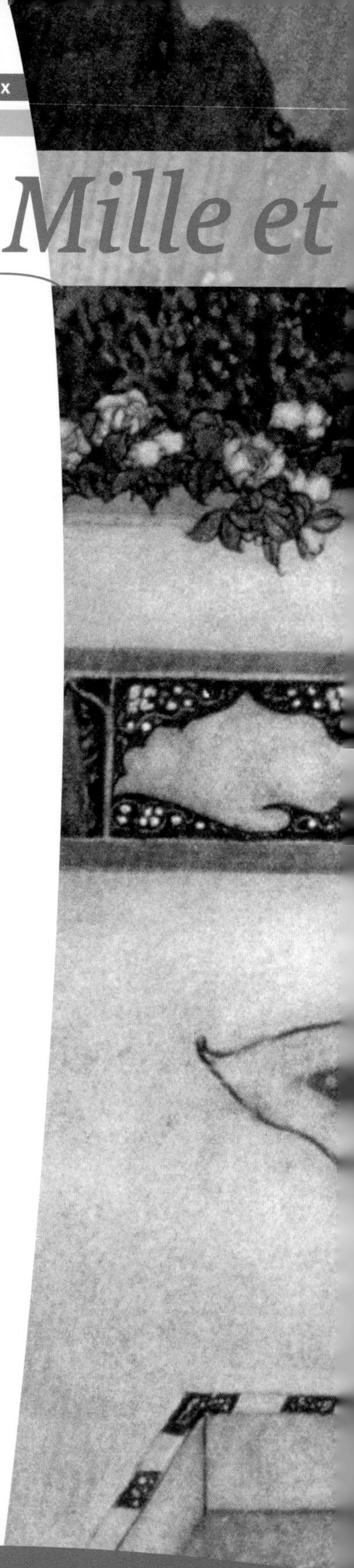

OBJECTIF
• Découvrir les univers imaginaires des contes orientaux.

Parcours d'une œuvre Antoine Galland, « Ali Baba et les quarante voleurs », *Les Mille et Une Nuits* (1704-1717)

Une Nuits

> Qu'est-ce qui nous émerveille dans le conte oriental ?

Edmund Dulac, *La Princesse Schéhérazade*, dans *Les Mille et Une Nuits*, 1911.

**Antoine Galland
(1646-1715)**

• Entre 1670 et 1688, Antoine Galland, spécialiste des langues orientales et professeur au Collège de France, effectue trois voyages : en Grèce, en Asie mineure, en Syrie et dans l'Empire ottoman, où il séjourne à Constantinople. Il y apprend le turc, le persan et l'arabe afin de pouvoir étudier les mœurs et coutumes des populations qu'il découvre.

• À partir de 1701, il entame la traduction de contes persans, d'origine indienne, qui seront connus par la suite comme *Les Mille et Une Nuits* ; il y ajoute des récits empruntés à d'autres traditions et poursuit son œuvre jusqu'en 1715, date de sa mort.

Filippo Baratti,
Dans le harem, 1881.

Les histoires de Schéhérazade

Les contes des *Mille et Une Nuits* commencent avec l'histoire du sultan Schahriar et de son frère Schahzenan qui découvrent l'infidélité de leurs épouses, les sultanes.

Schahriar décide alors d'épouser chaque jour une nouvelle femme puis d'ordonner à son vizir de la mettre à mort le lendemain, ce qui répand la terreur dans tout son royaume. Schéhérazade, la fille du vizir, va demander à son père la permission de devenir l'épouse de Schahriar, non pour mourir à son tour mais pour faire cesser cette hécatombe.

Pour cela elle a une idée : raconter une histoire à la fin de chaque nuit et s'interrompre au lever du jour afin que Schahriar l'épargne afin de connaître la fin du conte.

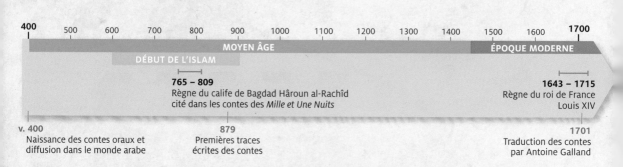

765 – 809
Règne du calife de Bagdad Hâroun al-Rachîd cité dans les contes des *Mille et Une Nuits*

1643 – 1715
Règne du roi de France Louis XIV

v. 400
Naissance des contes oraux et diffusion dans le monde arabe

879
Premières traces écrites des contes

1701
Traduction des contes par Antoine Galland

Suivez les aventures d'Ali Baba

Histoire d'Ali Baba et de quarante voleurs exterminés par une esclave

Schéhérazade raconte une nouvelle histoire à son époux, le sultan.

Dans une ville de Perse, aux confins[1] des États de Votre Majesté, dit Schéhérazade à Schahriar, il y avait deux frères, dont l'un se nommait Cassim et l'autre Ali Baba. Comme leur père ne leur avait laissé que peu de biens et qu'il les avait partagés également, il semble que leur fortune[2] devait être égale : le hasard néanmoins en disposa autrement.

Antoine Galland, « Ali Baba et les quarante voleurs », *Les Mille et Une Nuits*, 1704-1717.

1. **Aux confins** : aux limites. 2. **Fortune** : sort.

1 Qu'apprend-on dès le titre de ce conte ? Qui sont les personnages importants de cette histoire ?

2 À quoi comprend-on que le conte « Ali Baba et les quarante voleurs » fait partie des *Mille et Une Nuits* ?

3 Quelle information importante apprend-on sur la fortune de Cassim et d'Ali Baba ?

Devenez conteur

4 Imaginez ce qui pourrait se passer à la suite de ce début de récit. Notez vos idées et partagez-les avec l'ensemble de la classe.

râm v Gûr et la princesse sane, dans *Les Cinq Poèmes* hamseh, XVIIe siècle.

5. *Les Mille et Une Nuits*   87

Lecture 1

Objectifs
• Comprendre l'événement qui lance l'action.
• Découvrir les personnages du conte.

Compétence
• Lire le conte merveilleux.

▽ **L'HISTOIRE DES MOTS**

« **Brigandages** » (l. 6) est dérivé de « brigand », issu de l'italien *brigante* qui signifie « troupe ». Que signifie « brigandage » dans le contexte de cet extrait ?

⌒ **MÉMO**

Le début d'un récit
donne au lecteur toutes les informations qui lui permettent d'entrer dans l'histoire : son univers spatio-temporel, ses personnages et ce qui vient troubler le cours de leur vie. D'autres indices, comme ici l'intrusion dans l'univers merveilleux de la grotte, indiquent le genre du récit.

Raymond de La Nézière, illustration pour le conte *Ali Baba*, 1929.

Sésame, ouvre-toi !

Extrait 1

Cassim a épousé une femme riche tandis qu'Ali Baba est devenu bûcheron. Au début du conte, il coupe du bois dans la forêt quand il aperçoit une troupe de cavaliers. Méfiant, il grimpe dans un arbre pour les observer.

Les cavaliers, grands, puissants, tous bien montés et bien armés, arrivèrent près du rocher, où ils mirent pied à terre ; et Ali Baba, qui en compta quarante, à leur mine et à leur équipement, ne douta pas qu'ils ne fussent des voleurs. Il ne se trompait pas : en effet, c'étaient des
5 voleurs, qui, sans faire aucun tort aux environs, allaient exercer leurs brigandages bien loin et avaient là leur rendez-vous ; et ce qu'il les vit faire le confirma dans cette opinion.

Chaque cavalier débrida[1] son cheval, l'attacha, lui passa au cou un sac plein d'orge, qu'il avait apporté sur la croupe[2], et ils se chargèrent
10 chacun de leur valise ; et la plupart des valises parurent si pesantes à Ali Baba, qu'il jugea qu'elles étaient pleines d'or et d'argent monnayé[3].

Le plus apparent[4], qu'Ali Baba prit pour le capitaine des voleurs, chargé de sa valise comme les autres, s'approcha du rocher, fort près du gros arbre où il s'était réfugié ; et, après qu'il se fut fait chemin au travers de quelques
15 arbrisseaux, il prononça ces paroles si distinctement : « Sésame[5], ouvre-toi », qu'Ali Baba les entendit. Dès que le capitaine des voleurs les eut prononcées, une porte s'ouvrit ; et, après qu'il eut fait passer tous ses gens devant lui et qu'ils furent tous entrés, il entra aussi, et la porte se ferma.

---

1. **Débrida** : enleva la bride. 2. **Sur la croupe** : sur le dos du cheval. 3. **Argent monnayé** : pièces de monnaie en argent. 4. **Le plus apparent** : celui que l'on remarque le plus. 5. **Sésame** : céréale. À l'origine, le sésame est une plante cultivée au Moyen-Orient pour ses graines dont on extrait une huile.

Extrait 2

Les voleurs quittent la grotte dont ils referment la porte en disant : « Sésame, referme-toi ». Ali Baba attend que les voleurs s'éloignent puis se présente devant la porte.

« Sésame, ouvre-toi », et dans l'instant la porte s'ouvrit toute grande.

Ali Baba s'était attendu à voir un lieu de ténèbres et d'obscurité ; mais il fut surpris d'en voir un bien
5 éclairé, vaste et spacieux, creusé de main d'homme, en voûte fort élevée, qui recevait la lumière du haut du rocher, par une ouverture pratiquée de même. Il vit de grandes provisions de bouche[1], des ballots de riches marchandises en piles, des étoffes de soie

10 et de brocart[2], des tapis de grand prix, et surtout de l'or et de l'argent
monnayé par tas et dans des sacs ou grandes bourses de cuir les unes
sur les autres ; et, à voir toutes ces choses, il lui parut qu'il y avait non pas
de longues années, mais des siècles que cette grotte servait de retraite à
des voleurs qui avaient succédé les uns aux autres.

15 Ali Baba ne balança[3] pas sur le parti qu'il
devait prendre : il entra dans la grotte, et, dès
qu'il y fut entré, la porte se referma ; mais
cela ne l'inquiéta pas : il savait le secret de
la faire ouvrir. Il ne s'attacha pas à l'argent,
20 mais à l'or monnayé et particulièrement à
celui qui était dans des sacs. Il en enleva,
à plusieurs fois, autant qu'il pouvait en
porter et en quantité suffisante pour faire
la charge de ses trois ânes.

Antoine Galland, « Ali Baba et les quarante voleurs »,
Les Mille et Une Nuits, 1704-1717.

Don Lawrence, illustration pour le conte *Ali Baba*, XXe siècle.

1. **Provisions de bouche** : nourritures.
2. **Brocart** : étoffe de soie rebrodée d'or et d'argent.
3. **Il ne balança pas** : il n'hésita pas.

►Comment le conteur fait-il entrer le lecteur dans l'univers du conte ?

Découvrir le texte

1. Résumez en une phrase chacun des paragraphes. En quoi la situation d'Ali Baba évolue-t-elle dans la deuxième partie du texte ?

Analyser et interpréter le texte

Un personnage perspicace et prudent

2. LANGUE Quelle est la fonction des adjectifs « grands, puissants », « montés » et « armés » (l. 1) ? Quel effet produit cette construction ?

3. Où se trouve Ali Baba au début du récit ? Quels sont les avantages de ce « poste d'observation », selon vous ?

4. Identifiez les informations sur les voleurs perçues par Ali Baba. En quoi Ali Baba est-il clairvoyant ?

5. Relevez les passages où Schéhérazade commente son récit. Qu'apportent ses commentaires ?

Une situation extraordinaire

6. Faites la liste de tout ce qui se trouve dans la grotte. Quelles richesses nous rappellent que l'histoire se passe en Orient ?

7. À quoi Ali Baba accorde-t-il le plus de valeur ? Pour quelle raison, selon vous ?

8. En quoi la grotte est-elle un lieu merveilleux ?

S'exprimer à l'oral

Mener un débat

9. Vous débattrez dans la classe de la question suivante : est-il condamnable de voler un voleur ?
Recherchez des arguments et des exemples qui vous permettront de donner votre point de vue.

Bilan À quels indices reconnaissez-vous dans ce texte le début d'un conte ?

Pour bien écrire
« Dès qu'il les eut prononcées » (l. 17 p. 88) : Le participe passé construit avec l'auxiliaire *avoir* s'accorde avec le complément d'objet direct du verbe uniquement quand ce dernier est placé devant le verbe. Expliquez l'accord du participe passé *prononcées* dans cette phrase.

Lecture 2

Objectifs
• Analyser les personnages
du conte.
• Comprendre la dynamique
de l'action.

Compétence
• Reconnaître l'implicite
d'un récit.

Un secret bien mal gardé

Extrait 1

Ali Baba retourne chez lui avec les sacs d'or cachés sous le bois qu'il a coupé.
Sa femme découvre le trésor.

Sa femme mania[1] les sacs ; et comme elle se fut aperçue qu'ils étaient pleins d'argent, elle soupçonna son mari de les avoir volés ; de sorte que, quand il eut achevé de les apporter tous, elle ne put s'empêcher de lui dire : « Ali Baba, seriez-vous assez malheureux pour... ? » Ali Baba

5 l'interrompit. « Bah ! ma femme, dit-il, ne vous alarmez[2] pas ; je ne suis pas voleur, à moins que ce ne soit l'être que de prendre sur les voleurs. Vous cesserez d'avoir cette mauvaise opinion de moi quand je vous aurai raconté <u>ma bonne fortune</u>. »

Il vida les sacs, qui firent un gros tas d'or dont sa femme fut éblouie ;

10 et, quand il eut fait, il lui fit le récit de son aventure, depuis le commencement jusqu'à la fin ; et, en achevant, il lui recommanda sur toutes choses de garder le secret.

La femme, revenue et guérie de son épouvante, se réjouit avec son mari du bonheur qui leur était arrivé, et elle voulut compter, pièce par

15 pièce, tout l'or qui était devant elle.

« Ma femme, lui dit Ali Baba, vous n'êtes pas sage : que prétendez-vous faire ? Quand auriez-vous achevé de compter ? Je vais creuser une fosse et l'enfouir dedans ; nous n'avons pas de temps à perdre. »

_____

1. **Mania** : manipula. 2. **Ne vous alarmez pas** : ne vous inquiétez pas.

▽ L'HISTOIRE
DES MOTS

« Ma bonne fortune »
(l. 8) : « Fortune » vient du
latin *fortuna*, la divinité qui
symbolise le destin. Le mot
fortune signifie donc ce qui
arrive de mal ou de bien,
et la « bonne fortune » est
synonyme de chance. Dites
ce que signifie aujourd'hui
ce mot.

⌐ MÉMO

Les personnages des
contes jouent des rôles
stéréotypés. Les femmes
y sont souvent curieuses,
ou bavardes, ou encore
intéressées, ce qui donne
lieu à l'enchaînement des
actions du récit.

Extrait 2

La femme d'Ali Baba décide alors d'emprunter une mesure à sa belle-sœur,
la femme de Cassim, pour compter le trésor.

La belle-sœur va chercher la mesure, elle la trouve : mais, comme elle connaissait la pauvreté d'Ali Baba, curieuse de savoir quelle sorte de grain sa femme voulait mesurer, elle s'avisa d'appliquer adroitement du suif[1] au-dessous de la mesure, et elle en appliqua. Elle revint et, en

5 la présentant à la femme d'Ali Baba, elle s'excusa de l'avoir fait attendre sur ce qu'elle avait eu de la peine[2] à la trouver.

La femme d'Ali Baba revint chez elle ; elle posa la mesure sur le tas d'or, l'emplit et la vida un peu plus loin sur le sofa, jusqu'à ce qu'elle eut achevé, et elle fut contente du bon nombre de mesures

10 qu'elle en trouva, dont elle fit part à son mari, qui venait d'achever de creuser la fosse.

Pendant qu'Ali Baba enfouit l'or, sa femme, pour marquer son exactitude et sa diligence[3] à sa

belle-sœur, lui reporte sa mesure ; mais sans prendre
15 garde qu'une pièce d'or était attachée au-dessous.

« Belle-sœur, dit-elle en la rendant, vous voyez que je n'ai pas gardé longtemps votre mesure ; je vous en suis bien obligée[4], je vous la rends. »

La femme d'Ali Baba n'eut pas tourné le dos,
20 que la femme de Cassim regarda la mesure par le dessous ; et elle fut dans un étonnement inex-primable d'y voir une pièce d'or attachée. L'envie s'empara de son cœur dans le moment.

« Quoi ! dit-elle, Ali Baba a de l'or par mesure !
25 et où le misérable a-t-il pris cet or ? »

Cassim, son mari, n'était pas à la maison, comme nous l'avons dit ; il était à sa boutique, d'où il ne devait revenir que le soir. Tout le temps qu'il se fit attendre fut un siècle pour elle, dans la grande impa-
30 tience où elle était de lui apprendre une nouvelle dont il ne devait pas être moins surpris qu'elle.

À l'arrivée de Cassim chez lui : « Cassim, lui dit sa femme, vous croyez être riche ; vous vous trom-pez : Ali Baba l'est infiniment plus que vous, il ne
35 compte pas son or, comme vous : il le mesure. »

Antoine Galland, « Ali Baba et les quarante voleurs »,
Les Mille et Une Nuits, 1704-1717.

Eugène Delacroix, *Femmes d'Alger dans leur appartement*, huile sur toile, 1834, musée du Louvre, Paris.

1. **Suif** : graisse animale dont on se sert pour faire des chandelles. 2. **Avait eu de la peine** : avait éprouvé des diffi-cultés. 3. **Diligence** : rapidité. 4. **Obligée** : reconnaissante.

▶ En quoi l'intervention des personnages féminins lance-t-elle l'action ?

Découvrir le texte

1. Finissez la phrase de la femme d'Ali Baba (extrait 1, l. 4). Que craint-elle ?

2. Pourquoi Ali Baba veut-il enterrer son trésor, selon vous ?

Analyser et interpréter le texte

Une femme impatiente

3. Quels sentiments éprouve successivement la femme d'Ali Baba ? Justifiez votre réponse avec des expressions du texte.

4. Quels sont les défauts de la femme d'Ali Baba selon vous ?

5. Observez la dernière réplique d'Ali Baba. Quel danger essaie-t-il de prévenir ?

Un secret surpris

6. LANGUE Quel est le temps employé dans l'extrait 2, lignes 1 à 15 ? Quel est l'effet produit par le changement de temps dans ce passage ?

↘ Identifier les emplois d'un temps : les aspects du verbe, p. 340

7. Faites le portrait de la femme de Cassim. Qu'est-ce qui la pousse à agir ? Que ressent-elle à la découverte qu'elle fait ?

8. Qu'apprend-elle à son mari ? Imaginez les consé-quences de cette révélation.

S'exprimer à l'écrit ✐

Développer un épisode du conte

9. « Il lui fit le récit de ses aventures », lit-on extrait 1, ligne 10. Rédigez le récit que fait Ali Baba à sa femme de sa visite dans la caverne et de la découverte de son contenu.

≡ **Conseil** : écrivez ce récit à la 1re personne et au passé composé, car les événements se sont déroulés peu avant le moment où Ali Baba les raconte. Dans son récit à sa femme, il fait part des émotions et des pensées qu'il a eues.

(**Bilan**) Grâce à quelles ressources le conteur lance-t-il l'action de son récit ?

Morgiane entre en scène

Le secret de la découverte d'Ali Baba se répand jusqu'aux voleurs, qui décident sa mort. Après plusieurs échecs, le chef des voleurs, se fait passer pour un marchand d'huile et demande à Ali Baba l'hospitalité. Le soir, Morgiane, l'esclave d'Ali Baba, fait une curieuse découverte. C'est ce qu'elle lui raconte le lendemain.

Morgiane, pour obéir à Ali Baba, lui dit : « Seigneur, hier au soir, quand vous vous fûtes retiré pour vous coucher, je préparai votre linge de bain, comme vous veniez de me le commander, et j'en chargeai Abdalla[1]. Ensuite je mis le pot au feu pour le bouillon ; et, comme je
5 l'écumais[2], la lampe, faute d'huile, s'éteignit tout à coup, et il n'y en avait pas une goutte dans la cruche. Je cherchai quelques bouts de chandelles, et je n'en trouvai pas un. Abdalla, qui me vit embarrassée, me fit souvenir des vases pleins d'huile qui étaient dans la cour, comme il n'en doutait pas, non plus que moi, et comme vous l'avez cru
10 vous-même. Je pris la cruche et je courus au vase le plus voisin. Mais, comme je fus près du vase, il en sortit une voix qui me demanda : « Est-il temps ? » Je ne m'effrayai pas ; mais en comprenant sur-le-champ la malice[3] du faux marchand, je répondis sans hésiter : « Pas encore, mais bientôt. » Je passai au vase qui suivait ; et une autre voix me
15 fit la même demande, à laquelle je répondis de même. J'allai aux autres vases les uns après les autres : à pareille demande, pareille réponse, et je ne trouvai que dans le dernier vase de l'huile dont j'emplis la cruche. Quand j'eus considéré qu'il y avait trente-sept voleurs au milieu de votre cour, qui
20 n'attendaient que le signal ou que le commandement de leur chef, que vous aviez pris pour un marchand, et à qui vous aviez fait un si grand accueil, au point de mettre toute la maison en combustion[4], je ne perdis pas de temps : je rapportai la cruche, j'allumai la lampe ; et, après avoir
25 pris la <u>chaudière</u> la plus grande de la cuisine, j'allai l'emplir d'huile. Je la mis sur le feu ; et, quand elle fut bien bouillante, j'en allai verser dans chaque vase où étaient les voleurs, autant qu'il en fallut pour les empêcher tous d'exécuter le pernicieux dessein[5]
30 qui les avait amenés. La chose ainsi terminée de la manière que je l'avais méditée, je revins dans la cuisine, j'éteignis la lampe ; et, <u>avant que je me couchasse</u>, je me mis à examiner tranquillement, par la fenêtre, quel parti[6] prendrait le faux marchand
35 d'huile. Au bout de quelque temps, j'entendis que, pour signal, il jeta, de sa fenêtre, de petites pierres

Objectifs
• Comprendre le récit d'un événement passé.
• Reconnaître les éléments merveilleux du conte.

Compétence
• Recourir à des stratégies de lecture.

▽ **L'HISTOIRE DES MOTS**

« **Chaudière** » (l. 25) vient du latin *caldaria*, issu de *caldus* (chaud), et désigne à l'origine un grand récipient de métal destiné à cuire ou à bouillir. Quelle signification ce mot a-t-il pris ensuite ?

Jesús Blasco, *Ali Baba*, 1958.

qui tombèrent sur les vases. Il en jeta une seconde et une troisième fois ; et, comme il n'aperçut ou n'entendit aucun mouvement, il descendit, et je le vis aller de vase en vase jusqu'au dernier ; après quoi l'obscurité de la nuit fit que je le perdis de vue. J'observai encore quelque temps ; et, comme je vis qu'il ne revenait pas, je ne doutai pas qu'il ne se fût sauvé par le jardin, désespéré d'avoir si mal réussi. Ainsi, persuadée que la maison était en sûreté, je me couchai. »

En achevant, Morgiane ajouta : « Voilà quelle est l'histoire que vous m'avez demandée. »

Antoine Galland, « Ali Baba et les quarante voleurs », *Les Mille et Une Nuits*, 1704-1717.

---

1. **Abdalla** : jeune esclave qui aide Morgiane. 2. **Je l'écumais** : j'enlevai la mousse qui se formait à la cuisson du bouillon. 3. **Malice** : désir de faire le mal. 4. **En combustion** : en désordre. 5. **Pernicieux dessein** : projet criminel. 6. **Parti** : décision.

Edmund Dulac, illustration pour *Ali Baba et les quarante voleurs*, 1914.

▶ Comment Morgiane devient-elle l'héroïne du conte ?

Découvrir le texte

1. Faites le compte : combien y a-t-il de jarres dans la cour d'Ali Baba ? Combien contiennent de l'huile ?
2. Vous semble-t-il très facile et confortable de se cacher dans une jarre ?

Analyser et interpréter le texte

Une esclave avisée

3. Comment Morgiane découvre-t-elle le piège des voleurs ? Quelle est sa réaction à cette découverte ? Expliquez le trait de caractère dont elle fait preuve.
4. Quelle solution choisit Morgiane pour se débarrasser des voleurs ? Comment s'assure-t-elle de la réussite de son plan ?
5. Comment Morgiane justifie-t-elle son acte dans son récit ? Trouvez-vous son acte justifié ?

Un exploit merveilleux

6. Que pensez-vous du plan du capitaine des voleurs ? Est-il bien adapté à son projet ?
7. En quoi cet épisode présente-t-il des événements invraisemblables et que l'on peut donc qualifier de merveilleux ?

S'exprimer à l'écrit

Faire un éloge

8. Ali Baba rencontre un de ses amis qui veut lui acheter son esclave car il la trouve très courageuse. Ali Baba refuse en expliquant pourquoi il ne veut pas se séparer d'elle. Rédigez le portrait élogieux qu'Ali Baba fait de Morgiane.

Conseil : n'oubliez pas qu'Ali Baba ne veut pas divulguer le secret de la découverte de la grotte.

Bilan En quoi Morgiane est-elle une héroïne de conte merveilleux ?

👤 Pour bien écrire

« Avant que je me couchasse » (l. 32) est conjugué à l'imparfait du subjonctif, un mode qui indique ici que l'action n'a pas encore été réalisée. Comment dirait-on à l'oral ce début de phrase aujourd'hui ?

✎ MÉMO

Le conte oriental nous fait entrer dans un monde que l'on reconnaît à ses coutumes et à son quotidien. Les marchands se rendent service au nom de l'hospitalité, l'huile constitue un produit précieux que l'on conserve dans des jarres et qui est source de chaleur et de lumière. L'esclave veille au bien-être de son maître.

Lecture 4

Objectifs
• Lire le dénouement du conte.
• Situer une œuvre dans son contexte.

Compétence
• Élaborer une interprétation du conte.

La danse fatale

Le chef des bandits se présente chez Ali Baba sous un nouveau déguisement en prétendant se nommer Cogia Houssain. Invité à dîner, il décide de poignarder Ali Baba à la fin du repas. Mais Morgiane, accompagnée par Abdalla, se met à danser.

Quand Abdalla vit qu'Ali Baba et Cogia Houssain avaient cessé de parler, il recommença à toucher son tambour de basque[1] et l'accompagna de sa voix sur un air à danser ; et Morgiane, qui ne le cédait à aucune danseuse[2] de profession, dansa d'une manière à se faire admirer, même

5 de toute autre compagnie que celle à laquelle elle donnait ce spectacle, dont il n'y avait peut-être que le faux Cogia Houssain qui y donnât peu d'attention.

Après avoir dansé plusieurs danses avec le même agrément[3] et de la même force, elle tira enfin le poignard ; et, en le tenant à la main, elle

10 en dansa une dans laquelle elle se surpassa par les figures différentes, par les mouvements légers, par les sauts surprenants et par les efforts merveilleux dont elle les accompagna, tantôt en présentant le poignard en avant, comme pour frapper, tantôt en faisant semblant de s'en frapper elle-même dans le sein.

15 Comme hors d'haleine enfin, elle arracha le tambour de basque des mains d'Abdalla, de la main gauche, et, en tenant le poignard de la droite, elle alla présenter le tambour de basque par le creux à Ali Baba, à l'imitation des danseurs et des danseuses de profession, qui en usent ainsi pour solliciter la libéralité[4] de leurs spectateurs.

20 Ali Baba jeta une pièce d'or dans le tambour de basque de Morgiane, Morgiane s'adressa ensuite au fils d'Ali Baba, qui suivit l'exemple de son père. Cogia Houssain, qui vit qu'elle allait venir aussi à lui, avait déjà tiré la bourse de son sein, pour lui faire son présent, et il y mettait la main, dans le moment que Morgiane, avec un courage digne de la

25 fermeté et de la résolution qu'elle avait montrées jusqu'alors, lui enfonça le poignard au milieu du cœur, si avant[5] qu'elle ne le retira qu'après lui avoir ôté la vie.

Ali Baba et son fils, épouvantés de cette action, poussèrent un grand cri : « Ah ! malheureuse, s'écria Ali Baba, qu'as-tu fait ? est-ce pour nous

30 perdre, moi et ma famille ?

– Ce n'est pas pour vous perdre, répondit Morgiane : je l'ai fait pour votre conservation[6]. »

Alors, en ouvrant la robe de Cogia Houssain et en montrant à Ali Baba le poignard dont il était armé : « Voyez, dit-elle, à quel fier ennemi

35 vous aviez affaire, et regardez-le bien au visage : vous y reconnaîtrez le faux marchand d'huile et le capitaine des quarante voleurs. Ne considérez-vous pas aussi qu'il n'a pas voulu manger de sel[7] avec vous ?

MÉMO

Morgiane constitue une héroïne « type » du conte oriental, celle de l'esclave soucieuse de l'intérêt de la famille qu'elle sert et qui protège ses maîtres de tout danger. À l'opposé de la femme d'Ali Baba, elle se montre perspicace et courageuse et combat sans crainte les ennemis les plus dangereux.

 **Pour bien écrire**

« La libéralité » (l. 19) : ce nom qui se termine par la syllabe -*té* ne prend pas la marque du féminin. Quelles sont les exceptions à cette règle d'orthographe ? Donnez deux exemples de noms féminins qui suivent cette règle.

L'HISTOIRE DES MOTS

« Comble » (l. 52) est issu du nom latin *cumulus* qui signifie « tas, quantité énorme ». On emploie souvent ce mot dans des expressions, comme « le comble du bonheur ». Que signifie cette expression ?

En voulez-vous davantage pour vous persuader de son dessein pernicieux[8] ?
40 Avant que je l'eusse vu, le soupçon m'en était venu, du moment que vous m'aviez fait connaître que vous aviez un tel convive. Je l'ai vu, et vous voyez que mon soupçon n'était pas mal fondé. »

45 Ali Baba, qui connut la nouvelle obligation[9] qu'il avait à Morgiane de lui avoir conservé la vie une seconde fois, l'embrassa. « Morgiane, dit-il, je t'ai donné la liberté, et alors je t'ai promis
50 que ma reconnaissance n'en demeurerait pas là et que bientôt j'y mettrais le comble[10]. Ce temps est venu, et je te fais ma belle-fille. »

Antoine Galland, « Ali Baba et les quarante voleurs », *Les Mille et Une Nuits*, 1704-1717.

---

1. **Tambour de basque** : tambourin. 2. **Qui ne le cédait à aucune danseuse** : qui était à la hauteur d'une danseuse. 3. **Avec le même agrément** : de manière plaisante. 4. **Libéralité** : générosité. 5. **Si avant** : si profondément. 6. **Conservation** : sécurité. 7. **Manger le sel** : symbole d'amitié. 8. **Dessein pernicieux** : projet criminel. 9. **Obligation** : gratitude. 10. **Le comble** : le plus haut point.

Edmund Dulac, illustration pour *Ali Baba et les quarante voleurs*, 1914.

▶ *Comment le conte prend-il fin ?*

Découvrir le texte

1. À quel signe Morgiane a-t-elle deviné la véritable identité de Cogia Houssain ?

2. Représentez-vous la scène : où se trouvent les différents personnages selon vous ?

Analyser et interpréter le texte

Une danseuse envoûtante

3. À qui Morgiane est-elle comparée lorsqu'elle danse ? Qui la regarde ? Justifiez votre réponse avec une expression du texte.

4. Relevez les expressions qui décrivent les figures dans lesquelles elle se surpasse. Quelles qualités montrent-elles ?

Une exécution implacable

5. Pourquoi Cogia Houssain ne craint-il pas le poignard que Morgiane brandit dans sa dernière danse ?

6. LANGUE Relevez le complément de phrase qui caractérise le geste de Morgiane. Quels noms marquent sa détermination ?

7. Comment Morgiane défend-elle son geste auprès d'Ali Baba ? Ses arguments sont-ils justifiés, selon vous ?

S'exprimer à l'oral

Étudier une image

8. Observez l'illustration. Qui sont les personnages qui figurent sur ce dessin ? À quels indices repère-t-on la détermination de Morgiane ? Trouvez-vous ce dessin conforme à ce que vous vous imaginiez du personnage ?

Bilan En quoi ce dénouement correspond-il à la fin attendue d'un conte merveilleux ?

Histoire
des arts

Objectif
• Comprendre les
caractéristiques de
l'art arabo-musulman.

Un art du décor, un art de vivre

Au VIIIe siècle, le monde musulman est en pleine expansion et s'étend depuis l'Indus (fleuve séparant aujourd'hui l'Inde et le Pakistan) jusqu'à l'Espagne. Damas devient la capitale de l'empire et la cité des arts sous le califat d'Hâroun al-Rachîd, connu également comme « le calife des Mille et Une Nuits » où il apparaît dans plusieurs contes.

L'art de la miniature persane

La miniature persane se caractérise par sa finesse et sa délicatesse : le sujet est encadré par un décor qui délimite l'espace. Le dessin ignore la perspective et l'épaisseur. Les miniatures offrent également des représentations de la civilisation islamique.

❷ Al-Hariri (1054-1122), *Une bibliothèque à Bassora*, Al-Maqâmât (Les Séances), copié et peint par al-Wâsitî à Bagdad, 1236, Paris, BnF.

La miniature organise des correspondances entre le dessin et la frise qui l'entoure : la reprise des couleurs, des formes, comme celles du bouclier, des plis des vêtements.

❶ *Le Calife Hâroun al-Rachîd*, miniature illustrant un manuscrit des *Mille et Une Nuits*, XVIe siècle.

1. Comment le jeune calife est-il représenté (doc. 1) ? Quels sont ses attributs ? Décrivez sa silhouette, sa posture, ses vêtements et leurs couleurs.

2. Quels qualificatifs vous semblent le mieux le décrire : pensif, triste, fragile, séduisant, fort ?

3. Décrivez les personnages au premier plan de la miniature (doc. 2). Que font-ils ? Qu'est-ce qui rend la scène vivante ?

4. Que nous apprend cette scène sur le rôle des bibliothèques califales ?

L'architecture arabo-musulmane

L'architecture est reconnaissable dans ses édifices civils et religieux à l'utilisation de l'arc outrepassé. Les décors très travaillés font appel à des matériaux variés et alternent des formes très décoratives, les arabesques.

5 Arabesques végétales.

5. Pourquoi l'eau est-elle importante dans le patio? Qu'est-ce qui fait de ce palais un lieu où il fait bon vivre?

6. Qu'est-ce qui rend ce palais séduisant?

Colonnes de marbre surmontées de chapiteaux ornementés de stucs

Pavage de marbre

Rigoles qui conduisent l'eau depuis la fontaine des Lions

3 Le patio des Lions, l'Alhambra de Grenade, Espagne, XIVe siècle.

Arc outrepassé

Azulejos alternant le bleu, le vert et le brun et les formes géométriques

4 La salle des Deux Sœurs, l'Alhambra de Grenade, Espagne, XIVe siècle.

Vocabulaire

- **Arabesque**: décor qui produit des effets de symétries ou des jeux de courbes évoquant des formes végétales entrelacées.
- **Arc outrepassé**: arc arrondi plus grand qu'un demi-cercle.
- **Azulejos**: carreaux de faïence vernis de formes géométriques recouvrant les murs.
- **Miniature persane**: peinture de petit format, produite d'abord en Perse, qui s'est diffusée dans le monde musulman pour illustrer manuscrits et livres.
- **Stuc**: enduit à base de chaux utilisé pour les murs et les plafonds.

Activité

Atelier d'écriture

Vous êtes un jeune étudiant auprès d'un grand savant de Bagdad qui vous accueille dans la bibliothèque. Racontez votre arrivée en ce lieu, décrivez l'architecture de la salle et les manuscrits que vous apercevez. Utilisez le vocabulaire de l'art et de l'architecture arabo-musulmans.

Lire « Ali Baba et les quarante voleurs », *Les Mille et Une Nuits*

I. La trame narrative

1. Retrouvez l'ordre des différentes étapes du conte « Ali Baba et les quarante voleurs ».

a. Ali Baba découvre la caverne des quarante voleurs et son trésor.

b. La femme d'Ali Baba révèle par mégarde le secret du trésor à la femme de Cassim.

c. Ali Baba et Cassim, son frère, vivent dans une ville de Perse.

d. Ali Baba emporte une part du trésor chez lui.

e. Les voleurs recherchent Ali Baba.

f. Cassim entre dans la grotte mais ne peut ressortir : il est exécuté par les voleurs.

g. Ali Baba récupère le corps de son défunt frère pour l'enterrer et en profite pour prendre une nouvelle part du trésor.

h. L'esclave Morgiane s'aperçoit de la présence des voleurs et les tue un par un.

i. Le chef des voleurs se fait passer pour un marchand d'huile et demande l'hospitalité à Ali Baba.

j. Le chef des voleurs, sous une fausse identité, est invité chez Ali Baba.

k. Pour le remercier, Ali Baba fait de Morgiane sa belle-fille.

l. Morgiane exécute le chef des voleurs lors d'une danse avec un poignard.

2. Une fois l'ordre des étapes retrouvé, complétez le tableau ci-dessous.

Situation initiale	Élément perturbateur	Péripéties	Dénouement

3. Montrez en quoi la transmission du secret de la découverte d'Ali Baba structure l'enchaînement des actions du conte. Faites un schéma pour représenter la transmission du secret de personnage en personnage en indiquant chaque fois le moment du récit.

II. Portrait des personnages

LES QUARANTE VOLEURS

4. D'où viennent-ils ? Depuis quand se livrent-t-ils au vol ?

5. Qui commande ? Que risquent les voleurs quand leurs missions échouent ?

6. Faites le portrait du chef des voleurs selon le point de vue de Morgiane.

LES ÉPOUSES

7. Faites le portrait des deux femmes. Qu'est-ce qui les rapproche ? Que devient la femme de Cassim après la mort de son mari ?

CASSIM

8. Qu'est-ce qui oppose Cassim à son frère ?

9. Pourquoi, selon vous, Cassim est-il victime des voleurs ?

MORGIANE

10. Quelle est sa place dans la société ?

11. Faites la liste de ses tâches et de ses actions. Quel rôle joue-t-elle dans la maison ? Et dans le conte ?

ALI BABA

12. Quelle attitude montre-t-il face au trésor qu'il découvre ?

13. Quelle leçon de vie Ali Baba donne-t-il dans ce récit ? Quelle pourrait être sa devise ou la morale du conte ?

III. L'Orient dans le conte

14. Relevez dans le conte les références aux traditions orientales ci-dessous et expliquez-les :

les rites du deuil ; les règles de l'hospitalité ; la danse orientale ; le bain (le hammam).

15. Relevez tout ce qui relève du conte merveilleux.

Bilan

❶ Créer un nouveau conte

Inventez un conte à la manière des contes des *Mille et Une Nuits* en vous rendant sur la page interactive de la Bibliothèque nationale de France (BnF) : http://expositions.bnf.fr/1001nuits/pedago/page1.htm#. Vous choisirez un héros ou une héroïne, les rencontres et les différentes péripéties. Respectez la trame narrative, les portraits et les références orientales que vous avez étudiés dans « Ali Baba et les quarante voleurs ». Imprimez l'ensemble des consignes de votre récit puis rédigez votre conte.

À vos carnets !

Lisez « L'histoire d'Ali Cogia » dans les contes des *Mille et Une Nuits* et relevez toutes les informations que vous trouverez sur les trajets des commerçants et les marchandises qu'ils vendaient tout au long de leurs voyages. Dessinez ces trajets sur une carte que vous compléterez avec les noms des villes traversées.

Objectifs
• Enrichir son vocabulaire.
• Comprendre comment le lexique s'enrichit et voyage.

Vocabulaire

Les mots de l'Orient

Découvrir le vocabulaire d'origine arabe

1 Lisez ce texte et cherchez ce que signifient les mots : alambic et algorithme.

Les Arabes introduisent le zéro, les chiffres arabes et le système de calcul décimal maintenant utilisés partout dans le monde. C'est ainsi que les mots scientifiques comme « algèbre » ou « algorithme », ou encore « alambic », « alcool », « alchimie », « almanach » font leur entrée dans le vocabulaire français.

2 De nombreux mots du vocabulaire des tissus et des vêtements sont d'origine arabe. Classez les étoffes et les vêtements dans le tableau suivant et expliquez ce que sont les fez et le mohair.

pyjama • jupe • coton • fez • damas • mohair • burnous • satin • gilet • turban • babouches • caban

Étoffes	Vêtements

3 Classez les mots selon la catégorie à laquelle ils appartiennent : la vie économique, la vie religieuse ou la vie politique.

divan • arsenal • douane • imam • magasin • harem • marabout • minaret • islam • ramadan • calife • cheik • caravansérail • émir • carat

4 Des noms d'aliments sont également d'origine arabe. Complétez cette grille de mots croisés à partir des définitions ci-dessous.

1. Plante dont on consomme les feuilles et que les enfants aiment peu.
2. Céréale très répandue en Asie.
3. Boisson que l'on obtient à partir de graines torréfiées.
4. Fruit constitué d'une coque et d'une graine verte.
5. Plante dont on ne mange que la base des feuilles une fois cuite.
6. Légume du Sud, violet.

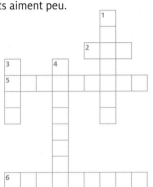

Approfondir le lexique des *Mille et Une Nuits*

5 Observez les titres des contes et classez les mots qui les constituent dans le tableau suivant.

Histoire du premier vieillard
Histoire de la princesse de Deryabar
Histoire du vizir puni
Histoire d'Aladin, ou la lampe merveilleuse
Histoire du pêcheur
Histoire du prince Ahmed et de la fée Pari-Banou
Histoire du premier calender
Histoire d'Ali Cogia, marchand de Bagdad
Histoire de Sinbad le marin
Histoire du cheval enchanté
Histoire que raconta le tailleur
Les Aventures du calife Hâroun al-Rachîd
Histoire du barbier
Histoire de Beder, prince de Perse

Les métiers	Ex. : pêcheur
Les lieux	
Les personnages princiers	
Les personnages historiques	
Les éléments du merveilleux	

6 Rédigez le bilan de vos observations. En un court paragraphe, montrez que les titres des contes des *Mille et Une Nuits* annoncent des récits caractéristiques de l'imaginaire oriental racontant la vie quotidienne de personnages très divers.

À vous d'écrire !

7 Lisez cet extrait et décrivez les plats servis ainsi que les vêtements des convives en utilisant le vocabulaire de cette page.

Au milieu était une table couverte de sept grands plats d'or massif qui embaumaient le salon de l'odeur des épiceries[1] et de l'ambre[2], dont les viandes[3] étaient assaisonnées. Sept jeunes dames debout, d'une beauté ravissante, vêtues d'habits de différentes étoffes les plus riches et les plus éclatantes en couleurs, environnaient cette table.

Antoine Galland, « Histoire du dormeur éveillé »,
Les Mille et Une Nuits, 1704-1717.

1. **Épiceries** : épices. 2. **Ambre** : résine fossile très parfumée.
3. **Viandes** : nourriture en général.

…à l'oral

Lire une illustration des Mille et Une Nuits

Vous êtes conférencier dans un musée, vous présentez une illustration des *Mille et Une Nuits* à des visiteurs.

ÉTAPE 1 | Préparer sa présentation

1 Décrivez à deux le cadre d'ensemble : la pièce, ses murs, le sol et les tapis.

2 Comment l'image est-elle composée ? Décrivez les divers plans dans l'espace.

3 Interprétez le décor et les objets représentés. Que disent-ils des propriétaires de la maison ? Que symbolisent-ils ?

4 Faites le portrait du personnage représenté. Que fait-il ici ? Quel type de personnage pourrait-il incarner dans un conte ?

5 Cette illustration évoque-t-elle pour vous l'Orient ? Vous plaît-elle ? Expliquez votre jugement.

ÉTAPE 2 | Présenter son travail

6 L'image est projetée au tableau, présentez-la à la classe. Structurez votre propos selon l'ordre du questionnement. Rendez votre présentation dynamique en montrant les détails, en prenant vos camarades à témoin.

Léon Carré, illustration de l'« Histoire du roi Omar Al-Nemân et de ses deux fils merveilleux », *Les Mille et Une Nuits*, 1926–1932.

…à l'écrit

Développer un épisode du conte

Vous racontez la préparation du repas offert par Ali Baba à Cogia Houssain, le capitaine des voleurs. Morgiane va avec Abdalla au marché pour acheter les produits nécessaires à la confection du repas, puis elle le prépare. C'est Abdalla qui dresse la table.

1 Aidez-vous de la page Vocabulaire pour raconter les achats au marché et consacrez un paragraphe à ce récit.

2 Dans un deuxième paragraphe, Morgiane prépare les plats.

3 Enfin, Abdalla dresse la table. Représentez-vous la scène en vous inspirant de l'illustration de Léon Carré.

> **Méthode**
> Relisez la Lecture 4 pour respecter le point de vue de narration (la 3e personne du singulier et les temps du récit : l'imparfait et le passé simple).

COMPÉTENCES
D1, D5 Lire des images.
D1 Pratiquer l'écriture d'invention.

Bilan de la séquence

Des récits enchâssés

Antoine Galland → Les lecteurs français

Schéhérazade → Schahriar

Morgiane → Ali Baba

Des récits d'aventures variées qui s'enchaînent

Des péripéties offrant enlèvements, métamorphoses, poursuites sans répit. Ex.: les enquêtes des voleurs pour retrouver Ali Baba, les incursions répétées dans la grotte.

Des personnages typiques. Ex.: épouses bavardes et jalouses, esclaves rusées, marchands intéressés.

Des ennemis, des obstacles et **des épreuves** que le héros doit surpasser.

Un monde oriental qui fascine et dépayse

Par **le raffinement des objets** fabriqués et leur richesse. Ex.: les étoffes, les tapis, l'or, les bijoux.

Par **un art de vivre** recherché. Ex.: les arômes et les parfums, la nourriture très élaborée, les danses qui achèvent les repas.

Par **ses coutumes** différentes. Ex.: les sultans et les riches marchands servis par des esclaves fidèles et ingénieuses, les sultanes vivant dans le harem.

Des contes merveilleux séduisants

La présence de la magie Ex.: les génies et les fées exaucent les vœux, punissent et conseillent, et les cavernes s'ouvrent sur une simple formule.

L'exagération, signe d'invraisemblance et de fantaisie. Ex.: les trente-sept voleurs ébouillantés en un clin d'œil.

La leçon de conduite: le conte merveilleux apporte une réflexion sur le bon comportement à adopter. Ex.: le refus de l'excès, les règles de l'hospitalité.

Évaluation   Mobiliser les acquis de la séquence

1. Je peux définir ce qu'est un conte merveilleux et ce qu'est le merveilleux.

2. Je reconnais des caractéristiques de la culture orientale.

3. Je peux utiliser mes connaissances historiques pour comprendre le conte oriental.

4. Je connais les caractéristiques du conte oriental.

5. Je peux comparer les contes merveilleux entre eux et dégager des points communs et des différences.

COMPÉTENCES ATTENDUES EN FIN DE 5e

D1, D5 Lire
– Élaborer une interprétation des textes littéraires. ■ ■ ■ ■

D1 Écrire
– Exploiter des lectures pour enrichir son récit. ■ ■ ■ ■
– Situer une œuvre dans son époque et son contexte historique ■ ■ ■ ■

SÉQUENCE 6

Imaginer des univers nouveaux

Héros et héroïsmes

Un loup-garou

OBJECTIFS
- Étudier une forme littéraire brève.
- Comprendre un récit merveilleux du Moyen Âge.

Texte intégral **Marie de France, «Bisclavret», *Lais* (XIIe siècle)**

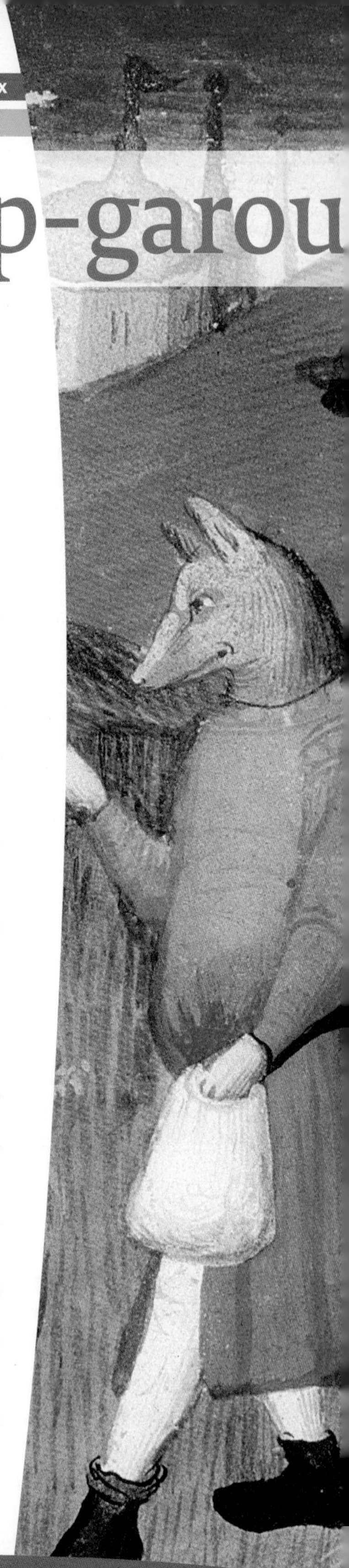

merveilleux

Maître Boucicault, *Le Livre des merveilles*,
miniature de Jean de Mandeville,
1410-1412, BnF, Paris.

▶ *Quelle représentation du loup-garou
Marie de France propose-t-elle dans
le lai « Bisclavret » ?*

Marie de France

Marie de France vivait à la fin du XIIe siècle (probablement entre 1160 et 1210) et était originaire d'Île-de-France. Elle a vécu à la cour du roi d'Angleterre Henri II Plantagenêt et de la reine Aliénor d'Aquitaine, célèbre pour favoriser les arts et les lettres. Marie de France s'est illustrée dans deux grands genres littéraires, les fables et les lais.

La première femme écrivain d'expression française connue

• *Marie de France* écrit ses lais en langue romane, c'est-à-dire en ancien français. Le mot **«lai»** a une origine celtique et signifie probablement «chant». Elle s'inspire de ces chants, à l'origine accompagnés de musique, qui se transmettent par tradition orale, pour en faire des récits brefs.

> «J'ai donc pensé aux lais que j'avais entendus. Je savais avec certitude que ceux qui avaient commencé à les écrire et à les répandre avaient voulu perpétuer le souvenir des aventures qu'ils avaient entendues.»
>
> Marie de France, *Lais*, prologue, XIIe siècle.

• Les lais deviennent ainsi des *contes en vers*, que Marie compose à partir de légendes celtiques et populaires, la matière de Bretagne, où merveilleux et magie sont omniprésents. Le cycle du roi Arthur fait partie de cette matière de Bretagne.

Marie de France écrivant, Fables de Marie de France, 1285-1292, Paris.

«Je me nommerai pour mémoire. J'ai pour nom Marie et je suis de France»

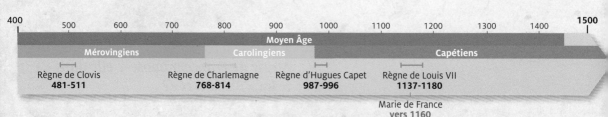

Entrer dans la séquence

Préparez-vous à remonter le temps

Bisclavret ad nun en bretan,
Garwalf l'apelent li Norman.
Jadis le poeit hum oïr
e sovent suleit avenir,
hume plusur garval devindrent
e es boscages maisun tindrent.
Garvalf, ceo est beste salvage ;
tant cum il est en cele rage,
humes devure, grant mal fait,
es granz forez converse e vait.

Marie de France, *Lais* [XIIᵉ siècle],
en ancien français.

❶ Observez attentivement le texte et sa disposition. Quelle est la forme des lais ?

❷ Lisez le dernier mot de chaque ligne. Que remarquez-vous ?

❸ Amusez-vous à lire à voix haute ce texte en ancien français, sachant que toutes les lettres se prononcent.

Rencontrez un personnage merveilleux

Bisclavret : c'est son nom en breton,
mais les Normands l'appellent ....
Jadis on entendait raconter,
et c'était une aventure fréquente,
que bien des hommes se transformaient en ....
et demeuraient dans les forêts.
......., c'est une bête sauvage.
Tant que cette rage le possède,
il dévore les hommes, fait tout le mal possible,
habite et parcourt les forêts profondes.

Marie de France, *Lais* [XIIᵉ siècle], traduction de Laurence Harf-Lancner,
Le Livre de poche, « Lettres gothiques », 1990.

❹ Lisez la traduction, puis relevez dans le texte en ancien français le « mot mystère ». Que remarquez-vous concernant l'orthographe de ce mot en ancien français ?

❺ Prononcez ce mot à haute voix. Qui désigne-t-il, à votre avis ? Pour vous aider, cherchez le sens du mot anglais *werewolf*.

❻ De quel personnage Marie de France veut-elle raconter l'histoire ?

...re Boucicaut, miniature dans *Le Livre des merveilles*
...an de Mandeville, 1410-1412.

6. Un loup-garou merveilleux 105

Texte intégral

Un secret inavouable

Autrefois, on entendait raconter – et l'aventure arrivait fréquemment – que des hommes se transformaient en loups-garous et demeuraient dans les bois. Le loup-garou est une bête sauvage ; elle dévore les hommes, fait le plus grand mal et hante les forêts profondes. Voici l'histoire de Bisclavret.

5 En Bretagne demeurait un seigneur. C'était un beau et brave chevalier qui se conduisait <u>noblement</u>. Il était très proche de son roi et apprécié de tous ses voisins. Il avait une femme très respectable et très séduisante. Il l'aimait et elle l'aimait. Cependant une chose inquiétait beaucoup son épouse : son mari disparaissait chaque semaine pendant trois jours et 10 elle ne savait ni ce qu'il devenait ni où il allait. Et aucun des siens n'en savait rien non plus.

Un jour, alors qu'il rentrait chez lui, joyeux et de bonne humeur, sa femme lui demanda : « Seigneur, mon doux ami, j'aimerais vous poser une question, si j'osais ; mais je crains plus que tout votre colère. » À 15 ces mots, il l'enlaça et lui donna un baiser.

« Dame, dit-il, posez donc votre question. J'y répondrai si je le peux.
– Ma foi, répliqua-t-elle, je suis soulagée. Je suis tellement inquiète les jours où vous me quittez. J'éprouve une si vive douleur et j'ai si peur 20 de vous perdre que je pourrais en mourir si vous ne me rassuriez. <u>Dites-moi où vous allez</u> et où vous demeurez. Il me semble que vous aimez une autre femme et, si tel est le cas, 25 vous commettez une faute.
– Dame, répondit-il, au nom de Dieu, pitié ! Si je vous dis ce qu'il m'arrive, je suis perdu et vous ne m'aimerez 30 plus. »

À suivre...

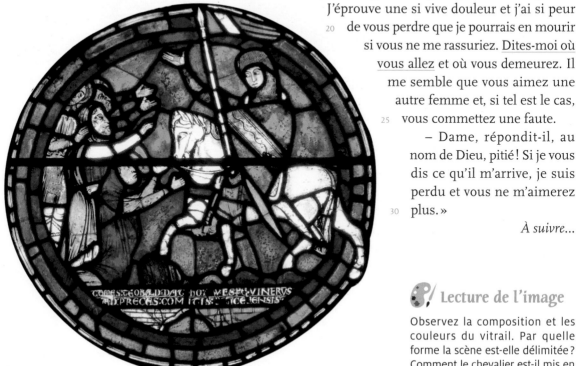

Détail d'un vitrail de la cathédrale Notre-Dame de Chartres, représentant Thibaut VI, comte de Blois, XIIIᵉ siècle.

Lecture de l'image

Observez la composition et les couleurs du vitrail. Par quelle forme la scène est-elle délimitée ? Comment le chevalier est-il mis en valeur ?

Pour bien écrire

« **Dites-moi où vous allez** » (l. 21) : il ne faut pas confondre les homophones *ou* (= conj. de coordination) et *où* (= adv. de lieu). Comment les écririez-vous dans la phrase suivante : « Vers ...... te diriges-tu ? Tu ne veux pas me le dire ...... tu ne le sais pas ? »

L'HISTOIRE DES MOTS

« **Noblement** » (l. 6) est un adverbe formé sur l'adjectif « noble », qui vient du latin *nobilis* (illustre, bien né). Au Moyen Âge, il caractérise celui qui l'emporte par ses mérites. Quels noms sont dérivés en français de cet adjectif ?

Miniature du *Codex Manesse* (manuscrit), XIVe siècle.

▶ En quoi cette situation initiale installe-t-elle une atmosphère étrange ?

Découvrir le texte

1. Quelle est la légende rapportée au début du texte ? Quel personnage met-elle en scène ? Cherchez un mot d'origine grecque qui désigne ce personnage.

2. Faites une recherche sur l'apparition de ce personnage au cinéma et présentez à l'oral des titres de films accompagnés d'une ou deux images de ces films.

Analyser et interpréter le texte

3. Quels sont les deux personnages principaux de ce début de lai ? Par quels mots sont-ils désignés ?

4. Relevez les adjectifs qui caractérisent les deux personnages. Qu'expriment-ils ?

5. LANGUE Quel est l'adverbe qui accompagne trois de ces adjectifs ? Qu'apporte-t-il à leur sens ?

↘ Identifier les classes de mots p. 293

6. Cherchez le sens des mots « ami » et « Dame » au Moyen Âge. Qu'indiquent-ils sur la relation des deux personnages principaux ? Trouvez dans le texte une expression que pourrait dire le personnage féminin dans la miniature du *Codex Manesse*.

7. Quel est l'élément qui vient perturber la situation ?

8. Relevez le champ lexical de la peur. En quoi la relation qu'entretiennent le chevalier et sa dame n'est finalement pas idéale ?

S'exprimer à l'oral

Émettre des hypothèses

9. Proposez, chacun votre tour, une hypothèse sur le secret de Bisclavret. Justifiez votre hypothèse en utilisant des indices précis du texte. Comparez ensuite vos propositions et les arguments qui les soutiennent.

Une révélation
aux conséquences terribles

Loup armé, *Pontifical*, XIIIᵉ siècle.

La dame comprit bien qu'il ne plaisantait pas. Elle lui posa plusieurs fois la question, le câlina et le flatta tant qu'il lui raconta tout sans rien lui cacher. « Je deviens loup-garou, je me tapis dans cette grande forêt, au plus profond des bois, et je me nourris en chassant et en volant. »
⁵ Quand il lui eut tout raconté, elle lui demanda s'il se déshabillait ou s'il gardait ses vêtements lorsqu'il partait ainsi.

« J'y vais tout nu, répondit-il.

– Au nom de Dieu, dites-moi ce que vous faites de vos vêtements.

– Dame, je ne vous le dirai pas, car si je les perdais et si on découvrait
¹⁰ la vérité, je resterais loup-garou à tout jamais. Avant qu'on m'ait rendu mes habits, il me serait impossible de recouvrer ma forme humaine.

– Seigneur, lui répondit la dame, je vous aime plus que tout au monde : vous ne devez rien me cacher ni rien craindre de moi, sinon c'est que vous ne m'aimez pas ! Qu'ai-je fait de mal ? Quelle faute ai-je
¹⁵ commise pour vous rendre si méfiant à mon encontre ? Dites-moi votre secret ! »

Elle le tourmenta et le harcela tant qu'il ne put se dérober et lui avoua tout. « Dame, dit-il, près de ce bois et près du chemin que j'emprunte, il y a une vieille chapelle qui m'est bien utile : là, sous un buisson, se
²⁰ trouve une large pierre, dont l'intérieur est vide. J'y dépose mes vêtements jusqu'à mon retour à la maison. » En entendant cette histoire incroyable, la dame rougit de peur, épouvantée. Elle songea au moyen de se séparer de son mari, car elle ne voulait plus partager son lit. Or, un chevalier de la contrée, qui l'aimait depuis longtemps, la poursuivait
²⁵ de ses prières et lui offrait ses services. Elle ne l'avait jusque-là jamais assuré de son amour. Elle l'envoya chercher par un messager et lui ouvrit son cœur.

« Ami, fit-elle, soyez content ! Je vous accorde dès aujourd'hui ce que vous avez longtemps désiré. Vous ne connaîtrez plus d'obstacle. Je vous
³⁰ donne mon amour et ma personne. Faites de moi votre amie. » Il l'en remercia. Elle lui raconta alors comment son mari s'absentait et ce qu'il devenait. Elle lui indiqua le chemin qu'il empruntait pour aller dans la forêt et l'envoya chercher ses vêtements. C'est ainsi que Bisclavret fut trahi par sa femme. Comme il lui arrivait souvent de disparaître, tout
³⁵ le monde crut qu'il avait définitivement quitté le pays. On se mit à sa recherche et on tenta de réunir des informations à son sujet, mais on ne put rien trouver et on dut abandonner. Le chevalier, quant à lui, épousa la dame qu'il aimait depuis si longtemps.

À suivre...

Le Satiricon

Nicéros raconte une aventure qui lui est arrivée avec un soldat avec lequel il faisait route de nuit.

La lune brillait, on y voyait comme en plein jour. Nous arrivons au milieu des tombeaux ; voilà mon homme qui se met à se diriger vers les stèles ; moi, je m'assieds tout en chantonnant, et je compte les monuments. Ensuite, lorsque je me retournai vers mon compagnon, je vis qu'il se déshabillait et posait tous ses vêtements le long de la route. J'avais un goût de mort dans la bouche ; j'étais là, immobile, comme un cadavre. Lui, il pissa tout autour de ses vêtements et, soudain, se transforma en loup. [...] Il se mit à hurler et s'enfuit vers les bois. Moi, d'abord, je ne savais pas où j'étais ; puis je m'approchai pour ramasser ses vêtements ; mais eux étaient devenus de pierre. [...] Je compris que c'était un loup-garou.

Pétrone, *Le Satiricon* [Iᵉʳ siècle ap. J.-C.],
trad. du latin par Pierre Grimal, *Romans grecs et latins*,
Gallimard, « La Pléiade », 1958.

Miniature du *Bestiaire de Rochester*,
XIIIᵉ siècle, British Library, Londres.

Lecture de l'image

Observez cette miniature composée de deux cases. Par quelle couleur les personnages sont-ils mis en relation ? Faites tous les rapprochements possibles avec le texte et justifiez avec des indices de l'image.

▶ Quelle forme la trahison de l'épouse de Bisclavret prend-elle ?

Analyser et interpréter le texte

1. Quelle partie du secret est la plus difficile à entendre pour l'épouse de Bisclavret ? Justifiez votre réponse et proposez une explication à sa réaction.

2. Faites la liste de toutes les informations que donne Bisclavret sur sa transformation. Qu'est-ce qui n'est pas évoqué et reste implicite ?

3. Quel est le plan de l'épouse de Bisclavret ? Quel personnage devient son complice et pourquoi ?

4. LANGUE Relevez la phrase précise qui conclut le plan de l'épouse de Bisclavret. Observez la forme de cette phrase. Quel verbe met-elle en valeur ?

5. Comparez le texte de Pétrone à celui de Marie de France, et montrez en quoi la littérature médiévale puise aussi ses sources dans l'héritage de la littérature antique.

6. Cherchez le mythe grec dans lequel un roi cruel est transformé en loup par Zeus : dans quelle œuvre de la littérature latine ce mythe est-il raconté ? Quel en est son auteur ?

S'exprimer à l'écrit ✍

Imaginer la métamorphose de Bisclavret

7. Imaginez la description du processus de la métamorphose de Bisclavret en loup-garou : vous insisterez sur les différentes étapes de la transformation physique. Votre description doit provoquer l'effroi de votre lecteur.

▌ *Conseil* : vous pouvez commencer votre texte à la manière du roman *Le Prisonnier d'Azkaban*, de J. K. Rowling : « Un terrible grognement retentit. La tête de Lupin s'allongeait. Son corps également. »

Texte intégral

Un comportement inattendu

Objectifs
• Comprendre ce qu'on appelle «merveilleux» au Moyen Âge.
• Identifier les valeurs de la société féodale.

Compétence
• Élaborer une interprétation des textes littéraires.

Les choses en restèrent là pendant une année entière, jusqu'au jour où le roi alla chasser. Il se rendit dans la forêt où se trouvait le loup-garou. Quand les chiens furent lâchés, ils rencontrèrent la bête; chiens et veneurs[1] la poursuivirent toute la journée et faillirent la capturer et la
5 blesser. Dès que le loup-garou aperçut le roi, il courut vers lui pour implorer sa pitié. Il attrapa l'étrier et lui baisa la jambe et le pied. À sa vue, le roi eut très peur et appela ses compagnons.

« Seigneurs, dit-il, approchez ! Regardez cette <u>merveille</u>, comme cette bête
10 se prosterne ! Elle a l'intelligence d'un homme. Elle demande grâce. Chassez-moi tous ces chiens et que personne ne la touche. Elle est douée d'intelligence et de raison. Dépêchez-vous, allons-nous-
15 en ! Je la protégerai et je ne chasserai plus de la journée. »

Le roi s'en retourna chez lui. Le loup-garou le suivait de près, se tenant à son côté, refusant de s'éloigner et de le quit-
20 ter. Ravi, le souverain l'emmena dans son château, car il n'avait jamais rien vu de pareil. C'était extraordinaire ! S'étant pris d'affection pour la bête, il ordonna à tous ses gens, au nom de l'amour qu'ils
25 lui portaient, de veiller attentivement sur elle, de ne lui faire aucun mal et de lui donner à boire et à manger. Les chevaliers l'entourèrent de soins. Elle prit l'habitude de se coucher parmi eux,
30 à proximité du roi. Tous l'appréciaient pour sa loyauté et sa gentillesse. Jamais elle ne songea à faire de mal. Elle suivait le seigneur dans tous ses déplacements et refusait de le quitter : ce dernier
35 comprit qu'elle l'aimait beaucoup.

Le roi réunit un jour à sa cour tous les barons auxquels il avait donné un fief, afin que la fête eût plus d'éclat et de solennité. Le chevalier qui avait épousé
40 la femme du loup-garou s'y rendit en riche équipage[2]. Il ne s'imaginait pas

Scène de chasse, *Livre de chasse* de Gaston Phébus, XVᵉ siècle.

Écho

Le loup-garou au Moyen Âge

Nous savons en effet qu'en Auvergne, dans l'évêché[1] de Clermont, le noble Pons de Capitol dépouilla récemment de son héritage Raimbaud de Pouget, un chevalier très brave et très vaillant. Celui-ci, devenu errant et vagabond dans le pays, hantait chemins creux et halliers[2], solitaire comme une bête sauvage; une nuit, sous le coup d'une terreur excessive qui provoqua une aliénation de son esprit[3], il se mua en loup. Il fut un tel fléau pour la contrée qu'il rendit désertes nombre de demeures paysannes : les petits enfants, il les dévorait sous sa forme de loup; les adultes, il les déchirait de morsures sauvages.

Gervais de Tilbury, *Le Livre des merveilles* [XIIIᵉ siècle], traduit de l'anglais par A. Duchesne, Les Belles Lettres, « La roue à livres », 1992.

1. **Évêché** : territoire sous la direction d'un évêque. 2. **Halliers** : buissons touffus.
3. **Aliénation de son esprit** : folie.

qu'il allait tomber sur le mari ! Dès qu'il
entra au palais et que la bête l'aperçut, celle-
ci, d'un bond, se jeta sur lui, le saisit de ses
45 crocs et le tira à lui. Si le roi ne l'avait pas
rappelée et menacée d'un coup de bâton,
elle lui aurait fait encore plus mal. À deux
reprises dans la journée la bête essaya de
mordre le chevalier. Beaucoup de personnes
50 en furent étonnées, car elle ne s'était jamais
comportée de cette façon envers quiconque.
Dans le palais, tous dirent que ce n'était pas
sans raison : le chevalier lui avait sans doute
fait du tort, d'une manière ou d'une autre,
55 puisqu'elle avait envie de se venger.

Les choses en restèrent là pour cette fois. La fête s'acheva,
les barons prirent congé et rentrèrent chez eux. Le chevalier que le loup-garou avait attaqué s'en alla parmi les tout
premiers.

À suivre...

Adoubement de Galaad, *Lancelot,
la quête du Saint-Graal*, 1404.

1. **Veneurs** : chasseurs qui pratiquent la chasse à courre. Le mot vient du latin *venator*,
« le chasseur ». 2. **En riche équipage** : richement paré.

▽ **L'HISTOIRE DES MOTS**

« **Merveille** » (l. 9) a un sens neutre au
Moyen Âge. Il désigne une situation
ou une chose étrange, qui cause un vif
étonnement. L'adjectif « merveilleux »
vient du latin *mirabilis*, qui signifie
« étonnant » dans son sens premier. Quel
sens le mot « merveilleux » a-t-il le plus
souvent en français ? Comment pouvez-
vous expliquer cet emploi ?

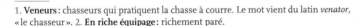

▶ *Comment s'expriment les règles de la société
féodale dans cet extrait ?*

Analyser et interpréter

1. Quelles activités pratiquées
par les nobles du Moyen Âge sont
mises en scène dans cet extrait ?
2. Relevez les actions du loup-
garou lorsqu'il rencontre le roi.
Comment se comporte-t-il ?
Justifiez votre réponse avec une
expression du texte.
3. À quelle cérémonie féodale le
comportement du loup vous fait-
il penser ? Justifiez votre réponse
en relevant le champ lexical de la
féodalité.
4. LANGUE Observez les types
de phrases employées par le roi
lorsqu'il s'adresse à ses compagnons. Que permettent-elles au
roi d'exprimer ? Justifiez votre
réponse en relevant l'adjectif qui

caractérise la manifestation du
merveilleux dans le récit.
5. Lisez le texte de Gervais de
Tilbury en écho au récit de Marie
de France. Quelle image singulière
du loup-garou Marie de France
donne-t-elle dans ce lai ? Justifiez
votre réponse.

S'exprimer à l'oral 💬

Mener un débat

6. Imaginez qu'une querelle
s'engage entre les partisans du
chevalier attaqué et les chevaliers
du roi, au sujet du loup. Les uns
veulent sa mise à mort alors que les
autres le défendent et justifient son
comportement soudain. Faites deux
groupes et exposez vos arguments.

PISTES **EPI**

Les seigneurs au Moyen Âge

Projet : Réaliser un diaporama sonore
sur la représentation de la société
féodale dans les textes et les images du
Moyen Âge. Vous choisirez un thème de
votre choix (la vassalité, la journée d'un
seigneur, l'enfance d'un chevalier, etc.).
Vous chercherez des représentations
dans des domaines artistiques différents
du Moyen Âge (sculptures, enluminures
tapisseries, sceaux, vitraux) et des extraits
de textes qui renvoient aux images.
Votre diaporama associera les images
et les textes lus qui serviront de voix off.

Thématiques : Culture et Création
artistique

Disciplines croisées : Français, Histoire,
Arts plastiques

Objectif
• Comprendre la résolution d'un récit merveilleux.

Compétences
• Élaborer une interprétation des textes littéraires.
• Dégager la cohérence d'un récit.

Un retour glorieux

Peu de temps après, le roi alla avec la bête dans la forêt où il l'avait trouvée. Le soir, sur le chemin du retour, il logea dans la région. La femme du loup-garou l'apprit. Le lendemain, après s'être richement parée, elle alla trouver le roi et lui apporta un
5 magnifique cadeau. Quand le loup-garou la vit venir, on ne put le retenir, il fonça sur elle, plein de rage. Voyez comme il réussit à se venger ! Il lui arracha le nez. Pouvait-il faire pire ? On le menaça de tous côtés et on l'aurait sans doute tué, sans l'intervention d'un homme sage, qui dit au roi : « <u>Sire</u>, écoutez-
10 moi ! Cette bête a vécu près de vous, nous tous, nous la voyons et la côtoyons depuis longtemps. Jamais elle n'a touché ni trahi personne, sauf la dame que je vois ici. Croyez-moi, elle a un motif pour être en colère contre celle-ci et contre son mari. C'est l'épouse du chevalier pour qui vous aviez tant d'affection,
15 dont on a perdu la trace depuis si longtemps et dont on ne sait ce qu'il est advenu. Soumettez la dame à un interrogatoire pour obtenir quelque aveu et savoir pourquoi la bête la hait tellement. »

Le roi se rangea à son conseil et soumit la dame à la torture. Sous l'effet de la souffrance et de la peur, elle lui avoua tout sur son précédent
20 mari : comment elle l'avait trahi et lui avait dérobé ses vêtements, le secret qu'il lui avait révélé, ce qu'il devenait, où il allait. Elle ajouta qu'il avait disparu le jour où elle lui avait pris ses habits. Elle était persuadée que la bête qui l'avait attaquée était son loup-garou.

Le roi obligea la dame à apporter les vêtements dérobés et les fit
25 remettre au loup-garou. Quand il les eut devant lui, il s'en désintéressa. Le vieux sage qui avait déjà conseillé le roi dit : « Sire, ce n'est pas ainsi qu'il faut agir ! Pour rien au monde, il n'accepterait de s'habiller et de changer d'aspect devant vous. Il en éprouverait une grande gêne. Faites-le conduire dans vos appartements et faites-lui apporter ses habits ;
30 laissons-le là un moment, nous verrons bien s'il redevient un homme. »

Le roi accompagna lui-même la bête et ferma toutes les portes derrière lui. Au bout d'un moment, il alla le retrouver, avec deux barons. Tous trois entrèrent dans la chambre et virent le chevalier sur le lit du roi. Celui-ci courut l'<u>embrasser</u> plus de cent fois. Dès que cela lui fut
35 possible, il lui rendit toutes ses terres et lui donna plus encore.

Quant à la femme, il la chassa du pays. Elle partit avec l'homme pour lequel elle avait trahi son mari. Ils eurent beaucoup d'enfants. On les reconnaissait facilement à leur visage : plusieurs femmes de cette famille naquirent sans nez, c'est la pure vérité !

Marie de France, « Bisclavret » *Cinq histoires d'amour et de chevalerie* [XIIe siècle], trad. de l'ancien français par Alexandre Micha, Flammarion, « Étonnantissimes », 2012.

REPÈRES

La justice au Moyen Âge
Soumettre un suspect à un interrogatoire au Moyen Âge pour obtenir des aveux et des preuves se fait souvent sous la torture. L'expression « soumettre à la question » signifie « soumettre à la torture ».

Pour bien écrire

« **Sire** » (l. 9) est une forme du mot « seigneur » utilisée au Moyen Âge pour s'adresser à son suzerain. De quel homophone devez-vous distinguer ce mot ?

L'HISTOIRE DES MOTS

« **Embrasser** » (l. 34) est un verbe composé du radical *-bras* et du préfixe *en-*. Il a pour sens premier depuis le Moyen Âge : « entourer de ses bras ». Quel est le sens courant de ce verbe aujourd'hui ?

Drôleries, *Le Psautier de Luttrell*, 1320-1340, British Library, Londres.

Miniature du *Capbreu de Tautavel*, XIIIᵉ siècle,
archives départementales des Pyrénées-Orientales, Perpignan.

Lecture de l'image

Décrivez cette miniature. À quelle partie
du texte pouvez-vous associer cette scène ?
Justifiez avec des indices de l'image.

Gargouille de la cathédrale Notre-Dame de
l'Annonciation, XVᵉ siècle, Moulins, France.

▶ Quelle est le dénouement de ce récit merveilleux ?

Analyser et interpréter le texte

1. Comment le loup agit-il dans cet extrait ? Pourquoi ? Justifiez
avec une expression du texte.

2. Quelle conséquence cette attaque va-t-elle avoir pour le loup ?

3. LANGUE Quelle partie du visage de la dame le loup attaque-t-il ?
Cherchez une expression française dans laquelle cet élément du
visage apparaît et dénonce la curiosité.

4. Quelles sont les étapes par lesquelles le roi réhabilite Bisclavret ? Que symbolise cette réhabilitation pour Bisclavret ?

5. Quels châtiments la dame subit-elle pour avoir trahi Bisclavret ?

S'exprimer à l'écrit ✐

Réécrire l'histoire

6. Bisclavret, qui a gardé sa conscience humaine pendant sa
mésaventure, raconte au roi la trahison de son épouse et ses
conséquences. Vous prendrez le point de vue de Bisclavret et
vous commencerez votre récit au moment où le héros cherche
ses vêtements qui lui ont été dérobés.

Conseil: insistez sur les sentiments de Bisclavret, qui reste un homme
dans la peau d'un loup, et son errance avant de rencontrer le roi.

Un court-métrage d'animation

Objectifs
• Découvrir un film d'animation et ses techniques.
• Analyser les choix pour adapter le lai du « Bisclavret ».

Émilie Mercier est une réalisatrice française, scénariste et décoratrice d'animation. Son adaptation du lai « Bisclavret » est son premier film en tant que réalisatrice et a été primé plusieurs fois. Le film est animé avec du papier découpé.

Un univers mystérieux

Fiche signalétique du film

Titre : *Bisclavret*, d'après le lai « Bisclavret », de Marie de France

Genre : court-métrage d'animation

Durée : 14 minutes

Pays : France

Réalisatrice : Émilie Mercier

Traduction de l'ancien français : Françoise Morvan

Musique : Olivier Daviaud

Date de sortie : 2011

Vocabulaire

• **Plan fixe** : plan où il n'y a aucun mouvement de caméra. Seuls les éléments dans l'image bougent.

• **Making of** : montage des images tournées pendant la préparation, le tournage et la production d'un film. Il donne des informations sur la fabrication du film.

**Images extraites du film *Bisclavret*.
Réalisé par Émilie Mercier.
© 2010 Folimage – La Boîte... Productions**

Comprendre l'œuvre

1. Observez les photogrammes 3 à 8 de cette séquence. À quel domaine artistique médiéval la technique d'animation fait-elle explicitement référence ? Cherchez un exemple d'image dans la séquence pour justifier votre réponse.

2. À quelle voix dans le texte du lai correspond la voix off du film ? Qu'a voulu conserver la réalisatrice ?

3. Observez la composition de chaque photogramme. Comment chaque scène est-elle délimitée ? Quelle impression la variation des scènes donne-t-elle au spectateur ?

4. Repérez les éléments propres à l'univers médiéval mis en scène dans ces images et décrivez précisément chaque scène.

5. Comparez ces images au récit de Marie de France et expliquez en quoi cette adaptation cinématographique propose une interprétation du texte d'origine, tout en lui restant fidèle.

6. Allez sur le site de la visite virtuelle de la cathédrale de Meaux : www.iledefrance.fr. Regardez l'animation consacrée à la technique du vitrail. Quels sont les termes techniques propres à la fabrication d'un vitrail ?

7. Observez les photogrammes 1 et 2. Comment l'esthétique du vitrail a-t-elle été reprise graphiquement dans le film ? Justifiez votre réponse.

8. Expliquez comment le travail graphique sur les contrastes et la lumière contribue à créer une atmosphère mystérieuse et inquiétante.

La situation initiale

Cette séquence (0'13'' à 0'34'') est constituée de ces six plans fixes qui s'enchaînent.

Transcription de la voix off

*En Bretagne était un baron
Grande merveille en disait-on. (❸)*

Proche ami de son suzerain (❹)

Et aimé de tous ses voisins (❺)

Sa femme était digne, avenante, (❻)

*Toujours aimable et souriante,
il l'aimait fort et elle aussi (❼)*

Mais elle avait un grand souci... (❽)

Activité

🎬 **Dans les coulisses du film!**

1. Consultez le site consacré au making of du film : http://bisclavretfilm.blogspot.fr et visionnez la séquence du film, disponible sur YouTube, « Bisclavet (extrait 2) ».

2. Observez le mouvement des personnages dans cette séquence et les pantins du making of. Expliquez pourquoi tant de dessins sont nécessaires pour animer un même personnage.

3. Observez les différents choix sonores de la bande-son (son d'action, son d'ambiance, musiques, dialogues, voix off). Comment ces choix donnent-ils aux images toute leur force ?

4. Présentez le fruit de votre recherche dans un diaporama pour expliquer les choix de création du film.

Lire le lai « Bisclavret » de Marie de France

I. La structure du lai

1. Relevez toutes les indications temporelles dans le lai. En combien de temps se déroulent à peu près les événements racontés ? Comment Marie de France réussit-elle à condenser le récit et à le rythmer ?

2. Voici les différentes étapes du récit, à vous d'en rétablir l'ordre en respectant le schéma narratif (situation initiale, élément perturbateur, péripéties, situation finale). Vous présenterez votre réponse dans un tableau récapitulatif.
1. Un chevalier réhabilité
2. L'intégration du loup à la société
3. La reconquête de la forme humaine
4. La disparition trois jours par semaine
5. Le méfait d'une épouse trop curieuse
6. Un seigneur breton vertueux
7. La perte de la forme humaine
8. Le retour à la société

II. Les personnages

3. Faites la liste des valeurs positives et négatives qui s'expriment dans ce lai et associez-les à chaque personnage.

4. Quel élément important au moment de la métamorphose assure le passage de Bisclavret de l'humanité à l'animalité ?

5. Relevez dans le lai tous les indices de l'humanité du loup-garou. La métamorphose de Bisclavret en loup est-elle partielle ? Pourquoi ?

III. La symbolique de la métamorphose en loup-garou

6. Dans le prologue, sur quoi repose la vision du loup-garou ? Montrez en quoi le récit de Marie de France a pour but de prendre le contrepied de cette vision.

7. Expliquez, à la lumière de votre lecture du lai, en quoi la manifestation du merveilleux au Moyen Âge garde une part de mystère. En quoi cela contraste-t-il avec notre sensibilité contemporaine ?

Conseil

Comparez l'expression du merveilleux dans ce lai à celle des films qui évoquent des loups-garous.

Bilan

Créer une carte mentale

À partir de votre lecture synthétique du lai, créez, à l'aide du logiciel gratuit FreeMind, un schéma qui résume les ingrédients essentiels de ce lai.

À vos carnets !

1. Lisez d'autres lais de Marie de France dans l'édition *Cinq histoires d'amour et de chevalerie*, Flammarion, 2012. Relevez dans ces lais tous les éléments merveilleux et tous les éléments qui font référence à la société féodale.
2. Lisez le roman jeunesse *Le Renard de Morlange*, d'Alain Surget (éditions Nathan, 1995), qui s'inspire d'une légende médiévale de Lorraine. Comparez ce récit à celui de Marie de France. Faites la liste des ressemblances et des différences entre les deux récits. Vous présenterez votre comparaison dans un diaporama.

Les mots du Moyen Âge

Comprendre l'évolution des mots

1 Le mot « bête » vient du latin *bestia* et se disait « beste » en ancien français. Quelle trace garde-t-on en français moderne du « s » étymologique que l'ancien français a conservé ?

2 Reliez les mots suivants (tirés du lai) à leur orthographe en ancien français, puis à leur origine latine.

forêt •   • baston •   • castellum (citadelle, *en latin médiéval*)
vêtement •   • chastel •   • bastare (porter, *en bas latin*)
fête •   • forest •   • forestis (forêt du roi, *en bas latin*)
château •   • fest •
bâton •   • vesteure •   • vestis (le vêtement)
   • festivitas (joie, gaieté)

3 Cherchez pour les mots précédents des mots dérivés en français où on trouve ce « s » étymologique et précisez leur sens.
Exemple : bête → bestial

4 Présentez le mot « hospitalier ». Vous expliquerez son étymologie et les différents sens de ce mot au fil du temps.

🏴󠁧󠁢󠁥󠁮󠁧󠁿 Comparons nos langues

Le mot anglais *island* (île) s'écrit avec un -s par influence de l'ancien français *isle* (latin *insula*). Il a été ajouté à l'étymologie anglo-saxonne du mot (*iegland*) au moment où les élites anglaises sont devenues francophones au XIᵉ siècle lors de la conquête de l'Angleterre par Guillaume le Conquérant.

Comprendre le vocabulaire de la féodalité

5 Jouez avec le vocabulaire de la féodalité en remplissant cette grille de mots croisés à l'aide des définitions suivantes.
1. Manière de désigner une femme noble.
2. Se dit de celui qui possède un fief.
3. Se dit du seigneur qui a des vassaux.
4. Territoire donné par un seigneur à son vassal.
5. Il est protégé par son suzerain.
6. Adjectif qualifiant les seigneurs bien nés.

7. Cérémonie au cours de laquelle fidélité et dévouement sont jurés envers un suzerain.
8. Manière de s'adresser à un seigneur

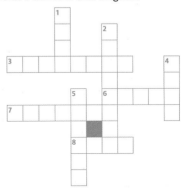

6 Expliquez le sens des expressions suivantes. À quel champ lexical appartiennent-elles ?
implorer la pitié • se prosterner • demander grâce

Comprendre l'évocation du merveilleux médiéval

7 Entourez dans la liste suivante les adjectifs qui expriment le merveilleux médiéval.
affreux • terrible • prodigieux • mauvais • incroyable • étrange • adorable • hors du commun

8 Expliquez le sens du mot « prodige ». Employez-le dans une phrase pour justifier votre explication.

À vous d'écrire !

9 Lisez l'extrait suivant. Développez la description de cette transformation de manière à insister sur le caractère merveilleux de cette apparition. Utilisez des procédés d'exagération. Vous insisterez aussi sur les réactions de la dame.

> L'oiseau entre en volant dans la chambre. [...] il se place devant la dame, et après un moment pendant lequel elle l'observe, il se transforme en beau et gracieux chevalier.
>
> Marie de France, « Yonec », *Lais*, XIIᵉ siècle.

…à l'oral

Mettre en voix le lai « Bisclavret »
à la manière d'un trouvère

Les trouvères (originaires du nord de la France et parlant la langue d'oïl) et les troubadours (du sud de la France : langue d'oc) étaient des poètes. Ils composaient des œuvres (chansons de gestes, romans, ballades, lais) qu'ils interprétaient avec un accompagnement musical.

1 Répartissez-vous par petits groupes pour mettre en voix le lai de Marie de France.

2 Réfléchissez à la répartition dans le groupe des différentes parties du lai. Vous devez connaître parfaitement la structure du lai et être capable de développer l'histoire de mémoire.

3 Pensez à des effets de mise en scène pour accrocher votre public.

John Waterhouse, *Trouvères contant le Décaméron*, 1916.

…à l'écrit

Inventer un récit merveilleux

Rendez-vous sur le site de la BnF à la page : www.expositions.bnf.fr/arthur/pedago/page1.htm

1 Suivez les étapes proposées sur le site pour préparer les ingrédients de votre récit merveilleux. Vous allez pouvoir choisir votre héros, son parcours (lieu de départ et lieu d'arrivée), l'origine de l'aventure, les épreuves qu'il va affronter, un signe de reconnaissance, les personnages bénéfiques et maléfiques qu'il va rencontrer, un objet merveilleux et le dénouement.

2 Imprimez l'ensemble des ingrédients du lai que vous avez choisis et avec lesquels vous allez structurer votre récit.

3 À partir des ingrédients, organisez au brouillon votre récit en respectant le schéma narratif (situation initiale, élément perturbateur, péripéties, situation finale).

4 Préparez les descriptions que vous souhaitez développer en vous aidant des images imprimées.

5 Pensez à développer les éléments merveilleux du récit, en insistant sur leur caractère extraordinaire.

6 Rédigez votre lai en vous rappelant qu'il s'agit d'un récit court.

Méthode
Soyez attentif(ve) à l'emploi des temps du récit au passé (passé simple et imparfait).

COMPÉTENCES
D1, D2, D3 Raconter à l'oral et utiliser les ressources expressives et créatives de la parole.
D1 Pratiquer l'écriture d'invention.

Un lai merveilleux

Bilan de la séquence

Les *Lais* de Marie de France

Des récits courts écrits en ancien français et en vers.

Des aventures amoureuses Les héros vivent des aventures amoureuses mettant en scène l'amour courtois et mêlant souvent le merveilleux médiéval.

les sources des lais

La littérature antique Le Moyen Âge conserve l'héritage de certaines œuvres littéraires antiques.

Le folklore breton de la matière de Bretagne L'héritage celtique apporte des éléments merveilleux importants.

Le lai « Bisclavret » met en scène un personnage merveilleux dans le contexte de la société féodale

Le personnage du loup-garou est présenté d'une manière singulière : il ne perd pas son humanité malgré sa métamorphose.

Le merveilleux médiéval se concentre sur l'aspect extraordinaire du phénomène tout en laissant planer le mystère.

La société féodale Les *Lais* témoignent de nombreux aspects de la société au Moyen Âge :
- la vassalité,
- la cérémonie d'hommage,
- la chevalerie,
- la courtoisie.

Évaluation — Mobiliser les acquis de la séquence

1. Je sais situer Marie de France sur une frise chronologique.

2. Je sais analyser la structure d'un lai.

3. Je sais mobiliser mes connaissances sur le contexte historique du Moyen Âge pour interpréter un lai.

4. Je sais repérer la présence du merveilleux dans un lai et comprendre sa place dans le récit.

COMPÉTENCES ATTENDUES EN FIN DE 5e

D1, D5 **Lire**
– Lire des œuvres littéraires et fréquenter des œuvres artistiques au Moyen Âge.
– Exploiter des lectures pour enrichir son récit.
– Mobiliser des références culturelles pour interpréter des textes et des productions artistiques et littéraires.

Bestiaires fabuleux

Les animaux fabuleux sont omniprésents dans les textes et les représentations du Moyen Âge. Dans l'imaginaire médiéval, les créatures merveilleuses sont perçues comme des espèces parmi les autres. Notre culture littéraire et artistique puise largement dans cet imaginaire.

▶ Quelle place occupent les créatures merveilleuses dans l'imaginaire médiéval ?

Des livres sur les animaux au Moyen Âge

C'est au Moyen Âge qu'est inventé un nouveau genre de livre, les bestiaires. Il s'agit de catalogues d'animaux, réels ou imaginaires. Pour chaque animal, on trouve une description et une interprétation symbolique en vue d'un enseignement religieux ou moral.

Doc 1 **Bestiaire d'Aberdeen**

« Incipit liber de naturis bestiarum.
De leonibus et pardis et tigribus, lupis, vulpibus, canibus et simiis. »

Première phrase du *Bestiaire d'Aberdeen*, rédigé vers 1200, qui sera copié, imité, remanié pendant trois ou quatre générations.

Doc 2 **Les bêtes**

Miniature du *Livre des propriétés des choses*, de Barthélémy l'Anglais, XIIIe siècle.

Doc 1 **1.** Cherchez le mot qui signifie les « bêtes ». Expliquez l'étymologie du mot « bête » en français.

2. Identifiez les mots transparents et cherchez leur sens. Vous compléterez ensuite la traduction suivante : « Ici commence le livre des natures des ......, des ......, des léopards, des ......, des ......, des renards, des chiens et des singes. »

Doc 2 **3.** Décrivez la composition de la miniature. Comment chaque animal est-il mis en valeur ?

4. Identifiez les animaux représentés. Quel animal fabuleux reconnaissez-vous ?

Miniature du
*Bestiaire de la version
transitionnelle,*
vers 1187.

Doc 3 **Les propriétés de la serre**

Il existe dans la mer une bête qui est appelée *serre*, et qui a de très grandes ailes. Quand elle aperçoit un navire à la voilure déployée, elle
5 se dresse, les ailes étendues, s'élance au-dessus de la mer, et commence à voler à sa poursuite, comme si elle voulait rivaliser avec lui pour le gagner de vitesse. Et c'est pour
10 mettre à l'épreuve sa rapidité qu'elle se mesure ainsi à lui. Et elle vole ainsi au côté du navire, en faisant la course avec lui, sur une distance de bien trente ou quarante stades[1] d'une
15 seule traite. Mais quand le souffle lui manque, elle a honte d'être vaincue. Elle ne renonce pas à la lutte petit à petit, après avoir fait tous ses efforts pour essayer d'atteindre le navire ; tout
20 au contraire, aussitôt qu'elle se rend compte qu'elle est dans la nécessité de renoncer à cause de sa grande fatigue, elle abaisse ses ailes et les replie, et se laisse alors aller d'un seul coup
25 jusqu'au fond de la mer. Et les ondes de la mer l'emportent épuisée tout au fond, au lieu dont elle était partie.

La mer est le symbole de notre monde. Les navires représentent les
30 justes qui ont traversé sans danger, en toute confiance, les tourmentes et les tempêtes du monde, et qui ont vaincu les ondes mortelles, c'est-à-dire les puissances diaboliques de ce monde.
35 La serre qui veut rivaliser de vitesse avec les navires représente ceux qui d'abord s'attachent aux bonnes œuvres, et qui ensuite en viennent à renoncer et sont vaincus par de
40 multiples vices, à savoir la convoitise, l'orgueil, l'ivresse, la luxure, et nombre d'autres vices qui attirent en enfer comme les ondes de la mer attirent la serre vers le fond. Et ceux
45 qui persévèrent dans leurs bonnes dispositions depuis le début jusqu'à leur fin, ceux-là seront sauvés.

Pierre de Beauvais, « La serre »,
Bestiaire du Moyen Âge [xiiie siècle], trad.
de l'ancien français par Gabriel Bianciotto,
Éditions Stock « Moyen Âge », 1995.

―――――――
1. **Stade** : ancienne mesure de longueur, correspondant environ à 185 m.

REPÈRES ෴

Au Moyen Âge, les textes étaient copiés à la main par des **moines copistes**, puis illustrés. Les lettrines (les initiales décorées) et les miniatures (les petites scènes peintes) forment les **enluminures** de ces manuscrits.

Doc 3 **5.** Identifiez dans le texte où commencent la description de l'animal et l'interprétation symbolique. Expliquez ce que représente la serre dans la pensée chrétienne du Moyen Âge.

Doc 4 **6.** Décrivez la composition de la miniature. Quel moment l'enlumineur a-t-il choisi de représenter ?

7. Quelles sont les couleurs complémentaires utilisées par l'enlumineur pour représenter les hommes et la mer ? Quelles sont les couleurs de la serre ? Expliquez le choix de cette représentation de la serre en vous appuyant sur le texte de Pierre de Beauvais.

Des créatures fabuleuses

REPÈRES ෩

Les représentations de **créatures hybrides** foisonnent dans les manuscrits où la liberté d'invention des enlumineurs s'exprime. Ces créatures trouvent leur place pour former les lettrines. Aussi, les « **drôleries** » en marges des manuscrits ont pour but d'amuser et de distraire le lecteur. De nouvelles créatures hybrides sont inventées, combinant différents traits humains ou animaliers.

Des créatures hybrides

Les animaux fabuleux sont souvent des êtres hybrides, c'est-à-dire des créatures composées de plusieurs caractéristiques d'espèces différentes. On distingue les créatures anthropomorphes, qui mélangent des parties de corps humain et de corps animal (*anthropos*, « être humain » en grec), des créatures zoomorphes, qui mélangent des parties de corps animal (*zoon*, animal).

Doc 5 **Lettrine « S »**

Enluminure d'une bible latine, XIIᵉ siècle.

Doc 6

La description d'un griffon

Certains disent qu'ils ont le corps par-devant comme un aigle et par-derrière comme un lion et ils disent vrai, car c'est ainsi qu'ils sont. Mais le corps d'un griffon est plus grand et plus fort [...] que cent
5 aigles, car il peut emporter en volant jusqu'à son nid un grand cheval et le monter s'il trouve la place, ou deux bœufs attachés ensemble comme on les attache à la charrue. Car les ongles de ses pieds de devant sont aussi grands et longs que ceux du
10 bœuf ou de la vache.

Jean de Mandeville, *Voyage autour de la terre* [XIVᵉ siècle], trad. de l'ancien francais par Ch. Deluz, Les Belles Lettres, « La roue à livres », 1993.

Doc 7 **Drôleries**

Marges illustrées du *Psautier de Luttrell* (livre de psaumes), XIVᵉ siècle.

Doc 5 **1.** Décrivez la créature fabuleuse de la lettrine et ses différentes parties du corps. Quel est l'animal que vous reconnaissez ?

Doc 6 **2.** D'après cette description, pourquoi peut-on dire que le griffon est une créature hybride ?

3. Quelles expressions du texte prouvent que le griffon est perçu comme un animal merveilleux ?

Doc 7 **4.** Où sont placées les créatures fabuleuses dans cette page de manuscrit ? Expliquez pourquoi ces drôleries ont un rôle décoratif.

5. Observez comment ces créatures sont constituées. Par quel procédé graphique l'enlumineur a-t-il mis en valeur leur caractère hybride ? Classez ces créatures en deux catégories : zoomorphes ou anthropomorphes.

Les représentations de la sirène au fil du temps

La représentation des sirènes au Moyen Âge témoigne d'un double héritage mythologique : créature monstrueuse célèbre dans l'Antiquité grecque, la sirène est aussi une créature fabuleuse dans la mythologie celte. Le Moyen Âge synthétise d'abord ces différentes représentations avant de fixer l'image de la sirène en femme-poisson. De créature qui cherche à perdre l'homme, la sirène évoluera ainsi au fil du temps pour devenir la sirène attachante que l'on connaît dans les contes, comme dans *La Petite Sirène* d'Andersen.

Doc 8 **Chapiteau avec sirènes**

Détail de l'église de l'abbaye de Fleury, XIIᵉ siècle, Saint-Benoît-sur-Loire.

Doc 9 **Sirène celtique**

Miniature du *Livre de Kells*, IXᵉ s.

Doc 10 **Sirène sculptée**

Doc 11 **Ulysse face aux sirènes**

Vase grec à figures rouges, Ulysse attaqué par les sirènes, dans l'*Odyssée* d'Homère, Vᵉ siècle av. J.-C.

Détail de la cathédrale de Rouen, XIIIᵉ siècle.

> **Docs 8 à 11** **6.** Placez sur une frise chronologique ces quatre documents. Quelle est la représentation de la sirène la plus ancienne ? À quelle époque historique la situez-vous ?
> **7.** Comment sont représentées les sirènes dans ces images ?
> **8.** Quelle hypothèse pouvez-vous formuler concernant la représentation de la sirène au Moyen Âge ?

La symbolique de la sirène au Moyen Âge

Pour écrire son *Bestiaire*, Richard de Fournival emprunte les caractéristiques animales aux bestiaires de son époque. Cependant, il se les réapproprie pour illustrer la quête amoureuse de la littérature courtoise. Amant malheureux, il se met en scène pour explorer les détours de la stratégie amoureuse.

Doc 12 La sirène : description d'un bestiaire

Nous allons vous parler de la *sirène*, qui a une physionomie très étrange, car, au-dessus de la ceinture, elle est la plus belle créature au monde, faite à la ressemblance
5 d'une femme ; mais pour l'autre partie du corps, elle a l'allure d'un poisson ou d'un oiseau. [...]

La sirène, qui chante d'une voix si belle qu'elle ensorcelle les hommes par son chant,
10 enseigne à ceux qui doivent naviguer à travers ce monde qu'il leur est nécessaire de s'amender[1]. Nous autres, qui traversons ce monde, sommes trompés par une musique comparable, par la gloire, par les plaisirs du
15 monde, qui nous conduisent à la mort.

Guillaume le Clerc de Normandie,
« De la Sirène », *Bestiaire* [XIIIe siècle],
Bestiaires du Moyen Âge, trad. de l'ancien français
par Gabriel Bianciotto, Stock, « Moyen Âge », 1995.

1. **S'amender** : devenir meilleur.

Doc 13 La sirène : description du *Bestiaire d'amour*

Il existe en effet trois espèces de sirènes, dont deux sont moitié femme et moitié poisson, et dont la troisième est moitié femme et moitié oiseau. Et les trois espèces
5 sont musiciennes : les unes jouent de la trompette, les autres de la harpe, et les dernières chantent d'une voix de femme. Et leur mélodie est si agréable qu'il n'est aucun homme qui puisse les entendre, si loin soit-il, sans être
10 contraint de venir auprès d'elles. Et lorsqu'il est tout près, il s'endort ; et quand la sirène le trouve endormi, elle le tue. Il me semble donc que la sirène est tout à fait coupable de le tuer ainsi par traîtrise, et que l'homme commet
15 une grande faute en se fiant en elle. Et si je suis mort dans des circonstances comparables, vous et moi en sommes également coupables. Mais je n'ose pas vous accuser de traîtrise, et je ne rejetterai donc la faute que
20 sur moi seul, et je déclarerai que je me suis tué moi-même.

Car quoique j'aie été capturé en vous entendant, lorsque vous m'avez adressé la parole pour la première fois, je n'aurais pas
25 eu lieu d'éprouver de craintes.

Richard de Fournival, *Le Bestiaire d'amour*
[XIIIe siècle], *Bestiaires du Moyen Âge*,
trad. de l'ancien français par Gabriel Bianciotto,
Stock, « Moyen Âge », 1995.

Doc 14 Sirène musicienne

Miniature du *Bestiaire d'amour*, XIIIe siècle.

Docs 12 et 13 1. Recherchez dans les textes les deux représentations symboliques de la sirène au Moyen Âge.

2. Expliquez avec le doc 13 le sens de l'expression « se mourir d'amour ».

Doc 14 3. Observez la miniature du *Bestiaire d'amour* de Richard de Fournival. Quel extrait du texte illustre-t-elle ?

Entre héritage antique et symbolique chrétienne

Dans les bestiaires, la symbolique médiévale fait la synthèse de l'héritage antique et de la pensée chrétienne.

Doc 15 — Le phénix au Moyen Âge

Docs 16 et 17 **4.** Pourquoi le phénix est-il une créature « merveilleuse » ?

5. Comparez la description du phénix de Pline l'Ancien et celle de Jean de Mandeville. Quels sont les éléments conservés et les éléments ajoutés par Mandeville ?

Docs 15 et 17 **6.** Relevez dans les deux documents les éléments qui relèvent de la symbolique chrétienne du Moyen Âge.

7. Quelle autre créature issue de la mythologie grecque est représentée dans cette scène ?

Miniature extraite du *Livre des merveilles,* de Jean de Mandeville, xve siècle.

Doc 16 — Le phénix tel que le décrit le naturaliste romain Pline l'Ancien (Antiquité)

On raconte qu'il a la taille d'un aigle, une coloration d'or éclatante autour du cou, le reste du corps pourpre, des plumes roses contrastant avec le bleu de la queue, qu'il est orné
5 de houppes sous la gorge et d'une aigrette de plumes sur la tête. Le premier des Romains qui en ait parlé [...] dit que personne ne l'a jamais vu manger ; qu'il est consacré au Soleil en Arabie ; qu'il vit cinq cent quarante ans ; qu'en vieillis-
10 sant, il construit un nid avec des rameaux de casia et d'encens, qu'il le remplit de parfums et qu'il meurt dessus. Il ajoute qu'ensuite, de ses os et de ses moelles, naît d'abord une sorte de vermisseau, qui devient un poussin.

Pline l'Ancien, *Histoire naturelle,* X, II, [77 apr. J. C.] trad. du latin par Stéphane Schmitt, Gallimard, « Bibliothèque de la Pléiade », 2013.

Doc 17 — Le phénix et la symbolique chrétienne au Moyen Âge

Le prêtre prépare sur cet autel des branches épineuses, du soufre vif et tout ce qui peut s'enflammer rapidement, et l'oiseau qui vient se brûler là tombe en
5 cendres. Le lendemain, on trouve dans la cendre un ver et le deuxième jour, on trouve l'oiseau et le troisième jour, il s'envole. Ainsi, il n'y a qu'un oiseau de cette espèce à vivre. C'est vraiment un grand
10 miracle de Dieu et on peut bien comparer cet oiseau à Dieu, car il n'y a qu'un seul Dieu et Notre Seigneur ressuscita le troisième jour.

Jean de Mandeville, *Voyage autour de la terre* [xive siècle], trad. de l'ancien français par Ch. Deluz, Les Belles Lettres, « La roue à livres », 1993.

Les créatures fabuleuses, source d'inspiration artistique

REPÈRES ⌒⌒

La **zoologie** est la science qui étudie les animaux.

Les créatures fabuleuses fascinent les artistes, qui se plaisent à créer des zoologies imaginaires.

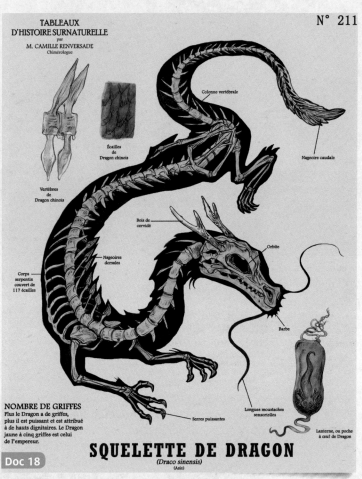

TABLEAUX D'HISTOIRE SURNATURELLE
par M. CAMILLE RENVERSADE
Chimérologue

N° 211

Colonne vertébrale

Écailles de Dragon chinois

Nageoire caudale

Vertèbres de Dragon chinois

Bois de cervidé

Orbite

Nageoires dorsales

Corps serpentin couvert de 117 écailles

Barbe

NOMBRE DE GRIFFES
Plus le Dragon a de griffes, plus il est puissant et est attribué à de hauts dignitaires. Le Dragon jaune à cinq griffes est celui de l'empereur.

Serres puissantes

Longues moustaches sensorielles

Lanterne, ou poche à œuf de Dragon

SQUELETTE DE DRAGON
(Draco sinensis)
(Asie)

Doc 18

Camille Renversade, *Créatures fantastiques Deyrolle*, Éditions Plume de carotte, 2015.

Docs 18 et 19 **1.** Cherchez dans le document 18, le mot qui indique le métier de Camille Renversade. Quel est l'animal qu'il nous présente ? Expliquez en quoi ces termes renvoient à l'imaginaire.

2. Quels sont les éléments dans ces documents qui présentent les deux créatures de manière scientifique ?

3. Repérez dans le texte présentant la description de la chimère et l'anecdote imaginaire. En quoi cette présentation s'inspire-t-elle des bestiaires du Moyen Âge ?

Doc 19 **La Chimère de Paris**

Multispecies incroyabilis
Taille : 35 centimètres au garrot
Poids : 25 kilos
Habitat : caves et réserves des musées
Répartition : Paris (France)

Il existe à Paris un étrange animal de petite taille qui vit dans les caves et les réserves des musées. Cette chimère complexe
5 a un physique invraisemblable : un corps allongé par une queue, des pattes arrière d'oiseau, un long museau, trois paires de moustaches recourbées et une crête
10 osseuse qui protège l'arrière de sa tête. L'animal mue deux fois par an : durant une courte période, il se retrouve sans poils, ce qui le rend méconnaissable. Son système
15 complexe de pigmentation crée à chaque nouvelle repousse des motifs différents sur sa fourrure. La nuit, quand les musées sont fermés, l'animal sort à la dérobée
20 dans les salles d'exposition. Au matin, les gardiens découvrent parfois des poils, des morsures sur des œuvres ou encore des crottes colorées. À ce jour, on dit
25 qu'un seul musée à Paris a réussi à capturer et à conserver secrètement un individu. Certains scientifiques hésitent encore à révéler son existence.

Hélène Rajcak et Damien Laverdunt,
Histoires naturelles des animaux imaginaires, Actes Sud junior, 2012.

Créer un bestiaire fabuleux

Les créatures hybrides et monstrueuses nourrissent notre imaginaire collectif.
À votre tour, créez votre bestiaire fabuleux en utilisant des images du Moyen Âge !

Étape 1 · Créer sa créature hybride

• Allez sur la page Internet : http://expositions.bnf.fr/bestiaire/pedago/monstres/.

• Suivez les consignes et créez votre créature en combinant des parties de corps à partir des images d'animaux tirées des manuscrits médiévaux.

• Sauvegardez votre créature en format image puis imprimez-le.

Étape 2 · Donner un nom à la créature

• Inventez un nom. Vous pouvez combiner les différentes syllabes des noms d'animaux qui constituent votre créature hybride.

• Inventez son nom scientifique en latin. Recherchez le nom latin des noms d'animaux qui constituent votre créature.

Étape 3 · Écrire une description de l'animal

• Faites une description sommaire de votre animal en insistant sur une caractéristique physique (partie de corps, couleur, etc.).

• Faites une description des caractéristiques de son mode de vie : mode de reproduction, langage, rapports avec l'homme (degré de sauvagerie, dangerosité, etc.).

Étape 4 · Inventer une anecdote mythologique ou une histoire célèbre

• Imaginez une anecdote ou une histoire dans laquelle votre animal joue un rôle qui a marqué les mémoires et qui mérite d'être transmise à la postérité.

Étape 5 · Créer une page de bestiaire à la manière d'une page de manuscrit médiéval

• L'animal imprimé sera votre miniature. Vous pouvez l'intégrer dans un décor.

• Imaginez une lettrine qui sera l'initiale du nom de votre animal.

• Préparez votre page en organisant l'espace du texte. Réservez l'espace de la miniature et de la lettrine.

• Recopiez votre texte, puis intégrez miniature et lettrine.

• Décorez la page avec des drôleries.

Conseil
Prévoyez la place de la miniature de manière à pouvoir la redimensionner si nécessaire.

Étape 6 · Assembler le bestiaire de la classe

• Assemblez les pages de manière à en faire un recueil.

• Réfléchissez collectivement à l'ordre dans lequel vous placerez les pages.

• Réalisez la couverture et la quatrième de couverture. Ajoutez le titre et le nom des auteurs.

J'ai réussi mon bestiaire si :

☐ j'ai créé une créature étonnante en utilisant les outils informatiques du site de la BnF ;

☐ j'ai imaginé un texte qui comporte une description pertinente de la créature et une anecdote mémorable originale ;

☐ j'ai organisé et décoré ma page de manuscrit de manière à donner envie de lire le texte.

COMPÉTENCES

D1 Écrire
– Comprendre le rôle de l'écriture et de ses usages : histoire du livre.
– Pratiquer l'écriture d'invention : description et récit.
– Exploiter des lectures pour enrichir son écrit : les bestiaires médiévaux.

D5 Acquérir des éléments de culture littéraire et artistique
– Mobiliser des références culturelles : l'utilisation du latin et de l'image au Moyen Âge.

La poésie

OBJECTIFS
• Dire, lire et écrire des poèmes autour des objets du quotidien.
• Découvrir comment le langage poétique peut transfigurer
notre univers proche.

René Magritte,
Les Valeurs personnelles, 1952.

des objets

▶ *Comment les poètes parviennent-ils à créer un univers nouveau en transformant notre vision des objets ?*

Les objets du quotidien, source d'inspiration pour les poètes

1895

Émile Verhaeren, « Les horloges »

Des objets effrayants

Encerclé par un peuple d'objets, ici les horloges, le poète exprime son angoisse face à ces êtres effrayants, tout-puissants et implacables.
« Cercueils scellés dans
le mur froid,
Vieux os du temps que
grignote le nombre,
Les horloges … » ↘ p. 136

1918

Guillaume Apollinaire, « La cravate et la montre »

Quand le langage devient un objet…

Guillaume Apollinaire crée une forme originale de poésie en recréant des objets à l'aide des mots. Le poème se transforme en dessin, devient un objet visuel. ↘ p. 138

```
LA     C R A V A T E
         DOU
         LOU
        REUSE
       QUE TU
       PORTES
      ET QUI T'
     ORNE O CI
       VILISÉ
    ÔTE-      TU VEUX
     LA         BIEN
    SI         RESPI
               RER
```

1942

Eugène Guillevic, « Fait-divers », « La maison d'en face » et « La vitre »

Un univers glaçant

Le poète propose une vision déshumanisée de notre environnement. Ce sont les objets qui prennent toute la place, ce sont eux désormais qui éprouvent les sensations et les sentiments.
« La maison de briques
Et son ventre froid.
La maison de briques
Où le rouge a froid. »
↘ p. 132

1942

Francis Ponge, « Le cageot »

Un regard bienveillant

Francis Ponge accorde toute son attention aux objets si banals que nous ne les regardons plus. Il redonne vie au cageot, le transfigure au point de le rendre attendrissant…
« Tout neuf encore, et légèrement ahuri d'être dans une pose maladroite » ↘ p. 134

Émile Verhaeren
Poète belge
1855-1916

Guillaume Apollinaire
Poète français
1880-1918

Francis Ponge
Poète français
1899-1988

Eugène Guillevic
Poète français
1907-1997

Jacques Réda
Poète français
né en 1929

Découvrez les objets en poésie

La bicyclette

Passant dans la rue un dimanche à six heures, soudain,
Au bout d'un corridor fermé de vitres en losange,
On voit un torrent de soleil qui roule entre des branches
Et se pulvérise à travers les feuilles d'un jardin,
Avec des éclats palpitants au milieu du pavage
Et des gouttes d'or en suspens aux rayons d'un vélo.
C'est un grand vélo noir, de proportions parfaites,
Qui touche à peine au mur. Il a la grâce d'une bête
En éveil dans sa fixité calme : c'est un oiseau. [...]

Jacques Réda, « La bicyclette », *Retour au calme*, Gallimard, 1989.

1 Lisez le début de ce poème à haute voix.
Quelles images vous viennent à l'esprit ?

2 La bicyclette reste-t-elle un objet banal ?

Créez la surprise

3 Décrivez un objet courant en créant un effet de surprise. Vous commencerez par le présenter à l'aide d'une image marquante que vous développerez, puis vous le nommerez clairement. Vous pouvez par exemple décrire un portable, un ballon, un parapluie...

Fait-divers[1]

Fallait-il donc faire tant de bruit
Autour d'une chaise ?

– Elle n'est pas du crime.

C'est du vieux <u>bois</u>
5   Qui <u>se</u> repose,
Qui oublie l'arbre –
Et sa rancune[2]
Est sans pouvoir.

Elle ne veut plus rien,
10   Elle ne doit plus rien,
Elle a son propre tourbillon[3],
Elle se suffit.

Eugène Guillevic, « Fait-divers », *Choses*,
dans *Terraqué*[4], Poésie Gallimard, 1942.

Vincent Van Gogh,
La Chaise de Vincent,
1888, National
Gallery, Londres.

---

1. **Fait-divers** : rubrique de presse qui rapporte des événements (accident, vol).
2. **Rancune** : colère que l'on ressent après une insulte ou une injustice. 3. **Tourbillon** :
mouvement rapide, circulaire, irrésistible. 4. **Terraqué** : Composé de terre et d'eau.

La maison d'en face

La maison d'en face
Et son mur de briques.

La maison de briques
Et son ventre froid.

5   La maison de briques
Où le rouge a froid.

Eugène Guillevic, « La maison d'en face »,
Choses, dans *Terraqué*, Poésie Gallimard, 1942.

La vitre vers le froid

La vitre vers le froid
Tremblait pour la beauté
Que le givre ferait sur elle
Avant l'aurore.

Eugène Guillevic, « La vitre vers le froid »,
Amulettes, dans *Exécutoire*, Poésie Gallimard, 1947.

Jan Vermeer, *La ruelle. Vue d'une petite rue de Deft*, 1658, Rijksmuseum, Amsterdam.

▶ Comment le poète réinvente-t-il le monde ?

Découvrir les textes

1. Divisez une feuille de papier en trois parties et inscrivez les objets des poèmes : la chaise, la maison, la vitre. Associez à chaque mot les premiers sentiments qui vous viennent à l'esprit, puis confrontez vos propositions avec vos camarades.

Analyser et interpréter les textes

Des objets vivants

2. Quels sont les mots de ces trois poèmes qui donnent des caractéristiques humaines à ces objets ? Indiquez s'ils renvoient à des sensations ou à des sentiments. Comment se nomme cette figure de style ?

3. Dans le deuxième poème, relevez les répétitions de sons et de mots. Quel effet de mouvement crée cet ensemble sonore ?

Un univers inquiétant

4. Dans le premier poème, le coupable du « crime » est-il clairement désigné ? D'après vous, qui est-ce ? Et quel crime a-t-il commis ?

5. Quel sentiment évoque le verbe « tremblait » dans le troisième poème ? À quelle sensation le poète relie-t-il ce mot ?

6. LANGUE À quel mode et à quel temps est le verbe « ferait » ? Évoque-t-il un fait déjà commis ou une menace ?

S'exprimer à l'oral

Lire un poème de manière expressive

7. MISE EN VOIX Lisez le poème « Fait-divers » à voix haute et avec émotion.

Conseil : entraînez-vous afin de trouver l'intonation la plus juste. Recopiez-le et indiquez les pauses à marquer. Faites écouter votre lecture à vos camarades et prenez en compte leurs avis.

Bilan Comment le poète donne-t-il vie aux objets ?

Le cageot

À mi-chemin de la cage au cachot la langue française a cageot, simple caissette à claire-voie[1] vouée au transport de ces fruits qui de la moindre suffocation font à coup sûr une maladie.

Agencé de façon qu'au terme de son usage il puisse être brisé sans effort, il ne sert pas deux fois. Ainsi dure-t-il moins encore que les denrées[2] fondantes ou nuageuses qu'il enferme.

À tous les coins de rues qui aboutissent aux halles, il luit alors de l'éclat sans vanité[3] du bois blanc. Tout neuf encore, et légèrement ahuri d'être dans une pose maladroite à la voirie[4] jeté sans retour, cet objet est en somme des plus sympathiques, – sur le sort duquel il convient toutefois de ne s'appesantir longuement.

Francis Ponge, *Le Parti pris des choses*, Poésie Gallimard, 1942.

---

1. **À claire-voie** : ajouré, qui laisse passer la lumière. 2. **Denrées** : produits consommables, souvent alimentaires. 3. **Vanité** : orgueil, prétention. 4. **Voirie** : voie publique, autrefois lieu de décharge des ordures.

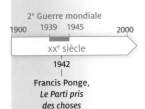
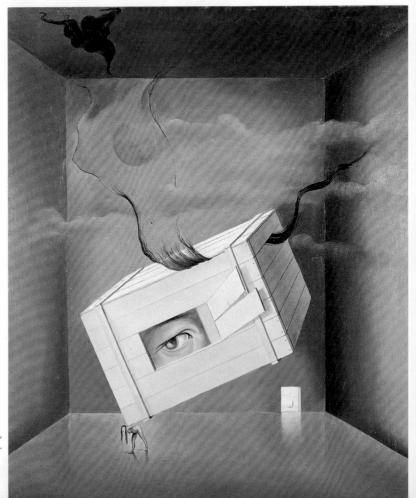

Maxime van de Woestyne, *Autoportrait*, 1951.

Lecture de l'image

1. Quels sentiments éprouvez-vous face à cette œuvre ? Pourquoi peut-on parler d'œuvre monumentale ?

2. Observez l'emplacement de cette œuvre. A-t-il été choisi au hasard selon vous ?

Claes Oldenburg,
Le Pont-cuillère et la cerise,
1988, Walker Art Center,
Minneapolis Sculpture Garden.

▶ Comment un poète rend-il attachant un objet sans intérêt ?

Découvrir le texte

1. Ce texte est un poème : se présente-t-il comme les poèmes que vous connaissez ?

2. Quels sentiments vous inspire le titre ? Pensez-vous que l'on puisse écrire de la poésie sur un objet banal, voire négligeable ? Pourquoi ?

Analyser et interpréter le texte

Un objet ordinaire

3. Quels éléments de ce poème vous font penser à une définition du dictionnaire ?

4. Pourquoi le cageot est-il « à mi-chemin de la cage au cachot » ?

5. LANGUE Quels groupes nominaux désignent les marchandises transportées (l. 2 et 6) ? Quelles sont les natures des expansions utilisées ? À quel(s) sens (la vue, l'odorat, etc.) font-elles appel ?

↘ Identifier et employer les expansions du nom p. 300

Un regard bienveillant

6. Relevez les adjectifs qui caractérisent le cageot (l. 8-10). Quelle est la figure de style utilisée ?

7. Quels sentiments éprouve-t-on à son égard ? Justifiez votre réponse.

8. Reformulez la remarque finale « sur le sort... longuement » (l. 10-11). Expliquez le sens du verbe « s'appesantir ». Selon vous, pour quelle(s) raison(s) ne faut-il pas « s'appesantir » sur le cageot ?

S'exprimer à l'écrit ✐

Créer un poème en prose

9. Choisissez un objet insignifiant ou laid et écrivez un poème en prose afin de le rendre séduisant ou attachant.

≡ *Conseil* : commencez par définir cet objet par ses sonorités, puis son utilité. Insérez des personnifications.

> **Bilan** Comment Francis Ponge parvient-il à transformer notre regard sur un objet banal ?

REPÈRES

Émile Verhaeren
(1855-1916) a puisé son inspiration dans les changements survenus dans le monde moderne tels que la révolution industrielle et l'urbanisation.

Arman, *L'heure de tous*, 1985, œuvre située dans la cour du Havre, gare Saint-Lazare, Paris.

Les horloges

La nuit, dans le silence en noir de nos demeures,
Béquilles et bâtons qui se cognent, là-bas ;
Montant et dévalant les escaliers des heures,
Les horloges, avec leurs pas ;

5   Émaux[1] naïfs derrière un verre, emblèmes
Et fleurs d'antan[2], chiffres maigres et vieux ;
Lunes des corridors[3] vides et blêmes[4],
Les horloges, avec leurs yeux ;

Sons morts, notes de plomb, marteaux et limes,
10 Boutique en bois de mots sournois[5],
Et le babil[6] des secondes minimes,
Les horloges, avec leurs voix ;

Gaines[7] de chêne et bornes d'ombre,
Cercueils scellés[8] dans le mur froid,
15 Vieux os du temps que grignote le nombre,
Les horloges et leur effroi ;

Les horloges
Volontaires et vigilantes,
Pareilles aux vieilles servantes
20 Boitant de leurs sabots ou glissant sur leurs bas.
Les horloges que j'interroge
Serrent ma peur en leur compas[9].

Émile Verhaeren, *Les Bords de la route*, 1895.

---

1. **Émaux** : pluriel de « émail ».
2. **Antan** : autrefois.
3. **Corridors** : couloirs.
4. **Blême** : très pâle, livide, blafard.
5. **Sournois** : hypocrite.
6. **Babil** : bavardage continuel.
7. **Gaines** : coffres en bois contenant le mécanisme d'une horloge.
8. **Scellés** : fixés à l'aide de ciment.
9. **Compas** : instrument à deux branches (comme les aiguilles) utilisé pour tracer des cercles.

Marc Chagall, *La Pendule à l'aile bleue*, huile sur toile, 1949.

 Pour bien écrire

« Leurs sabots / leur compas »
(v. 20 et v. 22). « Leur » est un
déterminant possessif si on peut le
remplacer par un autre déterminant
(« le », « la » ou « les »). Il s'accorde
avec le nom principal du groupe
nominal au singulier ou au pluriel.
Quand « leur » est devant un verbe,
est-il variable ?

▽ L'HISTOIRE DES MOTS

« Cercueil » (l. 14) vient du grec
sarkophagos (*sarkos* : la chair,
phagein : manger). Il s'agit du
nom d'une pierre à chaux qui
a la particularité de consumer
rapidement les chairs. Connaissez-
vous un synonyme de « cercueil »
formé avec la racine *phagos* ?

 MÉMO

Quatrain : strophe de quatre vers.
Pour une strophe de six vers, on
emploie le mot « sizain ».

▶ Comment le poète transforme-t-il les horloges en objets terrifiants ?

Découvrir le texte

1. Lisez le poème puis proposez cinq mots-clés pour présenter ce poème.
Sur une feuille, créez un nuage de mots en choisissant une écriture et des couleurs en fonction de votre ressenti. Présentez à l'oral votre proposition en expliquant vos choix artistiques.

Analyser et interpréter le texte

Une atmosphère particulière

2. À quel moment de la journée le poème se situe-t-il ? Relevez le champ lexical de l'obscurité.

3. Quels sont les différents bruits perçus ? Quel sentiment éprouvez-vous ?

4. Expliquez l'image qu'emploie le poète au vers 14. À quelle idée renvoie-t-elle ?

Les horloges : un peuple inquiétant

5. Relevez les vers qui mentionnent les horloges. Où sont-ils placés ? Quel lien pouvez-vous faire avec le rythme du mouvement de l'horloge ?

6. À qui le poète compare-t-il les horloges dans la dernière strophe ? Cette comparaison est-elle rassurante ? Justifiez.

7. LANGUE Dans la dernière strophe, relevez les mots qui renvoient au poète et indiquez leur classe grammaticale. Quelle sensation éprouve le poète ?
↘ Réviser les classes de mots p. 293

8. Dans la dernière strophe, le poète semble-t-il combatif ou vaincu ? Pourquoi ?

S'exprimer à l'oral 💬

Réciter un poème en musique

9. Proposez une mise en voix et en musique de ce poème. Choisissez une illustration sonore en lien avec l'atmosphère du poème (musique ou bruitages).

Conseil : entraînez-vous afin de proposer une lecture expressive de ce poème : soyez attentifs à bien articuler les mots, variez le rythme et l'intonation. À l'aide d'un logiciel type Audacity, enregistrez votre lecture avec l'habillage sonore choisi.

Bilan Pourquoi les horloges, objets de notre quotidien, deviennent-elles une source d'angoisse terrible ?

La cravate et la montre

Objectifs
• Découvrir des calligrammes.
• Comprendre comment la relation entre texte et mise en page offre un nouveau regard sur l'objet.

Compétence
• Adapter sa lecture au mode d'expression.

REPÈRES

Guillaume Apollinaire a conçu une œuvre variée, tournée vers la recherche de nouvelles formes d'écriture. Dans *Calligrammes*, publié en 1918, le poète propose une forme poétique innovante.

 Pour bien écrire

«Ôte-la …» («La cravate»)
À l'impératif présent, les verbes en -*er* ne prennent pas de «s» à la 2ᵉ personne du singulier. Réécrivez ce vers en remplaçant «ôter» par «enlever», puis «retirer».

MÉMO

Calligramme est un mot créé par Guillaume Apollinaire en croisant «calligraphie» (belle écriture) avec «idéogramme» (symbole graphique qui a un sens). Il désigne un poème dont la disposition graphique forme un dessin, généralement le thème de ce poème.

LA CRAVATE
DOU
LOU
REUSE
QUE TU
PORTES
ET QUI T'
ORNE O CI
VILISÉ
ÔTE-   TU VEUX
LA   BIEN
SI   RESPI
RER

COMME L'ON
S'AMUSE
BI
EN

les   la
heures
beau
et le
vers   Mon
dantesque¹   cœur   té
luisant et
cadavérique   de
la
les
le bel   yeux   vie
inconnu   Il
est   Et   pas
—   tout
5   se   se
en   ra
les Muses²   fin   fi   l'enfant   la
aux portes de   ni
ton corps   dou

leur
l'infini³   Agla
redressé   de
par un fou
de philosophe   mou

rir
semaine   la main

Tircis⁴

Guillaume Apollinaire, *Calligrammes*, 1918.

1. **Dantesque:** grandiose et terrifiant (comme le style de Dante (1265-1321), auteur italien de *La Divine Comédie*). 2. **Muses:** les neuf déesses de la mythologie grecque qui représentent, inspirent et protègent les arts (musique, danse, théâtre...). 3. **Infini:** en mathématiques, voici son symbole: ∞. 4. **Tircis:** prénom ancien qui comporte six lettres. On prononce le «s» final.

L'HISTOIRE
DES MOTS

« Vanité » vient du latin *vanitas* dérivé de *vanus* : « vide » ; il signifie un état de vide, de fausse apparence, de mensonge. De nos jours, il désigne un défaut chez une personne qui se surestime. Que désigne ce mot en peinture ?

Laurent Meynier,
Nature morte d'amulettes avec vanité, 2009.

Lecture de l'image

1. Comment est composé ce tableau ? Quels objets du quotidien pouvez-vous identifier ?
2. Quel élément indique que cette œuvre est une « vanité » ? D'après vous, quel message l'artiste veut-il transmettre ?

Comment le poète renouvelle-t-il le langage poétique ?

Découvrir le texte

1. Quel objet représente chaque calligramme ?
2. Comment chaque calligramme procède-t-il pour créer la forme de l'objet ?

Analyser et interpréter le texte

La cravate
3. LANGUE À qui s'adresse le poète ? Que lui demande-t-il de faire ? Quel type de phrase emploie-t-il ?
4. Que symbolise la cravate ?
5. Ce calligramme est-il compact ou aéré ? Donne-t-il une impression de lourdeur ou de légèreté ?
↘ Reconnaître les différents types de phrases, p. 318

La montre
6. Quelle heure indiquent les aiguilles ? Cet horaire est-il cohérent avec le message qui les compose ?

7. Quelle est l'expression écrite en plus grands caractères ? Quel sentiment procure-t-elle ?
8. Lisez la phrase sur le bord droit. Expliquez son sens.

S'exprimer à l'écrit

Créer un calligramme
9. Choisissez un poème parmi ceux de cette séquence et transformez-le en calligramme.

Conseil : réfléchissez au sens de lecture que vous voulez suivre. Tracez délicatement les contours de votre calligramme au crayon de papier afin de pouvoir les gommer facilement.

Bilan Quel est l'intérêt de la présentation des calligrammes ?

PISTES **EPI**

Un objet, une histoire

Projet : réaliser un diaporama sur un objet du quotidien.

Choisissez un objet, racontez l'histoire de son invention. Commencez par donner l'origine de son nom puis décrivez son fonctionnement. Rendez compte de son évolution, dites comment il pourrait évoluer à l'avenir. Vous utiliserez des schémas explicatifs, de courts textes ou des vidéos.

Thématique : Sciences, technologie et société.

Disciplines croisées : Français, Technologie, Histoire.

Un objet du quotidien

Objectifs
• Analyser plusieurs représentations d'objets en peinture.
• Établir des liens entre les œuvres pour en saisir les enjeux.

À la fin de la Renaissance, la représentation d'objets inanimés devient un sujet de peinture à part entière qu'on nomme « la nature morte ». Ces tableaux prennent rapidement la première place sur le marché de l'art. C'est principalement en Hollande au XVIᵉ siècle que ce genre pictural prend naissance avant de se propager ensuite en Europe.

Un peintre baroque

Pieter Claesz (1596-1661) est un peintre néerlandais, très célèbre pour ses œuvres représentant des repas. Il est réputé pour les effets de lumière qu'il crée dans ses tableaux et pour son habileté à peindre avec réalisme les différents objets.

En bas, à gauche, le petit cône de papier contient du poivre à saupoudrer.

Le couteau placé en diagonale et l'assiette qui dépasse de la table créent un effet de profondeur.

❶ Pieter Claesz, *Nature morte avec huître*, 1633, huile sur planche de chêne, 38 x 53 cm, Gemäldegalerie Alte Meister, Cassel.

Comprendre les œuvres

1. À quel moment du repas renvoie le premier tableau ? Quels sentiments fait-il naître ?

2. Relevez les différents éléments qui composent ce premier tableau. Quelles sont les différentes matières peintes ?

3. Pieter Claesz a souvent voulu traduire le sentiment du temps qui passe : comment a-t-il procédé dans ce tableau ?

4. Quels éléments reconnaissez-vous petit à petit dans le deuxième tableau ? Aidez-vous du titre de l'œuvre.

5. Quelles formes géométriques sont utilisées par Georges Braque ?

6. Observez le troisième tableau. Quels sont les éléments de la réalité qui composent cette peinture ? Pourquoi ce tableau semble-t-il néanmoins irréel ?

Bilan

7. Comparez les différentes manières dont la réalité est représentée dans ces trois tableaux. Quelle évolution constatez-vous ?

8. Parmi ces trois œuvres, laquelle préférez-vous ? Pour quelles raisons ?

en peinture

② Georges Braque, *Compotier, bouteille et verre*, 1912, huile et sable sur toile, 60 x 73 cm, Centre Pompidou, Paris.

Un peintre cubiste

Georges Braque (1882-1963) est un artiste français, peintre, sculpteur et graveur. Il est à l'origine du mouvement cubiste avec Picasso. Grâce au genre de la nature morte, il cherche une nouvelle manière pour représenter les objets.

Cette nature morte fut réalisée à Sorgues, commune du Vaucluse en 1912, ce que nous indique le fragment « SORG » écrit au pochoir et intégré par Braque à son travail.

Un peintre surréaliste

René Magritte (1898-1967) est un peintre belge surréaliste : dans ses œuvres, il cherche à bousculer la logique habituelle et à montrer le mystère de la réalité.

Vocabulaire

- **Baroque** : mouvement artistique né au milieu du XVIe siècle en Italie. Les peintres baroques cherchent à surprendre et à toucher en créant des effets d'illusion, des jeux d'ombre et de lumière.
- **Cubisme** : mouvement artistique des années 1908-1920. Les artistes veulent rompre avec les règles classiques de la peinture. La réalité est représentée comme les différentes faces d'un cube, puis elle est reconstruite à l'aide de formes géométriques simples.
- **Surréalisme** : mouvement littéraire et artistique né après la Première Guerre mondiale (1914-1918). Les artistes s'opposent aux conventions et à la morale en libérant leur imagination, leurs rêves et leur inconscient.

③ René Magritte, *La Corde sensible*, 1960, huile sur toile, 114 x 146 cm, collection privée, Belgique.

Objectif
• Enrichir ses connaissances littéraires et culturelles sur la poésie.

Des mots et des choses

Dimitri Delmas, *Et Eugène inventa la poubelle*, Actes Sud junior, 2012

Poubelle, sandwich, frisbee… Découvrez l'histoire étonnante de ces noms propres devenus des noms communs, des mots du quotidien.

Présenter un inventeur d'objet

• Présentez un inventeur qui a donné son nom à son invention.

• Choisissez un nom propre parmi ceux proposés dans cet ouvrage et préparez un petit exposé sur l'objet associé à ce nom (origine, utilisation, évolution de l'objet…).

Magali Wiéner, *La Poésie à travers les âges*, Flammarion, « Castor Doc », 2014

Complétez vos connaissances à l'aide de cet ouvrage qui propose un panorama de la poésie de l'Antiquité à nos jours sous une forme très attractive et colorée. Bon voyage dans le vaste univers de la poésie !

Situer une période poétique

• Choisissez une des neuf périodes qui constituent cet ouvrage et préparez un exposé afin de transmettre les informations acquises à vos camarades. Situez chronologiquement la période choisie, dégagez les thèmes importants abordés par la poésie, présentez les poètes majeurs de cette époque en mettant en valeur leur particularité.

Guillevic, Gallimard Jeunesse, « Folio Junior Poésie », 2003

Vous avez découvert quelques poèmes de Guillevic : plongez-vous dans son univers poétique, où il célèbre son amour de la vie, des choses simples et du monde concret.

Effectuer la critique d'un poème

• Composez à plusieurs une affiche pour le CDI afin de donner envie à vos camarades d'emprunter ce livre.

• Présentez et lisez à voix haute des poèmes que vous jugez représentatifs.

• Rédigez de courts avis critiques sur les poèmes que vous avez aimés en employant des adjectifs précis.

À vous de créer

Réaliser un magazine sur la poésie

Réalisez en groupe un magazine et présentez un poète parmi ceux lus en classe :
– créez une fiche biographique et bibliographique, insérez un portrait et des extraits de poèmes ;
– choisissez un thème (voyage, sentiments, etc.), sélectionnez quelques poèmes sur ce thème ;
– rédigez un chapeau pour présenter chacun ;
– créez une « page des lecteurs » où chacun explique son expérience de lecteur de poésies ;
– réalisez une première de couverture (titre, illustration, etc.) et un sommaire.

Pierre Desfeuilles, Anne-Marie Lilti, *Rimes et sonorités*, Dictionnaire Bordas poche, 2007

Ce dictionnaire recense les rimes des plus simples aux plus insolites. Un ouvrage très utile pour les poètes et slameurs en herbe !

Détourner un poème

• Quelles sont les rimes qui vous ont semblé les plus inattendues ?

• Choisissez un poème en vers, et détournez-le à l'aide du dictionnaire de rimes, transformez l'atmosphère.

Méthode
Composez votre ouvrage sous forme de magazine feuilletable en ligne en utilisant un logiciel du type Caléméo.

Expliquer un poème

Le buffet

C'est un large buffet sculpté ; le chêne sombre,
Très vieux, a pris cet air si bon des vieilles gens ;
Le buffet est ouvert, et verse dans son ombre
Comme un flot de vin vieux, des parfums engageants ;

5 Tout plein, c'est un fouillis de vieilles vieilleries,
De linges odorants et jaunes, de chiffons
De femmes ou d'enfants, de dentelles flétries,
De fichus de grand-mère où sont peints des griffons[1] ;

– C'est là qu'on trouverait les médaillons, les mèches
10 De cheveux blancs ou blonds, les portraits, les fleurs sèches
Dont le parfum se mêle à des parfums de fruits.

– Ô buffet du vieux temps, tu sais bien des histoires,
Et tu voudrais conter tes contes, et tu bruis[2]
Quand s'ouvrent lentement tes grandes portes noires.

octobre 70.

Arthur Rimbaud, *Poésies*, 1870.

1. **Griffons** : animaux fabuleux doté d'un corps de lion, et de la tête et des ailes de l'aigle. 2. **Bruis** : du verbe bruire, émettre un bruit léger, chuchoter.

MÉTHODE GUIDÉE

Étape 1 Identifier les émotions ressenties

- Lisez plusieurs fois le poème.
- Identifier le sentiment général ressenti.

1. Quel est le thème du poème ?
2. Quels sentiments éprouvez-vous ?

Étape 2 Repérer les procédés poétiques

- Relisez le poème à haute voix.
- Observez sa composition (strophes, vers, rimes). ➘ Le vocabulaire de la poésie, p. 367.
- Repérez les effets de répétition.
- Repérez les figures de style.

3. Est-ce un poème en vers réguliers, libres ou un poème en prose ? Comment sont disposées les rimes ?
4. Dans la dernière strophe, quels sont les mots qui contiennent la consonne « t » et produisent un effet de répétition ?
5. Relevez les éléments de personnification du buffet.

Étape 3 Expliquer la vision du poète

- Relevez les sensations évoquées.
- Repérez les champs lexicaux significatifs, justifiez leur présence.
- Observez l'évolution du poème.
- Caractérisez les sentiments éprouvés. Expliquez leur origine.

6. À quels sens fait appel ce poème ?
7. Relevez les mots qui renvoient au passé. À quoi sert le buffet dans ce poème ?
8. Quel changement remarquez-vous entre le v. 1 et le v. 12 quand le poète évoque le buffet ?
9. Quel sentiment le poète éprouve-t-il pour cet objet ? Pourquoi ?

Vocabulaire

Objectif
• Connaître et manipuler le lexique d'analyse de la poésie.

La poésie

Identifier les strophes, les vers et les rimes

1 Recopiez la strophe suivante, soulignez les « e » qui se prononcent et entre parenthèses les autres. Lisez à haute voix.

Miroir, peintre et portrait qui donnes, qui reçois,
Qui portes en tous lieux avec toi mon image,
Qui peux tout exprimer, excepté le langage,
Et pour être animé n'as besoin que de voix,

> Louis d'Épinay d'Ételan, *Sur un miroir*, XVIIe siècle.

2 Comment appelle-t-on cette strophe constituée de quatre vers ? Connaissez-vous d'autres types de strophes ?

3 Observez l'organisation des rimes du poème ci-dessus, dites si elles sont plates, croisées ou embrassées. ↘ Le vocabulaire de la poésie p. 367.

Repérer les effets de rythme et de sonorité dans un poème

4 Lisez à haute voix chaque extrait suivant. Observez le rythme et expliquez comment il permet d'exprimer le sentiment du poète.

Oh ! ce piano, ce cher piano,
Qui jamais, jamais ne s'arrête,
Oh ! Ce piano qui geint là-haut
Et qui s'entête sur ma tête

> Jules Laforgue,
> « Dimanches (II) »,
> *Des Fleurs de bonne volonté*, 1885.

Les feuilles
Qu'on foule
Un train
Qui roule
La vie
S'écoule

> Guillaume Apollinaire,
> « Automne malade »,
> *Alcools*, 1913.

5 Voici le début d'un poème. Quelles allitérations (répétitions d'une même consonne) entendez-vous ? Créent-elles un ensemble harmonieux ? Justifiez votre point de vue.

La serviette est une servante,
Le savon est un serviteur,
Et l'éponge est une savante ;

> Germain Nouveau, « Le Peigne », *Valentines*, 1885.

Identifier des figures de style

6 Pour l'extrait suivant, dites quelle est la figure de style employée et expliquez-la.

Les vieilles maisons sont toutes voûtées,
elles sont comme des grand-mères
qui se tiennent assises, les mains sur les genoux,
parce qu'elles ont trop travaillé dans leur vie ;

> Charles Ferdinand Ramuz, « Les Maisons », *Le Petit Village*, 1903.

Exprimez-vous !

7 💬 Créez des personnifications.

a. Lisez les trois phrases suivantes. Repérez le changement entre la phrase 1 et la phrase 2 puis le changement entre la phrase 2 et la phrase 3.

b. Choisissez un objet, trouvez un type de personne avec lequel l'associer. Rédigez trois phrases selon l'exemple ci-dessous.

1. Les horloges sont comme des servantes vigilantes et volontaires qui nous surveillent sans cesse.

2. Les horloges sont des servantes volontaires et vigilantes qui nous surveillent sans cesse.

3. Les horloges, vigilantes et volontaires, nous surveillent sans cesse.

8 ✎ Transformez ce texte en prose en une strophe en vers. Écrivez un quatrain avec des rimes pour décrire la marmite de l'extrait suivant.

Du matin au soir, une marmite pend à la crémaillère de la cheminée. L'hiver, où il faut beaucoup d'eau chaude, on la remplit et on la vide souvent, et elle bouillonne sur un grand feu.
L'été, on n'use de son eau qu'après chaque repas, pour laver la vaisselle, et le reste du temps, elle bout sans utilité, avec un petit sifflement continu, tandis que sous son ventre fendillé, deux bûches fument, presque éteintes.

> Jules Renard, « La marmite », *Poil de Carotte*, 1894.

Méthode

• Choisissez le type de rimes que vous utiliserez.
• Aidez-vous du vocabulaire présent dans le texte.
• Insérez une personnification.

Les sensations

Identifier les sensations

1 Pouvez-vous nommer les cinq sens ? Indiquez l'adjectif et le verbe qui correspondent à chacun.
Exemple : la vue, le sens visuel, voir.

2 Replacez dans les boîtes ci-dessous les noms suivants selon le sens auquel ils renvoient.
bruit • arôme • brillance • caresse • sifflement • senteur • image • fracas • épice • gazouillis • puanteur • saveur

3 Employez chaque adjectif dans un groupe nominal.
glacial • strident • humide • coloré • nauséabond • amer • rugueux • ovale • aigu • sucré • rouge • acide • scintillant • parfumé • fruité

4 Trouvez un antonyme pour chaque adjectif, réécrivez le nouveau groupe nominal.

une couverture râpeuse   une peinture monochrome
un bruit assourdissant   un canapé moelleux
une casserole brûlante   un jus de fruit acide
une sauce appétissante

5 Trouvez l'intrus dans chaque liste et justifiez votre réponse.
1. caresser • effleurer • frôler • épier • tâter
2. sucré • tiède • pimenté • rance • fade
3. contempler • admirer • humer • scruter • regarder
4. vacarme • hurlement • murmure • fracas • explosion
5. déguster • embaumer • parfumer • empester • fleurer

6 Quels sont les sens sollicités dans cet extrait de poème ?

J'ai vu ce matin une jolie rue dont j'ai oublié le nom
Neuve et propre du soleil elle était le clairon
Les directeurs les ouvriers et les belles
    [sténo-dactylographes
Du lundi matin au samedi soir quatre fois par jour
    [y passent
Le matin par trois fois la sirène y gémit
Une cloche rageuse y aboie vers midi

        Guillaume Apollinaire, « Zone » *Alcools*, 1913.

Caractériser les sensations

7 Quelles différentes sensations les objets suivants peuvent-ils provoquer ? Pour chaque objet, rédigez quelques phrases.
une fourrure • un avion • un téléphone portable • un bonnet • un pain

8 Voici des adjectifs qui renvoient au sens du toucher. Employez chacun dans une phrase où vous l'associez à un objet.
rêche • bouillant • soyeux • acéré • poisseux • piquant

9 Complétez les phrases à l'aide du verbe qui convient pour évoquer un bruit.
retentir • craquer • crépiter • tintinnabuler • grincer • vrombir
La sirène des pompiers ...... dans toute la vallée.
La porte de la vieille armoire ...... affreusement.
L'huile chaude ...... dans la poêle.
Les moteurs des bolides ...... sur le circuit automobile.
Les branches sèches ...... sous l'effet du vent violent.
Dans la ville, les grelots et clochettes accrochés dans les sapins de Noël ....

 Comparons nos langues
En anglais, « I have a lot on my plate » signifie « J'ai beaucoup de travail ou beaucoup de problèmes ». En français, quels sont les différents sens du mot « assiette » ?

Exprimez-vous !

10 Voici une œuvre de l'écrivaine et artiste surréaliste Meret Openheim. Imaginez que vous utilisez ces objets, décrivez les sensations ressenties à leur contact.

Meret Oppenheim, *Le Déjeuner en fourrure*, 1936, Museum of Modern Art, New York.

Mettre en voix un texte

Vous êtes acteur. Vous devez travailler un texte en prose de manière expressive en utilisant les ressources de la voix et du corps.

ÉTAPE 1 Comprendre le texte

1 Lisez au moins deux fois le texte suivant. Combien de personnages sont présents ?

2 Relevez et expliquez les jeux de mots.

3 Recopiez le texte, soulignez avec des couleurs différentes le récit et les répliques de chaque interlocuteur.

> *Raymond Devos est un humoriste français célèbre pour ses monologues jouant avec le langage et son sens de l'absurde. Il savait aussi les incarner avec brio sur scène.*
>
> Mesdames et messieurs, je ne voudrais pas vous affoler, mais des fous, il y en a ! Dans la rue, on en côtoie... Récemment, je rencontre un monsieur. Il portait sa voiture en bandoulière ! Il me dit :
> – Vous ne savez pas comment on détache cette ceinture ?
> Je lui dis :
> – Dites-moi ! Lorsque vous l'avez bouclée, est-ce que vous avez entendu un petit déclic ?
> Il me dit :
> – Oui, dans ma tête !
> Je me dis : « Ce type, il est fou à lier ! » J'ai eu envie de le ceinturer... Mais quand j'ai vu que sa ceinture était noire... Je l'ai bouclée !!
>
> Raymond Devos, « Ceinture de sécurité », *Matière à rire, L'intégrale*, éditions Olivier Orban, 1991.

Arman, *Parking de longue durée*, 1982.

ÉTAPE 2 Explorer les ressources de la voix

4 Entraînez-vous à lire de manière expressive ce texte.

5 Mémorisez le texte.

> **Méthode**
> Variez le rythme, marquez des pauses pour créer un effet d'attente.
> Essayez différentes intonations, puis choisissez celle qui vous convient le mieux.
> Enregistrez-vous avec un logiciel du type Audacity, et réécoutez-vous.

ÉTAPE 3 Explorer les ressources de la gestuelle et de l'espace

6 Cherchez une mise en scène : gestes, déplacements, regard.

7 Présentez votre travail à vos camarades, soyez attentif(ve) à leurs remarques.

> **Méthode**
> Regardez l'intégralité du sketch « Des fous y-en a » sur Dailymotion. Filmez-vous pour améliorer votre prestation.

COMPÉTENCES

D1 Exploiter les ressources expressives et créatives de la parole.

ATELIER

Écrire un recueil poétique ✏

Vous faites partie d'un cercle de poètes
et vous décidez de présenter vos œuvres
dans un ouvrage commun.

Giuseppe Colarusso,
Coffre-fort en carton, 2013.

ÉTAPE 1 — Choisir le thème de son recueil

1 Par groupe de quatre élèves, choisissez un objet banal dans
votre univers quotidien : stylo, basket, montre, aspirateur, etc.

ÉTAPE 2 — Écrire quatre poèmes différents autour d'un même objet

2 Un élève écrira un poème à la manière de Guillevic en donnant
à lire un fait-divers sur cet objet. Vous expliquerez l'histoire de
l'objet, le sentiment éprouvé par cet objet.

3 Un élève écrira un poème en prose à la manière de Francis
Ponge qui met en valeur l'objet. Évoquez les sonorités du mot pour
commencer. Insérez des personnifications.

4 Un élève écrira un poème à la manière d'Émile Verhaeren avec
des comparaisons et des rimes dans lequel l'objet fera naître un
sentiment : peur, tristesse...

5 Un élève écrira un calligramme à la manière de Guillaume
Apollinaire à partir de cet objet. Écrivez votre texte puis choisissez
un type de calligramme.

 Pour bien écrire

Quand vous décrivez
un objet, attention aux
adjectifs de couleur :
ils sont invariables
s'ils sont composés ou
s'ils proviennent d'un
nom. Ainsi, on écrit des
caissettes « bleu foncé »,
des « caissettes marron »,
mais des « caissettes
bleues ».

ÉTAPE 3 — Mettre en page et illustrer son anthologie

6 Recopiez avec soin chaque poème.

7 Choisissez ou créez une illustration pour chacun.

8 Composez une couverture et donnez un titre à votre anthologie.

9 Proposez-la au rayon poésie de votre CDI.

Méthode

Vous pouvez présenter votre
anthologie sous forme de livre
numérique grâce au site Didapages :
http://www.didasystem.com/

COMPÉTENCES

D1 Exploiter des lectures pour enrichir son écrit.
D1 Élaborer un projet d'écriture collectif.

Bilan de la séquence

Un thème original qui s'écarte de la tradition de la poésie lyrique

Les objets appartiennent au monde concret donc ils sont à l'opposé des sentiments, thème de prédilection de la poésie classique.

Sous la plume du poète, ils deviennent **vivants**.

Ils peuvent susciter **des sentiments** tels que la peur ou la tendresse.

Ils forment **un univers étrange et secret** qui attise la curiosité.

Le langage poétique permet de donner vie aux objets en employant :

les figures de style, en particulier **la personnification.**

le lexique des sensations.

des effets de sonorités et des **variations de rythme** pour accentuer l'expression des sensations et sentiments.

Des poèmes qui explorent différentes formes poétiques

Des poèmes classiques en **vers réguliers** (A. Rimbaud).

Des poèmes en **vers libres** (Guillevic).

Des poèmes en **prose** (F. Ponge).

Des **calligrammes** (G. Apollinaire).

Évaluation   1. Mobiliser les acquis de la séquence

1. Je sais situer les écrivains dans le temps et les placer sur une frise chronologique.

Eugène Guillevic • Francis Ponge • Émile Verhaeren • Guillaume Apollinaire • Arthur Rimbaud

> XIXᵉ siècle   XXᵉ siècle

2. Je peux citer quatre formes différentes d'écriture poétique.

3. Je sais citer les cinq sens.

4. Je sais définir la personnification.

5. Je peux définir un alexandrin.

6. Je connais en peinture le nom des tableaux qui représentent des objets inanimés.

des objets

La salle à manger

Il y a une armoire à peine luisante
qui a entendu les voix de mes grand-tantes,
qui a entendu la voix de mon grand-père,
qui a entendu la voix de mon père.
5 À ces souvenirs l'armoire est fidèle.
On a tort de croire qu'elle ne sait que se taire,
car je cause avec elle. [...]

Il y a aussi un vieux buffet
qui sent la cire, la confiture,
10 la viande, le pain et les poires mûres.
C'est un serviteur fidèle qui sait
qu'il ne doit rien nous voler.

Il est venu chez moi bien des hommes et des femmes
qui n'ont pas cru à ces petites âmes.
15 Et je souris que l'on me pense seul vivant
quand un visiteur me dit en entrant :
– comment allez-vous, monsieur Jammes ?

Francis Jammes, *De l'Angélus de l'aube à l'Angélus du soir*, 1898.

7. L'armoire et le buffet : quelle particularité et quelle qualité possède chaque objet ?

8. Quels sont les sens utilisés dans ce poème ? Justifiez votre réponse à l'aide d'une citation pour chaque sens.

9. Dans la dernière strophe, quelle expression désigne ces objets ? Comment appelle-t-on cette figure de style ?

10. Pourquoi le poète sourit-il ? Quelle pourrait être sa réponse à la question du visiteur ?

11. À la manière de Francis Jammes, décrivez un espace que vous appréciez (chambre, cuisine, gymnase, etc.) en décrivant deux objets qui s'y trouvent de telle manière qu'ils prennent vie.

a. Commencez par l'expression « Il y a ... » et décrivez chaque objet dans une seule strophe.

b. Insérez des éléments de personnification.

c. Évoquez les sensations et sentiments éprouvés.

COMPÉTENCES ATTENDUES EN FIN DE 5ᵉ

D1, D2, D3 Comprendre et s'exprimer à l'oral				
– Exprimer ses sensations et sentiments à propos d'une œuvre.	■	■	■	■
– Exploiter les ressources expressives de la parole.	■	■	■	■

D1, D5 Lire				
– Lire des œuvres littéraires.	■	■	■	■
– Comprendre et interpréter un poème.	■	■	■	■
– Lire et comprendre des tableaux.	■	■	■	■
– Situer une œuvre dans son époque et son contexte artistique.	■	■	■	■

D1 Écrire				
– Exploiter des lectures pour enrichir l'écriture d'un texte poétique.	■	■	■	■
– Utiliser l'écrit pour penser et apprendre.	■	■	■	■

À la rencontre

OBJECTIFS
• Découvrir des représentations diverses des héros et de leurs actions.
• Comprendre le caractère d'exemplarité des héros et l'intérêt qu'ils suscitent.

Hunger Games, II. *L'Embrasement*, film de Francis Lawrence avec Jennife Lawrence (Katniss), affiche du film, 2

des héros

▸ Pourquoi les écrivains
imaginent-ils des héros ?
Que révèle la diversité
des figures héroïques ?

Le héros : une figure universelle

VIIIᵉ siècle av. J.-C.

Homère, *L'Iliade*

« Les dieux sont plus forts que les hommes. »

Iliade signifie « histoire d'Ilion », Ilion étant l'autre nom de Troie : ce long poème attribué à Homère évoque les combats de la guerre de Troie. Héros grecs et troyens s'affrontent, soutenus par les dieux. C'est aussi le récit de la colère d'Achille, un des plus grands héros grecs. ⬂ p. 154

Vers 1096

La Chanson de Roland

« Je préfère mourir que subir la honte. »

La Chanson de Roland est la plus célèbre des chansons de geste. Créée par un poète anonyme – que certains croient être Turold – elle relate les hauts faits d'un chevalier de Charlemagne : Roland. ⬂ p. 156

2001

Jean-David Morvan, Philippe Buchet, *Sillage*, tome IV. *Le Signe des démons*

« Il ne fallait pas vous inquiéter. J'arrive toujours à temps. »

Sillage est une série de bande dessinée de science-fiction française. Le nom « Sillage » désigne l'ensemble des convois de vaisseaux spatiaux voyageant dans l'univers à la recherche de planètes à coloniser. L'héroïne, Nävis, est la seule humaine à bord d'un de ces convois. ⬂ p. 158

2008

Suzanne Collins, *Hunger Games*

« Je suis blessée, prise au piège. »

Ce roman américain se déroule dans un futur sombre. Douze garçons et douze filles tirés au sort doivent participer aux Hunger Games, un jeu cruel d'où ne restera qu'un survivant. Quand sa petite sœur est tirée au sort, l'héroïne, Katniss, se porte volontaire à sa place. ⬂ p. 160

Homère
Aède (poète) grec
fin du VIIIᵉ siècle av. J.-C.

Suzanne Collins
Écrivaine américaine
née en 1962

Philippe Buchet
Dessinateur français
né en 1962

Jean-David Morvan
Scénariste français
né en 1969

Plongez dans le monde des héros

❶ Observez les images. Expliquez pour chacun des personnages ce qui permet de reconnaître au premier coup d'œil qu'il s'agit de héros et d'héroïnes. Repérez leur posture, leurs vêtements ou costumes et leurs armes.

❷ En vous appuyant seulement sur ces images, imaginez quelles sont les particularités de chacun de ces héros.

❸ Présentez à l'oral le héros de votre choix. Précisez la nature des particularités qu'il possède. Racontez un de ses exploits. Imaginez une image qui le représenterait en action. Quels aspects mettriez-vous en avant ?

Lecture 1

Achille face aux dieux

Les Grecs assiègent Troie depuis dix ans. À l'annonce de la mort de Patrocle, tué au combat par le prince troyen Hector, le héros grec Achille prend les armes et marche contre Troie. Sur la rive, le dieu-fleuve Scamandre, qui soutient les Troyens, tente de l'arrêter.

REPÈRES

XIII⁰ siècle
av. J.-C.   500 av. J.-C.

1250   VIII⁰ siècle av. J.-C.
La guerre   Homère,
de Troie   *L'Iliade*

Puis [Achille] sauta de la berge au milieu du fleuve. Mais le fleuve se gonfla, furieux. Il soulevait toutes ses eaux ; les cadavres sans nombre qui encombraient son lit[1], il les rejetait sur la terre en mugissant comme un taureau. Les vivants, il les sauvait en les cachant dans ses profonds tour-
5 billons. Le flot tumultueux se levait, terrible, autour d'Achille et le courant se pressait contre son bouclier. Le héros chancelait sur ses pieds. Alors il agrippa de ses mains un grand orme[2] qui s'écroula, déraciné, emportant toute la berge. De ses branches serrées, l'arbre arrêta le courant et fit un pont sur le fleuve. Achille, sortant de l'eau, s'élança dans la plaine, effrayé.
10 Mais le grand dieu[3] ne s'arrêtait pas : il s'élança vers lui pour mettre fin à l'œuvre du divin Achille et éloigner le malheur des Troyens.

Le fils de Pélée[4] bondissait, aussi vif que l'aigle noir, l'aigle chasseur, le plus fort et le plus rapide des oiseaux. Le bronze[5] résonnait terriblement sur sa poitrine. Il se dérobait mais le fleuve le
15 poursuivait dans un fracas énorme. Le flot pressait Achille, si rapide qu'il fût ; les dieux sont plus forts que les hommes. Chaque fois qu'Achille voulait s'arrêter, se retourner pour savoir si ce n'étaient pas tous les Immortels[6] qui le poursuivaient, le flot puissant du fleuve s'abattait sur ses épaules.
20 Chaque fois, il repartait d'un bond. La plaine tout entière était inondée ; de belles armes, des cadavres flottaient en nombre. Mais la colère du Scamandre[7] ne cessait de grandir ; il dressait ses eaux contre le fils de Pélée.

Alors Héra[8] poussa un grand cri : elle craignait que le
25 grand fleuve aux profonds tourbillons n'engloutît Achille. Vite, elle appela son fils Héphaïstos[9] :

– Va, Boiteux, mon fils ! Affronte le Xanthe[10] tourbillonnant. Allume tes innombrables flammes. Brûle tous les arbres sur les berges du Xanthe ; lui-même, livre-le au feu et ne cède ni à ses flatteries ni à ses
30 menaces. Ne calme pas ton <u>ardeur</u>[11] avant que je ne te l'aie demandé.

Combat entre Achille et Hector, vers 500-480 avant J.-C. British Museum, Londres.

Homère, *L'Iliade* [VIII⁰ s. av. J.-C.], trad. du grec ancien par Leconte de Lisle, abrégée et remaniée à partir du texte original par Bruno Rémy, L'École des loisirs, « Classiques abrégés », 1990.

1. **Lit** : ici, un chenal d'écoulement du fleuve. 2. **Orme** : arbre. 3. **Le grand dieu** : le fleuve-dieu, Scamandre. 4. **Le fils de Pélée** : Achille. 5. **Le bronze** : désigne le bouclier d'Achille. 6. **Les Immortels** : les dieux. 7. **Scamandre** : nom du fleuve-dieu. 8. **Héra** : femme de Zeus ; dans la guerre de Troie, elle soutient les Grecs. 9. **Héphaïstos** : dieu forgeron, fils de Zeus et Héra. Il est très laid et boiteux. 10. **Xanthe** : autre nom du Scamandre. 11. **Ardeur** : vigueur que l'on apporte à faire quelque chose.

Achille combattant le dieu-fleuve,
gravure noir et blanc, XIXᵉ siècle.

▶ Comment la force et les limites d'un héros se manifestent-elles dans cette scène ?

Découvrir le texte

1. Pourquoi le narrateur appelle-t-il le héros « le divin Achille » ? Recherchez sur Internet les origines d'Achille et présentez-le en quelques lignes.

Analyser et interpréter le texte

Le courage du héros

2. Dans le premier paragraphe, quelle phrase montre les difficultés d'Achille ? Le héros vous semble-t-il en danger ? Justifiez votre réponse.

3. Relevez une comparaison en rapport avec les capacités physiques d'Achille. Que cela nous apprend-il sur le héros ?

4. Quel effet produit la répétition de l'expression « chaque fois » ? Quelle qualité d'Achille est mise en avant ?

5. Relevez les verbes d'action et expliquez en quoi cette scène est celle d'un combat.

La toute-puissance des dieux

6. Relevez les mots et expressions qui montrent la puissance du fleuve-dieu dirigée contre Achille. Qui, d'Achille ou du fleuve-dieu, est le plus fort ?

7. LANGUE À quel mode sont les verbes qu'Héra emploie lorsqu'elle s'adresse à Héphaïstos ? Que pouvez-vous en déduire sur le personnage d'Héra ?

8. Selon vous, Achille peut-il s'en sortir sans l'intervention des dieux ? Justifiez votre réponse.

S'exprimer à l'écrit ✐

Rédiger la suite du texte

9. Imaginez en quelques lignes la suite immédiate du texte. Vous décrirez les actions d'Héphaïstos pour mettre à exécution les ordres d'Héra ainsi que les réactions du fleuve-dieu et d'Achille.

Conseil : utilisez, comme dans le texte, des adjectifs et des comparaisons qui feront ressortir la force de ces trois personnages.

Bilan En quoi Achille se comporte-t-il en héros dans cet extrait ?

Le courage des héros

Charlemagne rentre d'une expédition victorieuse en Espagne. Le gros de l'armée est déjà sur le revers des Pyrénées, et l'arrière-garde commandée par Roland arrive dans la vallée de Roncevaux. Soudain, d'une hauteur, Olivier aperçoit les troupes ennemies.

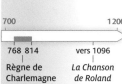

REPÈRES

700   1200

768 814   vers 1096

Règne de   *La Chanson*
Charlemagne   *de Roland*

85

« Compagnon Roland, sonnez de votre olifant[1]. Charles[2] l'entendra, qui est au passage des ports ; je vous l'assure, les Français reviendront. – que plaise à Dieu, lui répond Roland, qu'homme vivant puisse jamais dire que j'aie sonné du cor pour des païens[3] ! On ne fera jamais tel
5 reproche à mes parents. Quand je serai en pleine bataille, je frapperai mille et sept cents coups, vous verrez l'acier de Durendal[4] tout sanglant. Les Français sont braves, ils frapperont vaillamment. Les gens d'Espagne[5] n'échapperont pas à la mort. »

86

Olivier dit : « Je ne vois pas qu'on pourrait vous en blâmer ; j'ai vu les
10 Sarrasins d'Espagne[6] ; les vallées et les monts en sont couverts, et les landes, et toutes les plaines. Grande est l'armée de la gent étrangère[7] ; nous n'avons, nous, qu'une bien petite troupe. » Roland répond : « Mon ardeur[8] s'en augmente ! Ne plaise au Seigneur Dieu, ni à ses anges, que jamais la France perde son honneur à cause de moi. Mieux vaut la mort
15 que la honte ! C'est pour nos beaux coups que l'empereur[9] nous tient plus haut dans son amour. »

Combats de chevaliers au Moyen Âge, miniature extraite de la *Bible historiée* de Pierre Comestor, vers 1415-1420.

87

Roland est preux[10], et Olivier est sage[11]. Tous deux sont d'une merveilleuse bravoure. Et, puisqu'ils sont à cheval et en armes, jamais, dussent-ils mourir, ils ne se déroberont à la bataille. Les comtes sont braves, et leurs paroles sont fières. Les païens félons[12] chevauchent pleins de fureur. Olivier dit : « Voyez un peu, Roland ; ils sont tout près, et Charles est trop loin ; vous n'avez pas daigné sonner de votre olifant ; si le roi était là, nous aurions évité le désastre. Regardez en haut, vers les ports d'Espagne ; vous pouvez voir bien triste arrière-garde. Qui s'y trouve, ne fera plus partie d'une autre. » Roland répond : « Ne parlez pas si follement ; maudit qui porte un lâche cœur au ventre. Nous tiendrons ferme en la place, et c'est de nous que viendront les coups et les mêlées ! »

Anonyme, *La Chanson de Roland* [XIIe siècle], traduit de l'ancien français par G. Picot, Larousse, « Nouveaux Classiques », 1972.

> ☞ **MÉMO**
>
> La **chanson de geste** est un texte en vers destiné à être chanté ou psalmodié. Elle est composée de laisses, strophes comportant un nombre variable de vers de même longueur. Elle relate des exploits héroïques.

---

1. **Olifant** : cor d'ivoire fait d'une défense d'éléphant. 2. **Charles** : Charlemagne. 3. **Païens** : désigne pour Roland les peuples d'une autre religion que lui. 4. **Durendal** : l'épée de Roland. 5. **Gens d'Espagne** : population musulmane. 6. **Sarrasins d'Espagne** : population musulmane. 7. **Gent étrangère** : peuple étranger, ici les Sarrasins. 8. **Ardeur** : vigueur. 9. **L'empereur** : Charlemagne. 10. **Preux** : l'ensemble des qualités que doit posséder un chevalier, en particulier la vaillance et la bravoure. 11. **Sage** : qui se conduit selon la raison, le bon sens. 12. **Félon** : qui trahit ses engagements.

▶ *Comment exprimer les choix d'un héros ?*

Découvrir le texte

1. Observez les quatre vers ci-dessous. Il s'agit d'un extrait de la version originale de *La Chanson de Roland*. Quels mots reconnaissez-vous ? En quelle langue est-elle écrite ?

> « Rollanz est proz e Olivers est sages,
> Ambedui unt merveillus vasselage.
> Puis que il sunt as chevals e as armes,
> Ja pur murir n'eschiverunt bataille »

2. Trouvez à quel passage de l'extrait correspondent ces vers. Quelles différences remarquez-vous ?

Analyser et interpréter le texte

Un portrait héroïque

3. Relevez le champ lexical du combat dans la laisse 85. Quelles qualités héroïques sont mises en avant ?

4. Repérez ce que prévoit de faire Roland une fois dans la bataille. Que remarquez-vous ? Identifiez la figure de style utilisée.

5. En dépit de quoi Roland souhaite-t-il se battre ? Est-ce une qualité selon vous ? Justifiez votre réponse.

Deux conceptions du courage

6. Quelles sont les raisons invoquées par Roland pour refuser de sonner de l'olifant ? Quelle valeur est la plus importante pour lui ?

7. Pourquoi Olivier est-il « sage » ? Expliquez en quoi il fait lui aussi preuve de courage.

S'exprimer à l'oral

Mener un débat

8. Partagez-vous plutôt la conception du courage de Roland ou celle d'Olivier ? Selon vous, un héros doit-il être exemplaire par sa sagesse ou par son courage physique ? Pour débattre, préparez avec votre voisin(e) quelques réponses à ces deux questions en vous appuyant sur le texte et sur des exemples d'autres actions héroïques que vous connaissez.

Bilan En quoi les qualités d'Olivier et de Roland sont-elles exemplaires et complémentaires ?

Lecture 3

Objectifs
• Découvrir une héroïne de bande dessinée.
• Analyser le récit d'un combat en bande dessinée.

Compétence
• Adapter sa lecture à un genre littéraire.

Une héroïne invincible

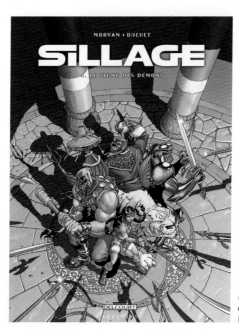

Nävis vient d'atterrir avec sa tigresse sur la planète Hurumaru, où elle a été envoyée en mission spéciale, à la recherche d'agents qui ne donnent plus signe de vie.

Lecture de l'image

Décrivez les personnages représentés. Qu'ont-ils en commun ?
Déterminez l'angle de prise de vue et décrivez le premier plan de l'image. Que pouvez-vous en déduire de la situation dans laquelle se trouvent les personnages ?

Morvan, Buchet, *Sillage*, tome IV. *Le Signe des démons*, couverture de bande dessinée, Éditions Delcourt, 2001.

L'HISTOIRE DES MOTS

« Occire » vient du latin *occidere* qui signifie « couper », « faire périr ». Ce verbe usuel du Xᵉ au XVIᵉ siècle signifiant « tuer » est rarement employé aujourd'hui, et jamais à l'imparfait de l'indicatif. La forme « occissaient » est donc une manière humoristique de rappeler la langue du Moyen Âge. Relevez, dans la planche, un mot inventé pour créer le même effet.

▶ Comment la mise en scène d'une bande dessinée met-elle en valeur l'héroïne ?

Découvrir la planche
1. Lisez le vocabulaire de la bande dessinée. Trouvez pour chaque mot un exemple dans cet extrait.

Analyser et interpréter la planche
Le temps du combat
2. Comment la vignette 1 met-elle en scène le combat ? Justifiez votre réponse par des observations précises sur les cadrages, les types de plans et l'expression du mouvement.
3. Observez le cadrage, le type de plan et le contenu des bulles des vignettes 2 et 3. Comment la supériorité de Nävis et de sa tigresse est-elle montrée ?
4. Par quels moyens la défaite des agresseurs est-elle mise en évidence ? Répondez en observant leur représentation dans les vignettes 1, 2, 4 et 5.

Le temps de la rencontre
5. Quelles oppositions observez-vous en comparant les vignettes 3 et 6 ? Que

pouvez-vous en déduire sur la personnalité de Nävis ?
6. Observez la vignette 8. Comment Nävis surnomme-t-elle ses ennemis ? En quoi est-elle consciente de sa supériorité ?
7. Observez la dernière vignette. Quelle impression se dégage à la fin de cette planche ?

S'exprimer à l'oral 💬
🔊 Sonoriser la planche
8. Répartissez-vous les rôles et entraînez-vous à dire le texte de façon expressive. Puis imaginez les sons (bruitage et musique) que vous allez intégrer à l'enregistrement pour créer un univers sonore fidèle à celui de la bande dessinée, tout en mettant l'héroïne en valeur.

Bilan Qu'est-ce qui fait du personnage de Nävis une super-héroïne ?

MÉMO

• **Bulle :** espace réservé au dialogue ou à la pensée des personnages à l'intérieur de la vignette.

• **Planche :** ensemble de vignettes d'une page de bande dessinée.

• **Vignette :** unité de base de la bande dessinée, portion isolée par du blanc et fermée par un cadre.

Jean-David Morvan, Philippe Buchet,
Sillage, tome IV, *Le Signe des démons*,
Éditions Delcourt, 2001.

Un courage inébranlable

Pour bien écrire

« Sceau » (l. 25) désigne le
cachet que l'on appose pour
garantir l'authenticité d'un
document. Donnez les trois
homophones de ce mot et
employez chacun d'eux dans
une phrase qui en éclairera
le sens.

▽ L'HISTOIRE
DES MOTS

« Capitole » (l. 25) vient
du latin *capitolium*, dérivé
de *caput*, « sommet », et qui
désigne la plus connue des
sept collines de la ville de
Rome, sur laquelle se tenait
le temple de Jupiter. Dans
le roman, les références
à la mythologie gréco-
romaine sont nombreuses.
Recherchez l'étymologie
du mot « Panem ».

MÉMO

Raconter les actions de
l'héroïne à la **première
personne** place le lecteur
en position d'interlocuteur
et lui permet de vivre
les actions à travers
le personnage dont il
comprend parfaitement
les sentiments et les
sensations.

Dans chaque district de Panem, une société reconstruite sur les ruines des États-Unis, deux adolescents sont choisis pour participer aux Hunger Games, jeu télévisé dont seul le gagnant survivra ! Poursuivie par des concurrents qui tentent de la tuer, Katniss, blessée suite à un incendie, vient de se réfugier dans un arbre.

Vu les circonstances, je suppose que ça ne fait guère de différence qu'il s'agisse de guêpes tueuses ou non. Je suis blessée, prise au piège. La nuit m'accorde un peu de répit mais, au lever du soleil, les carrières[1] auront élaboré un plan pour me tuer. Ils ne peuvent pas faire autre-
5 ment après avoir eu l'air aussi stupides. Ce nid représente ma seule chance de m'en sortir. Si je réussis à le faire s'écraser à leurs pieds, j'aurai peut-être l'occasion de m'échapper. Sauf que je risque ma vie dans cette affaire.

Bien sûr, il ne faut pas que je m'approche trop près pour le détacher.
10 Il va me falloir scier la branche au niveau du tronc. Avec la partie dente-lée de mon couteau, ça devrait être possible. Seulement, mes mains tiendront-elles le coup ? Les vibrations de la branche ne risquent-elles pas d'exciter les guêpes ? Et si les carrières comprennent ce que je suis en train de faire et lèvent le camp ? Ça flanquerait tout mon plan par terre.
15 Je réalise que le meilleur moment pour scier la branche sera pendant l'hymne. Qui peut se déclencher d'un instant à l'autre. Je m'extirpe de mon sac, m'assure que mon couteau tient bien dans ma ceinture et commence à m'élever dans l'arbre. C'est dangereux car, à cette hauteur, les branches deviennent un peu trop minces, même pour moi, mais je
20 persévère. Quand j'atteins la branche qui soutient le nid, le bourdonne-ment se fait plus net. Il reste tout de même bizarrement assourdi pour des guêpes tueuses. « C'est la fumée, me dis-je. Elle les a endormies. » C'était le seul moyen de défense qu'avaient trouvé les rebelles contre ces insectes.
25 Le sceau du Capitole[2] s'illumine au-dessus de moi et l'hymne retentit. C'est maintenant ou jamais, et je m'attaque à la branche. Des ampoules se crèvent sur ma main droite, tandis que je fais aller la lame d'avant en arrière. Une fois que j'ai pris le rythme, scier devient plus facile ; par contre, je manque plusieurs fois de lâcher le couteau.
30 Je serre les dents et je continue à scier, en notant du coin de l'œil qu'il n'y a eu aucun mort, aujourd'hui[3]. Pas grave. Le public m'aura quand même vue blessée, coincée au sommet de mon arbre, avec la meute à mes pieds. Mais l'hymne tire à sa fin, et la branche n'est sciée qu'aux trois quarts quand il s'achève, que le ciel s'assombrit et que je suis
35 forcée de m'interrompre.

Et à présent ? Je pourrais termi-
ner dans le noir, mais ça ne me
semble pas des plus judicieux. Si les
guêpes sont trop engourdies, et que
40 le nid se prend dans une branche
avant de toucher le sol, ça pourrait
bien compromettre ma fuite. Mieux
vaut attendre l'aube, remonter
discrètement jusqu'ici et balancer
45 le nid en plein sur mes ennemis.

Suzanne Collins, *Hunger Games*, tome I,
chapitre XIV, traduit de l'anglais par
Guillaume Fournier, Pocket jeunesse, 2009.

---

1. **Carrières** : jeunes entraînés depuis leur plus jeune âge
pour participer aux Hunger Games. 2. **Capitole** : siège du
gouvernement de Panem. 3. Pendant l'hymne, apparaît
dans le ciel un écran géant où sont projetés les portraits
des candidats morts au cours de la journée.

Hunger Games, film de Gary Ross, avec Jennifer Lawrence (Katniss), 2012.

▶ De quelle manière s'exprime la force morale de l'héroïne ?

Découvrir le texte

1. À partir des indices que donne le texte, résumez en deux lignes la situation dans laquelle se trouve l'héroïne.
2. Préparez en groupes les consignes pour l'adaptation de l'extrait en une planche de bande dessinée. Combien de vignettes comportera votre planche ? Imaginez les scènes que pourrait représenter chacune de ses vignettes.

Analyser et interpréter le texte

Une héroïne qui inspire la compassion
3. Faites une frise pour reconstituer la chronologie du récit en vous appuyant sur le temps des verbes et les indications de temps. Montrez que le lecteur découvre les actions au même rythme que l'héroïne.
4. De quel point de vue sont racontées les actions de l'héroïne ? Expliquez pourquoi cette narration engage le lecteur à être solidaire avec elle.

Une héroïne réfléchie
5. Quel est le plan de l'héroïne dans cet extrait ? Selon vous, peut-il fonctionner ? Justifiez votre réponse.
6. LANGUE Relevez deux phrases interrogatives. Quelle qualité de l'héroïne ces constructions mettent-elles en valeur ?
➔ Reconnaître les différents types de phrases p. 318
7. Relevez chaque action et ses conséquences envisagées par Katniss. Comment les problèmes et les solutions s'enchaînent-ils ? Quel est l'effet produit ?

S'exprimer à l'écrit ✍

8. 🕐 Imaginez le tweet d'un téléspectateur qui vient d'assister à la scène et qui commente les actions de Katniss.

Conseil : tenez compte du changement de point de vue ; le téléspectateur ne pourra commenter que ce qu'il a pu percevoir de la scène.

Bilan De quelles qualités l'héroïne fait-elle preuve dans cet extrait ?

PISTES **EPI**

Le mythe du Minotaure

Projet : réaliser une bande-annonce pour un jeu télévisé à partir d'un mythe.

Faites des recherches sur le mythe du Minotaure. Reconstituez l'histoire et trouvez les points communs avec le roman *Hunger Games*. Créez le scénario d'une bande-annonce dans lequel l'événement devra prendre la dimension d'un jeu télévisé épique qui amplifiera les difficultés et le courage du héros, Thésée. À l'aide d'un logiciel de montage vidéo, enregistrez votre texte, ajoutez des images animées et choisissez une musique en fond sonore.

Thématiques : Culture et création artistique

Disciplines croisées : Français, Langues anciennes, arts plastiques

Le film de super-héros

Le cinéma s'est très tôt emparé de la figure du héros. Personnage de comics, imaginé en 1933 par deux adolescents américains, Superman a été le héros de nombreux films. Le film Superman, réalisé par Richard Donner en 1978, est l'une des premières tentatives de transposer les aventures d'un super-héros de comics sur grand écran ; il est considéré comme le film fondateur du genre.

Une apparition spectaculaire

Juste avant l'explosion de la planète Krypton, Jor-El décide de sauver son fils en l'envoyant sur Terre. L'enfant est recueilli par le couple Kent qui décide de l'élever comme leur propre fils. L'enfant se met à développer des pouvoirs hors du commun…

Fiche signalétique du film

Réalisateur : Richard Donner

Année : 1978

Durée : 2h23

Interprétation : Marlon Brando (Jor-El), Christopher Reeve (Superman/Clark Kent), Gene Hackman (Lex Luthor), Margot Kidder (Lois Lane).

Musique : John Williams

Un enfant extraordinaire

1. Observez les pictogrammes 1 et 3. Décrivez la réaction du couple Kent lorsqu'ils découvrent l'enfant.

2. Montrez comment les angles de prise de vue choisis dans les photogrammes 1, 2 et 3 insistent sur le caractère étrange de cette apparition.

Vocabulaire

- **Angle de prise de vue** : façon de placer la caméra par rapport au sujet filmé. Si la caméra est située au-dessus du sujet filmé, on parle de plongée. Si la caméra est en dessous, on parle de contre-plongée.
- **Cadrage** : ce que le cinéaste capture durant la prise de vue. Cela correspond aux limites de l'image.
- **Profondeur de champ** : zone de l'espace où le sujet filmé est net. La profondeur de champ peut être courte (le premier plan est net) ou longue (le second plan est net).

Les faiblesses du héros

Dans sa lutte pour le bien, Superman se heurte à Lex Luthor, personnage maléfique qui vit dans le sous-sol de Metropolis. Ce dernier est détenteur de la seule chose qui peut affecter la puissance du héros : la kryptonite, petite météorite issue de la planète Krypton.

Un ennemi juré

3. Observez les photogrammes 4 et 5. Quelles sont les particularités de l'ennemi de Superman ? Appuyez-vous sur le décor pour répondre.

Un héros au service des plus faibles

Superman sauve la journaliste Lois Lane d'un accident d'hélicoptère.

Une scène de sauvetage

4. Observez les angles de prises de vue des photogrammes 6 et 7. En quoi la situation est-elle impressionnante ?

5. Comment est représentée la foule dans le photogramme 8 ? Quelle est sa réaction ?

6. Comment la mise en scène de ces trois photogrammes renforce le caractère singulier et exemplaire du super-héros ?

Photogrammes du film *Superman* de Richard Donner, 1978.

Activités

Atelier d'écriture ✍

Sur YouTube, visionnez la bande-annonce de *Man of Steel*, film réalisé par Zack Snyder en 2013, qui raconte les aventures de Superman. Quels points communs et quelles différences avec le film de 1978 pouvez-vous identifier ? Comment les effets spéciaux permettent-ils d'amplifier les exploits du héros ? Rédigez votre réponse en une dizaine de lignes.

Persée délivre Andromède

Persée, héros vainqueur de Méduse, s'apprête à délivrer Andromède d'un monstre marin auquel elle a été livrée, attachée sur un rocher.

Qui sont-ils ?

• **Persée**: demi-dieu, fils de Jupiter et de la princesse Danaé.
• **Méduse**: une des trois Gorgones, dont la chevelure est faite de serpents et dont le regard est mortel.
• **Andromède**: fille du roi Céphée et de Cassiopée; elle devient l'épouse de Persée.

Atteinte d'une profonde blessure, la bête bondit et se dresse dans l'air de toute sa taille gigantesque. [...] Grâce à ses ailes, Persée échappe promptement à la gueule béante[1] et avide qui essaie de le mordre ; partout où il peut, il frappe le monstre de son glaive recourbé en faucille, tantôt sur son dos couvert de
5 coquillages, tantôt dans ses côtes, tantôt là où son corps se termine par une queue de poisson toute mince. Le monstre vomit des flots de sang mêlés aux flots de la mer : ils arrosent les sandales ailées[2] de Persée qui les sent s'alourdir. Le héros n'ose plus s'envoler car il a peur de tomber. Il a aperçu un écueil dont la pointe se dresse au-dessus des vagues : il le prend pour appui
10 et, tandis qu'il tient la pointe du roc de sa main gauche, il plonge trois ou quatre fois son épée dans le ventre du monstre, sans lui laisser aucun répit.

Des applaudissements et des cris de joie retentissent sur le rivage. Le monstre est mort : son corps sanglant a disparu dans la mer.

Annie Collognat, *20 Métamorphoses d'Ovide*, © Le Livre de poche Jeunesse, 2014.

1. **Béante**: grande ouverte.
2. **Sandales ailées**: le dieu Hermès a donné à Persée une paire de sandales ailées.

Charles Antoine Coypel, *Persée délivrant Andromède*, 131 x 191 cm, 1727, musée du Louvre, Paris.

Comprendre les documents

1. Quel est le monstre que doit combattre Persée ? À partir du texte et de la peinture de Charles Antoine Coypel, faites la description de cette bête.

2. Comment Persée parvient-il à tuer le monstre ? Quelle est la particularité du héros ?

3. Quel moment du récit le tableau met-il en scène ? Justifiez votre réponse en vous appuyant sur des indices précis observés dans chacun des deux documents.

À vous de créer

4. L'homme et la femme richement vêtus au premier plan du tableau, sur la droite, sont le roi Céphée et la reine Cassiopée, les parents d'Andromède. Imaginez le récit du combat de leur point de vue.

Méthode
• Imaginez les étapes du combat et inventez les réactions des deux personnages pour chacune d'entre elles. Évoquez leur détresse face au danger qu'encourt leur fille.

Repérer les caractéristiques d'un récit épique

110

Cependant la bataille est merveilleuse et pesante. Olivier et Roland frappent vaillamment. L'archevêque[1] rend plus de mille coups, les douze pairs ne se mettent pas en reste, et les Français frappent tous ensemble. Les païens meurent par centaines et par milliers : qui ne s'enfuit n'a aucun secours contre la mort ; bon gré, mal gré, il y laisse sa vie. Les Français y
5 perdent leurs meilleurs défenseurs, qui ne reverront point leurs pères ni leurs parents, ni Charlemagne, qui les attend aux défilés.

Mais en France, il y a une merveilleuse tourmente, tempête de tonnerre et de vent, pluie et grêle démesurément, la foudre tombe à coups serrés et répétés, et, en toute vérité, la terre tremble, de Saint-Michel-du-Péril jusqu'aux Saints, de Besançon jusqu'au port de Wissant. Pas
10 une maison dont les murs ne crèvent ; en plein midi se produisent de grandes ténèbres. Point de clartés, sinon quand les éclairs fendent le ciel. Tous ceux qui voient ces choses s'épouvantent, et certains disent : « C'est la fin du monde, la consommation du siècle qui est maintenant venue ! » Ils ne savent ni ne disent la vérité : c'est le grand deuil pour la mort de Roland !

Anonyme, *La Chanson de Roland* [XIIe siècle], traduit de l'ancien français
par G. Picot, Larousse, « Nouveaux Classiques », 1972.

---

1. **Archevêque** : Turpin, archevêque de Reims loyal à l'empereur, est un des personnages principaux de *La Chanson de Roland*.

MÉTHODE GUIDÉE

Étape 1   Identifier les composantes du récit

• Lisez le texte et identifiez le thème du récit.
• Repérez les étapes principales.
• Identifiez les lieux et les différents personnages.

1. De quoi est-il question dans cet extrait ?
2. De combien de parties est-il composé ?
3. Repérez les lieux évoqués. Où l'action principale se déroule-t-elle ?
4. Quels sont les deux camps qui s'opposent dans cette scène ? Quels sont les personnages présents et de quel camp font-ils partie ?

Étape 2   Repérer les marques du registre épique

• Repérez les champs lexicaux et leur caractère démesuré.
• Identifiez l'effet produit par l'insistance sur le nombre, la structure ample des phrases, et les oppositions.

5. Quels sont les adjectifs utilisés pour décrire la bataille ? Quel est l'effet produit ?
6. Trouvez des occurrences qui exagèrent les coups portés par les personnages. Quel effet les précisions chiffrées produisent-elles ? Comment s'appelle cette figure de style ?
7. Situez l'étendue de la catastrophe naturelle. Que constatez-vous ?

Étape 3   Interpréter la visée du récit

• Observez la dimension collective du récit.
• Expliquez comment tout contribue à chanter la gloire des héros.

8. Qu'apporte le récit de la catastrophe naturelle à cette scène de combat ? À quoi la mort de Roland est-elle comparée ?
9. D'après le texte, un héros doit-il forcément gagner le combat pour être célébré ?

Les exploits d'un héros

Présenter un héros

1 Les héros sont prêts pour le combat mais les différents éléments de leur équipement se sont mélangés. Classez ces équipements suivants selon qu'ils permettent de décrire un héros de la guerre de Troie, un chevalier du Moyen Âge ou un super-héros du futur. Certaines armes peuvent convenir aux trois héros.

le gonfanon • le bouclier • l'épée • le destrier • le casque à crinière • le perturbateur ionique • le haubert • l'épieu • l'écu • le sabre-laser • le vaisseau spatial • les flèches • l'arc • le heaume • le robot • l'égide

2 Classez les adjectifs suivants en deux catégories, selon qu'ils qualifient un héros ou son ennemi. Puis donnez le nom correspondant à chacun d'eux.

preux • courageux • peureux • traître • vaillant • faible • lâche • hardi • endurant • couard • téméraire • généreux • brave • félon • malveillant

3 Associez le héros de chaque extrait à une ou plusieurs qualités de la liste ci-dessous.

le courage • la persévérance • la force • l'altruisme • l'intelligence • la sagesse

> Des Hommes-scorpions en gardaient l'entrée. Ils étaient terrifiants. Les regarder, c'était regarder la mort. Dès que Gilgamesh les aperçut, son visage se décomposa d'effroi et d'épouvante. Mais il s'approcha courageusement.
>
> Anonyme, *Gilgamesh* [XIIIᵉ s. av. J.-C.], tablette IX, adapté par M. Laffon, d'après la trad. de J. Bottéro, Belin-Gallimard, « Classico Collège », 2009.

> Je réfléchissais à la meilleure stratégie – allais-je trouver un moyen de nous faire échapper à la mort, mes compagnons et moi ? Mon esprit tramait des ruses et des plans de toutes sortes, comme dans tous les instants où la vie est en jeu.
>
> Homère, *L'Odyssée* [VIIIᵉ s. av. J.-C.], traduit du grec par Hélène Tronc, Belin-Gallimard, « Classico Collège », 2016.

> Jean Valjean continua d'avancer, soutenant ce mourant, qui était un cadavre peut-être.
> L'eau lui venait aux aisselles ; il se sentait sombrer ; c'est à peine s'il pouvait se mouvoir dans la profondeur de bourbe où il était. La densité, qui était le soutien, était aussi l'obstacle. Il soulevait toujours Marius, et, avec une dépense de force inouïe, il avançait...
>
> Victor Hugo, *Les Misérables* [1862], partie V, livre III, chap. 6, Gallimard, « Folio classique », t. II, 1999.

Décrire les dangers à affronter

4 Vérifiez le sens des adjectifs suivants puis classez-les dans le tableau en regroupant les synonymes.

hideux • effrayant • énorme • brutal • terrible • repoussant • immense • implacable • abominable • effroyable • gigantesque • féroce • monstrueux • horrible • démesuré • atroce • redoutable • difforme • épouvantable

Terrifiant	Colossal	Cruel	Affreux

Raconter les actions du héros

5 Replacez les verbes dans le texte ci-dessous. Conjuguez les verbes au présent de l'indicatif.

se porter • se ruer • sortir • exploser • pleuvoir • se transformer

> Les deux seigneurs .... alors aussitôt l'un contre l'autre, montrant clairement qu'ils s'en voulaient à mort. Chacun a une lance rigide et solide. Ils .... des coups d'une telle violence que leurs haubers perdent leurs mailles d'acier, et que leurs lances .... en mille morceaux. Chacun .... son épée, et les coups .... si dru que les boucliers .... en lambeaux[1].
>
> Chrétien de Troyes, *Yvain ou le Chevalier au lion*, traduit de l'ancien français et adapté par Pierre-Marie Beaude, Gallimard Jeunesse, 2010.

———
1. **Lambeaux** : fragments, débris.

Exprimez-vous !

6 💬 Vous êtes journaliste radio et vous devez commenter en direct l'exploit accompli par Hercule. Faites des recherches sur cet épisode, puis retracez les étapes du combat avant de procéder à l'enregistrement oral.

Héraclès et le lion de Némée, 550-540 avant J.-C., musée du Louvre, Paris.

Objectifs
• Identifier les valeurs du présent de l'indicatif.
• Conjuguer et accorder des verbes au présent de l'indicatif.

Grammaire

Le présent de l'indicatif

Le présent de l'indicatif peut être utilisé pour exprimer :

• des actions ayant lieu au moment où l'on parle. C'est le **présent d'énonciation** ;

• des actions d'un récit passé. C'est le **présent de narration**. Il rend l'action passée plus vivante, plus proche du lecteur ;

• des actions ou des faits présentés comme toujours vrais. C'est le **présent de vérité générale**.

↘ Savoir conjuguer le présent de l'indicatif, p. 329.

Comprendre les emplois du présent de l'indicatif

1 Relevez les verbes conjugués au présent et indiquez leur valeur.

> Déjà [le monstre] n'était plus qu'à un jet de fronde du rivage, quand, tout à coup, Persée frappe le sol de ses pieds pour s'élancer dans l'air : son ombre réfléchie par la surface de l'eau semble voler sur la mer ; le monstre la voit et se met à la combattre.
>
> Annie Collognat, *20 métamorphoses d'Ovide*,
> © Le Livre de poche Jeunesse 2014.

> L'homme abandonna sa tranche de pain pour répondre.
> – Je vends des enluminures que j'achète dans les monastères de France. Toutes sur beau parchemin bien sain [...]. Les dames découvrent ces merveilles et désirent en posséder au moins une. Mon commerce marche bien.
>
> Jean-Côme Noguès, *Le Vœu du paon*,
> Gallimard, « Folio Junior », 1987.

Maîtriser les accords sujet/ verbe au présent de l'indicatif

2 Complétez chacun des verbes avec la terminaison qui convient : *-e, -s* ou *-x*.

> – Je te touch...... et tu meur......! s'écria Tom. Pourquoi est-ce que tu ne tomb...... pas ?
> – Je ne tomb...... pas, c'est à toi de tomber, répliqua Joe. C'est toi qui n'en peu...... plus.
> – Eh bien quoi ? ça ne fait rien. Je ne peu.... pas tomber. Dans le bouquin il y a : « Alors, d'un coup de revers, il tua le pauvre Guy de Guisborne. » Tu doi...... te retourner et je te touch...... dans le dos.
>
> Mark Twain, *Les Aventures de Tom Sawyer*,
> © Mercure de France, 1969.

3 Conjuguez les verbes entre parenthèses au présent. Quelle est la valeur du présent dans ce texte ?

> Les héros (être) grands, forts. Beaux souvent, impressionnants toujours. Ils (combattre) les monstres. Ils (détourner) les fleuves. Ils (soulever) des montagnes. Ils nous (sauver) de toutes les difficultés. Leurs exploits nous (laisser) bouche bée, le cœur battant. Les mythes de tous les temps (retentir) de leurs aventures.
>
> *Mythes fondateurs, d'Hercule à Dark Vador*,
> Éditions du Seuil, Éditions du Louvre, 2015.

4 Réécrivez le texte ci-dessus en le commençant par « Le héros ». Faites les accords nécessaires.

5 Dictée préparée

a. Lisez attentivement le texte puis soulignez tous les verbes conjugués au présent de l'indicatif.

b. Justifiez les terminaisons verbales en repérant le sujet de chacun des verbes conjugués. Attention, le sujet ne précède pas toujours immédiatement le verbe.

> Énée brandit son arme fatale ; son regard a choisi le moment favorable et, de loin, avec toute la vigueur de son corps, il lance le trait. Jamais ne bruissent aussi fort les pierres projetées par une baliste[1] ; jamais la foudre n'éclate avec un tel fracas. Le javelot vole comme un noir tourbillon en portant la sinistre mort ; il perce le bord du bouclier aux sept cuirs superposés, le bas de la cuirasse et traverse en sifflant le milieu de la cuisse. Turnus, sous le coup, ploie le jarret et tombe à terre, énorme.
>
> Virgile, *L'Énéide* [1er siècle av. J.-C.], trad. du latin
> par M. Lefaure, revue par S. Laigneau,
> Librairie générale française, « Les Classiques de poche », 2004.

_____
1. **Baliste :** machine de guerre.

À vous d'écrire !

6 À partir des indices observés dans l'image ci-contre, imaginez une scène dont Superman sera le héros. Vous emploierez de nombreux verbes d'action que vous conjuguerez au présent de l'indicatif.

Raconter les exploits d'un héros

Vous êtes un aède de la Grèce antique. Vous préparez un nouveau poème à la gloire d'un héros et de ses exploits.

ÉTAPE 1 | **Faire des recherches documentaires**

1 Par groupes de trois, documentez-vous sur les aèdes afin de faire le choix de votre mode d'interprétation.

> **Méthode**
> Vous pouvez faire une recherche sur le plus célèbre des aèdes : Homère.

2 Mettez-vous d'accord sur le héros dont vous allez raconter les exploits.
Le mode d'interprétation que vous avez choisi ne détermine en rien le choix du héros. Celui-ci peut aussi bien appartenir à l'Antiquité gréco-romaine, au Moyen Âge, au monde contemporain ou encore au futur.

3 Faites des recherches sur votre héros et constituez-vous un dossier documentaire.

ÉTAPE 2 | **Préparer la narration**

4 Résumez l'épisode des aventures héros que vous avez choisi de raconter. Mettez clairement en évidence les forts du récit qui serviront de trame narration orale.

> **Méthode**
> Utilisez le présent de narration.

5 Choisissez la manière dont vous allez mettre en scène votre narration (mimes, diaporama, etc.).

6 Choisissez un accompagnement musical.

Philippe-Laurent Roland, *Homère,* 1812.

ÉTAPE 3 | **S'entraîner à la mise en voix**

7 Exercez-vous après vous être réparti les rôles (mise en scène, diction, mime, vidéo, etc.).

8 Filmez votre prestation.

9 Avant de présenter votre récit à la classe, visionnez la vidéo. Puis relevez ce qui est réussi et ce qui doit être amélioré et revoyez, si besoin, les notes que vous avez prises de la trame du récit.

> COMPÉTENCES
> **D1, D2, D3** Exploiter les ressources expressives et créatives de la parole.

ATELIER

Créer le scénario ✐ d'un film de super-héros

Vous êtes scénariste à Hollywood et vous devez imaginer les aventures d'un nouveau super-héros pour un film. En l'an 3000, votre héros doit sauver la planète d'une catastrophe imminente.

ÉTAPE 1 — Décrire la situation initiale et imaginer une catastrophe

1 La catastrophe peut être d'origine naturelle, nucléaire, technologique ou biologique. Faites des recherches en groupes, pour imaginer une catastrophe à partir de romans, de films, de bandes dessinées ou de jeux vidéo.

2 Inventez individuellement le début d'une nouvelle. Rédigez en quelques lignes le cadre de l'histoire sur lequel va s'ouvrir le film : l'état de la planète en l'an 3000 et le danger qui la guette.

> **Méthode**
> Vous pouvez également anticiper des problèmes à venir à partir de documents scientifiques actuels qui attirent notre attention sur la progression des pollutions, le réchauffement climatique ou la disparition de certaines espèces.

ÉTAPE 2 — Inventer le héros ou l'héroïne et imaginer les péripéties

3 En fonction de la catastrophe que vous avez racontée, imaginez les pouvoirs de votre personnage. Décrivez précisément en quoi ils consistent et expliquez leur origine.

4 Réalisez la fiche d'identité de votre héros/héroïne : son nom, sa biographie, ses caractéristiques physiques, son mode de vie, sa personnalité.

5 Notez les péripéties de votre film : les actions entreprises par le héros ou l'héroïne pour éviter la catastrophe, les difficultés rencontrées et les aides éventuelles.

> **Méthode**
> Inspirez-vous des pouvoirs des héros et héroïnes que vous avez étudiés dans le chapitre.

ÉTAPE 3 — Rédiger le scénario

6 Relisez vos brouillons en groupes pour vérifier que votre récit est compréhensible. Tenez compte des avis du groupe et apportez les modifications nécessaires à votre brouillon.

7 À partir de vos notes, rédigez votre scénario, en respectant les étapes suivantes : le cadre, la présentation du héros et les péripéties.
Choisissez le présent de l'indicatif comme temps de base de votre récit : les faits antérieurs seront exprimés au passé composé et vous évoquerez l'avenir grâce au futur. Vérifiez les accords sujet/verbe et la conjugaison des verbes dont vous n'êtes pas certain(e).

8 Imaginez une fin heureuse à votre scénario et trouvez un titre au film.

COMPÉTENCES
D1 Pratiquer l'écriture d'invention.
D1 Adopter des stratégies et des procédures d'écriture efficaces.

Bilan de la séquence

Depuis l'Antiquité les hommes célèbrent leurs héros

Des **récits épiques** chantés par les aèdes dans l'Antiquité et par les jongleurs au Moyen Âge font entrer des faits historiques dans la légende.

Des romans, des films, des jeux vidéo, des bandes dessinées et des *comics* mettent en scène **les héros modernes** apparus aux États-Unis au début du XXᵉ siècle.

Aujourd'hui, les héros et **les héroïnes** – de plus en plus nombreuses – défendent des valeurs humaines dans **des mondes futuristes** et sombres.

Des procédés pour magnifier les exploits des héros

Des **champs lexicaux** spécifiques (les armes, les combats).

Des **procédés d'exagération** (hyperboles, accumulations, comparaisons).

Des **mises en scène** pour valoriser le héros ou le danger qu'il affronte (angles de prises de vue en contre-plongée, gros plans).

L'utilisation du **présent de narration** et de la première personne du singulier pour engager le lecteur au côté du héros.

Héros et héroïnes : des personnages hors du commun

Ils sont **extraordinaires** par :
– leur force physique,
– leur détermination,
– leur altruisme,
– leur force morale.

Ils ne craignent jamais la mort et sont prêts à affronter **les plus grands dangers** comme :
– les épreuves envoyées par les dieux,
– les éléments naturels déchaînés,
– les ennemis féroces et des monstres épouvantables.

Évaluation   1. Mobiliser les acquis de la séquence

1. Je connais différentes figures de héros et d'héroïnes et je comprends leur rôle.

2. Je sais repérer les procédés qui mettent en valeur leurs exploits dans des textes, des images et des films.

3. Je peux imaginer et raconter un récit épique.

4. Je sais identifier les valeurs du présent de l'indicatif.

Évaluation   2. Lire et comprendre un récit épique

Le duel

Achille revient sous les murs de Troie pour affronter Hector, le prince troyen qui a tué son fidèle compagnon, Patrocle.

[Hector] tire le glaive suspendu à son flanc, le glaive grand et fort ; puis, se ramassant, il prend son élan, tel l'aigle de haut vol, qui s'en va vers la plaine, à travers les nues[1] ténébreuses, pour ravir un tendre agneau ou un lièvre qui se terre ; tel s'élance Hector, agitant son glaive
5 aigu. Achille aussi bondit ; son cœur se remplit d'une ardeur[2] sauvage ; il couvre sa poitrine de son bel écu ouvragé ; sur son front oscille son casque étincelant à quatre bossettes, où voltige la crinière d'or splendide, qu'Héphaïstos a fait tomber en masse autour du cimier. Comme l'étoile qui s'avance, entourée des autres étoiles, au plein cœur de la nuit,
10 comme l'Étoile du soir, la plus belle qui ait sa place au firmament[3], ainsi luit la pique acérée qu'Achille brandit dans sa droite, méditant la perte du divin Hector et cherchant des yeux, sur sa belle chair, où elle offrira le moins de résistance. Tout le reste de son corps est protégé par ses armes de bronze, les belles armes dont il a dépouillé le puissant Patrocle, après
15 l'avoir tué. Un seul point se laisse voir, celui où la clavicule sépare l'épaule du cou, de la gorge. C'est là que la vie se laisse détruire au plus vite, c'est là que le divin Achille pousse sa javeline contre Hector en pleine ardeur.

Homère, *L'Iliade* [VIIIe s. av. J.-C.], trad. du grec ancien par P. Mazon, Gallimard, « Folio classique », 1998.

---

1. **Nues** : ensemble des nuages qui couvrent le ciel. 2. **Ardeur** : vigueur apportée à faire une action. 3. **Firmament** : ciel.

5. Retracez les étapes du combat en relevant les verbes d'action. À quel temps les verbes sont-ils conjugués ? Quel effet l'emploi de ce temps renforce-t-il ?

6. À quel animal Hector est-il comparé ? Comment cette comparaison met-elle en évidence la force du personnage ?

7. Comment la supériorité des armes d'Achille est-elle marquée ? Qu'est-ce qui explique cette supériorité ?

8. Quelles sont les qualités qui permettent finalement à Achille de triompher ?

Évaluation   3. Lire une image représentant un héros

Affiche du film *Man of Steel*, réalisé par Zach Snyder, avec Henry Cavill (Superman), 2013.

9. Comment la force et la vitesse sont-elles représentées dans cette affiche ? Quelle est la particularité du regard du héros ?

10. Expliquez en quoi la supériorité du super-héros est mise en évidence.

COMPÉTENCES ATTENDUES EN FIN DE 5e

D1, D5 Lire
– Élaborer une interprétation des textes littéraires. ■ ■ ■ ■
– Percevoir un effet esthétique et analyser les sources. ■ ■ ■ ■

D5 Acquérir des éléments de culture littéraire et artistique
– Établir des liens entre des productions littéraires et artistiques issues de cultures et d'époques différentes. ■ ■ ■ ■

SÉQUENCE

9

Valeurs et exploits

OBJECTIFS
• Étudier la figure héroïque du chevalier et ses valeurs.
• Découvrir les récits du Moyen Âge.

des chevaliers

▶ Comment l'héroïsme du chevalier se définit-il au Moyen Âge ?

...hevaliers en armure défilant
...ant une joute à Saint-
...glevert, XVe siècle,
...ritish Library, Londres.

Inspirations et influences des récits médiévaux

La société au Moyen Âge

La société médiévale est très hiérarchisée. Tous les seigneurs n'ont pas la même importance. Les petits seigneurs (les vassaux) dépendent d'un seigneur plus puissant (leur suzerain) qui les protège en échange de leur obéissance. Le roi est le plus puissant de tous les seigneurs.

La légende du roi Arthur et des chevaliers de la Table ronde

Les récits médiévaux s'inspirent des légendes celtiques. Arthur, roi de Bretagne (aujourd'hui une partie de la région bretonne française et de la Grande-Bretagne), fonde la Table ronde et s'entoure de chevaliers. Leur but : mener la quête du Graal et assurer la paix du royaume.

Un seigneur saluant sa dame, tapisserie du xvᵉ siècle, musée national du Moyen Âge, Paris.

Le chevalier

Le chevalier est un homme qui se bat à cheval pour le seigneur dont il est le vassal. Lorsqu'il n'est pas en guerre pour agrandir les terres de son suzerain, il participe à des tournois. Le chevalier est connu dans les récits médiévaux pour ses exploits et ses vertus.

De la chanson de geste au roman

La littérature médiévale est avant tout orale. Les chansons de geste, les premières œuvres littéraires françaises, sont de longs poèmes écrits en vers qui relatent des exploits guerriers. Les premiers romans apparaissent au xiiᵉ siècle. Le mot « roman » désigne à l'origine la langue parlée par l'ensemble des Français, le latin étant la langue parlée par les hommes d'Église instruits. C'est avec Chrétien de Troyes que le roman devient un genre littéraire.

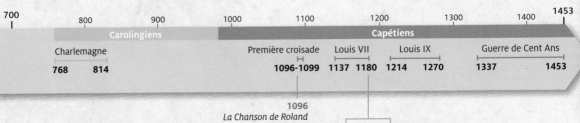

Entrer dans la séquence

Plongez dans le monde médiéval

Artus, li boens rois de Bretaigne
la cui proesce nos enseigne
que nos soiens preu et cortois,
tint cort si riche come rois
a cele feste qui tant coste,
qu'on doit clamer la Pantecoste.
Li rois fu a Carduel en Gales ;
aprés mangier, parmi ces sales
cil chevalier s'atropelerent
la ou dames les apelerent
ou dameiseles ou puceles.

Arthur, le bon roi de Bretagne,
dont la vaillance nous enseigne
à être preux et courtois[1], tenait
une très riche cour en la fête
qui coûte tant qu'on la nomme
la Pentecôte. C'était à Carduel,
en Galles. Après manger,
dedans les salles, les chevaliers
s'assemblèrent là où les avaient
appelés les dames et les
demoiselles.

Chrétien de Troyes, *Yvain ou le Chevalier au lion* [vers 1181], trad. de l'ancien
français par Jean-Pierre Foucher, Gallimard, « Folio classique », 1970.

---

1. **Preux et courtois** : qualités du parfait chevalier qui doit se montrer vaillant, sage et loyal.

❶ Lisez à voix haute les textes ; quels mots reconnaissez-vous ?
Quels mots sont différents ?

❷ Dans quelles langues sont écrits ces deux textes ?

❸ Quelles différences repérez-vous ? Les textes sont-ils écrits
en vers ou en prose ?

Rencontrez les chevaliers

❹ Imaginez que vous
êtes un chevalier invité
au repas que donne le roi
Arthur. En vous aidant de
l'image ci-contre, décri-
vez en quelques lignes les
autres invités et la salle dans
laquelle vous vous trouvez.

Fête à la cour du roi Arthur,
dans *Le Roman de la Quête
du Graal*, 1450-1460.

Un héros naïf

Élevé à la campagne et loin de la cour par sa mère, Perceval rencontre pour la première fois des chevaliers dans la forêt. Cette rencontre est déterminante pour le jeune homme : son désir le plus cher sera de devenir un parfait chevalier.

Les compagnons s'arrêtent et le maître va vers le garçon à grande allure. Il le salue. Il le rassure :

« Garçon, n'aie donc pas peur !

– Je n'ai pas peur, dit le garçon, par le Sauveur en qui je crois ! Êtes-
vous Dieu ?

– Non, certes !

– Alors, qui êtes-vous donc ?

– Un chevalier.

– Chevalier ? Je ne connais personne ainsi nommé ! Jamais je n'en ai vu. Mais vous êtes plus beau que Dieu. Vous ressembler je le voudrais, tout brillant et fait comme vous ! »

Le chevalier vient tout auprès et lui demande :

« Vis-tu passer par cette lande[1], aujourd'hui, cinq chevaliers et trois pucelles[2] ? » Mais le garçon est curieux de bien autre chose ! Il prend la lance dans sa main, voudrait savoir ce que peut être.

« Beau cher sire, vous qui avez nom chevalier, qu'est-ce que là vous tenez ?

– Allons, me voilà bien tombé ! Moi je croyais, beau doux ami, apprendre nouvelles de ta bouche et c'est toi qui en veux entendre ! Je vais te le dire : c'est ma lance.

– Voulez-vous dire qu'on la lance comme l'on fait d'un javelot[3] ?

– Nenni, garçon, tu es trop fou ! Elle sert à frapper un bon coup.

– Alors vaut mieux chacun de ces trois javelots ! J'en peux tuer bête ou oiseau d'aussi loin que je les vois comme on pourrait faire d'une flèche.

– Garçon, dis-moi plutôt ce que tu sais de ces chevaliers que je cherche. Où sont-ils ? Où sont les pucelles ? »

Mais le valet[4] saisit le bord de l'écu[5] et, sans façon, sitôt demande :

« Qu'est-ce là ? Et de quoi vous sert ?

– Écu a nom ce que je porte.

– Écu a nom ?

– Mais oui. Je ne le dois tenir pour vil[6] car il est tant de bonne foi que de coup de lance ou de flèche il me protège, arrêtant tout. C'est le service qu'il me fait. » [...]

Le garçon le tire par le pan du haubert[7] :

« Dites-moi, beau sire, qu'est-ce que vous avez revêtu ?

– Ne le sais-tu ?

– Moi, non.

– Garçon, c'est là mon haubert[7] qui est pesant comme fer. Il est de fer, tu le vois bien.

40 – De cela je ne sais rien, mais comme il est beau, Dieu me sauve ! Qu'en faites-vous ? À quoi sert-il ?

– Garçon, c'est bien aisé à dire. Si tu me décochais une flèche ou bien l'un de tes javelots tu

45 ne pourrais me faire de mal.

– Sire chevalier, de tels hauberts Dieu garde les biches et les cerfs, car je ne pourrais plus en tuer ! Alors pourquoi courir après ?

– Par Dieu, garçon, me diras-tu nouvelles des

50 chevaliers et des pucelles ? »

Mais lui, qui a bien peu de sens, poursuit :
« Êtes-vous né ainsi vêtu ?

– Non point ! Personne ne peut naître ainsi ! »

Chrétien de Troyes, *Perceval ou le Roman du Graal*,
[vers 1180], traduit de l'ancien français par J.-P. Foucher
et A. Ortais, Gallimard, « Folio classique », 1974.

_____

1. **Lande** : terre où poussent des plantes sauvages. 2. **Pucelles** : jeunes filles. 3. **Javelot** : arme de jet plus petite qu'une lance. 4. **Valet** : serviteur. 5. **Écu** : bouclier. 6. **Vil** : qui suscite le mépris. 7. **Haubert** : longue cotte de mailles.

Elizabeth Adela Stanhope
Forbes, *La Forêt du roi
Arthur*, XIXᵉ siècle.

▶ Quelle image du chevalier ce portrait donne-t-il ?

Découvrir le texte

1. Que vous inspire cette scène ? Si vous étiez l'un des deux personnages principaux, lequel préféreriez-vous incarner ? Pourquoi ?

Analyser et interpréter le texte

La découverte d'un chevalier

2. Sur quels objets Perceval demande-t-il des explications ? Quel est leur point commun ?

3. LANGUE Repérez les deux types de phrases les plus présents dans ce dialogue. Que cela nous apprend-il sur les connaissances de Perceval en matière de chevalerie ?
↘ Reconnaître et employer les différents types et formes de phrases, p. 318.

4. Pourquoi le narrateur a-t-il choisi de faire découvrir le chevalier par l'intermédiaire de Perceval ?

Un portrait de Perceval

5. À l'aide de quel terme le chevalier désigne-t-il Perceval ? Quelle caractéristique du jeune homme est ainsi mise en valeur ?

6. « Tu es trop fou ! » (l. 22) et « Ne le sais-tu ? » (l. 36). Quels sont les principaux traits de caractère de Perceval que ces réflexions du chevalier suggèrent ?

S'exprimer à l'oral 💬

Jouer une scène

7. MISE EN VOIX Lisez le texte à trois : une voix pour le narrateur, une voix pour le chevalier et une pour Perceval. Filmez cette scène jouée et appuyez-vous sur cette séquence filmée pour améliorer votre performance.

Conseil : demandez-vous comment faire sentir la naïveté et l'émerveillement de Perceval.

Bilan Comment ce dialogue met-il en valeur l'admiration de Perceval pour le chevalier ?

🎨 Lecture de l'image

Quels éléments de l'armure du chevalier reconnaissez-vous ? Comparez le chevalier de cette peinture au chevalier que rencontre Perceval.

La prouesse de Perceval

Perceval, après avoir quitté le seigneur qui l'a fait chevalier, arrive au château de la belle Blanchefleur qui est assiégé. Par amour pour la jeune fille, Perceval se propose d'affronter Anguingueron, vassal du chevalier qui attaque le château.

Le jeune chevalier demande ses armes et on les lui apporte. On l'en revêt. On lui fait monter un cheval bien harnaché. La porte s'ouvre. [...] Les ennemis assiégeants le voient venir et le montrent à Anguingueron, leur sénéchal[1], assis près de sa tente. Il était sûr qu'on viendrait ce jour-
5 là lui rendre le château ou que quelqu'un en sortirait pour lui offrir le combat. Déjà on lui avait lacé ses chausses[2] et ses soldats étaient joyeux d'avoir conquis tout ce pays et le château sans grande peine.

Sitôt qu'Anguingueron aperçoit le chevalier, il se fait armer sans tarder, enfourche un robuste cheval et crie :

10 « Valet, que nous veux-tu ? Qui t'envoie ? Viens-tu pour la paix ou pour la guerre ?

– À toi d'abord ! répond bien fort le jeune chevalier. À toi de répondre ! Réponds ! Que fais-tu ici ? Pourquoi as-tu occis[3] les chevaliers de la demoiselle et gâté[4] sa terre ?

Eugène Delacroix, *Combat de chevaliers dans la campagne*, huile sur toile, XIXe siècle, musée du Louvre, Paris.

15 – Que me contes-tu là ? Je veux que ce jour même on vide le château que l'on a bien trop défendu. Je veux qu'on me rende la terre. Mon seigneur aura la
20 demoiselle !

– Au diable tes paroles et toi qui les cries ! Les choses n'iront pas comme tu crois. Et d'abord renonce à tout ce que tu réclames
25 à la pucelle !

– Sottises ! Oui, par saint Pierre ! Souvent paie le marché qui n'a rien acheté ! »

Le chevalier en a assez. Il
30 abaisse sa lance et l'un sur l'autre tous deux se précipitent en laissant courir leurs chevaux à grande allure. La colère les tient. Leurs bras sont robustes. Les
35 lances volent en éclat au premier choc. Le sénéchal Anguingueron

est bientôt par terre. Malgré son écu il est blessé au cou et à l'épaule. Une grande douleur le point. Il est tombé de son cheval. Le chevalier se demande d'abord que faire mais bientôt
40 il saute à terre, tire son épée et va fondre sur l'autre. On ne peut raconter tous les coups un par un mais vous devez savoir que longue fut la bataille. Enfin Anguingueron s'écroule et le chevalier se jette sur lui en grande fureur.

« Pitié ! » crie le sénéchal. Mais le chevalier n'y songe pas
45 quand il se souvient soudain des conseils du prudhomme[5] : ne jamais occire le cœur léger un chevalier vaincu.

Anguingueron dit encore :

« Ami, n'aie pas la cruauté de m'achever ! Épargne-moi. Tu es un bon chevalier mais qui donc croira que tu as pu me vaincre si
50 je ne te porte le témoignage en présence de mes soldats, devant ma tente ? Alors on me croira. On connaîtra ta valeur. Nul chevalier n'aura eu plus de raison de se glorifier de sa prouesse. »

Chrétien de Troyes, *Perceval ou le Roman du Graal* [vers 1180], traduit de l'ancien français par J.-P. Foucher et A. Ortais, Gallimard, « Folio classique », 1974.

1. **Sénéchal** : chevalier qui gère l'intendance et les finances du château. 2. **Chausses** : vêtement qui va de la ceinture aux pieds. 3. **Occis** : tué (du verbe « occire »). 4. **Gâté** : souillé. 5. **Prudhomme** : homme sage.

▷ **L'HISTOIRE DES MOTS**

« **Prouesse** » (l. 52) vient de « preux » issu du latin *prodesse* « être utile ». Le mot désigne un acte de courage, d'héroïsme. Le sens du mot a-t-il évolué dans la langue actuelle ?

MÉMO

Quand le narrateur évoque brièvement des péripéties sans raconter les événements dans le détail, on parle de **résumé**.

▶ *Comment le narrateur rend-il vivant le duel entre les chevaliers ?*

Découvrir le texte
1. Quels sont les deux chevaliers qui s'affrontent dans ce texte ? Quels camps représentent-ils ?
2. Quels sont les enjeux de l'affrontement ? Que peuvent perdre ou gagner Anguingueron et Perceval ?

Analyser et interpréter le texte
Le duel par les mots
3. Comment Anguingueron appelle-t-il Perceval dans sa première réplique ? Pourquoi ?
4. Quelles sont les expressions utilisées par les deux chevaliers pour rabaisser leur adversaire ? Quel est le ton de ce dialogue selon vous ?
5. Quelle est l'issue du dialogue entre les deux chevaliers ?
Le duel par l'épée
6. Quelles sont les étapes du duel ?
7. À quel rythme ce duel est-il raconté ? Quel est le rôle de la phrase : « On ne peut… fut la bataille » (l. 40-42) ?

8. LANGUE À quel temps le duel est-il raconté ? Quel autre temps aurait-on pu trouver dans ce récit ? Justifiez votre réponse.
↘ Identifier les emplois d'un temps, p. 340
9. Que révèlent les dernières paroles d'Anguingueron sur son caractère et ses valeurs ?

S'exprimer à l'écrit
Faire le récit d'un combat
10. Rédigez en quelques lignes le combat à l'épée entre les deux chevaliers qui n'est pas raconté dans le texte.

≡ *Conseils* : notez au brouillon la progression du combat jusqu'à la défaite d'Anguingueron.
≡ Utilisez le présent de narration. Employez des verbes d'action et le vocabulaire de l'armement.

Bilan Selon vous, les valeurs des deux chevaliers sont-elles celles de héros ?

Une bataille sanglante

Objectifs
• Identifier le registre épique.
• Étudier la chanson
de geste.

Compétence
• Repérer ce qui détermine
un registre.

En traversant les Pyrénées pour revenir en France, l'arrière-garde de l'armée de Charlemagne est attaquée par les Sarrasins, ou Maures[1]. Le comte Roland qui la commande jette toutes ses forces dans la bataille.

REPÈRES

Charles le Grand, dit **Charlemagne**, fut roi de 768 à 814. Son règne sera marqué par de nombreuses conquêtes. *La Chanson de Roland* raconte la bataille du 15 août 778 à Roncevaux.

MÉMO

Le registre épique est utilisé pour représenter les exploits de personnages héroïques, extraordinaires. Il utilise pour cela des procédés d'amplification (hyperboles, énumérations, phrases exclamatives).

105

Le <u>comte</u> Roland chevauche par le champ de bataille, il tient Durendal[2] qui bien tranche et bien taille ; il fait grand massacre de Sarrasins. Si vous eussiez vu jeter un mort sur l'autre, et le sang vermeil couvrir le sol ! Tout sanglants sont son haubert et ses bras, et de son bon cheval
5   le cou et les épaules. Olivier[3] n'est pas lent à frapper, et les douze pairs[4] ne méritent aucun blâme. Les Français frappent à coups redoublés. Les païens[5] meurent ; certains d'entre eux se pâment. L'archevêque dit : « Honneur à nos barons ! » Il crie : « Montjoie ! » le cri de guerre de Charles[6].

106

10   Olivier chevauche à travers la mêlée, sa lance est brisée, il n'en reste qu'un tronçon ; il en va frapper un païen, Malon ; il lui brise l'écu, couvert d'or et de fleurons, lui fait jaillir les deux yeux de la tête et la cervelle tombe jusqu'à ses pieds : Olivier le renverse mort parmi sept cents des siens. Puis il a tué Turgin et Estorgous ; mais le tronçon éclate et se fend
15   au ras de son poing. Roland lui dit : « Que faites-vous, compagnon ? Point n'est besoin de bâton en telle bataille. Le fer et l'acier seuls valent quelque chose. Où est votre épée que l'on nomme Hauteclaire ? Sa garde est d'or, son pommeau de cristal. – Je ne la puis tirer, dit Olivier, car j'ai trop à faire de frapper ! »

107

20   Sire Olivier a tiré sa bonne épée, qu'a tant réclamée son compagnon Roland ; il lui montre comment s'en sert un bon chevalier. Il frappe un païen, Justin de Val-Ferrée ; il lui coupe en deux toute la tête, tranche le corps et la broigne brodée[7], la bonne selle qui est ornée d'or et de joyaux, et l'échine du cheval. Il abat
25   morts sur le pré l'homme et le cheval. Et Roland dit : « Je vous prends comme frère ! C'est pour de tels coups que l'empereur nous aime. » De toutes parts, on s'écrie « Montjoie ! »

Anonyme (ou Turold), *La Chanson de Roland* [1096]
traduit de l'ancien français par G. Picot,
Larousse, « Nouveaux Classiques », 1972.

Roland à la bataille de Roncevaux, miniature tirée des *Grandes Chroniques de France*, 1493, BnF, Paris.

---

1. **Sarrasins ou Maures** : habitants du nord de l'Afrique. 2. **Durendal** : nom donné à l'épée de Roland. 3. **Olivier** : chevalier et ami de Roland. 4. **Les douze pairs** : les douze meilleurs chevaliers français. 5. **Les païens** : ici, les combattants sarrasins. 6. **Charles** : Charlemagne. 7. **Broigne brodée** : cotte de mailles (d'un bleu vert).

Scène de bataille entre l'armée des chrétiens et les sarrasins, miniature extraite du manuscrit *Le Roman de Mélusine*, vers 1450.

▽ **L'HISTOIRE DES MOTS**

«**Comte**» (l. 1) est issu du latin *comes, -itis* «celui qui va avec» (*cum*, «avec» et *ire*, «aller»). Il a pris le sens de «compagnon». Au Moyen Âge, il est un titre de noblesse. Quels sont les homonymes de «comte»?

PISTES EPI

Les batailles de Charlemagne

Projet: réaliser un exposé sur Charlemagne à travers sa représentation dans *La Chanson de Roland*. Vous rechercherez des informations sur la vie de ce souverain et collecterez des extraits où Charlemagne apparaît dans cette œuvre. Vous présenterez ensuite le portrait de Charlemagne en comparant les faits historiques et sa représentation en littérature.

Thématique: Culture et création artistique

Disciplines croisées: Français, Histoire

▶ *Comment les exploits des chevaliers sont-ils mis en valeur dans ce récit?*

Découvrir le texte

1. Recherchez les caractéristiques de la chanson de geste. Montrez en quoi *La Chanson de Roland* en est une.

2. À la lecture de ce texte, les chevaliers suscitent-ils votre admiration ou votre crainte?

Analyser et interpréter le texte

Une scène de combat extraordinaire

3. Relevez le champ lexical de la violence. Trouvez-vous ces images choquantes? Justifiez votre réponse.

4. LANGUE Relevez les verbes d'action. Comment sont-ils répartis dans le texte? Quel est l'effet produit?

5. Pourquoi le narrateur décrit-il la beauté de l'écu, de l'épée, de la broigne et de la selle?

6. Comment sont désignées les épées des chevaliers? S'agit-il seulement d'armes pour Roland et Olivier?

Les hauts faits des chevaliers

7. Relevez les personnes en présence dans ce combat. Lequel des deux camps est le plus grand en nombre? En quoi cette situation met-elle en valeur les chevaliers?

8. Trouvez deux occurrences qui exagèrent les coups portés par les deux chevaliers. Comment s'appelle cette figure de style?

9. Pourquoi le narrateur exagère-t-il les prouesses des chevaliers? Quelles valeurs souhaite-t-il mettre en avant?

S'exprimer à l'oral

Mener un débat

10. Le recours à la force est-il inévitable pour résoudre les conflits?

Pour débattre, préparez vos arguments en réfléchissant sur les différentes sortes d'affrontements.

Bilan En quoi ce récit appartient-il au registre épique?

Objectifs
• Étudier le récit d'un tournoi.
• Découvrir l'amour courtois.

Compétence
• Recourir à des stratégies de lecture diverses.

Le dévouement de Lancelot pour sa dame

Lancelot aime une dame inaccessible, la reine Guenièvre, épouse d'Arthur, et se voue tout entier à son service jusqu'à accepter ici de passer pour un lâche lors du tournoi de Noauz.

Ne le voyant pas, la reine eut envie d'envoyer chercher dans les rangs jusqu'à ce qu'on le trouve. Elle ne voit pour cette mission de personne plus qualifiée que celle qui, la veille, alla déjà le chercher de sa part. Aussitôt elle l'appelle auprès d'elle et lui dit :

5 « Allez donc, mademoiselle, prendre votre palefroi[1] ! Je vous envoie au chevalier d'hier, et cherchez-le jusqu'à ce que vous l'ayez trouvé. Ne perdez pas de temps et dites-lui simplement qu'il doit encore jouter "Au pire". Et quand vous lui aurez communiqué cet ordre, faites bien attention à sa réponse ! » [...]

10 Aussitôt elle alla discrètement lui dire de se battre « au pire » s'il voulait garder l'amour et les bonnes grâces de la reine, car c'était son mot d'ordre. Et lui, puisqu'elle l'ordonnait, répondit :

« C'est très bien ainsi ! »

Elle repartit aussitôt. Alors recom-
15 mencent les huées des valets[2], sergents[3] et écuyers[4] qui disent en chœur :

« Voyez-moi cette merveille, celle du chevalier aux armes vermeilles ! Le voilà revenu ! Mais que fait-il là ? Il n'y a pas
20 au monde de créature aussi vile, aussi méprisable ni tombée aussi bas. Lâcheté a tellement d'emprise sur lui qu'il ne peut rien faire contre elle. »

La demoiselle est revenue trouver la reine
25 qui l'a pressée et harcelée jusqu'à ce qu'elle ait eu confirmation de la réponse ; elle en éprouva une grande joie, car elle savait désormais en toute certitude que c'était celui à qui elle appartenait tout entière, comme il lui
30 appartenait sans l'ombre d'un doute. Elle demanda à la jeune fille de repartir bien vite d'où elle venait pour lui dire qu'elle lui donne l'ordre, maintenant, qu'elle le prie, de faire au mieux qu'il pourrait. Celle-ci lui répondit
35 qu'elle irait aussitôt, sans demander aucun

 **Pour bien écrire**

« **Se sont laissé abuser** » (l. 48) : le participe passé du verbe « laisser » suivi d'un infinitif est invariable selon la nouvelle orthographe. Il en est de même pour le participe passé du verbe « faire ».

Joutes entre chevaliers, *Chroniques de Froissart*, 1470-1475, British Library, Londres.

répit. Elle est descendue de la tribune jusqu'en bas, à l'emplacement où l'attendait le garçon d'écurie qui lui gardait son palefroi. Elle se met en selle et va trouver le chevalier auquel elle dit aussitôt :

40 « Maintenant ma dame vous demande, seigneur, de faire au mieux que vous pourrez.

– Vous lui direz qu'il n'est rien qui me semble pénible à faire du moment que cela lui convient ; car tout ce qui lui plaît contente mon désir. » [...]

45 Alors Lancelot sans plus tarder saisit son écu par les courroies, brûlant d'impatience de montrer toute sa prouesse. Il redresse la tête de son cheval et le fait courir entre deux rangées de chevaliers. Bientôt il va étonner ceux qui se sont laissé abuser et tromper, et qui ont passé une grande partie du jour et de la nuit à se moquer de lui. Comme

50 ils se sont bien amusés, divertis et moqués ! Ayant passé son bras dans les courroies de son écu, le fils du roi d'Irlande prend son élan à grand fracas et fonce dans sa direction. Le choc des deux chevaliers est tel que le fils du roi d'Irlande n'est pas prêt d'en redemander : il a brisé et mis en miettes sa lance, car il n'a pas frappé sur de la mousse mais sur du bois sec et dur.

Chrétien de Troyes, *Lancelot ou le Chevalier de la charrette*
[vers 1170], traduit de l'ancien français par D. Poirion,
Belin-Gallimard, « Classico Collège », v. 5849 à 5913, 2014.

Lancelot et Guenièvre,
La Quête du Saint Graal,
XIVᵉ siècle.

---

1. **Palefroi** : au Moyen Âge, cheval de parade (différent du **destrier**, cheval de guerre). 2. **Valets** : serviteurs. 3. **Sergents** : soldats. 4. **Écuyers** : jeunes nobles qui accompagnent les chevaliers à la guerre et s'occupent de leurs armures.

▽ L'HISTOIRE
DES MOTS

« Courtois » est dérivé de l'ancien français *court* qui indique le lieu de résidence du souverain. « Courtois » désigne ici ce qui correspond à l'idéal, à l'éthique, à l'esprit de la chevalerie au Moyen Âge. Que signifie « courtois » aujourd'hui ?

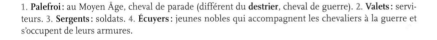

▶ Quelle relation unit le chevalier à sa dame ?

Découvrir le texte

1. Qu'est-ce qu'un tournoi et une joute ? Quelles sont les règles d'un tournoi au Moyen Âge ? Pour répondre, faites une recherche sur Internet.

Analyser et interpréter le texte

Le tournoi

2. Montrez que le tournoi ressemble à un spectacle. Expliquez votre réponse en vous appuyant sur les descriptions de lieux.

3. Où la reine et la demoiselle sont-elles placées pour assister aux joutes ?

4. Quelles sont les réactions des spectateurs durant le combat ? Pourquoi ?

Un chevalier courtois

5. Que veut dire la reine quand elle demande à Lancelot de se battre « au pire » ?

6. Quelle qualité de Lancelot cette demande met-elle à l'épreuve ?

7. LANGUE Quel est le rôle de la conjonction de coordination « car » à la ligne 27 ? Quelle information introduit-elle ?

8. De quelle manière Lancelot se comporte-t-il dans la seconde joute ? Quelle valeur Lancelot prouve-t-il à travers ses deux répliques ?

S'exprimer à l'oral 💬

Mener un débat

9. Débattez par deux de la question suivante : la reine vous semble-t-elle abuser de son pouvoir sur Lancelot ?

☰ *Conseil* : chaque élève choisit son point de vue et note ses arguments au brouillon.

Bilan ▶ En quoi l'amour pousse-t-il les chevaliers à accomplir des actes héroïques ?

Objectifs
• Étudier un portrait idéalisé.
• Analyser un lai.

Compétence
• Percevoir un effet esthétique et en analyser les sources

Une rencontre féérique

Le chevalier Lanval n'a pas reçu du roi Arthur les présents qu'il pouvait attendre. Attristé, il monte sur son destrier et sort de la ville. Alors qu'il se repose au milieu d'un pré, il voit venir à lui deux demoiselles.

Tandis qu'il était couché, il regarda en bas vers la rivière et vit venir deux demoiselles.

Il n'en avait jamais vu d'aussi belles. Elles étaient somptueusement vêtues et lacées très étroitement dans leurs tuniques de soie grise. Leur
5 visage était d'une beauté remarquable. La plus âgée portait deux bassins[1] d'or pur, bien ouvragés et fins. Je vous dirai toute la vérité sans mentir. L'autre portait une serviette[2]. Elles se dirigèrent tout droit à l'endroit où le chevalier était couché. Lanval, qui était très bien élevé, se leva en les voyant venir.

Elles le saluèrent en premier et lui rapportèrent leur message :
10 « Seigneur Lanval, ma dame qui est si bonne, si sage et si belle nous envoie vous chercher. Venez donc avec nous et accompagnez-nous ! Nous vous y conduirons sans danger. Voyez, le pavillon[3] est tout près ! »

Le chevalier va avec elles, sans se soucier de son cheval qui paissait devant lui dans le pré. Elles l'ont mené jusqu'à la tente qui était fort belle
15 et bien plantée. La reine Sémiramis[4], à l'époque de sa plus grande richesse, de sa plus grande puissance et sagesse, et l'empereur Auguste[5] n'auraient pas pu en acheter le pan[6] droit. On avait placé à son sommet un aigle d'or dont je ne sais estimer le prix, ni d'ailleurs celui des cordes et des piquets qui tenaient les pans de la tente. Aucun roi de la terre ne pourrait les
20 acheter en dépit de toute la fortune qu'il pourrait en donner.

À l'intérieur de cette tente se trouvait une jeune fille ; elle surpassait en beauté la fleur de lys et la rose nouvelle quand
25 elles éclosent en été. Simplement revêtue de sa chemise[7], elle était couchée sur un lit magnifique dont les draps valaient le prix d'un château. Elle avait le corps
30 très bien fait et joli ; pour ne pas prendre froid, elle avait jeté sur ses épaules un précieux manteau d'hermine blanche recouverte de soie d'Alexandrie ; elle avait décou-
35 vert tout son côté, ainsi que son visage, son cou et sa poitrine ; elle était plus blanche que l'aubépine[8].

REPÈRES

Marie de France s'est inspirée des **légendes bretonnes** pour écrire ses lais. Le héros, le chevalier Lanval, vit au temps des chevaliers de la Table Ronde, à la cour du roi Arthur.
↘ p. 104

La Dame à la licorne, tapisserie, XVe siècle, musée national du Moyen Âge, Paris.

Le chevalier s'avança et la jeune fille le fit venir près d'elle. Il s'assit devant son lit.

40 « Lanval, dit-elle, mon cher ami, c'est à cause de vous que j'ai quitté mon pays ; je suis venue vous chercher de bien loin. Si vous êtes preux et courtois, aucun empereur, aucun comte, aucun roi n'a jamais eu tant de joie et de bonheur, car je vous aime par-dessus tout. »

Il la regarda bien et admira sa beauté ; Amour le pique d'une étincelle
45 qui embrase son cœur et l'enflamme.

Il lui répond avec gentillesse :

« Ma belle, si c'était votre désir de vouloir m'aimer, si cette joie pouvait m'arriver, vous ne sauriez donner aucun ordre que je n'exécute dans la mesure de mes moyens, que cela entraîne folie ou sagesse. Je ferai ce
50 que vous me commanderez, pour vous j'abandonnerai le monde entier. Je souhaite ne jamais vous quitter. Vous êtes mon plus cher désir. »

Quand la jeune fille entendit parler celui qui la pouvait tant aimer, elle lui accorda son amour et son corps.

Marie de France, « Lanval », *Lais* [vers 1160-1178], traduit de l'ancien français par Philippe Walter, Gallimard, « Folio classique », 2000.

---

1. **Bassins** : récipients peu profonds. 2. **Serviette** : morceau d'étoffe ou nappe. 3. **Pavillon** : ici, tente.
4. **Sémiramis** : reine légendaire de Babylone. 5. **Auguste** : empereur romain. 6. **Pan** : côté. 7. **Chemise** :
vêtement de linge qu'on porte sous les vêtements. 8. **Aubépine** : arbre épineux aux fleurs blanches.

▽ L'HISTOIRE
DES MOTS

« Demoiselles »
(l. 2) vient du latin
dominicella qui vient
de *domina*, « dame ».
Jusqu'au XVIIIe siècle,
une « demoiselle » est
une jeune noble ou
une femme mariée de
petite noblesse. Qu'est-
ce qu'une demoiselle
aujourd'hui ?

⌒ MÉMO

On parle d'une
**description
hyperbolique** lorsque
le narrateur décrit la
réalité de manière
exagérée.

▶ Comment est présenté le caractère extraordinaire de la jeune fille ?

Découvrir le texte
1. Cette rencontre vous semble-t-elle réelle ? Pourquoi ?
2. Comment vous représentez-vous la dame que rencontre le chevalier ? Faites son portrait en quelques lignes.

Analyser et interpréter le texte
Une dame féérique
3. Relevez les mots appartenant aux champs lexicaux de la beauté et de la richesse se rapportant à la jeune femme. Quels sentiments cela fait-il naître chez le lecteur vis-à-vis du personnage ?
4. Relevez dans le texte les passages qui mettent particulièrement en valeur l'environnement de la dame. Quels sont les procédés d'exagération ?
5. LANGUE Relevez les différents procédés de comparaison. Quel est leur but ?
❯ Les figures de style, p. 372

Une rencontre amoureuse
6. Comment la dame et le chevalier s'adressent-ils l'un à l'autre ? Appuyez-vous sur le texte pour répondre.

7. Que ressent Lanval à la fin de l'extrait ? Quelles promesses fait-il dans la dernière réplique ?
8. Comment le narrateur donne-t-il à la dame et à cette rencontre une part de mystère ?
9. Qu'est-ce qui, d'après ce texte, fait comprendre que l'intrigue ne fait que commencer ? Le lien qui unit le chevalier à sa dame correspond-il à l'amour courtois ? Justifiez votre réponse.

S'exprimer à l'écrit ✏
Faire le portrait idéalisé d'une dame
10. À la manière de Marie de France, rédigez le portrait idéalisé d'une dame. Utilisez des hyperboles.
≣ *Conseil* : utilisez le champ lexical du visage et du corps.

▭ **Bilan** Par quels procédés ce récit met-il en valeur un personnage hors du commun ?

Histoire
des arts

Objectif
• Comprendre l'art
de l'enluminure.

L'art de l'enluminure

Au Moyen Âge, l'imprimerie n'existe pas encore. La fabrication d'un livre est donc une entreprise longue et coûteuse qui ne permet pas une grande diffusion : les livres sont réservés aux hommes d'Église et aux nobles fortunés.

Les manuscrits du Moyen Âge

Au Moyen Âge, le copiste, souvent un moine, recopie l'œuvre à la main sur des parchemins (peaux de mouton, de chèvre, de veau...). Il trace sur la page des lignes et des colonnes, les réglures, pour placer les mots et délimiter des espaces réservés pour l'enlumineur. Ce dernier met en lumière et embellit le texte grâce à des enluminures : des ornements précieux.

Les couleurs étaient fabriquées avec des éléments naturels. Par exemple, le rouge provenait des racines de la garance, le jaune était créé avec des épices (du safran ou du curcuma).

❷ Antiochos IV Épiphane prend d'assaut la ville de Jérusalem, page du manuscrit *Chronique dite de la Bouquechadiere* par Jean de Courcy, 1460-1470, British Library, Londres.

L'enlumineur représente parfois l'auteur, le copiste ou lui même.

❶ Copiste, enluminure française extraite de *Perceval ou le conte du Graal*, XIVᵉ siècle, British Library, Londres.

Vocabulaire

• **Enluminure** : décoration peinte dans les livres du Moyen Âge, vient du latin *lumen* (la lumière).
• **Lettrine** : lettre enluminée.
• **Manuscrit** : texte écrit à la main, vient du latin *manus* (main) et *scribere* (écrire).
• **Miniature** : représentation d'une scène ou d'un personnage dans un espace indépendant du manuscrit.

1. Regardez la miniature du document 1. Quels sont les outils que vous pouvez repérer ?

2. Dans le second document, repérez où se trouvent le texte, la miniature et la lettrine.

Les enluminures

Il existe différents types d'enluminures. Les lettrines sont des lettres en couleur et décorées ; elles marquent le début d'un nouveau chapitre ou d'un nouveau paragraphe. Les scènes illustrées, appelées miniatures, représentent des moments du récit ; elles tiennent dans des petits espaces rectangulaires.

3 Lettrine ornée, *Recueil d'anciens poètes français*, enluminure française, XIIIᵉ siècle, BnF, Paris.

5 Yvain, le chevalier au lion, combattant un dragon, miniature extraite du *Roman de Lancelot*, XVᵉ siècle, bibliothèque de l'Arsenal, Paris.

3. Observez les documents 3 et 4. Selon vous, quelle est la différence entre une lettrine ornée et une lettrine historiée ? Rédigez une définition pour chaque mot.

4. Quels sont les éléments illustrés dans le document 5 ?

5. Comment l'enlumineur a-t-il mis en valeur l'action du chevalier dans cette miniature ?

Activité

Atelier d'écriture

Observez le document 5 et imaginez, par groupes de trois, l'histoire transcrite par la miniature. Quelle bataille mène Yvain ? Pourquoi selon vous ? Racontez le combat du chevalier dans un paragraphe d'une dizaine de lignes.

4 Lettrine historiée, un homme avec le diable, la Bible, enluminure française, XIIIᵉ siècle, bibliothèque Mazarine, Paris.

Des romans de chevalerie

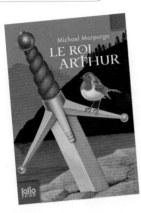

Michael Morpurgo, *Le Roi Arthur*, traduction Noël Chassériau, Gallimard, « Folio Junior », 2007

Voici les premières lignes du roman :

« C'est mon histoire. […] Mais c'est l'histoire surtout de la Table ronde où, autrefois, siégeait une assemblée de chevaliers, les hommes les meilleurs et les plus valeureux que le monde ait jamais connus. »

Présenter le roi Arthur

• Faites une description de ce personnage en présentant ses qualités en quelques lignes.

• Comparez ce portrait avec des représentations au cinéma que vous connaissez.

Odile Weulersse, *Le Chevalier au bouclier vert*, Le Livre de poche jeunesse, 2014

Le pauvre écuyer Thibaut de Sauvigny sauve Éléonore, la fille du comte de Blois, alors qu'elle est attaquée par des brigands. Il reçoit en récompense une épée et un bouclier vert et devient chevalier.

Faire le portrait d'un chevalier

• Relevez les détails de la vie de Thibaut. En quoi est-il un chevalier particulier ?

• Quelles sont les valeurs qu'il partage avec les chevaliers ?

Chrétien de Troyes, *Le Chevalier au lion*, Belin-Gallimard, « Classico Collège », 2016

Yvain, parce qu'il ne peut respecter son serment, va perdre l'amour de sa dame. Il erre alors, d'aventure en aventure, accompagné d'un lion. En devenant un parfait chevalier, parviendra-t-il à reconquérir le cœur de sa dame ?

Retracer le parcours du héros

• Résumez les étapes du parcours d'Yvain.

• Quelle épreuve met le plus en valeur l'héroïsme du chevalier selon vous ?

Anonyme, *La Chanson de Roland*, Le Livre de poche jeunesse, 2015

La Chanson de Roland, épopée médiévale, s'inspire de l'histoire de France. Elle met en scène Charlemagne et son armée qui, après avoir vaincu les Sarrasins en Espagne, reviennent en France en traversant les Pyrénées.

Lire un texte épique

• Recherchez dans l'œuvre l'épisode auquel se réfère la couverture.

• Préparez la lecture orale de cet extrait pour mettre en valeur l'admiration que le héros suscite.

À vous de créer

Composer une page de couverture

🕐 Réalisez une page de couverture d'un roman médiéval en suivant les étapes suivantes :

– choisissez une des œuvres proposées ;

– recherchez sur Internet des images qui puissent l'illustrer ;

– ajoutez le titre de l'œuvre et le nom de l'auteur sur l'image sélectionnée ;

– rédigez une phrase d'accroche qui donne envie de lire le roman.

Méthode
Pour réaliser la couverture, choisissez bien la police et la couleur du titre pour qu'il soit lisible et mis en valeur.

Écrire une suite de texte

Messire Yvain cheminait pensif par une profonde forêt et soudain ouït un cri très fort et douloureux. Il se dirigea vers l'endroit d'où lui semblait parti le cri. Quand il parvint en ce lieu-là, il vit un lion dans un essart[1] et un serpent qui l'enserrait dedans sa queue et lui brûlait l'échine de cent flammes qu'il vomissait. Messire Yvain ne regarda
5 longtemps cette merveille[2]. En lui-même il se demanda lequel des deux il aiderait. Il se décida pour le lion, pensant qu'on ne doit faire du mal qu'à bête venimeuse et félonne[3]. Or le serpent est venimeux. Il lui sort de feu par la bouche et il est plein de félonie. Pour cela messire Yvain pensa qu'il l'occirait premièrement. Il tire donc l'épée. Devant la face de la bête il met l'écu pour que ne l'atteigne la flamme qui se gîtait[4] dedans la
10 gueule qu'il avait plus large qu'une oule[5]. À l'épée il attaque la bête. Il tranche le serpent félon jusqu'en terre et le retronçonne, frappe et tant le refrappe qu'il le démince[6] et le dépièce[7]. Mais il lui faut enfin trancher un morceau de la queue du lion car la mâchoire du serpent par la queue encore le tenait. Il en trancha le moins qu'il put.

Quand il eut délivré le lion il crut qu'il l'allait maintenant falloir combattre car le
15 lion allait l'attaquer, pensait-il.

Chrétien de Troyes, *Yvain ou le Chevalier au lion* [vers 1181], trad. de l'ancien français par Jean-Pierre Foucher, Gallimard, « Folio classique », 1970.

1. **Essart**: terre déboisée. 2. **Merveille**: événement surnaturel. 3. **Félonne**: déloyale, traîtresse. 4. **Gîtait**: était située. 5. **Oule**: marmite. 6. **Démince**: rend mince, ici, coupe des parties du corps du serpent. 7. **Dépiécer**: mettre en pièces.

MÉTHODE GUIDÉE

Étape 1   Partir de ses impressions

• Lisez le texte plusieurs fois pour vous en imprégner. • Interrogez-vous sur le caractère étonnant de la scène.	**1.** Quel(s) sentiment(s) ressentez-vous à la lecture de cette péripétie? (Ex.: surprise, inquiétude, admiration, etc.) Pourquoi? **2.** Quels sont les éléments qui donnent à la scène son caractère étonnant?

Étape 2   Identifier les principales caractéristiques du récit

• Identifiez le narrateur et son rôle. • Identifiez les temps du récit. • Repérez les différents personnages. • Analysez le cadre spatio-temporel. • Repérez les péripéties et caractérisez-les.	**3.** Le narrateur est-il interne ou externe? Commente-t-il l'action? **4.** Quels sont les temps du récit dans cet extrait? Qu'est-ce qui justifie le choix du présent? **5.** Comment les personnages sont-ils caractérisés par le narrateur? Dans quel but? **6.** Où et quand l'action se situe-t-elle?

Étape 3   Écrire la suite de l'histoire

• Respectez l'histoire. • Formulez des hypothèses sur la suite de l'action. • Conservez les caractéristiques du récit. • Prenez en compte le titre du roman.	**7.** Quelle est la suite envisagée par Yvain? Justifiez votre réponse. **8.** Rédigez en dix lignes la suite possible du récit. **9.** Le serpent doit-il intervenir? **10.** Conserverez-vous l'alternance du passé simple et du présent de narration? Pourquoi?

La chevalerie

Connaître l'équipement du chevalier

1 Reliez la partie d'équipement à sa définition.

heaume •   • casque du chevalier
lance •   • type de bouclier
écu •   • cotte de mailles
haubert •   • arme composée d'un long manche
Durendal •   • épée de Roland

2 Complétez le texte avec les termes suivants.
palefroi • destrier • sommier
Le cheval de combat que le chevalier mène de la main droite se nomme un .... Celui qu'il monte lors des parades se nomme un .... Pour une bête de somme, on choisit un ....

3 Complétez les légendes de cette miniature avec les mots suivants.
heaume • destrier • épée • selle • armure • blason

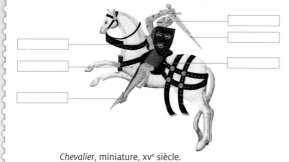

Chevalier, miniature, XVᵉ siècle.

Apprécier les valeurs et les exploits des chevaliers

4 Complétez cette grille de mots croisés à partir des définitions suivantes.
1. Caractère de celui qui ne tremble pas devant le danger.
2. Qui a toutes les qualités du chevalier, en particulier la vaillance.
3. Qui obéit aux lois de l'honneur.
4. Courage au combat ou devant un ennemi.

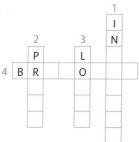

5 Classez les termes suivants selon qu'ils expriment les valeurs du chevalier guerrier ou du chevalier dévoué à sa dame. Formez ensuite des adjectifs à partir de ces noms.
témérité • audace • loyauté • générosité • fidélité • courage • vaillance • bravoure • gentillesse • respect • colère • sagesse • pitié • courtoisie • humilité • intrépidité • hardiesse

6 Complétez les phrases suivantes en recourant aux termes de l'exercice 5.
1. Un chevalier doit se montrer .... envers sa dame.
2. Roland combattit les Sarrasins avec la plus grande ....
3. Perceval sut faire preuve de .... envers Anguingueron.
4. Avec .... Lanval répondit à sa dame...
5. Pour plaire à sa reine, Lancelot, avec une grande .... accepta pour mot d'ordre « au pire ».

7 Complétez les phrases avec les verbes qui conviennent et conjuguez-les si nécessaire.
fondre • s'élancer • s'écrouler • trancher • chanceler • se fracasser
1. Les deux chevaliers .... l'un vers l'autre avec fureur.
2. Le chevalier blessé, ... puis .... au sol.
3. Soudain son adversaire .... sur lui et le frappe avec force.
4. Il tire son épée et .... le corps de son ennemi.
5. La lance du chevalier .... contre l'écu du héros.

À vous d'écrire !

8 Observez cette enluminure et faites le portrait de ce chevalier en quelques lignes. Utilisez le vocabulaire des armes.

Chevalier en armure, miniature, 1434.

Les paroles rapportées au discours direct

• **Le discours direct** consiste à rapporter dans un récit des **paroles telles qu'elles ont été prononcées**. Les paroles rapportées sont signalées par deux points et encadrées par des guillemets. Les tirets indiquent le changement d'interlocuteur. Le discours direct est introduit par un verbe de parole.

*Exemple : Il **affirma** : « Demain je pourchasserai le loup dans la forêt ! »*

❯ Rapporter des paroles : le discours direct, p. 358.

Identifier les paroles rapportées

1 Lisez les deux extraits ci-dessous.
a. Relevez combien de personnages chacun met en présence.
b. Repérez les paroles et les pensées rapportées au discours direct dans les extraits suivants.
c. Entourez les signes de ponctuation propre au discours direct.
d. Recopiez les verbes de parole qui introduisent les paroles rapportées.

Extrait 1

Il vient donc devant le roi lui demander qu'il lui permette cette bataille.
– Ké, dit le roi, puisqu'il vous plaît et devant tous l'avait demandé, la chose ne doit vous être refusée.
Ké l'en remercie puis il monte.
« Si je puis lui faire quelque honte volontiers je lui en ferai », pense pour lors messire Yvain.

Extrait 2

Puis sa dame elle avertit : « C'en est fait : le messager est revenu bien acquitté de son message !
– Comment ? dit la dame. Quand viendra messire Yvain ? »

Chrétien de Troyes, *Yvain ou le Chevalier au lion* [vers 1181], trad. de l'ancien français par Jean-Pierre Foucher, Gallimard, « Folio classique », 1970.

Employer le discours direct

2 Rétablissez la ponctuation de ce dialogue en complétant les pointillés.

Yvain se remit à crier .... Demoiselle ! Par ici ! ....
Quand elle fut devant Yvain, elle lui dit ....
.... Sire chevalier qui m'avez appelée, que voulez-vous ?

.... Sage demoiselle, je ne sais par quelle malechance je me suis trouvé dans ce bois-ci.

Chrétien de Troyes, *Yvain ou le Chevalier au lion* [vers 1181], trad. de l'ancien français par Jean-Pierre Foucher, Gallimard, « Folio classique », 1970.

3 Reliez les verbes de parole à leur signification.

avouer •   • dire tout bas
murmurer •   • crier très fort
rugir •   • hurler de colère
rétorquer •   • dire la vérité
s'exclamer •   • dire oui
acquiescer •   • répondre vivement

4 Réécrivez ce dialogue entre la dame et la demoiselle en ajoutant des verbes de parole au choix dans la liste suivante.

interroger • demander • répondre • s'étonner • crier • s'exclamer

– Quand viendra messire Yvain ? *(la dame)*
– Il est déjà ici ! *(la demoiselle)*
– Il est céans ? Qu'il vienne sitôt en cachette et en sûreté pendant que nul n'est avec moi ! *(la dame)*

Chrétien de Troyes, *Yvain ou le Chevalier au lion* [vers 1181], trad. de l'ancien français par Jean-Pierre Foucher, Gallimard, « Folio classique », 1970.

5 Transformez ces phrases de manière à employer le discours direct.
1. Le roi demande à Yvain de le rejoindre.
2. Le roi prie Yvain de conter son histoire.
3. Yvain remercie sa dame.
4. Yvain interrogea la demoiselle sur le chemin à suivre.
5. La damoiselle avoua qu'elle avait menti.

À vous d'écrire !

6 Imaginez le dialogue entre la demoiselle et sa dame à partir de cet extrait. Vous utiliserez le discours direct. Employez la ponctuation adaptée et variez les verbes de parole.

La demoiselle jeta la boîte dans cette rivière. Elle dirait à sa dame qu'elle avait perdu l'onguent quand, le cheval choppant dessus le pont, la boîte lui avait échappé.

Chrétien de Troyes, *Yvain ou le Chevalier au lion* [vers 1181], trad. de l'ancien français par Jean-Pierre Foucher, Gallimard, « Folio classique », 1970.

Réaliser une interview de Chrétien de Troyes

Imaginez que vous rencontrez Chrétien de Troyes afin de l'interviewer pour votre blog. Vous devez lui poser les bonnes questions de sorte que vos auditeurs en sachent plus sur ce grand écrivain du Moyen Âge.

ÉTAPE 1 — Préparer des questions pour l'interview

1 Par groupes de trois, rédigez les questions, comme si vous vous adressiez directement à l'auteur, pour préparer l'interview.

a. Rédigez une question pour chaque information que vous souhaitez obtenir sur la vie de Chrétien de Troyes : sa date de sa naissance, les lieux où il a vécu, sa vie privée, sa formation et son travail.

b. Sur le même modèle, préparez des questions en rapport avec son œuvre : ses sources d'inspiration, la langue dans laquelle il écrit et ses principales œuvres.

c. Pour clore l'interview, trouvez deux questions portant sur la réception de son œuvre.

La fée Viviane (dame du Lac) et la reine Guenièvre, miniature tirée du manuscrit *Lancelot ou le Chevalier de la charrette*, de Chrétien de Troyes, 1170.

ÉTAPE 2 — Imaginer les réponses de Chrétien de Troyes

2 🔊 Pour trouver des réponses à vos questions, faites des recherches dans la séquence, au CDI et sur des sites Internet consacrés à Chrétien de Troyes comme le site de la BnF.

3 Rédigez les réponses de Chrétien de Troyes en imaginant sa personnalité.

> **Méthode**
> Vous pouvez également enregistrer l'interview et la diffuser à l'ensemble de la classe.

ÉTAPE 3 — Mettre en scène l'interview

4 Réalisez l'interview en direct devant la classe. Trois élèves prennent la place des interviewers et un élève interprète Chrétien de Troyes.

5 Utilisez les ressources de votre voix (parlez haut et distinctement et variez les intonations) pour rendre l'interview vivante.

COMPÉTENCES

D1, D2, D3 S'exprimer de façon maîtrisée en s'adressant à un auditoire.

D1, D2, D3 Mobiliser des références culturelles pour enrichir son expression personnelle.

Raconter un tournoi ✐

Vous êtes journaliste sportif et vous assistez à un tournoi médiéval traditionnel. Vous devez retranscrire une joute dont vous avez été témoin dans votre journal, en veillant à captiver vos lecteurs !

David Aubert, *Le roi Richier désarçonnant Guichart de la Morée au cours d'un tournoi*, XVᵉ siècle.

Scène de tournoi chevaleresque au Moyen Âge, XVᵉ siècle.

ÉTAPE 1 ▶ **Déterminer le cadre du tournoi**

1 Notez le vocabulaire dont vous aurez besoin pour décrire la tribune et les spectateurs.

2 Rédigez au brouillon la liste des informations qui vont vous permettre de décrire les jouteurs et leurs chevaux (leurs noms, leurs armures, leurs blasons).

ÉTAPE 2 ▶ **Établir les différentes étapes du tournoi**

3 En vous aidant des illustrations, notez au brouillon les différentes étapes du tournoi. Utilisez des verbes d'action.

4 Imaginez le dénouement du tournoi et choisissez un vainqueur.

> **Méthode**
> Imaginez un tournoi fort en rebondissements pour captiver vos lecteurs.

ÉTAPE 3 ▶ **Raconter un tournoi**

5 Présentez en quelques phrases : décrivez les spectateurs et les chevaliers avant le duel.

6 Rédigez, en une dizaine de lignes, l'action du tournoi et son dénouement. Évoquez les réactions des spectateurs.

> **Méthode**
> Utilisez le présent de narration et faites part de vos impressions pour rendre votre récit vivant.

> **COMPÉTENCES**
> **D1** Adopter des stratégies et des procédures d'écriture efficaces.
> **D1, D2** Maîtriser la structure, le sens et l'orthographe des mots.

Bilan de la séquence

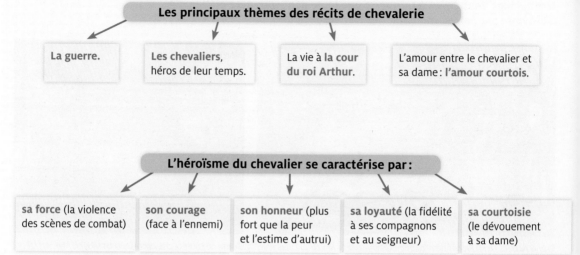

Les principaux thèmes des récits de chevalerie

La guerre.	Les chevaliers, héros de leur temps.	La vie à la cour du roi Arthur.	L'amour entre le chevalier et sa dame : l'amour courtois.

L'héroïsme du chevalier se caractérise par :

sa force (la violence des scènes de combat)	son courage (face à l'ennemi)	son honneur (plus fort que la peur et l'estime d'autrui)	sa loyauté (la fidélité à ses compagnons et au seigneur)	sa courtoisie (le dévouement à sa dame)

Les différents genres et procédés d'écriture

La **langue** employée est le roman ou l'ancien français.	Les récits de chevalerie utilisent **différents genres** : • la **chanson de geste** : *La Chanson de Roland* ; • le **roman** : *Perceval ou le Conte du Graal* ; • le **lai** : « Lanval ».	Des **procédés d'écriture** spécifiques : • l'utilisation des temps du récit, le présent de narration en particulier et les temps du passé ; • des champs lexicaux spécifiques (les armes, les combats) ; • des figures de style (hyperboles et procédés d'exagération).

Évaluation   1. Mobiliser les acquis de la séquence

1. Je sais nommer plusieurs auteurs du Moyen Âge.

2. Je sais distinguer les genres du récit médiéval et citer leurs caractéristiques.

3. Je sais reconnaître les particularités du héros par rapport aux autres personnages.

4. Je sais reconnaître les paroles et pensées rapportées au discours direct.

Un chevalier exemplaire

Yvain séjourne chez la dame de Noroison pour soigner ses blessures. Le comte Alier, ennemi de la dame, attaque le château et Yvain se lance à la poursuite du comte et de ses chevaliers.

Tous ceux et toutes celles qui regardaient le combat disaient :

– Voyez quel brave champion ! Voyez comme les ennemis plient devant lui !
5 Voyez comme il les attaque ! On croirait un lion parmi les daims quand la faim le prend et le jette en chasse !... Voyez comme il travaille de l'épée ! Jamais Roland ne fit avec Durendal si grand massacre de Turcs
10 à Roncevaux ou en Espagne ! Si ce chevalier avait autour de lui quelques bons compagnons de sa valeur, le traître félon de qui nous nous plaignons serait déconfit dès ce jour et devrait s'éloigner d'ici en renonçant
15 à grande honte !

Ils disaient encore :

– Elle serait née à la bonne heure, celle qui aurait l'amour d'un tel chevalier, si fort aux armes et unique entre tous comme se dresse
20 un cierge parmi les chandelles, comme brille la lune parmi les étoiles, comme luit le soleil en face de la lune. Il est l'objet d'admiration si grande que l'on voudrait qu'il épouse la dame de ce château et en gouverne la terre.
25 Le combat voyait sa fin. Les ennemis s'enfuyaient hors de force. Yvain les poursuivait de près, ses compagnons galopant autour de lui, se sentant sûrs et protégés comme derrière de fortes murailles. [...]
30 Le comte vaincu jura de se rendre auprès de la dame de Noroison pour se mettre en sa prison et faire paix selon sa volonté.

Chrétien de Troyes, *Yvain ou le Chevalier au lion* [vers 1181], trad. de l'ancien français par Jean-Pierre Foucher, Gallimard, « Folio classique », 1970.

5. Quelles sont les principales étapes de l'action ?

6. Le lien qui unit le chevalier à sa dame correspond-il à l'amour courtois ? Justifiez votre réponse.

7. Comment le narrateur donne-t-il au chevalier une dimension héroïque ?

8. Que suggère la référence à *La Chanson de Roland* (l. 8 à 10) ?

9. En quoi cet extrait est-il un extrait caractéristique des romans de chevalerie ?

10. Décrivez en une vingtaine de lignes le combat qui a eu lieu avant le début de ce texte.

a. Appuyez-vous sur les lignes 2 à 8 pour connaître les trois étapes qui constitueront votre récit.

b. Pensez bien à utiliser le vocabulaire vu dans la séquence (armure du chevalier, armes, chevaux, etc.).

COMPÉTENCES ATTENDUES EN FIN DE 5e

D1, D5 Lire

– Lire des œuvres littéraires.

– Élaborer une interprétation d'un texte littéraire.

– Situer une œuvre dans son contexte historique et culturel.

D1 Écrire

– Adopter des stratégies et des procédures d'écriture efficaces.

– Exploiter des lectures pour enrichir son récit.

– Employer le lexique de la chevalerie.

Avec autrui : familles, amis, réseaux

Scènes

OBJECTIFS
- Découvrir des genres littéraires variés.
- Analyser un motif récurrent en littérature.

Boris Michaylovich Koustoudieu, *Chez*
huile sur toile, 1914-1918, National Ar
Museum of Bielorussian Republik, Min

familiales

▶ *Comment les relations entre les parents et leurs enfants sont-elles représentées dans la littérature ?*

Raconter les relations familiales de la fin du XIXe siècle à nos jours

1894

Jules Renard,
Poil de Carotte

Un enfant mal-aimé
Jules Renard s'inspire de son enfance pour raconter la vie d'un jeune garçon roux surnommé Poil de Carotte. Une suite de brefs récits nous fait découvrir le quotidien difficile de cet enfant et ses relations avec sa famille et particulièrement sa mère.
↘ p. 200

1957

Marcel Pagnol, *La Gloire de mon père*
Le bonheur en famille
Marcel Pagnol raconte dans ce roman auto-biographique son enfance heureuse en Provence, au milieu de sa famille. Il s'attarde particulièrement, avec malice et tendresse, sur la figure de son père. ↘ p. 202

1983

Nathalie Sarraute, *Enfance*
Renouer des liens
En dialoguant avec elle-même, Nathalie Sarraute raconte son enfance et sa relation parfois complexe avec ses parents séparés. À travers cette autobiographie, elle s'inter-roge sur ses souvenirs et leur interprétation.
↘ p. 204

2005

Joël Pommerat,
Cet enfant
Être de bons parents
Comment comprendre un enfant, comment assumer la responsabilité d'être parents, c'est ce que tente d'exprimer Joël Pommerat en quelques courtes scènes. ↘ p. 206

Jules Renard
Écrivain français
1864-1910

Marcel Pagnol
Écrivain et cinéaste français
1895-1974

Nathalie Sarraute
Écrivaine française
1900-1999

Anny Duperey
Actrice et écrivaine française
né en 1947

Joël Pommerat
Écrivain et metteur en scène français
né en 1963

Rappelez-vous votre enfance

La narratrice tente de retrouver ses souvenirs d'enfance à travers d'anciennes photographies.

Ce qui me fascine sur cette photo, m'émeut aux larmes, c'est la main de mon père sur ma jambe. La manière si tendre dont elle entoure mon genou, légère mais prête à parer toute chute, et ma petite main à moi abandonnée sur son cou. Ces deux mains, l'une qui soutient et l'autre qui se repose sur lui.

Après la photo il a dû resserrer son étreinte, m'amener à plier les genoux, j'ai dû me laisser aller contre lui, confiante, et il a dû me faire descendre du bateau en disant « hop là ! », comme le font tous les pères en emportant leur enfant dans leurs bras pour sauter un obstacle.

Nous avons dû gaiement rejoindre ma mère qui rangeait l'appareil photo et marcher tous les trois sur la plage. J'ai dû vivre cela, oui...

Anny Duperey, *Le Voile noir*,
© Éditions du Seuil, 1992, « Points », 1995.

1 Identifiez les personnages présents sur la photographie ci-contre et dans le texte. Quel est le rôle de la mère ?

2 Pourquoi la narratrice est-elle émue par la photographie ?

3 Quelle image du père la narratrice cherche-t-elle à donner ?

Et vos souvenirs

4 Recherchez une photo de votre enfance et, à la manière d'Anny Duperey, écrivez un court texte pour la commenter.

Objectifs
• Étudier les relations entre les personnages.
• Analyser les enjeux d'un récit.

Compétence
• Reconnaître les implicites d'un texte.

REPÈRES

Jules Renard romance ici sa propre enfance difficile et fera de son héros, le jeune Poil de Carotte, l'un des enfants les plus célèbres de la littérature française.

 Pour bien écrire

« Je courrai » (l. 7) : Le verbe courir ne prend qu'un seul -r au présent de l'indicatif, mais deux au futur. Conjuguez ce verbe à ces deux temps.

Poil de Carotte s'y perd...

Les enfants Lepic, de retour du pensionnat, viennent passer leurs vacances chez leurs parents. Inquiet, Poil de Carotte s'interroge sur la conduite qu'il doit adopter pour ne pas déplaire à ses parents et surtout à sa mère.

ALLER ET RETOUR

Messieurs Lepic fils et Mlle Lepic viennent en vacances. Au saut de la diligence, et du plus loin qu'il voit ses parents, Poil de Carotte se demande :

– Est-ce le moment de courir au-devant d'eux ?

Il hésite :

5 – C'est trop tôt, je m'essoufflerais, et puis il ne faut rien exagérer.

Il diffère[1] encore :

– Je courrai à partir d'ici…, non, à partir de là…

Il se pose des questions :

– Quand faudra-t-il ôter ma casquette ? Lequel des deux embrasser

10 le premier ?

Mais grand frère Félix et sœur Ernestine l'ont devancé et se partagent les caresses familiales. Quand Poil de Carotte arrive, il n'en reste presque plus.

– Comment, dit madame Lepic, tu appelles encore M. Lepic « papa », à ton âge ? dis-lui : « mon père » et donne-lui une poignée de main ; c'est

15 plus viril.

Ensuite elle le baise, une fois, au front, pour ne pas faire de jaloux.

Poil de Carotte est tellement content de se voir en vacances, qu'il en pleure. Et c'est souvent ainsi ; souvent il manifeste de travers.

Le jour de la rentrée (la rentrée est fixée au lundi matin, 2 octobre ; on

20 commencera par la messe du Saint-Esprit), du plus loin qu'elle entend les grelots de la diligence, madame Lepic tombe sur ses enfants et les étreint d'une seule brassée. Poil de Carotte ne se trouve pas dedans. Il espère patiemment son tour, la main déjà tendue vers les courroies de l'impériale[2], ses adieux tout prêts, à ce point triste qu'il chantonne malgré lui.

25 – Au revoir, ma mère, dit-il d'un air digne.

– Tiens, dit madame Lepic, pour qui te prends-tu, pierrot[3] ? Il t'en coûterait de m'appeler « maman » comme tout le monde ? A-t-on jamais vu ? C'est encore blanc de bec et sale de nez et ça veut faire l'original !

Cependant elle le baise, une fois, au front, pour ne pas faire de jaloux.

Jules Renard, *Poil de Carotte*, 1894.

---

1. **Diffère** : remet à plus tard. 2. **Impériale** : toit d'une voiture sur lequel s'installent les voyageurs. 3. **Pierrot** : naïf, sot.

Francisque Poulbot, couverture du livre *Poil de Carotte*, Éditions Calmann-Lévy, 1924.

L'HISTOIRE DES MOTS

« **Caresses** » (l. 12) vient du verbe italien *carezzare*, qui signifie « chérir ». Quels sont les antonymes de « caresse » ?

MÉMO

Dans un récit, lorsqu'une période de l'action n'est pas racontée, on dit que le narrateur fait une **ellipse**. Cette figure de style est utilisée ici entre le départ et le retour de vacances.

Vincent Van Gogh, *Portrait de Camille Roulin*, 1888, Van Gogh Museum, Amsterdam.

▶ Comment le récit suggère-t-il la souffrance du héros ?

Découvrir le texte

1. MISE EN VOIX Partagez-vous à deux la lecture du texte. Le premier d'entre vous lira jusqu'à « de travers » (l. 18), le second lira jusqu'à la fin. Qu'est-ce qui justifie cette répartition ?

Analyser et interpréter le texte

Une relation malaisée

2. Quelle partie de l'histoire n'est ici pas directement racontée ? Comment appelle-t-on cette figure de style ? Expliquez en quoi le choix du narrateur met en valeur les épisodes racontés.

3. Quelle est la différence entre l'appellation « papa » et « mon père » ? Que cela suggère-t-il quant aux relations qui unissent le fils à ses parents ?

4. Quels reproches la mère de Poil de Carotte lui fait-elle dans les deux épisodes ? En quoi sont-ils contradictoires ?

5. Comment pourriez-vous qualifier le comportement de la mère ? Justifiez votre réponse.

Un enfant mal-aimé

6. Comparez la vie de Poil de Carotte et celle de ses frère et sœur. En quoi Poil de Carotte occupe-t-il une place à part dans la famille Lepic ?

7. Relevez les interrogations du héros. Comment le récit suggère-t-il le désir de bien faire de Poil de Carotte ?

8. Repérez dans le texte les commentaires du narrateur qui qualifient le comportement du héros. Que ressent Poil de Carotte, selon vous ?

S'exprimer à l'écrit ✍

Réinventer le récit

9. Réécrivez le texte de la ligne 13 à la fin de la ligne 16. Transformez la réaction de la mère de Poil de Carotte pour en faire un personnage aimant. Que peut-elle dire à son fils ?

Bilan Comment le narrateur parvient-il à faire de Poil de Carotte un personnage « à part » ?

Une photo glorieuse

Le père de Marcel, Joseph, a abattu deux perdrix à la chasse. Le curé du village prend une photo de Joseph, son fils et des oiseaux qu'ils garderont en souvenir.

REPÈRES

***La Gloire de mon père* est un roman autobiographique**, Marcel Pagnol raconte son enfance et sa relation heureuse avec ses parents. Comme le titre le suggère, il évoque le personnage de son père, instituteur, qu'il admire.

Le dimanche suivant, comme l'oncle revenait de la messe, il tira de sa poche une enveloppe jaune.

« Voilà, dit-il, de la part de M. le curé. »

Toute la famille accourut : l'enveloppe contenait trois épreuves[1] de
5 notre photographie.

C'était une réussite : les bartavelles[2] étaient énormes, et Joseph brillait dans toute sa gloire ; il ne montrait ni surprise ni vanité[3], mais la tranquille assurance d'un chasseur blasé, à son centième doublé de bartavelles.

Pour moi, le soleil m'avait imposé une petite grimace, que je ne
10 trouvai pas jolie : mais ma mère et ma tante y virent un charme de plus, et chantèrent longuement leur admiration totale.

Quant à l'oncle Jules, il dit gentiment :

« Si vous n'y voyez pas d'inconvénient, mon cher Joseph, j'aimerais bien garder la troisième épreuve, car M. le curé m'a dit qu'il l'avait tirée
15 à mon intention…

– Si cette bagatelle[4] peut vous faire plaisir…, dit mon père.

– Oh ! oui ! dit tante Rose avec enthousiasme. Je la ferai mettre sous verre, et nous la placerons dans la salle à manger ! »

Je fus fier à la pensée que nous serions éclairés tous les soirs par la
20 luxueuse lumière du gaz. Quant au cher Joseph, il ne montrait aucune confusion. Le menton de ma mère appuyé sur son épaule, il regarda longuement l'image de son apothéose, tout en justifiant la durée de cet examen par des considérations techniques. Il nous apprit
25 que c'était du papier au citrate d'argent, et que ce citrate a la propriété singulière de noircir quand il est touché par la lumière ; puis, […] il déclara que l'éclairage était excellent, […] que la mise au point était
30 parfaite, […], ce qui prouvait que M. le curé connaissait fort bien son affaire. Enfin, en me caressant les cheveux, il déclara :

« Puisque nous avons deux épreuves, j'ai bien envie d'en envoyer une à mon
35 père, pour lui montrer comme Marcel a grandi… »

Le petit Paul battit des mains, et moi j'éclatai de rire. Oui, il était tout fier de son

La Gloire de mon père, film d'Yves Robert avec Philippe Caubère (Joseph Pagnol), Nathalie Roussel (Augustine), Julien Ciamaca (Marcel) et Victorin Delamare (Paul), 1990.

La Gloire de mon père,
film d'Yves Robert avec Julien
Ciamaca (Marcel) et Philippe
Caubère (Joseph), 1990.

exploit ; oui, il enverrait une épreuve à son père, et il montrerait l'autre
40 à toute l'école, comme avait fait M. Arnaud[5].

J'avais surpris mon cher surhomme en flagrant délit d'humanité : je
sentis que je l'en aimais davantage.

Alors, je chantai la farandole[6], et je me mis à danser au soleil...

Marcel Pagnol, *La Gloire de mon père* [1957], Éditions de Fallois, 2004.

---

1. **Épreuves** : tirages photographiques. 2. **Bartavelles** : perdrix, oiseaux sauvages. 3. **Vanité** : sentiment
d'autosatisfaction. 4. **Bagatelle** : chose sans importance. 5. M. Arnaud, l'instituteur, avait montré fièrement à toute l'école, une photo de lui-même avec un beau poisson. 6. **Farandole** : danse provençale.

> ✑ MÉMO
>
> **Dans une autobio-
> graphie ou un roman
> autobiographique**,
> l'auteur, le narrateur et
> le personnage sont une
> même personne, mais
> à des âges différents de
> leur vie.

▶ Comment le narrateur fait-il le portrait d'une famille unie ?

Découvrir le texte

1. Quelles impressions ressentez-vous à la lecture de ce
texte ? Quelle image de la famille du narrateur donne-t-il ?
2. En vous appuyant sur le texte, dites comment vous vous
représentez la scène. Qui sont les personnes présentes,
comment sont-elles placées, que font-elles ?

Analyser et interpréter le texte

Une photographie réussie

3. Pourquoi la photographie apparaît-elle comme « une
réussite » ?
4. Relevez les différentes réactions des personnages
dans cet extrait. Quel intérêt chacun manifeste-t-il pour
la photographie ?
5. Comment sont partagées les trois épreuves ? Quelle
importance cela donne-il à la photographie ?

La fierté familiale

6. Quelle attitude Joseph, le père du narrateur, adopte-t-
il ? Comment tente-t-il de cacher sa satisfaction ?
7. Comment le narrateur réagit-il face à la fierté de son
père ? Dans quels passages percevez-vous sa gentille ironie ?
8. Que nous apprennent ces photographies sur les liens
qui unissent la famille du narrateur ?

S'exprimer à l'oral 💬

Mener un débat

9. Que pensez-vous de l'attitude du père ? Acceptez-vous
que les parents puissent avoir des défauts ? En groupes,
mener un débat en argumentant vos propos.

> **Bilan** Qu'est-ce qui souligne l'amour et la bienveillance
> qui règnent dans cette famille ?

Une petite fille malicieuse

La narratrice encore petite fille cherche, avec malice, à faire dire à son père qu'il l'aime.

Nous sommes passés par l'entrée du Grand Luxembourg[1] qui fait face au Sénat[2] et nous nous dirigeons vers la gauche, où se trouvent le Guignol[3], les balançoires, les chevaux de bois...

Tout est gris, l'air, le ciel, les allées, les vastes espaces pelés, les
5 branches dénudées des arbres. Il me semble que nous nous taisons. En tout cas, de ce qui a pu être dit ne sont restés que ces mots que j'entends encore très distinctement : « Est-ce que tu m'aimes, papa ?... » dans le ton rien d'anxieux, mais quelque chose plutôt qui se veut malicieux... il n'est pas possible que je lui pose cette question d'un air sérieux, que
10 j'emploie ce mot « tu m'aimes » autrement que pour rire... il déteste trop ce genre de mots, et dans la bouche d'un enfant...

– Tu le sentais vraiment déjà à cet âge ?

– Oui, aussi fort, peut-être plus fort que je ne l'aurais senti maintenant... ce sont des choses que les enfants perçoivent mieux encore que
15 les adultes.[4]

Je savais que ces mots « tu m'aimes », « je t'aime » étaient de ceux qui le feraient se rétracter, feraient reculer, se terrer encore plus loin au fond de lui ce qui était enfoui... Et en effet, il y a de la désapprobation dans sa moue, dans sa voix... « Pourquoi me demandes-tu ça ? » Toujours
20 avec une nuance d'amusement... parce que cela m'amuse et aussi pour empêcher qu'il me repousse d'un air mécontent, « Ne dis donc pas de bêtises »... j'insiste : Est-ce que tu m'aimes, dis-le-moi. – Mais tu le sais. – Mais je voudrais que tu me le dises. Dis-le, papa, tu m'aimes ou non ?...

Nathalie Sarraute, enfant.

▶ *Comment l'écriture autobiographique rend-elle sensible la relation d'un père à sa fille ?*

Découvrir le texte
1. LECTURE DE L'IMAGE Observez le tableau d'Auguste Renoir. Quels points communs et quelles différences voyez-vous avec l'histoire racontée par N. Sarraute ?

Analyser et interpréter le texte
L'écriture d'un souvenir
2. Quel type de discours la narratrice a-t-elle choisi d'utiliser ici pour retranscrire le dialogue ? Pourquoi ?

sur un ton, cette fois, comminatoire[5] et solennel[6] qui lui fait pressentir ce qui va suivre et
l'incite à laisser sortir, c'est juste pour jouer, c'est
juste pour rire... ces mots ridicules, indécents :
« Mais oui, mon petit bêta[7], *je t'aime.* »

Alors il est récompensé d'avoir accepté de
jouer à mon jeu... « Eh bien, puisque tu m'aimes,
tu vas me donner... » tu vois, je n'ai pas songé
un instant à t'obliger à t'ouvrir complètement, à
étaler ce qui t'emplit, ce que tu retiens, ce à quoi
tu ne permets de s'échapper que par bribes[8],
par bouffées, tu pourras en laisser sourdre[9] un
tout petit peu... « Tu vas me donner un de ces
ballons... – Mais où en vois-tu ? – Là-bas... il y
en a dans ce kiosque... »

Et je suis satisfaite, j'ai pu le taquiner un
peu et puis le rassurer... et recevoir ce gage[10],
ce joli trophée que j'emporte, flottant tout bleu
et brillant au-dessus de ma tête, retenu par un
long fil attaché à mon poignet.

Nathalie Sarraute, Enfance, Gallimard, 1983.

---

1. **Grand Luxembourg** : désigne le jardin du Luxembourg, un grand parc parisien. 2. **Sénat** : désigne ici le palais du Luxembourg, où siègent les sénateurs. 3. **Guignol** : théâtre de marionnettes. 4. L'auteure adulte a pris l'habitude de s'adresser à la petite fille qu'elle était au moment des événements rapportés, instaurant un « dialogue avec elle-même ». 5. **Comminatoire** : menaçant. 6. **Solennel** : grave, sévère. 7. **Bêta** : terme affectueux pour un enfant. 8. **Bribes** : fragments, petites quantités. 9. **Sourdre** : jaillir. 10. **Gage** : preuve, témoignage de la réalité d'un sentiment.

Pierre Auguste Renoir,
Jardin du Luxembourg, 1883.

 **Pour bien écrire**

« **Je voudrais que tu me le <u>dises</u>** » (l. 23).
Après un verbe qui exprime une volonté,
on conjugue le verbe de la subordonnée
au subjonctif présent. Complétez la phrase
suivante avec le verbe « voir » : « je veux
que tu ... ta grand-mère ».

---

3. Relevez les détails dont se souvient la narratrice (l. 1 à 5). Quel verbe utilise-t-elle (l. 5) ? Expliquez en quoi ce souvenir rapporté est à la fois précis et imprécis.
4. Comment la narratrice souligne-t-elle qu'elle raconte un souvenir agréable ? Relevez des expressions précises du texte.

Une enfant malicieuse

5. Pour qui les mots seraient-ils « indécents, [...] ridicules » (l. 27) ? Comment la pudeur du père se traduit-elle ?
6. Quels différents tons la petite fille adopte-t-elle pour s'adresser à son père ? Dans quel but ?
7. Comment cette petite fille parvient-elle à faire avouer à son père l'amour qu'il éprouve pour elle ?

S'exprimer à l'oral

Exposer ses arguments

8. La narratrice affirme : « Ce sont des choses que les enfants perçoivent mieux encore que les adultes. » Comme la narratrice, pensez-vous que les enfants aient une meilleure perception que leurs parents des sentiments qui peuvent régner dans une famille ? En groupes, faites une liste d'arguments qui appuient ou vont à l'encontre de cette affirmation avant de mener le débat.

Bilan Comment ce récit autobiographique évoque-t-il la nature des relations entre les personnages ?

Objectif
• Découvrir le théâtre contemporain.

Compétence
• Formuler des impressions de lecture.

Une mère fragile

La mère de famille, fragilisée par une situation difficile, cherche à être réconfortée par la présence de son fils. Sans en avoir conscience, elle le culpabilise. Celui-ci s'éloigne.

Scène 6

Un appartement. Une femme, trente-cinq ans, assise, sur le canapé. Télévision allumée dans un coin.

L'ENFANT. – Tu m'as appelé, maman ?

LA MÈRE. – Oui.

L'ENFANT. – Qu'est-ce que tu veux ?

LA MÈRE. – Rien. Je voulais te voir un petit peu. Tu es toujours dans ta
5 chambre.

L'ENFANT. – Je suis pressé, maman. Je n'ai pas envie d'être en retard à l'école encore aujourd'hui.

LA MÈRE. – Personne ne t'a fait de reproches à l'école à cause de tes retards.

10 L'ENFANT. – Non personne. Mais je n'aime pas ça. Être en retard. Ça m'angoisse. [...]

LA MÈRE. – Viens près de moi viens un peu près de moi, s'il te plaît, enlève ton manteau, je t'ai déjà dit.

L'ENFANT. – Il faut que je parte... cette fois je ne suis plus en avance... si
15 je ne pars pas maintenant je serai même en retard.

LA MÈRE. – Arrête un peu avec ça... tu es le premier à l'école tu es le premier de tous les élèves de ta classe... je suis fière de toi... alors tu as le droit de ne pas arriver à l'heure tous les jours... j'ai le droit de t'embrasser tout de
20 même... une mère a le droit d'embrasser son enfant.

L'ENFANT. – Oui, maman.

LA MÈRE. – J'ai besoin que tu m'embrasses un petit peu... j'en ai besoin... ce n'est pas
25 le tout de parler avec moi comme tu le fais... tu sais je trouve que tu es devenu un peu distant depuis quelque temps... tu es devenu distant tu ne me serres plus contre toi tu ne m'appelles plus ta petite maman
30 chérie tu ne me donnes plus autant de baisers qu'avant... on dirait même que tu m'évites... pour la discussion ça oui tu es très fort mais dès qu'il s'agit d'autre chose tu me fuis on dirait.

REPÈRES

Cet enfant est une pièce de théâtre de Joël Pommerat qui propose une succession de dix scènes courtes autour de la relation entre parents et enfants, pour répondre à la question «qu'est-ce qu'être un parent ?».

⌯ MÉMO

Un texte théâtral comprend deux textes distincts : la **parole des personnages** et les **didascalies**.

Cet enfant, mise en scène de Solène Briquet avec Solène Briquet (la mère) et Hugo Guénouil (l'enfant, représenté par la marionnette dans cette mise en scène), 2011.

Mary Cassatt,
*Une mère recoiffant
son enfant*, 1901.

PISTES **EPI**

Droits et devoirs des enfants

Projet : réaliser un exposé présentant les droits et devoirs des enfants dans le monde et dans l'histoire. Vous étudierez aussi bien les textes officiels (Convention des droits de l'enfant) que la place qu'occupent les enfants dans l'histoire (enfants travailleurs, enfants-soldats…).

Thématique : Information, communication, citoyenneté.

Disciplines croisées : Français, Enseignement moral et civique, Histoire.

35 L'enfant. – Ça y est ! Je suis en retard…

La mère. – Tu me fuis ! Oh mon Dieu, qu'est-ce que j'ai fait pour avoir un fils qui ne pense qu'à fuir qu'à s'échapper toujours ?

L'enfant. – Excuse-moi, maman.

40 La mère. – <u>Va-t'en</u> ! Pars ! Va rejoindre tes camarades à l'école.

Joël Pommerat, *Cet enfant*, scène 6, Actes Sud Papiers, 2005.

 Pour bien écrire

« Va-t'en » (l. 40) : on ne place pas de tiret après le -*t* parce qu'il correspond au pronom personnel « te » qui est élidé et qui est donc suivi du signe d'élision « ' ». Comparez « va-t'en » avec « allez-vous-en ».

▶ Comment le texte théâtral révèle-t-il le caractère des personnages et leur relation ?

Découvrir le texte

1. MISE EN JEU Constituez plusieurs binômes pour réflechir à différentes manières d'interpréter le texte : intensité de la voix, rythme du débit et enchaînement des répliques. Proposez ensuite votre interprétation.

Analyser et interpréter le texte

Une mère angoissée

2. Que suggère la didascalie à propos de la situation de la mère ? D'après vous, pourquoi l'auteur a-t-il voulu qu'elle soit assise dans un canapé ?

3. Quels reproches la mère adresse-t-elle à son fils ? Les pensez-vous justifiés ?

4. En quoi les rôles d'adulte et d'enfant sont-ils en partie inversés dans cette scène ?

Un fils responsable

5. Quel portrait de l'enfant pouvez-vous établir d'après la scène ? Faites une liste de ses qualités et de ses défauts et justifiez-les avec des exemples tirés de la scène.

6. Quel rôle l'école joue-t-elle dans la vie de l'enfant ? Justifiez votre réponse.

7. Qu'est-ce qui caractérise le comportement de l'enfant à l'égard de sa mère ? Selon vous, de quelle manière ce comportement peut-il être traduit sur scène ? Imaginez l'attitude, la posture et les gestes de l'enfant.

S'exprimer à l'écrit 🖊

Rédiger une scène

8. Écrivez un court dialogue entre une mère et son fils en inversant la situation montrée dans l'extrait.

Bilan En quoi l'échange des répliques permet-il de définir la relation des personnages ?

Histoire
des arts

Objectif
• Explorer la
représentation de la
famille en peinture.

La représentation de la famille dans la peinture du xxᵉ siècle

Aimée, détestée, rassurante, inquiétante, unie, déchirée, la famille est un thème omniprésent, non seulement en littérature, mais aussi dans les autres arts, et plus particulièrement dans la peinture du xxᵉ siècle.

Représenter sa famille

De nombreux artistes se sont directement inspirés de leurs proches pour peindre des scènes familiales. Leur propre famille devient alors modèle.

Ce tableau peint lors de vacances en Bretagne représente sans doute la compagne du peintre, Olga, et son fils Paul. La mère, l'enfant et le père sont réunis par le choix des couleurs et par un lien tactile.

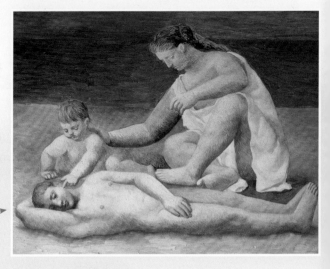

1 **Pablo Picasso (1881-1973),** *Famille au bord de la mer,* **huile sur bois, 17,6 x 20,2 cm, 1922, musée Picasso, Paris.**

Frida Kahlo, peintre mexicaine, dévoile ici son arbre généalogique. Elle se représente fœtus dans le ventre de sa mère et petite fille, tenant un ruban qui la relie à ses parents et grands-parents.

2 **Frida Kahlo (1907-1954),** *Mes grands-parents, mes parents et moi (Arbre de famille),* **huile sur zinc, 30,7 x 34,5 cm, 1936, Moma, New York.**

Les loisirs en famille

Les peintres du XXe siècle exploitent le thème de la famille et représentent sur leur toile le plaisir des vacances balnéaires et les joies simples du temps libre partagé ensemble.

À gauche est représentée l'épouse du peintre, au centre ses deux fils et à droite sa fille. Les couleurs et les formes de cette œuvre rappellent les miniatures persanes. ↘ p. 96

❸ Henri Matisse (1869-1954), *La Famille du peintre*, huile sur toile, 1911, musée de l'Ermitage, Saint-Pétersbourg.

Fernand Léger propose dans ce grand tableau d'après-guerre une vision moderne de la famille, grâce à un art qu'il veut compréhensible par tous.

❹ Fernand Léger (1881-1955), *Les Loisirs sur fond rouge*, huile sur toile, 113 x 146 cm, 1949, musée national Fernand Léger, Biot.

Comprendre les œuvres ◦ ◈ ◦ ◈ ◦

1. Observez attentivement les quatre tableaux, puis notez vos premières impressions.

2. Désignez votre œuvre favorite et justifiez votre choix.

3. Caractérisez chacune de ces œuvres (réaliste, colorée, émouvante, amusante, sereine, etc.). Dites pourquoi en vous appuyant sur le choix des couleurs, des formes et la manière de représenter les personnage.

4. Selon vous, quel aspect de la famille chaque artiste met-il en avant ?

5. Ces quatre tableaux proposent-ils une image positive de la famille ? Justifiez votre réponse.

Activité

Fabriquer un arbre généalogique

À la manière de Frida Kahlo, faites votre arbre généalogique. Vous utiliserez des photographies pour représenter les différentes personnes de votre famille. Vous pouvez également créer un arbre généalogique imaginaire, vous choisirez pour cela des photographies de personnes célèbres.

Objectif
• Découvrir des récits d'enfance.

Des récits d'enfance

Louis Pergaud, *La Guerre des boutons, roman de ma douzième année*, Larousse, « Petits classiques », 1912

Ce roman met en scène la « guerre » qui fait rage entre deux bandes d'enfants. Le butin de guerre, qui donnera son titre à l'œuvre, est composé de boutons arrachés aux adversaires vaincus.

Étudier la relation entre les enfants et les adultes

• Relevez les passages exposant la relation des enfants aux adultes.

• Quel est le rôle des adultes dans cet ouvrage ? Comment ce roman fait-il des enfants les vrais héros de l'intrigue ?

Marcel Pagnol, *Le Château de ma mère*, Éditions de Fallois, 1957

Après *La Gloire de mon père*, ce roman autobiographique continue de suivre les aventures de la famille Pagnol et du jeune Marcel qui profite des richesses de la Provence.

Choisir un extrait représentatif

• Observez la couverture : vous plaît-elle ? Pourquoi ? Citez les personnages représentés ici.

• Trouvez le passage qui met en scène l'illustration.

• Préparez la lecture orale du passage et interprétez-le de manière expressive.

Sempé & Goscinny, *Le Petit Nicolas*, Gallimard, « Folio », 1973

Les récits de Goscinny, illustrés par les dessins de Sempé, mettent en scène les histoires devenues célèbres de Nicolas et de ses amis, que nous suivons dans leur vie de tous les jours.

Faire un portrait d'enfant

• Choisissez un des personnages d'enfants et relevez dans le texte les descriptions s'y rapportant.

• Quels sont ses traits physiques les plus marquants ? Ses traits de caractère ?

Christophe Lemoine et Cécile, *Poil de Carotte*, Vents d'Ouest, 2014

Cette adaptation en bande dessinée pour la jeunesse du roman de Jules Renard met en images l'histoire du petit garçon roux.

Comparer roman et bande dessinée

• Choisissez une scène de la bande dessinée et comparez-la à celle du roman.

• Étudiez le travail des auteurs de la bande dessinée : découpage, dialogue, dessin.

• Choisissez une autre scène du roman et imaginez un découpage de la scène en différentes vignettes pour en faire une bande dessinée.

À vous de créer

Écrire une critique littéraire

À la manière d'un article de journal, vous ferez la critique du livre que vous avez lu, avec les éléments suivants :
– une image de la couverture de l'ouvrage choisi ;
– une présentation de l'auteur, avec la date de parution du roman ;
– un texte argumentatif pour expliquer pourquoi le livre vous a plu ou déplu ;
– une conclusion conseillant la lecture de l'ouvrage, ou non.

Analyser un texte théâtral

Scène 10

Le lendemain.

La famille est réunie. La belle-mère tient un petit papier à la main. La très jeune fille a l'air sombre.

LA BELLE-MÈRE *(à la très jeune fille).* – Tu nettoieras les cuves des sanitaires, les cuves des sept sanitaires des trois étages.

LA TRÈS JEUNE FILLE *(satisfaite).* – Je crois que
5   je vais aimer faire ça les cuves des sept sanitaires, ça va me faire du bien de nettoyer les cuves des sept sanitaires.

LA BELLE-MÈRE. – Voilà.

LE PÈRE *(à la belle-mère).* – Ça va peut-être
10   aller comme ça ?!

Un temps.

LA TRÈS JEUNE FILLE *(au père).* – Tu te souviens, maman, elle détestait faire ça les sanitaires ?

Le père a l'air accablé.

15   LA BELLE-MÈRE *(de plus en plus violente, à la très jeune fille).* – Et tu nettoieras les lavabos et les baignoires de toute la maison, tu les déboucheras aussi, partout où ils sont encombrés et bouchés, surtout dans la
20   chambre des filles, tu retireras les touffes de cheveux, les touffes de mèches de cheveux emmêlés et mélangés avec la crasse.

LE PÈRE *(à la belle-mère).* – Ça va aller !

LA TRÈS JEUNE FILLE. – Oui, ça aussi, je crois
25   que je vais aimer ça, retirer les cheveux des lavabos, c'est dégueulasse, ça va me faire du bien.

LA BELLE-MÈRE. – Parfait.

Joël Pommerat, *Cendrillon*, acte I,
scène 10, Actes Sud, 2011.

MÉTHODE GUIDÉE

Étape 1   Partir de ses impressions

- Lisez le texte plusieurs fois pour vous en imprégner.
- Interrogez-vous sur le caractère particulier de la scène.

1. Quel(s) sentiment(s) ressentez-vous à la lecture de cette scène ? (Ex. : amusement, inquiétude, révolte...) Pourquoi ?
2. Quels sont les éléments dérangeants ?

Étape 2   Identifier les principales caractéristiques du texte théâtral

- Identifiez les deux composantes du texte : paroles des personnages et didascalies.
- Repérez les différents personnages et leurs particularités.
- Repérez le cadre spatio-temporel.
- Tentez d'imaginer une représentation en rapport avec le texte.

3. Quelles sont la place des répliques et celle des didascalies dans le texte ? Comment se distinguent-elles ?
4. Quels caractères les personnages laissent-ils deviner dans leurs répliques ?
5. Comment imaginez-vous le décor, l'éclairage ?
6. Comment imaginez-vous les costumes des acteurs, leur jeu ?

Étape 3   Interpréter la scène

- Repérez les relations qui lient les personnages.
- Repérez la progression de l'action et l'évolution des personnages.
- Imaginez le jeu des acteurs qui pourrait mettre en valeur la scène étudiée.

7. La scène se construit-elle sur un ou plusieurs conflits entre les personnages ? Définissez ce(s) conflit(s).
8. Le comportement des personnages évolue-t-il dans la scène ? Comment ?
10. Comment le jeu des acteurs peut-il souligner la violence de la scène ?

Vocabulaire

La famille

Désigner les membres de la famille

1 Recherchez six mots synonymes d'*enfant*, appartenant aux registres courant et familier. Employez-les ensuite dans des phrases de votre composition.

2 Recherchez huit mots synonymes de *père* et de *mère*, appartenant aux registres courant et familier. Employez-les ensuite dans des phrases de votre composition.

Edgard Degas, *La Famille Bellelli*, 1858.

Définir les sentiments

3 Reliez les mots de gauche à leur(s) antonyme(s).

larmes •	• chérir
aimer •	• joie
détester •	• rire
peine •	• haïr
sérénité •	• agitation
conflit •	• rudoyer
infantile •	• harmonie
encourager •	• adulte
consoler •	• critiquer

4 Réécrivez ces textes en remplaçant les mots soulignés par leur antonyme.

Texte 1
L'enfant se sentait triste. Il éprouvait une véritable peine de constater que sa mère s'éloignait de lui. Elle lui adressait des reproches parce qu'il se montrait dissipé.

Texte 2
Durant les vacances, tout était permis. La famille vivait dans une sorte d'harmonie permanente. On était toujours heureux de se retrouver pour déjeuner. Il régnait une bonne humeur générale ; chacun se montrait attentif aux autres et nous étions si unis que les familles qui nous croisaient voyaient en nous la plus enviable des familles.

5 Complétez cette grille de mots croisés à partir des définitions de verbes ci-dessous.

1. Attrister une personne.
2. Excuser quelqu'un.
3. Caresser doucement, cajoler.
4. Contraire d'« aimer ».

Dire la famille

6 Recherchez cinq mots de la famille du mot « famille ». Vous pouvez vous aider d'un dictionnaire.
a. Employez-les dans des phrases de votre composition.
b. Quels sont les mots de cette famille qui ne renvoient pas à la vie de famille ?

7 Complétez les phrases suivantes avec le mot qui convient.
enfantillages • ingratitude • affectueux • patience • *infans*
1. Cet enfant s'est toujours montré ....
2. Ils font souvent preuve d'........ vis-à-vis de leurs parents qui cherchent à leur faire plaisir.
3. Que d'........ !
4. Le nom « enfant » vient du latin .... qui signifie « qui ne parle pas ».
5. Les parents doivent souvent faire preuve de la plus grande ....

À vous d'écrire !

8 Racontez en quelques lignes un moment heureux ou malheureux de votre enfance en exploitant le vocabulaire présent dans cette page.

Les types et les formes de phrases

– Et toi, Ernestine ?
– Oh ! moi, maman, j'aurais trop peur !

Jules Renard, *Poil de Carotte*, 1884.

Retenir l'essentiel

• Il existe quatre types de phrases : **déclarative**, pour donner une information ; **interrogative**, pour poser une question ; **injonctive**, pour exprimer un ordre, un conseil, un interdit ; et **exclamative**, pour exprimer un sentiment, une émotion.

• Il existe deux formes de phrases : la phrase **affirmative** et la phrase **négative** qui contient la négation « ne/n' ».

↘ Reconnaître et employer les différents types et formes de phrases, p. 318.

Identifier les types et formes de phrases

1 Indiquez à quel type appartient chacune des phrases suivantes.
1. Comment dois-je m'habiller ?
2. Que tu es agaçant !
3. Les parents Lepic accueillirent leurs enfants avec joie.
4. Ils passaient leur temps à s'adresser des reproches.
5. Allez donc préparer vos affaires.

2 Indiquez à quelle forme appartient chacune des phrases suivantes.
1. Nous n'avons pas su le comprendre.
2. Ne voudriez-vous pas vous réconcilier ?
3. Respectez vos parents.
4. Ne faites pas attention à leurs bêtises.
5. C'est un enfant roi !

3 Associez les phrases suivantes à ce qu'elles expriment. Puis indiquez à quel type et à quelle forme elles appartiennent.

Quel cadeau magnifique ! •   • un ordre
Éteins la télévision. •   • un conseil
C'est un enfant très calme. •   • une information
Partez-vous en vacances ? •   • une interrogation
N'écrivez pas sur   • l'expression
les tables. •   d'une émotion
Utilise plutôt un pinceau. •   • un interdit

4 Identifiez les types et les formes de phrases dans le texte suivant.

– Je parie, dit madame Lepic, qu'Honorine a encore oublié de fermer les poules. [...]
– Félix, si tu allais les fermer ? dit madame Lepic à l'aîné de ses trois enfants.
– Je ne suis pas ici pour m'occuper des poules, dit Félix, garçon pâle, indolent et poltron.

Transformer les types et formes de phrases

5 Transformez les phrases déclaratives suivantes en phrases interrogatives puis exclamatives.
1. Tu prends ton goûter.
2. Ils vont aller se coucher.
3. Les parents ne savent plus quoi faire.
4. Nous sommes tous là.

6 Transformez les phrases suivantes en phrases affirmatives.
1. Ne voudriez-vous pas venir jouer avec moi ?
2. Tous les enfants n'ont pas refusé de participer à cette balade.
3. Ne buvez pas toute la bouteille de jus de fruits.
4. Ce n'est pas du tout amusant !

7 Transformez les phrases suivantes en phrases négatives.
1. C'est vraiment très fatigant !
2. Veux-tu que nous cherchions à mieux nous comprendre ?
3. Entrez chez moi.
4. Arrête de travailler.

À vous d'écrire !

8 Regardez cette peinture. Imaginez dans un dialogue ce que peut dire chaque personnage. Utilisez au moins une phrase déclarative, une phrase interrogative, une phrase exclamative, une phrase injonctive. Veillez également à utiliser des phrases affirmatives et négatives.

Edward Henry Potthast, *Une sortie en famille*, XXᵉ siècle.

Mettre en scène un texte théâtral

Mettez en scène par groupes de deux la scène 6 de la pièce de Joël Pommerat, *Cet enfant*.

ÉTAPE 1 — Préparer votre mise en scène

1 Par groupes de deux, lisez la scène puis apprenez-la par cœur.

2 Réfléchissez aux costumes et au décor qui mettraient le mieux en valeur l'enfant et sa mère.

3 Distribuez-vous les rôles.

4 Organisez-vous pour préparer votre interprétation dans la classe ou dans un autre lieu.

Élèves répétant une scène.

ÉTAPE 2 — Répéter votre scène

5 Construisez l'attitude de votre personnage : démarche, gestuelle, façon d'être assis, etc. N'oubliez pas de prendre en compte les indications de la didascalie.

6 Recherchez différentes possibilités de prononcer les paroles des personnages : débit, timbre et intensité de la voix, variations d'une réplique à l'autre, vitesse d'enchaînement des répliques, etc.

7 Réfléchissez aux places que vous occuperez sur la scène, aux possibles déplacements, et notez-les à côté de votre texte, comme des didascalies, afin de penser à les respecter.

8 Répétez et faites les modifications que vous jugez nécessaires.

Méthode

En vous appuyant sur le contenu des répliques, définissez le ton que devrait avoir chaque personnage : neutre, violent, respectueux, impatient, joyeux, inquiet... Tentez ensuite de reproduire cette intonation dans votre jeu.

ÉTAPE 3 — Donner votre représentation

9 Jouez la scène devant vos camarades. Conservez votre calme et pensez à votre respiration et à votre articulation. Soyez attentif(ve) au jeu de votre camarade afin de pouvoir lui donner la réplique de la manière la plus adaptée possible.

10 Regardez les mises en scène de vos camarades. Commentez en classe les différentes prestations. Dites ce que vous avez apprécié et pourquoi, puis justifiez vos choix de mise en scène.

Méthode

Vous pouvez, dans un premier temps, vous filmer pour vous entraîner et repérer les points à améliorer.

COMPÉTENCES

D1, D2, D3 S'exprimer de façon maîtrisée en s'adressant à un auditoire.

D1, D2, D3 Exploiter les ressources expressives et créatives de la parole.

Inventer et raconter un souvenir d'enfance

Analysez un souvenir d'enfance mémorable, heureux ou malheureux, réel ou imaginaire, et faites-en le récit à la manière des auteurs de la séquence.

ÉTAPE 1 — Inventer un souvenir

1 Notez au brouillon un souvenir d'enfance qui vous appartient ou que vous inventez. Vous pouvez vous inspirer de la photographie de Robert Doisneau reproduite ici.

2 Toujours au brouillon, faites un portrait rapide des différents personnages présents dans ce souvenir. Notez leurs noms, leur lien avec vous, leur apparence physique, leur caractère...

ÉTAPE 2 — Construire votre récit

3 Déterminez le cadre de votre récit (à quel époque a-t-il lieu ? où se déroule-t-il ?). Puis, notez les principales étapes de votre histoire : la situation initiale, la ou les péripéties puis la chute. Le dénouement de votre récit peut être humoristique.

4 Décidez de la forme que prendra votre récit : scène de théâtre, dialogue, récit descriptif...

> **Méthode**
> Utilisez le présent de narration.

Robert Doisneau, *Dans la gare Montparnasse*, 1956.

ÉTAPE 3 — Rédiger le souvenir

5 Commencez par décrire le lieu et l'époque de l'action, puis racontez votre souvenir, que vous conclurez par la chute finale, en une dizaine de lignes.

6 Pensez à évoquer les émotions provoquées par ce souvenir chez le narrateur.

7 Relisez-vous et corrigez les fautes éventuelles avant d'imprimer votre texte.

8 Vous illustrerez votre souvenir par une photographie personnelle ou trouvée sur Internet.

COMPÉTENCES

- **D1** Comprendre le rôle de l'écriture.
- **D1** Adopter des stratégies d'écriture efficaces.

Scènes

Bilan de la séquence

Différents genres de récits d'enfance au XXᵉ siècle

Le roman autobiographique
Le personnage principal du roman en est aussi le narrateur. Sa vie et ses aventures sont fortement inspirées de celles de l'auteur (*Poil de Carotte*, *La Gloire de mon père*).

L'autobiographie
L'auteur, le narrateur et le personnage ne font qu'un. Il s'agit de la vie d'une personne écrite par elle-même.

Le théâtre
Ce genre permet de mettre en scène les personnages en les faisant interagir et dialoguer face au spectateur.

Les thèmes abordés

La relation de l'enfant avec les autres membres de la famille. Une relation harmonieuse ou non qui peut s'exprimer par le conflit, la complicité, le malaise…

La vision des adultes à travers le regard des enfants. Un point de vue subjectif qui porte sur leurs qualités, leurs défauts et leurs comportements.

Les ressentis des enfants (sentiments d'inquiétude, de surprise, de joie intense, etc.).

Évaluation 1. Mobiliser les acquis de la séquence

1. Je sais situer les auteurs dans le temps et les placer sur une frise chronologique.

Nathalie Sarraute • Jules Renard • Joël Pommerat • Marcel Pagnol

né en 1963	1895-1974	1864-1910	1900-1999

XIXᵉ siècle   XXᵉ siècle

1800   1850   1900   1950   2000

2. Je sais reconnaître les caractéristiques d'un récit autobiographique.

3. Je sais identifier et définir deux types de narrateur.

4. Je sais reconnaître les types et formes de phrases.

familiales

Le rituel

Dans les premières pages de son roman autobiographique, le narrateur évoque une scène de son enfance. Alors qu'il est couché, l'enfant attend avec impatience le moment où sa mère vient l'embrasser.

Ma seule consolation, quand je montais me coucher, était que maman viendrait m'embrasser quand je serais dans mon lit. Mais ce bonsoir durait si peu de temps, elle redescendait si vite, que le moment où je l'entendais monter, puis où passait dans le couloir

5 à double porte le bruit léger de sa robe de jardin en mousseline bleue, à laquelle pendaient de petits cordons de paille tressée, était pour moi un moment douloureux. Il annonçait celui qui allait le suivre, où elle m'aurait quitté, où elle serait redescendue. De sorte que ce bonsoir que j'aimais tant, j'en arrivais à souhaiter qu'il vînt

10 le plus tard possible, à ce que se prolongeât le temps de répit où maman n'était pas encore venue. Quelquefois quand, après m'avoir embrassé, elle ouvrait ma porte pour partir, je voulais la rappeler, lui dire «embrasse-moi une fois encore», mais je savais qu'aussitôt elle aurait son visage fâché, car la concession qu'elle faisait à ma tristesse

15 et à mon agitation en montant m'embrasser, en m'apportant ce baiser de paix, agaçait mon père qui trouvait ces rites absurdes, et elle eût voulu tâcher de m'en faire perdre le besoin, l'habitude, bien loin de me laisser prendre celle de lui demander, quand elle était déjà sur le pas de la porte, un baiser de plus.

Marcel Proust, *Du côté de chez Swann*, 1913.

5. À quel moment et dans quel lieu l'action se situe-t-elle ?

6. Identifiez le narrateur et demandez-vous en quoi il est à la fois proche et différent du personnage.

7. Les relations de l'enfant à sa mère et à son père sont-elles semblables ?

8. Quel rôle la mère joue-t-elle auprès de son fils ?

9. Comment définiriez-vous le caractère de l'enfant ?

Évaluation | **3. Écrire une suite de texte**

10. Imaginez l'arrivée de la mère dans la chambre et racontez la scène tant désirée par le narrateur.

a. Commencez par décrire l'arrivée de la mère vue par l'enfant et exprimez les sentiments éprouvés par celui-ci.

b. Après le baiser maternel, imaginez comment l'enfant tentera de retenir sa mère et quelle sera la réaction de cette dernière, sous la forme d'un dialogue.

c. Vous écrirez les réflexions de l'enfant après le départ de sa mère.

COMPÉTENCES ATTENDUES EN FIN DE 5ᵉ

D1, D5 Lire
- Lire des œuvres littéraires.
- Élaborer une interprétation de texte littéraire.

D1 Écrire
- Adopter des stratégies et des procédés d'écriture efficaces.
- Exploiter des lectures pour enrichir son écrit.

Les Fourberies

OBJECTIFS
• Étudier une comédie.
• Découvrir dans la comédie les relations à autrui.

> Parcours d'une œuvre **Molière**, *Les Fourberies de Scapin* (1671)

Les Fourberies de Scapin,
mise en scène d'Omar Porras
avec Lionel Lingelser (Scapin),
théâtre de Sartrouville, 2010.

de Scapin

▶ Comment la comédie met-elle en scène des relations conflictuelles ?

Molière (1622-1673)

• On raconte que Jean-Baptiste Poquelin, qui prendra le nom de Molière, découvre dans le Paris de son enfance les farces jouées en plein air qui rassemblent les promeneurs. Il assiste aussi à des représentations de comédies par des troupes italiennes, qui lui offriront ses premiers modèles.

• Ces diverses expériences lui donnent le goût du travail de l'acteur, de la mise en scène et de l'écriture théâtrale.

• Comme ceux qui l'ont précédé, Molière conduit un double projet : il veut divertir et faire rire son public. Mais il veut aussi l'amener à réfléchir sur son comportement et, comme le dit la devise de la comédie : *Castigat ridendo mores*, « En faisant rire, la comédie corrige les mœurs ».

La tradition du valet rusé

Dès l'Antiquité romaine, les comédies des auteurs latins **Plaute** et **Térence** mettent en scène un esclave rusé, qui dénoue les situations délicates.
La tradition italienne de la *commedia dell'arte* reprend au XVIe siècle ce type de personnage habile et manipulateur, sous le nom de *Scappino*.
Avec *Les Fourberies de Scapin*, Molière suit la tradition du valet malin qui va soutenir les jeunes gens dans la conquête d'une liberté très limitée par leurs parents.

Les personnages de la pièce

ARGANTE → père → OCTAVE

HYACINTE → épouse → OCTAVE ← valet ← SILVESTRE

GÉRONTE → père → LÉANDRE

ZERBINETTE → amante → LÉANDRE ← valet ← SCAPIN

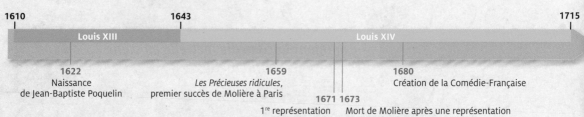

1610 — 1643 — 1715

Louis XIII — Louis XIV

1622
Naissance
de Jean-Baptiste Poquelin

1659
Les Précieuses ridicules,
premier succès de Molière à Paris

1671
1re représentation
des *Fourberies de Scapin*

1673
Mort de Molière après une représentation
du *Malade imaginaire*

1680
Création de la Comédie-Française

Entrer dans la séquence

Imaginez le décor

1 « La scène est à Naples », précise la didascalie initiale. Quelles images cette ville évoque-t-elle pour vous ?

Préparez-vous à jouer

Scapin dit à Silvestre, un valet comme lui :

« Laisse-moi faire, la machine[1] est trouvée. Je cherche seulement dans ma tête un homme qui nous soit affidé[2], pour jouer un personnage dont j'ai besoin. Attends. Tiens-toi un peu. Enfonce ton bonnet en méchant garçon. Campe-toi sur un pied. Mets ta main au côté. Fais les yeux furibonds[3]. Marche un peu en roi de théâtre. Voilà qui est bien. Suis-moi. J'ai des secrets pour déguiser ton visage et ta voix. »

Molière, *Les Fourberies de Scapin*,
acte I, scène 5, 1671.

---

1. **Machine** : ici, ruse. 2. **Affidé** : fidèle, complice.
3. **Furibonds** : furieux.

2 Travaillez par binômes : un élève joue le metteur en scène, et l'autre, l'acteur qu'il dirige. Intervertissez ensuite les rôles. Dans quel rôle vous sentez-vous le plus à l'aise ?

3 Venez jouer la scène devant la classe, qui choisira le meilleur metteur en scène et le meilleur acteur.

to Gigante,
po, Naples, 1856.

Lecture 1

Objectifs
• Comprendre la situation des personnages.
• Découvrir les caractéristiques de la scène d'exposition.

Compétence
• Adapter sa lecture à l'objectif poursuivi.

REPÈRES

Les valets

Molière met en scène dans ses comédies des jeunes gens accompagnés de leurs valets chargés de les servir et de veiller sur eux. Souvent jugés responsables des sottises de leurs jeunes maîtres, il leur arrive d'être battus ou maltraités par des pères mécontents de leur service.

▽ L'HISTOIRE DES MOTS

« Mander » (l. 11) vient du latin *mandare* (confier), issu de *manum dare* (donner en main). Au XVIIe siècle, ce verbe signifiait « demander », « commander ». On ne l'emploie plus aujourd'hui, mais il a donné lieu à un nom désignant un envoi d'argent par courrier. Faites des recherches pour trouver ce nom.

 Pour bien écrire

« Que l'on me conseillât » (l. 26) est conjugué à l'imparfait du subjonctif. Le mode subjonctif indique qu'Octave souhaite être aidé mais qu'il craint de ne pas l'être. Avec quel temps de l'indicatif ce temps ne doit-il pas être confondu ?

Mauvaise nouvelle pour Octave !

Voici la première scène de la pièce de Molière, Les Fourberies de Scapin, *jouée pour la première fois le 24 mai 1671 à Paris, dans la salle du Palais-Royal.*

Acte I, scène 1

OCTAVE, SILVESTRE.

OCTAVE. – Ah ! fâcheuses nouvelles pour un cœur amoureux ! Dures extrémités[1] où je me vois réduit ! Tu viens, Silvestre, d'apprendre au port que mon père revient ?

SILVESTRE. – Oui.

5 OCTAVE. – Qu'il arrive ce matin même ?

SILVESTRE. – Ce matin même.

OCTAVE. – Et qu'il revient dans la résolution de me marier ?

SILVESTRE. – Oui.

OCTAVE. – Avec une fille du seigneur Géronte ?

10 SILVESTRE. – Du seigneur Géronte.

OCTAVE. – Et que cette fille est mandée[2] de Tarente[3] ici pour cela ?

SILVESTRE. – Oui.

OCTAVE. – Et tu tiens ces nouvelles de mon oncle ?

SILVESTRE. – De votre oncle.

15 OCTAVE. – À qui mon père les a mandées par une lettre ?

SILVESTRE. – Par une lettre.

OCTAVE. – Et cet oncle, dis-tu, sait toutes nos affaires.

SILVESTRE. – Toutes nos affaires.

OCTAVE. – Ah ! parle, si tu veux, et ne te fais point, de la sorte, arracher
20 les mots de la bouche.

SILVESTRE. – Qu'ai-je à parler davantage ? Vous n'oubliez aucune circonstance, et vous dites les choses tout justement comme elles sont.

OCTAVE. – Conseille-moi, du moins, et me dis[4] ce que je dois faire dans ces cruelles conjonctures[5].

25 SILVESTRE. – Ma foi ! je m'y trouve autant embarrassé que vous, et j'aurais bon besoin que l'on me conseillât moi-même.

OCTAVE. – Je suis assassiné[6] par ce maudit retour.

SILVESTRE. – Je ne le suis pas moins.

OCTAVE. – Lorsque mon père apprendra les choses, je vais voir fondre
30 sur moi un orage soudain d'impétueuses réprimandes[7].

SILVESTRE. – Les réprimandes ne sont rien, et plût au Ciel que j'en fusse quitte à ce prix ! Mais j'ai bien la mine, pour moi, de payer plus cher vos folies, et je vois se former de loin un nuage de coups de bâton qui crèvera sur mes épaules.

35 OCTAVE. – Ô Ciel ! par où sortir de l'embarras où je me trouve ?

SILVESTRE. – C'est à quoi vous deviez songer, avant que de vous y jeter.

Octave. – Ah ! tu me fais mourir par tes leçons hors de saison.

Silvestre. – Vous me faites bien plus
40 mourir, par vos actions étourdies.

Octave. – Que dois-je faire ? Quelle résolution prendre ? À quel remède recourir ?

Molière, *Les Fourberies de Scapin*,
acte I, scène 1, 1671.

1. **Dures extrémités** : situations difficiles. 2. **Mandée** : envoyée. 3. **Tarente** : ville du sud de l'Italie. 4. **Me dis** : dis-moi. 5. **Cruelles conjonctures** : circonstances difficiles. 6. **Assassiné** : très contrarié. 7. **Impétueuses réprimandes** : violents reproches.

Les Fourberies de Scapin, mise en scène de Vincent Tavernier,
avec Olivier Berhault (Octave) et Benoît Dallongeville (Silvestre),
Les Malins Plaisirs, théâtre Montansier, Versailles, 2013.

MÉMO

Au début d'une pièce de théâtre, on ne connaît pas les personnages ni ce qui leur arrive. Il faut le découvrir à partir de leurs échanges. Ces informations sont apportées par la **scène d'exposition**.

▶ Comment l'auteur construit-il sa scène d'exposition ?

Découvrir le texte

1. Qui sont les personnages présents dans cette scène ? Quels personnages, absents de la scène, sont évoqués ?

2. Résumez les informations que rappelle Octave dans cette scène.

Analyser et interpréter le texte

Une scène comique ?

3. LANGUE Par quel procédé Silvestre répond-il aux questions d'Octave des lignes 4 à 18 ? Quel effet cela produit-il sur Octave ? et sur le spectateur ?

4. « Je suis assassiné par ce maudit retour » (l. 27) : que pensez-vous de la façon d'Octave d'évoquer le retour de son père ?

Des relations conflictuelles

5. Que craignent Octave (l. 29-30) et Silvestre (l. 31-34) ? Qu'est-ce que cela nous apprend sur le statut des personnages ?

6. De la ligne 29 à la fin de la scène, relevez les mots qui évoquent ce qu'Octave a fait en l'absence de son père. Le lecteur a-t-il toutes les informations ?

S'exprimer à l'oral

Jouer la scène

7. MISE EN JEU Par groupes de quatre élèves, préparez deux mises en jeu différentes de la scène. Deux élèves préparent une mise en jeu comique et les deux autres insistent sur l'inquiétude des personnages.

Bilan Comment Molière a-t-il choisi d'informer le lecteur de la situation de départ de cette pièce ?

Lecture 2

Conflit entre l'amour et la crainte

Objectifs
• Construire le portrait des personnages.
• Découvrir le statut des jeunes gens dans la société du XVIIᵉ siècle.

Compétence
• Reconnaître les implicites d'un texte et faire des hypothèses de lecture.

Acte I, scène 3

OCTAVE, SILVESTRE, SCAPIN, HYACINTE.

Extrait 1

Octave a demandé l'aide de Scapin, le valet expert en ruses de son ami Léandre, pour le tirer du mauvais pas dans lequel il s'est mis. Et voilà qu'arrive Hyacinte, la jeune fille qu'il aime.

HYACINTE. – Ah! Octave, est-il vrai ce que Silvestre vient de dire à Nérine? que votre père est de retour, et qu'il veut vous marier?

OCTAVE. – Oui, belle Hyacinte, et ces nouvelles m'ont donné une atteinte cruelle[1]. Mais que vois-je? vous pleurez! Pourquoi ces larmes? Me soup-
5 çonnez-vous, dites-moi, de quelque infidélité, et n'êtes-vous pas assurée de l'amour que j'ai pour vous?

HYACINTE. – Oui, Octave, je suis sûre que vous m'aimez; mais je ne le suis pas que vous m'aimiez toujours.

OCTAVE. – Eh! peut-on vous aimer, qu'on ne vous aime toute sa vie[2]?

10 HYACINTE. – J'ai <u>ouï</u>[3] dire, Octave, que votre sexe[4] aime moins longtemps que le nôtre, et que les ardeurs[5] que les hommes font voir sont des feux qui s'éteignent aussi facilement qu'ils naissent.

OCTAVE. – Ah! ma chère Hyacinte, mon cœur n'est donc pas fait comme celui des autres hommes, et je sens bien pour moi que je vous aimerai
15 jusqu'au tombeau.

HYACINTE. – Je veux croire que vous sentez ce que vous dites, et je ne doute point que vos paroles ne soient sincères; mais je crains un pouvoir qui
20 combattra dans votre cœur les tendres sentiments que vous pouvez avoir pour moi. Vous dépendez d'un père, qui veut vous marier
25 à une autre personne; et je suis sûre que je mourrai si ce malheur m'arrive. [...]

REPÈRES

La « **puissance paternelle** » désigne au XVIIᵉ siècle le pouvoir qu'ont les pères sur leurs enfants pour les études, l'argent et le mariage, qui leur est souvent imposé. Les jeunes gens tentent de se libérer de cette autorité par tous les moyens.

▷ L'HISTOIRE DES MOTS

« **J'ai ouï dire** » (l. 10) : « ouï » est le participe passé du verbe « ouïr », dérivé du latin *audire*, qui signifie « entendre ». Quel adjectif composé avec « ouï » signifie « qu'on n'a jamais entendu » et donc « incroyable »?

Les Fourberies de Scapin, mise en scène de Vincent Tavernier, avec Olivier Berhault (Octave) et Claire Barrabes (Hyacinte), Les Malins Plaisirs, théâtre Montansier, Versailles, 2013.

---

1. **Atteinte cruelle** : grande inquiétude.
2. **Qu'on ne vous aime toute sa vie** : sans vous aimer toute sa vie. 3. **J'ai ouï** : j'ai entendu. 4. **Votre sexe** : le sexe masculin, les hommes. 5. **Ardeurs** : passions.

Les Fourberies de Scapin, mise en scène de Marc Paquien, avec Benjamin Jungers (Octave), Manon Raffaelli (Hyacinte), Bertrand Poncet (Silvestre), Denis Lavant (Scapin), Anne Fisher (Nérine), théâtre des Sablons, Neuilly-sur-Seine, 2015.

Extrait 2

Scapin veut préparer Octave à affronter son père avec détermination.

SCAPIN. – Il faut pourtant paraître ferme au premier choc, de peur que, sur votre faiblesse, il ne prenne le pied[1] de vous mener comme un enfant. Là, tâchez de vous composer par étude[2]. Un peu de hardiesse, et songez à répondre résolument sur tout ce qu'il pourra vous dire.

5   OCTAVE. – Je ferai du mieux que je pourrai.

SCAPIN. – Çà, essayons un peu, pour vous accoutumer. Répétons un peu votre rôle, et voyons si vous ferez bien. Allons. La mine résolue, la tête haute, les regards assurés.

OCTAVE. – Comme cela ?

10 SCAPIN. – Encore un peu davantage.

OCTAVE. – Ainsi ?

SCAPIN. – Bon. Imaginez-vous que je suis votre père qui arrive, et répondez-moi fermement comme si c'était à lui-même. « Comment, pendard, vaurien, infâme, fils indigne d'un père comme moi, oses-tu bien paraître

15 devant mes yeux, après tes bons déportements[3], après le lâche tour que tu m'as joué pendant mon absence ? Est-ce là le fruit de mes soins, maraud ? est-ce là le fruit de mes soins ? <u>le respect qui m'est dû</u> ? le

Honoré Daumier, *Crispin et Scapin*, dit aussi
Scapin et Silvestre, 1864, musée d'Orsay, Paris.

respect que tu me conserves ? » Allons donc.
« Tu as l'insolence, fripon, de t'engager sans
20 le consentement[4] de ton père, de contracter un mariage clandestin[5] ? Réponds-moi,
coquin, réponds-moi. Voyons un peu tes
belles raisons. » Oh ! que diable ! vous demeurez interdit[6] !

25 OCTAVE. – C'est que je m'imagine que c'est
mon père que j'entends.

SCAPIN. – Eh ! oui. C'est par cette raison qu'il
ne faut pas être comme un innocent.

OCTAVE. – Je m'en vais prendre plus de résolu-
30 tion, et je répondrai fermement.

SCAPIN. – Assurément ?

OCTAVE. – Assurément.

SCAPIN. – Voilà votre père qui vient.

OCTAVE. – Ô Ciel ! je suis perdu.

Molière, *Les Fourberies de Scapin*, acte I, scène 3, 1671.

---

1. **Sur votre faiblesse, il ne prenne le pied de** : il ne profite de votre
faiblesse. 2. **Composer par étude** : jouer un rôle. 3. **Déportements** :
écarts de conduite. 4. **Consentement** : autorisation. 5. **Clandestin** :
secret. 6. **Interdit** : sans voix.

▶ Comment jouer l'autorité d'un père ?

Découvrir le texte

1. Que vient d'apprendre Hyacinte ? Comment réagit-elle
à cette nouvelle ?

2. Que craint-elle de la part d'Octave ? Et du père d'Octave, Argante ?

Analyser et interpréter le texte

Un amour contrarié

3. Par quelles images Octave désigne-t-il l'amour qu'il
éprouve pour Hyacinte ? Comment pourriez-vous qualifier
leur relation ?

4. LANGUE « je ne doute point que vos paroles ne soient
sincères » (extrait 1, l. 16). Récrivez cette phrase en
commençant par : « je suis sûre que ... ». Quelle nuance
de sens cette formulation apporte-t-elle ?

↘ Employer les différentes formes de phrases, p. 318

La répétition

5. De quelles qualités Octave doit-il faire preuve pour
affronter son père ? (extrait 2, l. 1 à 4)

6. Relevez les reproches adressés à Octave. En quoi
reflètent-ils la colère supposée d'Argante ? Comment
qualifieriez-vous Argante après avoir lu cette scène ?

7. Quelle est l'attitude d'Octave au cours de cette répétition ? Le croyez-vous capable de s'opposer à son père ?

S'exprimer à l'écrit ✐

Écrire des indications de mise en scène

8. Un metteur en scène ajoute à l'extrait 2 des indications
de ton, d'expression. Exemple pour la ligne 9 : « Octave
fronce les sourcils et bombe le torse ». Faites de même
pour les répliques suivantes de façon à souligner la
dimension comique du passage.

↘ Le vocabulaire du théâtre, p. 365

Bilan Quel portrait du « père de famille » Molière fait-il à
travers le dialogue des personnages ?

Deux cents pistoles d'abord

Octave est désespéré car son père veut faire annuler son mariage ; il a aussi absolument besoin d'argent. Il demande donc à Scapin de soutirer de l'argent à son père. Silvestre, déguisé en soldat, va lui prêter main-forte.

Objectifs
• Lire une scène de bastonnade.
• Repérer les éléments de la progression des échanges.

Compétence
• Élaborer une interprétation de textes littéraires.

Acte II, scène 6

SCAPIN, ARGANTE, SILVESTRE.

SILVESTRE, *déguisé en spadassin*[1]. – <u>Scapin</u>, faites-moi connaître un peu cet Argante, qui est père d'Octave.

SCAPIN. – Pourquoi, Monsieur ?

SILVESTRE. – Je viens d'apprendre qu'il veut me mettre en procès, et faire
5 rompre par justice le mariage de ma sœur.

SCAPIN. – Je ne sais pas s'il a cette pensée ; mais il ne veut point consentir aux deux cents pistoles que vous voulez[2], et il dit que c'est trop.

SILVESTRE. – Par la mort ! par la tête ! par le ventre ! si je le trouve, je le veux échiner[3], dussé-je être roué[4] tout vif.

10 *Argante, pour n'être point vu, se tient en tremblant, couvert de*[5] *Scapin.*

SCAPIN. – Monsieur, ce père d'Octave a du cœur[6], et peut-être ne vous craindra-t-il point.

SILVESTRE. – Lui ? lui ? Par le sang ! par la tête ! s'il était là, je lui donnerais tout à l'heure de l'épée dans le ventre. Qui est cet homme-là ?

15 SCAPIN. – Ce n'est pas lui, Monsieur, ce n'est pas lui.

SILVESTRE. – N'est-ce point quelqu'un de ses amis ?

SCAPIN. – Non, Monsieur, au contraire, c'est son ennemi capital[7].

SILVESTRE. – Son ennemi capital ?

SCAPIN. – Oui.

---

1. **Spadassin** : soldat armé d'une épée. 2. **Aux deux cents pistoles que vous voulez** : Scapin a raconté à Argante qu'avec deux cents pistoles il pourrait faire annuler le mariage de son fils. 3. **Échiner** : rompre le dos (sous-entendu à coups de bâton). 4. **Être roué** : subir le supplice de la roue. 5. **Couvert de** : caché derrière. 6. **Du cœur** : du courage. 7. **Capital** : principal.

Octave Penguilly L'Haridon, *Les Fourberies de Scapin*, 1853.

Lecture 3
suite

20 SILVESTRE. – Ah, parbleu ! j'en suis ravi. Vous êtes ennemi, Monsieur, de ce faquin[1] d'Argante ; eh ?

SCAPIN. – Oui, oui, je vous en réponds.

SILVESTRE, *lui prend rudement la main.* – Touchez là, touchez[2]. Je vous donne ma parole, et vous jure sur mon honneur, par l'épée que je porte, 25 par tous les serments que je saurais faire, qu'avant la fin du jour je vous déferai[3] de ce maraud fieffé[4], de ce faquin d'Argante. Reposez-vous sur moi.

SCAPIN. – Monsieur, les violences en ce pays-ci ne sont guère souffertes[5].

SILVESTRE. – Je me moque de tout, et je n'ai rien à perdre.

SCAPIN. – Il se tiendra sur ses gardes assurément ; et il a des parents, 30 des amis, et des domestiques, dont il se fera un secours contre votre ressentiment[6].

SILVESTRE. – C'est ce que je demande, morbleu ! c'est ce que je demande. (*Il met l'épée à la main, et pousse de tous les côtés, comme s'il y avait plusieurs personnes devant lui.*) Ah, tête ! ah, ventre ! Que ne le trouvé-je à cette 35 heure avec tout son secours ! Que ne paraît-il à mes yeux au milieu de trente personnes ! Que ne les vois-je fondre sur moi les armes à la main ! Comment, marauds, vous avez la hardiesse de vous attaquer à moi ? Allons, morbleu ! tue, point de quartier. Donnons. Ferme. Poussons. Bon pied, bon œil. Ah ! coquins, ah ! canaille, vous en voulez par là ; je 40 vous en ferai tâter votre soûl[7]. Soutenez, marauds, soutenez. Allons. À cette botte[8]. À cette autre. À celle-ci. À celle-là. Comment, vous reculez ? Pied ferme, morbleu ! pied ferme.

Les Fourberies de Scapin, mise en scène de Jacques Bachelier, avec Marc Schweyer (Argante), Jacques Bachelier (Scapin), Yvon Wust (Silvestre en spadassin), Vingtième Théâtre, Paris, 2011.

SCAPIN. – Eh, eh, eh! Monsieur, nous n'en sommes pas.

SILVESTRE. – Voilà qui vous apprendra à
45 vous oser jouer à moi.

SCAPIN. – Hé bien, vous voyez combien de personnes tuées pour deux cents pistoles. Oh sus! je vous souhaite une bonne fortune.

50 ARGANTE, *tout tremblant.* – Scapin.

SCAPIN. – Plaît-il?

ARGANTE. – Je me <u>résous</u> à donner les deux cents pistoles.

Molière, *Les Fourberies de Scapin*,
acte II, scène 6, 1671.

1. **Faquin**: canaille. 2. **Touchez là, touchez**: serrez-moi la main. 3. **Déferai**: débarrasserai. 4. **Fieffé**: plein de défauts. 5. **Souffertes**: tolérées. 6. **Ressentiment**: colère. 7. **Je vous en ferai tâter votre soûl**: je vous en donnerai pour que vous soyez comblé. 8. **Botte**: coup d'épée.

Les Fourberies de Scapin, mise en scène de Jean-Louis Benoît, avec Gérard Giroudon (Scapin), Christian Blanc (Argante), Bruno Raffaeli (Silvestre), Comédie-Française, Paris, 2000.

▶ Par quels moyens les deux personnages obtiennent-ils l'argent souhaité?

Découvrir le texte

1. Qu'apprend-on dans la troisième réplique sur les liens entre Silvestre et Hyacinte? et sur le projet d'Argante?

Analyser et interpréter le texte

Un personnage effrayant

2. LANGUE À quel type de phrases Silvestre a-t-il très souvent recours? Quel effet cela produit-il?
❯ Reconnaître les différents types de phrases, p. 318

3. Relevez dans le texte les indices de la colère du soldat. Une telle colère vous semble-t-elle justifiée? Quel effet cela a-t-il sur le lecteur?

4. Comment Scapin alimente-t-il la colère du soldat?

Un retournement de situation

5. À quel retournement de situation assistons-nous dans cet extrait? Justifiez votre réponse.

6. Comment vous apparaît le personnage d'Argante dans cette scène, comparé aux extraits précédents? Faites son portrait en vous appuyant sur cette scène.

S'exprimer à l'écrit

Écrire une réplique

7. Rédigez la réplique d'un personnage d'aujourd'hui qui mime une scène où il triomphe d'un petit groupe d'« adversaires ».

 Conseil: utilisez les stratégies d'écriture de Molière (type et formes de phrases et lexique).

 Bilan Quelles caractéristiques de la farce retrouve-t-on dans *Les Fourberies de Scapin*?

 **Pour bien écrire**

« Je me résous »
(l. 52): les verbes qui se terminent en *-soudre* perdent le *-d* du radical aux trois premières personnes du présent. Conjuguez ce verbe ainsi que « dissoudre » à toutes les personnes du présent de l'indicatif.

Lecture 4

Objectifs
• Comprendre l'enchaî-
nement argumentatif des
répliques.
• Identifier des procédés
comiques.

Compétence
• Adapter sa lecture aux
supports et aux modes
d'expression.

Et maintenant cinq cents écus

Léandre a lui aussi besoin d'argent. Scapin va donc raconter à Géronte que son fils est retenu prisonnier par les Turcs sur une galère en mer et qu'il ne lui sera rendu que contre une rançon de cinq cents écus.

Acte II, scène 7

SCAPIN, GÉRONTE.

SCAPIN. – C'est à vous, Monsieur, d'aviser promptement aux moyens de sauver des fers[1] un fils que vous aimez avec tant de tendresse.

GÉRONTE. – Que diable allait-il faire dans cette galère ?

SCAPIN. – Il ne songeait pas à ce qui est arrivé.

5 GÉRONTE. – Va-t'en, Scapin, va-t'en vite dire à ce Turc que je vais envoyer la justice après lui.

SCAPIN. – La justice en pleine mer ! Vous moquez-vous des gens ?

GÉRONTE. – Que diable allait-il faire dans cette galère ?

SCAPIN. – Une méchante destinée[2] conduit quelquefois les personnes.

10 GÉRONTE. – Il faut, Scapin, il faut que tu fasses ici l'action d'un serviteur fidèle.

SCAPIN. – Quoi, Monsieur ?

GÉRONTE. – Que tu ailles dire à ce Turc qu'il me renvoie mon fils, et que tu te mets à sa place, jusqu'à ce que j'aie amassé la somme qu'il demande.

15 SCAPIN. – Eh ! Monsieur, songez-vous à ce que vous dites ? et vous figu-rez-vous que ce Turc ait si peu de sens, que d'aller recevoir un misérable comme moi, à la place de votre fils ?

GÉRONTE. – Que diable allait-il faire dans cette galère ?

SCAPIN. – Il ne devinait pas ce malheur. Songez, Monsieur, qu'il ne m'a 20 donné que deux heures.

GÉRONTE. – Tu dis qu'il demande…

SCAPIN. – Cinq cents écus.

GÉRONTE. – Cinq cents écus ! N'a-t-il point de conscience ?

SCAPIN. – Vraiment oui, de la conscience à un Turc.

25 GÉRONTE. – Sait-il bien ce que c'est que cinq cents écus ?

SCAPIN. – Oui, Monsieur, il sait que c'est mille cinq cents livres.

GÉRONTE. – Croit-il, le traître, que mille cinq cents livres <u>se trouvent dans le pas d'un cheval</u> ?

SCAPIN. – Ce sont des gens qui n'entendent point de raison.

30 GÉRONTE. – Mais que diable allait-il faire à cette galère ?

SCAPIN. – Il est vrai ; mais quoi ? on ne prévoyait pas les choses. De grâce, Monsieur, dépêchez.

GÉRONTE. – Mais que diable allait-il faire à cette galère ?

SCAPIN. – Oh ! que de paroles perdues ! Laissez là cette galère, et songez 35 que le temps presse, et que vous courez risque de perdre votre fils.

Les Fourberies de Scapin, mise en scène de Guy Simon, avec Jérôme Simon (Scapin), théâtre du Kronope, Avignon, 2012.

REPÈRES

Deux intrigues amoureuses se déroulent dans la pièce, créant un effet de **parallélisme** : c'est le cas des scènes 6 et 7 de l'acte II qui se répondent et où l'on voit les divers talents de Scapin à extorquer de l'argent.

▽ L'HISTOIRE DES MOTS

« **Se trouvent dans le pas d'un cheval** » (l. 27) est une expression du XVIIᵉ siècle qui signifie que l'on peut se procurer quelque chose facilement. Sous quelle forme cette expression se dit-elle aujourd'hui ?

Hélas ! mon pauvre maître, peut-être que je ne te verrai de ma vie, et qu'à l'heure que je parle on t'emmène esclave en Alger. Mais le Ciel me sera témoin que j'ai fait pour toi tout ce que j'ai pu ; et que si tu manques à être racheté, il n'en faut accuser que le peu d'amitié[3] d'un père.

40 GÉRONTE. – Attends, Scapin, je m'en vais quérir[4] cette somme.

SCAPIN. – Dépêchez donc vite, Monsieur, je tremble que l'heure ne sonne.

GÉRONTE. – N'est-ce pas quatre cents écus que tu dis ?

45 SCAPIN. – Non : cinq cents écus.

GÉRONTE. – Cinq cents écus ?

SCAPIN. – Oui.

GÉRONTE. – Que diable allait-il faire à cette galère ?

SCAPIN. – Vous avez raison, mais hâtez-vous.

50 GÉRONTE. – N'y avait-il point d'autre promenade ?

SCAPIN. – Cela est vrai. Mais faites promptement.

GÉRONTE. – Ah, maudite galère !

SCAPIN. – Cette galère lui tient au cœur.

GÉRONTE. – Tiens, Scapin, je ne me souvenais pas que je viens

55 justement de recevoir cette somme en or, et je ne croyais pas qu'elle dût m'être si tôt ravie. *(Il lui présente sa bourse, qu'il ne laisse pourtant pas aller ; et, dans ses transports, il fait aller son bras de côté et d'autre, et Scapin le sien pour avoir la bourse.)* Va-t'en racheter mon fils.

Molière, *Les Fourberies de Scapin*, acte II, scène 7, 1671.

---

1. **Sauver des fers** : si Géronte ne paie pas la rançon, Léandre sera vendu comme esclave. 2. **Destinée** : sort, destin. 3. **Amitié** : ici, amour. 4. **Quérir** : chercher.

Pour bien écrire

« Qu'à l'heure que je te parle » (l. 37) : l'utilisation du pronom relatif « que », correcte au XVIIᵉ siècle dans cette phrase, ne l'est plus. Quel pronom relatif emploierait-on aujourd'hui ?

MÉMO

Au théâtre, l'action est avant tout de **la parole**. Les personnages tentent de se convaincre d'agir en échangeant des arguments. Scapin est ici maître du discours.

Les Fourberies de Scapin, mise en scène de Guy Simon, avec Guy Simon (Géronte), théâtre du Kronope, Avignon, 2012.

En quoi cette scène comique est-elle aussi un discours argumentatif ?

Découvrir le texte

1. Qu'est-ce qui aggrave la situation dans laquelle se trouve Léandre si l'on en croit Scapin ?
2. Quels points communs pouvez-vous relever ici entre Géronte et Argante ?

Analyser et interpréter le texte

Des raisons pour ne pas payer

3. Relevez tous les moyens par lesquels Géronte tente d'éviter de payer la rançon. Avec quels arguments Scapin les repousse-t-il ?
4. Observez les répliques de Scapin : comment montre-t-il l'urgence de la situation ? Quel effet produit son discours ?

Un personnage entêté

5. Quelle phrase Géronte répète-t-il tout au long de la scène ? Quel effet produit cette répétition sur le spectateur ?
6. Que nous indique la dernière didascalie ? Quel trait de caractère de Géronte souligne-t-elle ?

S'exprimer à l'oral

Jouer la scène

7. MISE EN JEU Jouez par deux cette scène. La classe élira le binôme jugé le plus drôle.

Conseil : en variant le ton, les gestes et les mimiques, montrez comment la réplique de Géronte provoque le rire.

Bilan Par quels procédés argumentatifs Scapin tente-t-il de convaincre Géronte ?

Lecture 5

Objectifs
• Analyser l'évolution d'un personnage.
• Repérer les stratégies du dénouement d'une comédie.

Compétence
• Élaborer une interprétation de textes littéraire.

Quand tout finit bien

Argante vient de découvrir que la jeune fille qu'il destinait à son fils, la fille de son ami Géronte, n'est autre que Hyacinte ! Il veut annoncer à son fils la bonne nouvelle.

Acte III, scène 10

Silvestre, Géronte, Argante, Nérine, Hyacinte, Octave, Zerbinette.

MÉMO

La comédie doit s'achever sur une fin heureuse. Pour cela, le dramaturge doit trouver une péripétie qui règle le conflit entre les personnages et résout l'intrigue : **le dénouement**.

▽ **L'HISTOIRE DES MOTS**

Géronte a pour origine *gerôn*, un mot grec qui signifie « vieux ». Quel nom dérivé de la même racine grecque désigne aujourd'hui l'étude du vieillissement ?

✎ *Pour bien écrire*

« Oui, ce l'est, et j'y vois tous les traits » (l. 12, p. 233). Les pronoms « l' » et « y » remplacent « ma fille ». Comment écrirait-on cette réplique aujourd'hui ?

Argante. – Venez, mon fils, venez vous réjouir avec nous de l'heureuse aventure de votre mariage. Le Ciel...

Octave, *sans voir Hyacinte.* – Non, mon père, toutes vos propositions de mariage ne serviront de rien. Je dois lever le masque[1] avec vous, et l'on vous a dit mon engagement.

Argante. – Oui ; mais tu ne sais pas...

Octave. – Je sais tout ce qu'il faut savoir.

Argante. – Je veux te dire que la fille du seigneur Géronte...

Octave. – La fille du seigneur Géronte ne me sera jamais de rien.

Géronte. – C'est elle...

Octave. – Non, Monsieur, je vous demande pardon, mes résolutions sont prises.

Silvestre. – Écoutez...

Octave. – Non, tais-toi, je n'écoute rien.

Argante. – Ta femme...

Octave. – Non, vous dis-je, mon père, je mourrai plutôt que de quitter mon aimable Hyacinte. *(Traversant le théâtre pour aller à elle.)* Oui, vous avez beau faire, la voilà celle à qui ma foi est engagée ; je l'aimerai toute ma vie, et je ne veux point d'autre femme.

Argante. – Hé bien ! c'est elle qu'on te donne. Quel diable d'étourdi, qui suit toujours sa pointe[2] !

Hyacinte. – Oui, Octave, voilà mon père que j'ai trouvé, et nous nous voyons hors de peine.

Géronte. – Allons chez moi, nous serons mieux qu'ici pour nous entretenir.

Hyacinte. – Ah ! mon père, je vous demande, par grâce, que je ne sois point
séparée de l'aimable personne que vous
voyez : elle a un mérite qui vous fera

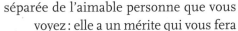

Les Fourberies de Scapin, mise en scène de Vincent Tavernier, Les Malins Plaisirs, théâtre Montansier, Versailles, 2013.

concevoir de l'estime pour elle, quand il sera connu de vous.

GÉRONTE. – Tu veux que je tienne chez moi une
30 personne qui est aimée de ton frère, et qui m'a dit tantôt au nez mille sottises[3] de moi-même ?

ZERBINETTE. – Monsieur, je vous prie de m'excuser. Je n'aurais pas parlé de la sorte, si j'avais su que c'était vous, et je ne vous connaissais
35 que de réputation.

GÉRONTE. – Comment, que de réputation ?

HYACINTE. – Mon père, la passion que mon frère a pour elle n'a rien de criminel, et je réponds de sa vertu.

40 GÉRONTE. – Voilà qui est fort bien. Ne voudrait-on point que je mariasse mon fils avec elle ? Une fille inconnue, qui fait le métier de coureuse[4].

De son côté, Léandre est très amoureux de Zerbinette, une bohémienne, dont on verra qu'elle n'est pas non plus celle que l'on croyait.

Acte III, scène 11

SILVESTRE, GÉRONTE, ARGANTE, NÉRINE, HYACINTE, OCTAVE, ZERBINETTE, LÉANDRE.

LÉANDRE. – Mon père, ne vous plaignez point que j'aime une inconnue, sans naissance[5] et sans bien. Ceux de qui je l'ai rachetée viennent de me découvrir qu'elle est de cette ville, et
5 d'honnête famille ; que ce sont eux qui l'y ont dérobée à l'âge de quatre ans ; et voici un bracelet qu'ils m'ont donné, qui pourra nous aider à trouver ses parents.

ARGANTE. – Hélas ! à voir ce bracelet, c'est ma
10 fille que je perdis à l'âge que vous dites.

GÉRONTE. – Votre fille ?

ARGANTE. – Oui, ce l'est, et j'y vois tous les traits qui m'en peuvent rendre assuré. Ma chère fille...

HYACINTE. – Ô Ciel ! que d'aventures extraordinaires !

Molière, *Les Fourberies de Scapin*, acte III, scènes 10 et 11, 1671.

---

1. **Lever le masque** : dire la vérité. 2. **Sa pointe** : son idée. 3. **Mille sottises** : Zerbinette, ne sachant pas qu'elle s'adressait à Géronte, lui a révélé en se moquant de lui comment Scapin lui avait extorqué de l'argent et donné des coups de bâton. 4. **Coureuse** : séductrice. 5. **Sans naissance** : dont on ne connaît pas les parents.

▶ Comment achever la comédie sur un dénouement heureux ?

Découvrir le texte

1. Identifiez les personnages des scènes 10 et 11. Résumez ce qui se passe dans ces deux scènes.
2. « La fille du seigneur Géronte ne me sera jamais de rien » (l. 9) : reformulez la phrase d'Octave. Quel effet a-t-elle sur le spectateur ?

Analyser et interpréter le texte

La métamorphose d'Octave

3. Relevez les enchaînements entre les répliques d'Octave et celles des autres personnages : que remarquez-vous ? Quel trait de caractère d'Octave ce dialogue souligne-t-il ?
4. Quelles transformations relevez-vous dans l'attitude d'Octave face à son père ? Justifiez votre réponse.

Une révélation à propos

5. LANGUE « Ne voudrait-on point que je mariasse mon fils avec elle ? » (l. 40-42). En quoi la forme de la phrase souligne-t-elle ici l'opposition de Géronte au mariage de son fils ?
6. Quelles informations permettent d'arranger le second mariage ? Comment peut-on qualifier la résolution de cette seconde aventure ?

S'exprimer à l'oral 💬

Jouer un quiproquo

7. MISE EN JEU Jouez la scène 10 par groupes de trois.

 Conseil : insistez sur l'effet comique de l'incompréhension d'Octave.

Bilan Comment ce dénouement met-il en valeur l'évolution des personnages ?

Mettre en scène la comédie

À la scène 2 de l'acte III, Scapin imagine une ruse destinée à tromper Géronte. Il lui fait croire que des spadassins sont à sa recherche. Géronte, apeuré, accepte de se cacher dans un sac pour leur échapper. Découvrez les choix de mises en scène pour cette scène de coups de bâton mémorable.

Vocabulaire

Metteur en scène : personne qui propose l'interprétation scénique du texte théâtral. Il choisit un décor pour représenter l'espace de la pièce, des costumes qui renseignent sur l'époque et le rôle social du personnage. Il organise le jeu et les déplacements des acteurs pour développer l'histoire et provoquer chez le spectateur les effets propres à la comédie.

Scapin convainc Géronte d'entrer dans le sac pour se cacher. Le personnage de Géronte porte un masque blanc et une perruque ridicule qui rappellent le souvenir de la *commedia dell'arte*.

❶ *Les Fourberies de Scapin*, mise en scène de Jacques Bachelier, avec Jacques Bachelier (Scapin) et Frédéric Schalck (Géronte), Vingtième Théâtre, Paris, 2011.

Dans cette représentation, Scapin est saisi en pleine action, après avoir fait entrer Géronte dans un sac, il le piétine joyeusement en faisant semblant d'être attaqué par le spadassin à sa recherche.

❷ *Les Fourberies de Scapin*, mise en scène de Vincent Tavernier avec Laurent Prévot (Scapin), Les Malins Plaisirs, théâtre Montansier, Versailles, 2013.

Ici, l'action se déroule dans un bar et Géronte est enfermé dans un sac poubelle. Ces éléments montrent que le metteur en scène ne cherche pas à reproduire exactement la réalité, il caricature et ridiculise ses personnages pour provoquer le rire.

❸ *Les Fourberies de Scapin*, mise en scène d'Omar Porras, avec Lionel Lingelser (Scapin), théâtre de Sartrouville, 2010.

Analyser les choix de mise en scène ◦ ◈ ◦ ◈

1. Étudiez le décor choisi pour la première mise en scène. Quels effets produisent les couleurs et les jeux d'ombres et de lumières ?

2. Comparez les décors des quatre mises en scène. En quoi s'opposent-ils ? Pour répondre, observez ce qui est représenté, les accessoires, le jeu des lumières et des couleurs.

3. Faites le portrait de Scapin dans la mise en scène d'Omar Porras. Quels traits de caractère le metteur en scène semble-t-il lui donner ? et dans les autres mises en scène ?

4. Analyser l'image du document 4 : la place des personnages, leurs mouvements et expressions, le choix et la disposition des éléments du décor. Quel effet provoque la scène dans son ensemble ?

5. Vous étiez-vous représenté ainsi les personnages et les décors des *Fourberies de Scapin* ? Quels sont ceux qui vous surprennent ? Lesquels préférez-vous ?

Activité

Pour expliquer aux acteurs votre vision de la scène 2 de l'acte III des *Fourberies de Scapin*, vous dessinez le moment de la scène suivant : « Ah ! cadédis, tu es de ses amis, à la vonne hure. » (*Il donne plusieurs coups de bâton sur le sac.*) ». Votre décor doit être différent de ceux de cette page, et les costumes de vos acteurs, des vêtements d'aujourd'hui. Vous pouvez ajouter des éléments de légende pour préciser l'emplacement des acteurs sur la scène, leur posture et leurs gestes.

❹ *Les Fourberies de Scapin*, mise en scène de Marc Paquien, avec Denis Lavant (Scapin) et Daniel Martin (Géronte), théâtre des Sablons, Neuilly-sur-Seine, 2015.

La fourberie contre Géronte est découverte : « *Comme il est près de frapper, Géronte sort du sac, et Scapin s'enfuit.*
GÉRONTE. – Ah infâme ! ah traître ! ah scélérat ! C'est ainsi que tu m'assassines. »

Lire *Les Fourberies de Scapin* de Molière

I. La trame de la pièce et son rythme

1. Établissez un tableau de la progression de l'acte I sur le modèle suivant.

Scène	Personnages en scène	Action
1	Silvestre, Octave	Annonce du retour du père d'Octave qui veut le marier
2	Scapin, Octave	Récit des rencontres amoureuses des deux amis Octave et Léandre
3	....	Demande d'aide à Scapin
4	....	....
5	....	....

2. Classez les personnages selon l'importance de leur parole dans l'acte I. Quel est le personnage le plus important ? et le moins important ?

3. Sur quel conflit repose l'acte I ? Proposez un titre qui en résumera l'action.

4. Établissez les tableaux des actes II et III et répondez aux mêmes questions et consignes.

5. Quel est l'acte comptant le plus de scènes ? et celui qui en compte le moins ? Quelle relation peut-on établir entre le nombre de scènes d'un acte et le rythme de l'action ?

6. Relisez les textes étudiés et faites le résumé de l'histoire d'amour entre Hyacinte et Octave en un court paragraphe. Quel parallèle peut-on établir avec l'histoire de Léandre et Zerbinette ?

II. La comédie et le conflit des générations

7. Pour quelles raisons les fils s'opposent-ils à leur père ?

8. Établissez le portrait d'Argante et celui de Géronte. En quoi sont-ils semblables ou différents ? Quel est celui dont on se moque le plus ?

9. Selon vous, pour quel personnage le spectateur prend-il parti ? Pourquoi ?

III. Au cœur de la pièce, le personnage de Scapin

10. Reportez-vous à la scène 2 de l'acte I, lorsque Scapin dresse son autoportrait. Par quels procédés Scapin valorise-t-il son talent dans son discours ?

11. Faites la liste des ruses (ou fourberies) de Scapin tout au long de la pièce. Quels risques y a-t-il pour les valets à tromper leurs maîtres ?

12. Mettez en commun vos lectures de l'année de 6ᵉ qui racontent les ruses : en quoi le personnage de Scapin se rapproche-t-il de ces personnages ? Pourquoi fait-il usage de sa ruse ?

13. Faites une recherche sur Internet ou au CDI sur le mot « zanni ». Qui est-il et à quel genre de comédie rattache-t-on ce personnage ? Qu'est-ce qui fait de Scapin un tel personnage ?

Bilan

Créer un schéma des relations entre les personnages

Notez tous les personnages et regroupez-les par catégorie (les familles, les domestiques, les rencontres). À l'aide du logiciel FreeMind, établissez un lien entre les personnages :
– rouge pour les relations amoureuses ;
– bleu pour les relations amicales ;
– vert pour les relations de maître à domestique ;
– jaune pour les relations conflictuelles ;
– orange pour les liens de parenté.

À vos carnets !

« Mais que diable allait-il faire dans cette galère ? » (acte II, scène 7). Relevez à votre tour les citations qui illustrent le mieux la pièce, et justifiez vos choix.

Objectifs
• Comprendre le langage affectif du XVIIᵉ siècle.
• Distinguer les styles soutenu et commun du registre vulgaire.

Mots doux et insultes au théâtre

Parler d'amour

1 Donnez au moins quatre synonymes du verbe *aimer*, puis du nom *amour*.

2 Classez les mots des listes suivantes du plus intense au moins intense.
1. galanterie • soins • fidélité • sincérité • engagement
2. belle • aimable • charmante • grâces • touchantes • charmes • attraits
3. ardeur • inclination • transport • passion • feu
4. serments • billets doux • déclarations • présents
5. amant • amoureux • maître • soupirant • bien-aimé • admirateur

3 Associez chacune des listes précédentes à sa définition.
qualités de l'amoureux • témoignages d'amour • qualités de l'amoureuse • sentiments amoureux • noms donnés aux amoureux

4 Dessinez une marguerite avec le mot *amour* dans son cœur puis regroupez dans cinq pétales les listes des mots que vous avez classés.

5 Dessinez votre carte du Tendre.
La carte du Tendre est la représentation imaginaire du pays de l'amour tel qu'il est évoqué dans un roman de l'époque de Molière, *Clélie*, de Madeleine de Scudéry.

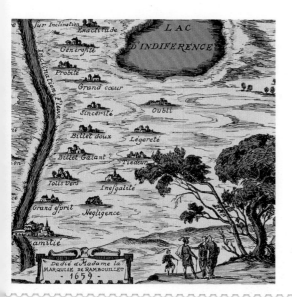

À votre tour, dessinez une carte, celle de « L'amour perdu », en faisant figurer des antonymes du vocabulaire relevé dans la marguerite (exercice 4).

Se disputer au XVIIᵉ siècle

6 Identifiez l'intrus de chacune des listes suivantes. Aidez-vous d'un dictionnaire si besoin.
1. colère • fureur • malchance • emportement
2. courroux • indignation • tiédeur • querelle
3. rancœur • modération • irritation • crise

7 Classez ces insultes selon leur sévérité.
faquin • impertinent • canaille • méchant • traître • scélérat • maudit

8 Classez cette liste de mots ou expressions qualifiant une personne avare en deux groupes : les mots appartenant au langage soutenu ou courant et les mots plus familiers.
mesquin • rapiat • cupide • chien • égoïste • lésineux • radin • rapace • pleure-misère • chiche • économe • grippe-sou • pingre • regardant

9 À l'aide d'un dictionnaire, analysez la formation des insultes suivantes et dites ce qu'elles signifient.
Exemple : « infâme » signifie « qui a perdu sa réputation, déshonoré ».
pendard • vaurien • fils indigne • maraud • insolent • fripon • coquin

10 Comment expliquez-vous l'origine des expressions suivantes.
Exemple : « regardant » signifie « qui regarde à la dépense » et donc « qui ne veut pas dépenser d'argent ».
pleure-misère • grippe-sou • rapace

À vous d'écrire !

11 Léandre raconte à son ami Octave sa rencontre avec Zerbinette. Il évoque les circonstances de leur rencontre et les émotions qu'il a ressenties en la voyant et en lui parlant.

> **Méthode**
> Utilisez le vocabulaire de cette page. Inspirez-vous également de la fin de la scène 2 de l'acte I.

S'exprimer...

...à l'oral

Mettre en jeu un texte comique

ÉTAPE 1 Comprendre un procédé comique

1 Lisez cet extrait à deux.

Acte I, scène 4 : « Il le fera, ou je le déshériterai. »

SCAPIN. – Il ne le fera pas, vous dis-je.
ARGANTE. – Il le fera, ou je le déshériterai.
SCAPIN. – Vous ?
ARGANTE. – Moi.
SCAPIN. – Bon.
ARGANTE. – Comment, bon ?
SCAPIN. – Vous ne le déshériterez point.
ARGANTE. – Je ne le déshériterai point ?
SCAPIN. – Non.
ARGANTE. – Non ?
SCAPIN. – Non.

ARGANTE. – Hoy ! Voici qui est plaisant : je ne déshériterai pas mon fils.
SCAPIN. – Non, vous dis-je.
ARGANTE. – Qui m'en empêchera ?
SCAPIN. – Vous-même.
ARGANTE. – Moi ?
SCAPIN. – Oui. Vous n'aurez pas ce cœur-là.
ARGANTE. – Je l'aurai.
SCAPIN. – Vous vous moquez.
ARGANTE. – Je ne me moque point.

Les Fourberies de Scapin, mise en scène de Vincent Tavernier, théâtre Montansier, Versailles, 2013.

2 Par quels moyens les répliques se répondent-elles presque systématiquement deux à deux ? Font-elles avancer l'action ? À quoi servent-elles ?

ÉTAPE 2 Préparer une mise en jeu

3 Préparez une mise en jeu de cet extrait à deux : réfléchissez à l'enchaînement rapide des répliques, aux gestes et expressions des personnages. Recopiez le texte sur une feuille et notez les gestes qui serviront à ponctuer votre discours...

4 Apprenez chacun un rôle et jouez cet extrait devant la classe, en vous appuyant sur vos notes.

...à l'écrit

Rédiger une scène d'aveux

ÉTAPE 1 Élaborer le synopsis de la scène

1 Inspirez-vous de l'acte II, scène 3. Choisissez vos deux personnages, donnez-leur un nom, pensez à la relation qui les unit (père/fils, mère/fille) et aux didascalies qui donneront ces informations.

2 Déterminez quelle est la faute que le parent veut faire avouer : des sottises au collège, un gros mensonge pour éviter une punition, etc. Imaginez les menaces pour le faire avouer et les fourberies que l'enfant finira par confesser peu à peu (classez-les par ordre, de la moins grave à la plus grave).

ÉTAPE 2 Rédiger la scène

3 Représentez-vous la scène et écrivez-la en intégrant les didascalies nécessaires.

Méthode

Donnez un titre à la scène : rédigez une didascalie initiale présentant les personnages et le lieu de la scène, des gestes comiques, etc.

COMPÉTENCES

D1, D2, D3 Exploiter les ressources expressives de la parole.
D1 Pratiquer l'écriture d'invention.

Bilan de la séquence

Molière et la comédie

La comédie est un genre théâtral destiné à **provoquer le rire** par des moyens très divers. Au XVIIᵉ siècle, Molière a su donner à la comédie une place aussi importante que celle qu'occupait la tragédie.

Molière **parle de son temps** et témoigne du sort des valets, souvent maltraités, ou des jeunes gens, qui n'ont aucun droit.

Les comédies de Molière délivrent **une leçon de conduite** : plutôt que la ruse, il faut choisir un comportement sincère et courageux, et se méfier de l'excès et de la vengeance.

Les caractéristiques de la comédie

Des **personnages « types », souvent comiques** : des personnages issus du peuple (valets, paysans) et pour d'autres de la bourgeoisie.

Des **intrigues dynamiques et légères** : par exemple, des histoires d'amour auxquelles les pères ne donnent pas leur consentement.

Des **peintures de mœurs** : la comédie permet de critiquer les défauts humains et les caractères du temps.

Des **effets comiques** : les paroles, les gestes et les situations inattendues et comiques sont utilisés pour égayer la pièce.

Les relations avec autrui dans la comédie

Importance de **la sphère privée** (famille, vie sociale, amour).

Représentations **des relations humaines** et leur évolution.

Leçons de conduite et **critiques** des défauts de certains types de comportements.

Évaluation — Mobiliser les acquis de la séquence

1. Je comprends le langage amoureux du XVIIᵉ siècle.

2. Je connais des personnages types de la comédie : le valet rusé, le vieillard avare, les jeunes gens amoureux et démunis.

3. Je peux définir les attentes du lecteur ou du spectateur lors de la scène d'exposition.

4. Je connais les caractéristiques de la comédie et divers procédés comiques.

COMPÉTENCES ATTENDUES EN FIN DE 5ᵉ

D1, D2, D3 Comprendre et s'exprimer à l'oral
– S'exprimer de façon maîtrisée face à un auditoire. ■ ■ ■ ■

D1, D5 Lire
– Élaborer une interprétation d'une comédie de Molière. ■ ■ ■ ■

D1 Écrire
– Exploiter des lectures pour enrichir son récit. ■ ■ ■ ■

DOSSIER DE PRESSE

L'influence des réseaux

▶Les pouvoirs des réseaux sociaux : la force ou les dangers du groupe ?

OBJECTIFS
• S'interroger sur les réseaux sociaux.
• Découvrir la presse.

COMPÉTENCE
• Lire et comprendre des images, des textes et des documents variés.

Les médias, notamment la presse, permettent de diffuser informations et points de vue sur des sujets variés. Avec l'avènement du numérique, l'information circule et se diffuse plus vite, mais également de manière moins contrôlée, moins officielle, notamment avec les réseaux sociaux, investis autant par les professionnels que les particuliers.

1. Où et comment les réseaux sociaux apparaissent-ils sur cette affiche ?
2. Que signifient les gestes des deux singes à gauche de l'affiche ?
3. Que pensez-vous des informations circulant sur les réseaux sociaux ?

DOC 1

« Les réseaux sociaux : les nouveaux maîtres de l'info?! »

17ème colloque du Clemi
L'ARC - Le Creusot - mardi 30 novembre 2010
entrée gratuite
www.clemidijon.org - contact-clemidijon.org

Affiche pour le colloque du Centre de liaison de l'enseignement et des médias d'information, 2010.

REPÈRES ∽

Connaissez-vous la maxime illustrée par les « trois petits singes d'Asie » ou « singes de la sagesse » ? « Ne rien voir, ne rien entendre, ne rien dire. » On dit qu'à celui qui suit cette maxime il n'arrivera rien de mal.

1. Un média participatif et solidaire

DOC 2

Les réseaux sociaux

Un appel à témoignage permet de demander aux lecteurs leur avis sur une question, un sujet. Ensuite, dans un numéro ultérieur, le magazine propose le résultat de cette consultation sous forme d'enquête. Voici un appel à témoignage lancé sur le site Internet du magazine Géo Ado.

GEOAdo Vendredi 14 août 2015 à 16h09 par Laurence Muguet
Facebook, dépassé ? Les ados auraient migré vers Snapchat, Instagram, Twitter ? Géo Ado prépare une grande enquête sur les réseaux sociaux. Alors, dites-nous tout !
Sur le téléphone, la tablette ou l'ordi, les réseaux sociaux sont presque devenus un fond d'écran pour les jeunes... et les moins jeunes.
Cet univers va très vite, les réseaux se créent et changent. **Aujourd'hui, à vos yeux, quels sont les réseaux branchés ?** Est-on obligé d'être sur Facebook dès qu'on a 13 ans ? Utilisez-vous Twitter ? Snapchat ? WhatsApp ? Instagram ? Pinterest ? Myspace ? Tumblr ? LinkedIn ? YouTube ?
Aucun ? Vraiment ? Alors, quel réseau social spécial ado manque encore à l'appel ? Quel serait le réseau social idéal, pratique, utile ?
Et, surtout, à quoi vous servent ces réseaux sociaux : à retrouver des copains du collège ? Des copains qui vivent loin ? À trouver de nouveaux amis ? À partager une passion ?

▽ L'HISTOIRE DES MOTS

Le mot « réseau » vient du latin *res, retis* qui désigne à l'origine un entrelacement de fils, un filet (on dit aussi des rets) destiné à capturer certains animaux. Le mot évolue, par métaphore, vers l'idée de chemin et de lien (réseau sanguin, réseau routier).

1. Quels sont les réseaux sociaux mentionnés dans ce texte ? Les connaissez-vous ? Les fréquentez-vous ?
2. Que signifie l'expression « réseaux branchés » ?
Quel jeu de mots est présent dans cette expression ?
3. Comment la journaliste essaie-t-elle de capter l'attention des lecteurs ? (Observez les types de phrase et la mise en forme.)

sociaux

DOC 3   *Voici quelques contributions[1] d'internautes[2] parues en commentaires de cette annonce sur le site Internet.*

> **Lilou, le 15 août 2015 à 10:38**
> Hey !
> J'ai 17 ans et je suis sur Facebook depuis 2009 et maintenant j'y suis pour ma page livresque Facebook ou des groupes littéraires ou le groupe de ma classe ou quand je m'ennuie ou quand je veux retrouver des amis mais ce n'est pas mon réseau social préféré.
> Depuis novembre dernier, il me semble, je suis sur Instagram, je me suis créé un compte uniquement pour les livres sinon je ne vois pas l'intérêt ^^. Je parle de ma passion des livres avec plus de 900 personnes maintenant et j'avoue que je suis très très accro à ce réseau social puisque je peux parler de ma passion avec plein plein de gens et tout le temps 😃.
> Ensuite je suis sur YouTube pour partager ma passion des livres. J'ai une chaîne BookTube depuis 2 ans maintenant. 😃
> Bref, tous les réseaux sociaux me permettent surtout de partager ma passion et de parler et retrouver amis et famille. 😃

> **@nemoo, le 16 août 2015 à 18:12**
> Ouais ben, moi perso j'avais Instagram et Snapchat avant, mais ça me stressait tellement d'être dessus ! Je me réveillais le matin en pensant « j'ai combien d'abonnés ? Combien de likes a ma photo ? ». Au final, j'ai laissé tomber. Ça m'a fait du bien de retrouver ma vraie vie, mes amies, et l'ancienne Nemoo que mes amies préfèrent que la Nemoo ultra connectée (même en cours).
> Sincerely nemoo,
> @nemoo 😅😅😅

D'après des commentaires d'internautes, geoado.com, 2015.

---

1. **Contributions** : ici, interventions d'internautes. 2. **Internautes** : littéralement, « voyageurs sur Internet », personnes qui naviguent sur Internet. Mot composé à partir d'Internet et du latin *nauta*, matelot.

DOC 4

Opération publicitaire de la Croix-Rouge, 2014.

Sur YouTube, plateforme permettant de diffuser des vidéos, des youtubeurs, comme l'humoriste Norman Thavaud, ont créé leur chaîne pour se faire connaître.

1. Observez la différence de fans entre Norman et la Croix-Rouge.
2. Quel est l'objectif de cette campagne d'affichage ?
3. Où cette campagne pourrait-elle être diffusée avec succès ?

1. À quels éléments voit-on que ces commentaires proviennent de particuliers et non de journalistes ?
2. Lisez les commentaires ci-dessus et faites la liste des avantages et inconvénients des réseaux sociaux mentionnés par leurs auteurs.
3. Êtes-vous d'accord avec les commentaires ? Expliquez votre point de vue.

 *Pour bien écrire*

Avec Internet, de nombreux mots font leur apparition dans la langue française. Ce sont des néologismes. Un « youtubeur » est une personne qui produit des vidéos sur YouTube. Le mot est formé sur le radical « youtube » auquel on ajoute le suffixe *-eur* qui signifie « qui agit ».

2. Entre information publique et information privée

DOC 5 **Facebook, nouvelle porte d'entrée dans l'adolescence**

LE MONDE | 23.03.2013 | Par Pascale Krémer

Il est le dénominateur commun[1] d'une génération. 93 % des 15-17 ans et 81 % des 13-15 ans disposent d'un compte sur le réseau social Facebook. [...]
Les deux tiers des 11-13 ans détiennent un « profil », en dépit d'un âge minimum officiellement fixé à 13 ans par l'opérateur. Et encore l'enquête ne se penche-t-elle pas sur les élèves de l'élémentaire... « Cela commence en CM1 et, l'année suivante, un tiers des élèves a déjà son profil », observe Jacques Henno, auteur et conférencier spécialiste des nouvelles technologies. À l'entrée en sixième, être initié à Facebook devient aussi incontournable à la survie sociale que l'abandon du cartable à roulettes. En fin de collège, « si deux élèves ne sont pas sur Facebook, c'est le bout du monde », assure-t-il. Aucun camarade de Lisa, par exemple, en classe de troisième dans les Yvelines, n'y échappe. « Sinon, on lui demande s'il a l'eau et l'électricité chez lui... On se dit que ses parents

sont trop derrière lui, que c'est un bolos. » Condamné à la stigmatisation[2].

RITE D'INITIATION

[...] Entrée facilitée en adolescence, donc... Et aussi plate-forme d'entraide pour les devoirs. Fenêtre numérique sur l'extérieur quand les parents ne permettent plus de se construire dans un espace public jugé trop dangereux. Offrant enfin à tous ceux que leur corps inhibe une alternative pour se sociabiliser, effectuer des rencontres amoureuses... [...]

« CARTE D'IDENTITÉ VIRTUELLE »

[...] Une notion jusque-là plutôt réservée à la culture anglo-saxonne s'impose : la « popularité ». Le nombre d'« amis » et de réactions favorables atteste et quantifie la valeur sociale, étouffe les

inquiétudes. « Support narcissisant[3] », résume le pédopsychiatre Stéphane Clerget. L'adolescent est « visible et validé par le groupe de pairs, confirme Justine Atlan, à la tête de l'association de prévention e-Enfance. Il est du côté de ceux qui sont "populaires". À l'époque de la télé-réalité, on ne souhaite plus être cool mais connu. Avec un profil, chacun a son propre magazine, sa chaîne de télévision. »

SURENCHÈRE

Revers de la médaille : gérer au détail près son image, alimenter son journal quotidien, a de quoi mettre sous pression. « On donne à voir une représentation idéalisée de soi. » [...]

1. **Dénominateur commun :** point commun à des choses différentes. 2. **Stigmatisation :** accusation blessante portée contre quelqu'un au point de le démarquer du groupe. 3. **Support narcissisant :** support qui permet de mettre sa propre personne en valeur. Narcisse, personnage de la mythologie, n'admirait que son reflet.

1. En quoi cet article diffère-t-il des documents présents dans la partie 1 du dossier presse ? Observez le nom du journal, la périodicité, l'auteur, la forme, les contenus, le but de l'article.
2. À quoi sert le premier paragraphe de cet article ? Résumez-le en une phrase.
3. Quel est le rôle des indications en gras dans l'article ?
4. Quelles sont les sources citées pour cet article ? Comment peut-on les repérer ?
5. Dans le paragraphe « Rite d'initiation », la présentation de Facebook est-elle valorisante ou dévalorisante ? Observez le vocabulaire employé et les arguments.
6. Pourquoi peut-on dire que Facebook crée une « carte d'identité virtuelle » ?

3. Dangers et mises en garde

DOC 6

Il piège des ados pour leur apprendre les dangers des réseaux sociaux

GEOAdo Jeudi 13 août 2015 à 16h08 par Frédéric Fontaine

Un youtubeur américain a piégé de très jeunes filles pour démontrer à quel point il est facile pour un pédophile de chercher ses proies sur les réseaux sociaux.

5 Coby Persin est un youtubeur qui réalise des vidéos en caméra cachée pour capter nos réactions. Sa dernière trou-
10 vaille est en train de faire un gros buzz sur Internet et les médias américains. Ce jeune homme a en effet simulé des kidnappings pour montrer les
15 dangers des réseaux sociaux. Il s'est créé le profil de Jason, un ado d'une quinzaine d'années sur Facebook, et a multiplié les demandes d'amis, expliquant
20 qu'il venait d'arriver en ville et qu'il cherchait de la compagnie.

Trop facile

Après quelques jours de discussion sur Internet, Coby a convaincu (facilement) deux
25 jeunes filles de le rencontrer en vrai. Il a donné rendez-vous à la première d'entre elles, une ado de 13 ans, dans un parc. Au moment de la rencontre, Coby interpelle la
30 jeune fille dont... le père surgit en criant « Es-tu folle ? Ce pourrait un violeur, un pédophile ! ». Coby a recommencé l'expérience avec une autre fille de 12 ans qui lui
35 a donné rendez-vous chez elle... Puis il a réussi à persuader une autre ado de 14 ans de monter dans une camionnette. À la place arrière, 2 personnes cagoulées l'at-
40 trapent puis se démasquent : il s'agit en fait des parents !

Trop naïfs

À chaque fois, Coby Persin a monté ses pièges avec l'accord des parents qui ont découvert avec angoisse
45 la naïveté de leurs enfants, tout comme les millions de personnes ayant vu cette vidéo. Un document choc et très efficace à découvrir ici.

1. Dans quel périodique cet article a-t-il été publié ? À qui est-il destiné ?
2. À quoi sert le chapeau (partie en gras au début de l'article) de cet article ?
3. Comment peut-on savoir que cet article est un article publié en ligne ?
4. De quoi cet article essaie-t-il de convaincre le lecteur ?
5. Qu'est-ce qu'un « buzz » ? Faites une recherche et expliquez d'où vient le mot.
6. LANGUE Qu'est-ce qu'un « youtubeur » ? Expliquez la formation de ce mot. Quel est le média utilisé par un youtubeur ?
7. Que pensez-vous de la démarche du youtubeur ?

Jacques Azam, dessin de presse © Milan Presse

DOC 7

« Le trop de confiance attire le danger » (Pierre Corneille, *Le Cid*, 1637)

1. Qui est représenté sur ce dessin ? Quels éléments vous permettent de répondre ?
2. Que fait ce personnage face à son ordinateur ?
3. Quel danger cette illustration souligne-t-elle ? Expliquez votre réponse.
4. Pensez-vous que ce dessin soit un bon moyen pour faire passer un message ? Justifiez votre réponse.

4. Les réseaux sociaux : de la liberté au respect de chacun

Le harcèlement entre élèves sur Internet inquiète les enseignants et les familles

LE MONDE | 23.01.2012 à 14 h 36 | Par Mattea Battaglia

Sur la Toile, pas de bousculade ni de racket comme dans une cour d'école, mais des rumeurs, des calomnies et des insultes, des photos et vidéos intimes, mises en ligne sans l'accord des intéressés. Un phénomène inquiète aujourd'hui experts, enseignants et familles en France : la place prise par le « cyber-harcèlement ». Difficile, parfois, de distinguer ce qui relève du jeu entre adolescents, sur les réseaux sociaux, et ce qui va au-delà. « *Les harceleurs ont leurs méthodes*, explique Justine Atlan, directrice de l'association e-Enfance. *Ils peuvent aller sur un profil, et l'inonder de commentaires insultants. Ou inventer un profil, et y poster des commentaires pour faire passer une camarade pour aguicheuse, un camarade pour agressif.* » [...] Jean-Pierre Bellon, professeur de philosophie et président de l'Association pour la prévention des phénomènes de harcèlement entre élèves, dresse un constat peu différent : « *Il est plus simple de passer à l'acte quand on ne voit pas sa victime, et la trace laissée sur la Toile est... tenace.* » L'association e-Enfance a signé avec le ministère de l'éducation nationale, le 6 juin 2011, une convention pour lutter contre le cyber-harcèlement, notamment en alertant Facebook. « *Il ne s'agit pas de stigmatiser les jeunes, mais de les sensibiliser aux conséquences de leurs actes*, insiste Mme Atlan, directrice d'e-Enfance, *d'autant que 60 % des harceleurs se disent eux-mêmes harcelés.* » [...]

1. Pourquoi certaines phrases sont-elles mises en italique dans cet article ? Quel est l'intérêt de ces passages ?
2. Proposez un intertitre pour annoncer chacun des paragraphes.

3. À l'aide des informations fournies dans cet article, définissez le harcèlement. Quels éléments sont spécifiques au « cyber-harcèlement » ?

4. LANGUE Expliquez la formation des mots « cyber-harcèlement » et « e-Enfance ».
5. À votre avis, à qui cet article peut-il servir ?

L'amitié à l'épreuve de Facebook

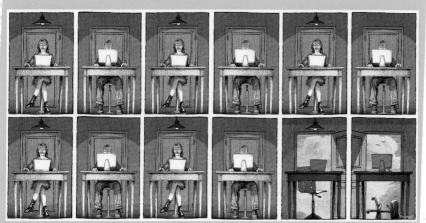

Antoine Moreau-Dusault, illustration publiée dans le journal *Le Monde*, 2014.

1. Observez l'illustration. Qui sont les personnages représentés dans les différentes vignettes ? Où sont-ils ? Que font-ils ?
2. À votre avis, que s'est-il passé pour que les deux dernières vignettes se vident de leur personnage ?

Bilan de la séquence

Lire un article de presse

Le titre peut être **informatif** ou **incitatif**, il peut être suivi d'un sous-titre donnant des précisions.

Un article peut être organisé en parties séparées par un **intertitre** pour permettre un meilleur repérage au lecteur. Le **chapeau** donne un aperçu du contenu de l'article.

Dans les articles, les propos tenus par des personnes peuvent être **rapportés**. Ils sont alors indiqués entre guillemets et en italique.

Les fonctions de la presse et des médias

La presse permet de s'informer mais aussi de **se forger une opinion**.

Il faut distinguer l'information objective du **commentaire personnel**.

Les réseaux sociaux

Des institutions, des journaux font apparaître officiellement des informations sur les réseaux sociaux.

Des particuliers, anonymes ou non, diffusent également leurs informations à destination d'un cercle privé ou public.

Des règles élémentaires

Les informations doivent systématiquement **être vérifiées** (il faut en connaître la source).

Il est important de se renseigner sur **les règles de sécurité** et d'utilisation : http://www.jeunes.cnil.fr/parents/etude-reseaux-sociaux/

Évaluation   Mobiliser les acquis de la séquence

1. Je sais expliquer ce qu'est un « réseau social » et donner des exemples de « réseaux sociaux ».

2. Je sais ce qu'est une « source » pour une information.

3. Je peux citer les avantages et les inconvénients des « réseaux sociaux » traités dans ce dossier.

4. Je peux nommer et utiliser les moyens permettant de mettre en valeur une information dans un article.

5. Je sais expliquer la formation de nouveaux mots apparus avec l'essor d'Internet.

COMPÉTENCES ATTENDUES EN FIN DE 5e

D1, D5 Lire
– Lire des images, des documents composites (y compris numériques) et des textes non littéraires.

D1 Écrire
– Comprendre, s'exprimer en utilisant la langue française à l'écrit.
– Adopter des stratégies et des procédures d'écriture efficaces.
– Passer du recours intuitif à l'argumentation à un usage plus maîtrisé.

S'exprimer à l'oral

Interroger et débattre

Travailler sa voix et sa diction

1 a. Sélectionnez dans les documents du dossier des titres et chapeaux d'articles. Lisez-les en y mettant un sentiment de la liste ci-dessous.
chantonnant • désespéré • dégoûté • étonné • anxieux • furieux • mélancolique • plaintif • solennel • calme • enthousiaste • ennuyé • agacé • scandalisé • admiratif • soulagé • sceptique

b. Vos camarades devront déterminer quelle est votre intention.

2 Faites le même travail en choisissant une articulation particulière.
outrance • lentement • vite • proférer • bégayer • endormi • chuchoter • grommeler • crier • traîner • manière sèche • réciter • en aparté

Préparer et réaliser une interview

3 Préparez une enquête dans la classe sur l'usage des réseaux sociaux : « Que pensez-vous de la mode des selfies ? »

a. Établissez une liste de questions :
– une question pour connaître la personnalité de l'interviewé,
– une question pour connaître l'opinion de l'interviewé,
– une question pour conclure l'échange.

b. Interrogez l'interviewé :
– présentez le thème de l'interview,
– posez les premières questions,
– demandez si nécessaire des précisions (réagissez à ce que propose l'interviewé),
– concluez l'échange.

Débattre

4 En groupes, débattez de la question suivante en une dizaine de minutes : « Faut-il s'inquiéter de la mode des selfies chez les adolescents ? »
Lisez les extraits suivants pour nourrir votre argumentation.

« En avril dernier, par exemple, la SNCF a porté plainte après que cinq adolescentes ont été vues se prenant en photo sur les voies. La prise de risque répond au besoin de transgression des ados, le défi de l'interdit n'est rien s'il n'est pas donné à voir à ses amis, voire au monde entier. »

« Le selfie, on adore le détester, mais on n'a pas trouvé mieux pour rendre compte d'une ambiance instantanément et sans effort. »

« Deux cents selfies. C'est le nombre d'autoportraits que le Britannique Dany Bowman, 19 ans, a réalisés chaque jour pendant plusieurs années. »

« Si les débordements sont plutôt rares, doit-on pour autant négliger le risque d'addiction aux selfies ? »

D'après « Selfie mania chez les ados : faut-il s'en inquiéter ? », *Madame Figaro*, 2015.

Méthode

• Un **président de séance** donnera le départ de la discussion en annonçant le thème et le signal de la fin du débat. Il maintiendra le silence si nécessaire.
• Un élève sera le **maître de la parole** et la donnera à celui ou celle qui lève le doigt à tour de rôle.
• Un élève sera le **maître du temps** et rappellera au groupe le temps restant pour les échanges.
• Un **secrétaire** prendra des notes pour le groupe en faisant la liste des arguments proposés dans un tableau à double entrée.

COMPÉTENCES

D1, D2, D3 - S'exprimer de façon maîtrisée en s'adressant à un auditoire.

- Participer de façon constructive à des échanges oraux.

- Percevoir et exploiter les ressources expressives de la parole.

246

Informer et commenter

Choisir un titre

1 Classez les titres suivants en deux catégories. Dans la première catégorie, vous classerez les titres qui vous apportent des informations (titres informatifs) et dans la seconde, les titres qui attisent votre curiosité (titres incitatifs).

1. Les ados se découvrent par l'image
2. « Hashtag », « selfie » et « vapoter » entrent dans « Le Petit Robert » 2015
3. « Don't Judge Challenge » : quel est ce nouveau défi des ados sur les réseaux sociaux ?
4. Des collégiens exclus pour diffamation sur Facebook
5. Facebook en pleine crise d'ado
6. Selfie mania chez les ados : faut-il s'en inquiéter ?

Associer texte et image

2 Analysez l'image. Qui sont les personnes représentées ? Que font-elles ?

3 Créez un lien entre texte et image. Quel sujet d'article pourrait être illustré par cette photographie ? Justifiez.

4 Donnez un titre à votre article et proposez un chapeau annonçant votre article.

Méthode
• Pour votre titre, vous pouvez choisir un titre informatif, ou un titre incitatif.
• Pour le chapeau : concentrez les informations essentielles qui répondent aux principales questions : qui ? quoi ? où ? quand ? comment ?

Répondre à une enquête : faire un commentaire personnel

5 a. Lisez l'article.

T'EN PENSES QUOI ?
Donne ton avis sur geoado.com

Faut-il autoriser Facebook aux moins de 13 ans ?

Internet ○ En Europe, 38 % des 9-12 ans ont un profil sur Facebook. Peut-être en fais-tu partie ? Pourtant, à cause d'une loi américaine, ce site est interdit aux moins de 13 ans dans le monde entier. Aux États-Unis, pays où se trouve Facebook, il est interdit de récolter les données personnelles (adresses, téléphone, etc.) des moins de 13 ans car ces données peuvent être vendues à des entreprises. Mais le patron de Facebook souhaite que les moins de 13 ans s'inscrivent sur son site car, selon lui, c'est un bon moyen d'apprentissage des réseaux sociaux. D'autres pensent qu'il veut juste gagner de l'argent en vendant les adresses et numéros des enfants. Et toi, tu en penses quoi ?

La rédac', magazine *Geo Ado*, Milan Presse, 2011.

b. Complétez ce tableau avec vos arguments.

Il faut autoriser Facebook aux moins de 13 ans	Il ne faut pas autoriser Facebook aux moins de 13 ans
C'est un bon moyen d'apprentissage selon le patron de Facebook.	Les adresses et numéros des enfants peuvent être revendues à des entreprises.

6 Rédigez un commentaire personnel à l'enquête proposée par GEO Ado. Vous organiserez votre réponse en utilisant des connecteurs parmi les propositions suivantes.

pour ma part • en ce qui me concerne • d'une part, d'autre part • d'abord • ensuite • enfin • pour conclure • premièrement, deuxièmement

Méthode
Utilisez les verbes suivants.
Être d'accord :
assurer – estimer – soutenir – considérer – être d'avis.
Ne pas être d'accord :
réfuter – douter – désapprouver – condamner – nier.

COMPÉTENCES

D1 – Comprendre, s'exprimer en utilisant la langue française à l'écrit.
– Adopter des stratégies et des procédures d'écriture efficaces.
– Passer du recours intuitif à l'argumentation à un usage plus maîtrisé.

L'homme et

OBJECTIFS
• Découvrir la fascination qu'exercent les volcans sur les écrivains.
• Comprendre les liens entre les volcans et les hommes.

les volcans

▶ *Quelle vision de la nature les écrivains nous livrent-ils à travers la représentation des volcans ?*

Katsushika Hokusai, *Vue d'Umegawa dans la province Sagami*, série de trente-six vues du mont Fuji, Japon, 1831-1833, estampe.

La nature vue par les écrivains

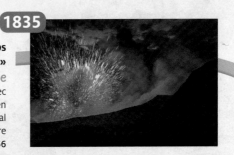

Victor Hugo, «Quand longtemps a grondé la bouche du Vésuve... »

Une nature déchaînée

Victor Hugo, poète romantique, évoque avec violence la lutte sans pitié entre le Vésuve en éruption et la ville de Naples. Le combat inégal entre les forces en présence conduit à la victoire écrasante de la nature sur l'homme. ⬐ p. 256

1842

Alexandre Dumas, *Le Speronare*

Une quête de grandeur

Infatigable voyageur, Alexandre Dumas entreprend de faire l'ascension d'un volcan de Sicile encore en activité, l'Etna. L'équipée découvre des paysages exceptionnels par leur grandeur, leur escarpement et leur étrangeté. ⬐ p. 252

1982

1864

Jules Verne, *Voyage au centre de la Terre*

La passion de la science

Jules Verne nous invite à suivre le professeur Lidenbrock dans une expédition au centre de la Terre. Le Sneffels, volcan situé en Islande, constitue l'un des moyens d'accès au centre du globe. Mais le professeur doit convaincre son neveu du caractère scientifique de cette affirmation. ⬐ p. 254

Aimé Césaire, « Dorsale, Bossale »

Une nature multiple

Aimé Césaire, poète antillais, évoque non pas un volcan précis mais les volcans en général. En jouant sur le pluriel des «volcans», il montre la variété et la diversité de ces phénomènes naturels, tantôt actifs, tantôt passifs, à l'image de l'homme dans le monde. ⬐ p. 258

Alexandre Dumas
Auteur de fresques historiques
1802-1870

Victor Hugo
Écrivain prolifique :
romans, théâtre, poésie
1802-1885

Jules Verne
Auteur de récits d'aventures et de romans fantastiques
1828-1905

Aimé Césaire
Poète martiniquais célébrant ses origines africaines
1913-2008

Descendez dans le cœur d'un volcan

Magma

D'un coup, il fit sauter le chapeau
qu'il n'avait plus ôté
depuis des décennies.

Il en sortit des pluies
de feu
de suies
de cendres.

Longtemps, il hoqueta,
bava,
tira la langue
tel un loup, flancs ouverts,
à bout de vie exsangue[1].

Pas de foule accourue,
peu de flashes,
de rares paysans de la montagne à vaches.

Alors, déçu, vexé, il referma la bouche,
fit taire son étuve[2]
puis il se rendormit
avec ses rêves de Vésuve[3].

Pierre Coran, *Les Éléments des poètes*,
réunis par Jacques Charpentreau,
© Le Livre de poche Jeunesse, 1990.

1. **Exsangue :** qui a perdu beaucoup de sang, dépourvu de force.
2. **Étuve :** lieu où la température est très élevée. 3. **Vésuve :** volcan d'Italie du Sud qui détruisit Pompéi en 79 de notre ère.

1 Lisez ce poème à haute voix. Par quels verbes le poète donne-t-il à entendre la vivacité du volcan ? Quel caractère donne-t-il à ce volcan ?

2 Mettez-vous à la place du volcan et imaginez ses « rêves de Vésuve ». Rédigez une strophe ou un paragraphe en prose qui prolonge le poème.

L'ascension de l'Etna

ITALIE

Mer Méditerranée

Etna ▲
Sicile

En 1835, Alexandre Dumas entreprend avec un compagnon l'ascension de l'Etna, volcan situé en Sicile (3 330 mètres de hauteur). Il nous livre ses impressions de voyage.

Nous <u>continuâmes</u> à marcher un quart d'heure encore à peu près au milieu d'arbres qui devenaient plus rares de vingt pas en vingt pas, et qui finirent enfin par disparaître tout à fait. Nous venions d'entrer dans la troisième région de l'Etna, et nous sentions, au pas de nos mulets,
5 quand ils passaient sur des laves, quand ils traversaient des cendres, ou quand ils foulaient une espèce de mousse, la seule végétation qui monte jusque-là. Quant aux yeux, ils nous étaient d'une médiocre utilité, le sol nous apparaissant plus ou moins coloré, voilà tout, mais sans que nous puissions, au milieu de l'obscurité, distinguer aucun détail.
10 Cependant, à mesure que nous montions, le froid devenait plus intense, et, malgré nos houppelandes[1], nous étions glacés. Ce changement de température avait suspendu la conversation, et chacun de nous, concentré en lui-même comme pour y conserver sa chaleur, s'avançait silencieusement. Je marchais le premier, et si je ne pouvais voir le terrain
15 sur lequel nous avancions, je distinguais parfaitement à notre droite des escarpements[2] gigantesques et des pics immenses, qui se dressaient comme des géants, et dont les silhouettes noires se dessinaient sur l'azur foncé du ciel. Plus nous avancions, plus ces apparitions prenaient des aspects étranges et fantastiques ; on comprenait bien que la nature
20 n'avait point fait ces montagnes ainsi, et que c'était une longue lutte qui les avait dépouillées. Nous étions sur le champ de bataille des titans[3] ; nous gravissions Pélion entassé sur Ossa[4].

Alexandre Dumas, *Le Speronare*, chapitre IX, 1842-1843.

---

1. **Houppelandes** : manteaux amples et longs. 2. **Escarpements** : pentes très raides. 3. **Titans** : dans la mythologie grecque, géants de taille et de force inhabituelles. 4. **Pélion et Ossa** : monts situés en Grèce ; ici, action impossible.

Etna, face nord, éruption de 2002.

Philippe Hackert, *Le Cratère de l'Etna*, gouache, 1783.

▶ Quel regard les personnages portent-ils sur le paysage qu'ils découvrent ?

Découvrir le texte

1. Si vous deviez gravir l'Etna, quels sentiments éprouveriez-vous ? Comment prépareriez-vous une telle ascension ?

Analyser et interpréter le texte

Un paysage hors du commun

2. Quelle place occupe la végétation dans cette description ? Quel est l'élément dominant dans ce paysage ?

3. À l'aide de deux noms, dites quelle atmosphère règne dans cette nature.

Des voyageurs fascinés

4. LANGUE À quoi les volcans sont-ils comparés à la ligne 17 ? Quelle est cette figure de style ? Expliquez pourquoi les personnages sont fascinés par eux.

❯ Maîtriser l'expression de la comparaison, p. 312.

5. MISE EN VOIX Lisez à voix haute la fin du texte depuis « Plus nous avancions… » (l. 18). Pourquoi les voyageurs ont-ils l'impression de se trouver sur un champ de bataille ?

S'exprimer à l'écrit

Exprimer une émotion devant un paysage

6. Choisissez un paysage qui vous plaît et décrivez-le en exprimant les émotions que vous ressentez. Ce paysage vous apaise-t-il ou au contraire vous donne-t-il de la force ?

Conseil : utilisez des mots qui expriment la surprise, la fascination, l'éblouissement, l'admiration…

Bilan Pourquoi les personnages ont-ils l'impression de livrer un combat digne des titans ?

Pour bien écrire

« Nous continuâmes » (l. 1). Au passé simple, les deux premières personnes du pluriel prennent un accent circonflexe. Ex. : nous luttâmes, vous fûtes vainqueurs. Cherchez un autre verbe emprunté au domaine du combat et conjuguez-le au passé simple, à la première personne du pluriel.

À la recherche du centre de la Terre

Axel et son oncle, le grand savant Lidenbrock, ont découvert un vieux parchemin islandais, signé d'un homme qui prétend être descendu au centre de la Terre. Le savant veut entreprendre la même expédition. Axel, défavorable à ce voyage, l'interroge.

    – Qu'est-ce que le Sneffels[1] ? »

J'espérais qu'à cette demande il n'y aurait pas de réponse. Je me trompais. Mon oncle reprit :

« Suis-moi sur la côte occidentale de l'Islande. Aperçois-tu Reykjawik, sa capitale ? Oui. Bien. Remonte les fjords[2] innombrables de ces rivages rongés par la mer, et arrête-toi un peu au-dessous du soixante-cinquième degré de latitude. Que vois-tu là ?

    – Une sorte de presqu'île semblable à un os décharné, que termine une énorme rotule[3].

    – La comparaison est juste, mon garçon ; maintenant, n'aperçois-tu rien sur cette rotule ?

    – Si, un mont qui semble avoir poussé en mer.

    – Bon ! c'est le Sneffels.

    – Le Sneffels ?

    – Lui-même, une montagne haute de cinq mille pieds[4], l'une des plus remarquables de l'île, et à coup sûr la plus célèbre du monde entier, si son cratère aboutit au centre du globe.

    – Mais c'est impossible ! m'écriai-je, haussant les épaules et révolté contre une pareille supposition.

Glacier Snaeffellsjökull, Islande, 2011.

20   – Impossible ! répondit le professeur Lidenbrock d'un ton sévère. Et pourquoi cela ?

     – Parce que ce cratère est évidemment obstrué[5] par les laves, les roches brûlantes, et qu'alors…

     – Et si c'est un cratère éteint ?

25   – Éteint ?

     – Oui. Le nombre des volcans en activité à la surface du globe n'est actuellement que de trois cents environ ; mais il existe une bien plus grande quantité de volcans éteints. Or le Sneffels compte parmi

30 ces derniers, et depuis les temps historiques, il n'a eu qu'une seule éruption, celle de 1219 ; à partir de cette époque, ses rumeurs se sont apaisées peu à peu, et il n'est plus au nombre des volcans actifs. »

35   À ces affirmations positives, je n'avais absolument rien à répondre ; je me rejetai donc sur les autres obscurités que renfermait le document.

Jules Verne, *Voyage au centre de la Terre*,
chapitre VI, 1864.

————

1. **Sneffels** : volcan d'Islande (1446 mètres) surmonté d'une calotte glaciaire. 2. **Fjords** : anciennes vallées glaciaires envahies par la mer. 3. **Rotule** : os de forme triangulaire qui permet les mouvements de l'articulation du genou. 4. **Pied** : unité de longueur équivalant à 0,304 mètre. 5. **Obstrué** : bouché.

Fabien Montès, in *Voyage au centre de la Terre*,
de Jules Verne, éditions Fleurus, 2012.

▶ Comment exposer une démonstration scientifique dans un roman ?

Découvrir le texte

1. Si vous étiez à la place d'Axel, quelle question aimeriez-vous poser au savant ?

Analyser et interpréter le texte

Une discussion passionnée

2. Quelle est la relation entre les deux personnages ? Qui mène le dialogue selon vous ?

3. LANGUE Quel type de phrases domine aux lignes 1 à 11 ? Dans quel but ?

❯ Reconnaître les différents types de phrase, p. 318

4. MISE EN VOIX Lisez ce texte par groupe de trois. Un élève donnera des indications de mise en scène : gestes et intonations.

Une démonstration scientifique

5. Quel est le sujet scientifique abordé ici ? Quel rôle joue le paragraphe qui commence par « Oui » ?

6. Quelles sont les caractéristiques du discours scientifique tenu par Lidenbrock ? Identifiez le thème, les temps des verbes, le choix des mots et les connecteurs logiques.

S'exprimer à l'écrit ✐

Poursuivre un dialogue

7. Continuez ce dialogue en vous mettant à la place d'Axel. Posez au savant cinq questions pour vous assurer que l'expédition n'est pas dangereuse.

Conseil : n'oubliez pas de faire répondre le professeur. Servez-vous pour cela d'une encyclopédie en ligne pour préparer vos réponses.

Bilan Pourquoi un dialogue semble-t-il particulièrement adapté pour exposer une démonstration scientifique ?

Quand longtemps a grondé
la bouche du Vésuve...

Objectifs
• Découvrir le lyrisme à travers un poème sur la nature.
• Comprendre la toute-puissance de la nature.

Compétence
• Élaborer une interprétation.

Dans le recueil lyrique Les Chants du crépuscule, *Victor Hugo évoque l'une des éruptions du Vésuve, volcan situé en Italie, dans la baie de Naples.*

Quand longtemps a grondé la bouche du Vésuve,
Quand sa lave, écumant comme un vin dans la cuve,
    Apparaît toute rouge au bord,

Naples s'émeut ; pleurante, effarée et lascive[1],
5 Elle accourt, elle étreint la terre convulsive ;
Elle demande grâce au volcan courroucé[2] ;
Point de grâce ! un long jet de cendre et de fumée
Grandit incessamment sur la cime enflammée
Comme un cou de vautour hors de l'aire[3] dressé.

10 Soudain un éclair luit ! hors du cratère immense
La sombre éruption bondit comme en démence.
Adieu le fronton grec et le temple toscan[4] !
La flamme des vaisseaux empourpre[5] la voilure[6],
La lave se répand comme une chevelure
15   Sur les épaules du volcan.

🖋 **Pour bien écrire**

« Lascive » (v. 4) : les adjectifs qui se terminent en -*if* changent le *f* en *v* devant la lettre *e* du féminin. Ex. : « passif » devient « Il a une attitude passive ». Quel est dans le poème l'autre mot qui correspond à cette règle ?

Herbert K. Kane,
Pele Honua Mea.

Elle vient, elle vient, cette lave profonde
Qui féconde les champs et fait des ports dans l'onde !
Plage, mers, archipels, tout tressaille à la fois.
Ses flots roulent vermeils[7], fumants, inexorables,
20   Et Naples et ses palais tremblent plus misérables
Qu'au souffle de l'orage une feuille des bois !

Chaos prodigieux ! la cendre emplit les rues,
La terre revomit des maisons disparues,
Chaque toit éperdu[8] se heurte au toit voisin,
25   La mer bout dans le golfe et la plaine s'embrase,
Et les clochers géants, chancelant sur leur base,
        Sonnent d'eux-mêmes le tocsin[9] !

Victor Hugo, *Les Chants du crépuscule*, (extrait) II, 7, 1835.

---

1. **Lascive** : sensuelle. 2. **Courroucé** : en colère. 3. **Aire** : territoire d'un animal. 4. **Fronton grec et le temple toscan** : vestiges de temples antiques. 5. **Empourprer** : colorer de rouge vif. 6. **Voilure** : ensemble des voiles du navire. 7. **Vermeils** : rouge vif. 8. **Éperdu** : affolé. 9. **Tocsin** : cloche que l'on sonne à coups répétés pour donner l'alarme.

Joseph Wright of Derby,
Le Vésuve vu de Posillipo, vers 1788.

▶ Comment le poète transforme-t-il une éruption en un phénomène spectaculaire ?

Découvrir le texte
1. Relevez les vers qui vous semblent les plus puissants ou les plus rapides et ceux qui vous semblent plus lents ou plus doux.
2. Quelle image du poème vous semble la plus forte ?

Analyser et interpréter le texte
Un phénomène naturel
3. En vous appuyant sur les verbes employés, décrivez les étapes du phénomène qui se produit.
4. Quels sont les effets de l'éruption volcanique sur la ville et la nature ? Relevez des expressions du poème pour répondre.
Une nature déchaînée
5. Comment la violence de l'éruption est-elle suggérée ? Répondez en citant une expression du poème.

6. Comment le poète prête-t-il vie au volcan ? Quelle est cette figure de style ?
7. LANGUE Relevez les phrases exclamatives. Quels sentiments traduisent-elles ?
↘ Reconnaître les différents types de phrase, p. 318

S'exprimer à l'oral 💬
Enregistrer une lecture de poème
8. Choisissez deux strophes de ce poème et déclamez-les avec exagération pour rendre compte de la violence de certains passages. Vous vous enregistrez, par exemple, avec le logiciel Audacity.

≡ *Conseil* : veillez à respecter les liaisons et les -e muets.

Bilan Quel rapport de force s'établit entre le volcan et les hommes ?

▽ L'HISTOIRE DES MOTS

« **Naples** » (v. 4), ville d'Italie du Sud, vient du grec *Nea – polis* signifiant « nouvelle ville ». Quel autre nom de ville comportant le mot « polis » connaissez-vous ?

☞ MÉMO

Le lyrisme fait référence à la lyre, dont s'accompagnaient les poètes dans l'Antiquité. Avec les poètes romantiques comme Victor Hugo, le lyrisme devient une façon passionnée et exagérée de s'exprimer, sur la nature ou ses sentiments.

Dorsale Bossale

Aimé Césaire, qui revendique les racines africaines de sa culture, célèbre les paysages des Antilles à travers la présence des volcans.

<u>Il y a</u> des volcans qui se meurent
il y a des volcans qui demeurent
il y a des volcans qui ne sont là que pour le vent
il y a des volcans fous
5 il y a des volcans ivres à la dérive
il y a des volcans qui vivent en meute et patrouillent
il y a des volcans dont la gueule émerge de temps en temps
véritables chiens de la mer
il y a des volcans qui se voilent la face
10 toujours dans les nuages
il y a des volcans vautrés comme des rhinocéros fatigués
dont on peut palper la poche galactique[1]
il y a des volcans pieux[2] qui élèvent des monuments
à la gloire des peuples disparus
15 il y a des volcans vigilants
des volcans qui aboient
montant la garde au seuil du Kraal[3] des peuples endormis
il y a des volcans fantasques[4] qui apparaissent
et disparaissent
20 (ce sont jeux lémuriens)[5]
il ne faut pas oublier ceux qui ne sont pas les moindres
les volcans qu'aucune dorsale n'a jamais repérés
et dont de nuit les rancunes se construisent
il y a des volcans dont l'embouchure est à la mesure
25 exacte de l'antique déchirure.

Aimé Césaire, « Dorsale[6] Bossale[7] », *Moi, laminaire...*
© Éditions du Seuil, 1982, « Points », 1991.

---

1. **Galactique :** plein de lait. 2. **Pieux :** animés de sentiments religieux. 3. **Kraal :** village enclos pour le bétail. 4. **Fantasques :** bizarres et originaux. 5. **Lémuriens :** mammifères qui vivent dans les arbres et qui ressemblent aux singes. 6. **Dorsale :** montagne ou volcan. 7. **Bossale :** esclave nouvellement arrivé aux Antilles.

 **Pour bien écrire**

« Il y a » (v. 1) est une locution verbale impersonnelle, composée du verbe avoir ; « a » s'écrit donc sans accent. À la manière de Césaire, proposez deux phrases pour employer cette expression.

MÉMO

Un poème en vers libres comporte des vers de longueur variable, avec ou sans rime, et se rapproche de la prononciation courante. Il n'est pas toujours ponctué.

Michel Guyot, *Le Roraima*, gouache.

▶ *Comment le poème offre-t-il plusieurs visions de la réalité ?*

Découvrir le texte

1. MISE EN VOIX Faites une lecture collective du texte à voix haute, avec autant de lecteurs que le poète voit de volcans.

2. À quel volcan ressemblez-vous ? Justifiez votre réponse.

Analyser et interpréter le texte

Des volcans multiples

3. LANGUE Sur quelle répétition le texte repose-t-il ? Quel effet cela produit-t-il ?
↘ *Les figures de style, p. 372*

4. À quoi ou à qui les volcans sont-ils comparés ? Dans quel but selon vous ?

5. Pourquoi l'emploi du pluriel revient-il plusieurs fois dans la formule « Il y a des volcans... » ? Quelle caractéristique des volcans le poète veut-il mettre en valeur ?

Une leçon de diversité

6. Appuyez-vous sur les termes qui qualifient les volcans et classez-les en deux catégories : les actifs qui peuvent encore entrer en éruption et les passifs.

7. Que représentent, selon vous, ces volcans ?

S'exprimer à l'écrit ✐

Écrire un poème à plusieurs

8. Rédigez à plusieurs un poème en lien avec la nature. Un(e) élève écrit sur une feuille trois vers libres. Il les cache et donne seulement à lire le dernier vers à un(e) camarade. Ce dernier écrit la suite de la même façon et ainsi de suite. À la fin, l'élève du départ lit à la classe le poème commun.

> **Bilan** Comment le poète célèbre-t-il la diversité de la nature et des hommes ?

La représentation

Stromboli et Pompéi évoquent la menace permanente que représentent les volcans pour l'homme, qu'il s'agisse de l'éruption du Stromboli en 1949 ou du Vésuve en 79.

Stromboli

Au lendemain de la guerre, Karen, une jeune lituanienne réfugiée en Italie se voit refuser son visa. Pour échapper à son sort, elle épouse Antonio, un pêcheur italien qui l'emmène vivre sur son île, Stromboli. Karen ne supporte pas cette vie rustique et la présence menaçante du volcan. Le film est tourné sur l'île de Stromboli, les habitants participent au tournage. Une éruption a lieu pendant le tournage.

Fiche signalétique du film

Titre original : *Stromboli, Terra di Dio*
Réalisation : Roberto Rossellini
Musique : Renzo Rossellini
Genre : drame
Durée : 1h47 minutes
Sortie : 1949
Distribution : Ingrid Bergman (Karen)
Mario Vitale (Antonio)

Photogrammes du film *Stromboli, Terra di Dio*

❶ **Vue du village avec Stromboli en arrière-plan.**

❷ **La pêche au thon.**

❸ **Quand le volcan entre en eruption, tout le village se réfugie sur la mer.**

❹ **Karen tout en haut du volcan qui entre en éruption.**

Comprendre les œuvres

1. En prenant en compte toutes les informations sur les deux films (génériques et photogrammes), expliquez pourquoi *Stromboli* est proche d'un documentaire et *Pompéi* d'un film de fiction. Relevez des éléments réalistes, proches de la vie quotidienne pour le premier film et des indices de fiction pour le second.

2. Comparez la présentation du village de Stromboli et de la ville de Pompéi. À quoi voit-on que l'une des villes est filmée sur place et que l'autre est une image de synthèse ?

3. *Stromboli*, photogramme 2 : décrivez l'image et dites en quoi ce plan est réaliste. Que raconte le photogramme 6 de *Pompéi* ?

des volcans au cinéma

Pompéi

En l'an 79, la ville de Pompéi vit une période faste à l'abri du mont Vésuve. Milo, esclave devenu gladiateur, participe aux jeux dans les arènes. Le Vésuve se réveille... Le film est tourné en studio, tous les décors sont réalisés en numérique.

Fiche signalétique du film

Titre original : *Pompéi*
Réalisation : Paul W. S. Anderson
Musique : Clinton Shorter
Genre : péplum
Durée : 1h45 minutes
Sortie : 2014
Distribution : Kit Harington (Milo)
Emily Browning (Cassia)

Photogrammes du film *Pompéi*

5 **Arrivée des gladiateurs dans la ville de Pompéi.**
6 **L'arène, le Vésuve à l'arrière-plan.**
7 **La nuit, l'éruption du Vésuve.**
8 **Milo et Cassia sont rattrapés par la coulée ardente.**

Vocabulaire

- **Cadrage** : opération qui détermine le champ visuel montré par l'image.
- **Documentaire** : film qui restitue le réel, à partir de prises de vues et de sons, considérées comme des documents.
- **Image de synthèse** : image virtuelle, animée ou non, créée par ordinateur.
- **Péplum** : genre historique dont l'action se déroule dans l'Antiquité.
- **Réalisme** : volonté de représenter la réalité telle qu'elle est.

4. Les deux volcans ont-ils le même type d'éruption ? Comment réagissent les habitants de Stromboli ? Que peut-on en déduire ?
5. Comment interprétez-vous les photogrammes 4 et 8 ? Quels sont leurs points communs et leurs différences ? Interrogez-vous sur le cadrage (la place de la scène dans le film), la position des personnages par rapport au volcan, leurs attitudes, la composition de l'image.

Activités

Atelier d'écriture

En vous référant au photogramme 8 de *Pompéi*, imaginez le dialogue de Milo et de la jeune fille, lorsqu'ils sont rattrapés par la coulée ardente. Vous prendrez en compte les éléments du décor.

Pompéi et la vie quotidienne

Objectifs
• Parcourir l'antique
cité de Pompéi pour
découvrir les traces.
de la vie quotidienne
• S'initier au latin.

*Fondée au v*ᵉ *siècle av. J.-C., la cité de Pompéi est passée sous contrôle grec,
puis romain. Au I*ᵉʳ *siècle de notre ère, cette petite ville de 20 000 habitants
s'organisait autour du commerce, de l'artisanat et de l'agriculture. En 62
ap. J.-C., un premier tremblement de terre endommagea la ville. En 79, lors
de l'éruption du Vésuve, Pompéi fut ensevelie sous une couche de cendres et de
pierres atteignant 6 mètres d'épaisseur. La ville fut découverte au* XVIII*ᵉ siècle.*

Dans les rues de Pompéi

Ralph Rainer Steffens, *Maison des Vetii*, Pompéi.

G. Dagli Orti, *Une boutique de Pompéi (thermopolium) dans la rue de l'Abondance.*

Robert O'Dea, *Forum.*

Florian Monheim, *Temple de Jupiter Capitolin avec vue sur le Vésuve en arrière-plan.*

L. Romano, *Amphithéâtre.*

Découvrir la ville de Pompéi

1. Observez les photographies et identifiez pour chacune d'entre elles le lieu représenté. Classez vos réponses selon qu'il s'agit d'un lieu public ou privé.

2. À l'aide d'un dictionnaire de latin (papier ou en ligne de type Lexilogos), proposez une définition des mots suivants : *forum, templum, atrium, thermopolium* et *amphitheatrum.*

Sur les sols de Pompéi

Comprendre une mosaïque

3. Pour quelle raison, selon vous, cette mosaïque se trouvait-elle souvent à l'entrée des maisons de Pompéi ?

4. Comment survit cette inscription à l'entrée des maisons de nos jours ? Proposez une traduction de la formule latine « cave canem ».

Cave canem (« Attention au chien »), sol en mosaïque à l'entrée de la Maison du poète tragique.

Sur les murs de Pompéi

Numerius Popidius Numeri filius Celsinus aedem Isidis, terrae motu conlapsam, a fundamento pecunia sua restituit

Numerius Popidius Celsinus, fils de Numerius, a fait entièrement restaurer à ses frais le sanctuaire d'Isis, détruit par le tremblement de terre.

Anonyme, *Sur les murs de Pompéi*, trad. du latin par P. Moreau, Gallimard, 1993.

Caium Iulium Polybium aedilem oro vos faciatis. Panem bonum fert.

Élisez édile[1] Caius Iulius Polybius. Il apporte avec lui du bon pain.

Anonyme, *Sur les murs de Pompéi*, trad. du latin par P. Moreau, Gallimard, 1993.

—————
1. **Édile** : juge chargé de l'approvisionnement en blé et de l'organisation des jeux dans la cité.

Déchiffrer des inscriptions

5. Lisez en latin et en français les inscriptions ci-contre, retrouvées sur les murs de Pompéi. Quel groupe de mots latins fait référence, selon vous, au tremblement de terre ?

6. Faites une recherche et dites quel est l'autre sens du mot *aedem*. Expliquez le sens du mot « édifice ».

7. Quel mot latin désigne « l'édile » dans cette inscription ? À quoi le reconnaissez-vous ?

8. Retrouvez le groupe de mots latins « du bon pain ».

9. En quoi cette référence au pain était-elle selon vous importante pour les habitants de Pompéi ?

À vous de créer

Écrivez à votre tour une inscription brève, d'une à trois lignes, qui aurait pu figurer sur les murs de Pompéi. Vous évoquerez un aspect de la vie religieuse, politique, sociale ou culturelle...

> **Méthode**
> Utilisez un temps grammatical qui exprime la volonté, par exemple le futur ou l'impératif.

Vocabulaire

Objectif
• Enrichir son lexique autour des volcans et du feu.

Les volcans et le feu

Expliquer un phénomène naturel

1 Le mot « volcan » vient du latin *Vulcanus*, nom du dieu romain Vulcain. Observez l'image et renseignez-vous sur ce dieu. Pourquoi son nom a-t-il été choisi pour désigner les volcans ?

Diego Vélasquez, *La Forge de Vulcain*, détail, huile sur toile, 223 x 290 cm, 1630.

2 Lequel de ces mots désigne la science ou l'étude des volcans ?

volcanologie • volcanisme • sismographie • vulcanologie

3 Connaissez-vous la différence entre le magma et la lave ? Reliez les mots suivants à la définition qui convient.

lave •   • roche en fusion dans les profondeurs du volcan.

magma •   • roche en fusion qui sort d'un volcan lors d'une éruption.

4 Proposez une définition de chaque nom à la manière d'un dictionnaire.

Noms	Définitions
Ex. : Fumerolle(s)	Nom féminin. Gaz et vapeurs émis par les volcans.
Cheminée	
Éruption	
Cratère	
Séisme	

5 À l'aide des mots suivants, constituez une phrase afin d'expliquer les conséquences d'une éruption.

coulées de boue • avalanches • habitations • routes • incendies • effondrement

Exprimer l'intensité

6 Classez les verbes suivants selon leur intensité, du plus faible au plus fort.

fondre • cracher • exploser • jaillir • expulser • crépiter • flamboyer • étinceler • rougeoyer

Dire le feu dans tous ses états

7 Associez chacun de ces groupes nominaux à un qualificatif possible.

un bruit •   • brûlant
un repas •   • incandescent
un sol •   • fumant
une lumière •   • crépitant
une flamme •   • vif

8 Lisez le texte.
a. Soulignez tous les mots se rapportant au domaine du feu, puis classez-les en fonction de ce qu'ils expriment. Vous pouvez recourir à un dictionnaire.
b. Par quels moyens (choix des verbes, images...) le feu est-il animé dans cette description de l'incendie ?

Comparons nos langues
Volcan se dit *volcano* en anglais, *vulkan* en allemand et *vulcano* italien. Que remarquez-vous ?

> Tout brûlait maintenant. La flamme dansait... Il semblait qu'un souffle scélérat attisait le bûcher. [...] Toutes les splendeurs de l'incendie se déployaient. De longues flammèches s'envolaient au loin et rayaient l'ombre et l'on eût dit des comètes combattantes, courant les unes après les autres.
>
> Victor Hugo, *Quatre-vingt-treize*, 1873.

À vous d'écrire !

9 Observez la photographie et décrivez en cinq lignes l'éruption du Calbuco au Chili et ses conséquences possibles en réutilisant le lexique des volcans.

L'éruption du volcan Calbuco, Associated Press, «Volcan Calbuco au Chili : les incroyables images de l'éruption», *Le Huffington Post*, 23 avril 2015.

264

Objectif
• Reconnaître et caractériser les marques du lieu et du temps.

Grammaire

Les compléments circonstanciels

Retenir l'essentiel

• Le complément circonstanciel est un élément non essentiel de la phrase. Il indique les circonstances dans lesquels se déroulent l'action : lieu, temps, manière, cause, conséquence, but...
• Pour identifier **le lieu** et **le temps**, on peut poser les questions suivantes à l'aide d'adverbes interrogatifs : **où**, **par où**, **quand**, **jusqu'à quand** ?...

❱ *Maîtriser l'expression du temps et du lieu, p. 308.*

Identifier les indications de lieu et de temps

1 Soulignez dans la phrase suivante les marques du lieu. Précisez comment elles sont exprimées.

> Les bains antiques sont au bout de la voie Consulaire, près de la rue de la Fortune.
>
> Théophile Gautier, *Jettatura*, 1856.

2 Classez dans un tableau les compléments circonstanciels de cet extrait selon qu'ils expriment le lieu ou le temps. Indiquez pour chacun leur classe grammaticale.

> Au cours des derniers siècles nous avons eu des éruptions volcaniques très destructrices (Nevado del Ruiz, Colombie, 1985 : 23 187 morts ; Montagne Pelée : 1902, 28 800 morts ; Krakatau, Indonésie, 1883 : 36 417 morts ; Tambora, Indonésie, 1815 : 60 000 morts ; Unzen Japon, 1792 : 14 524 morts). Mais à cause de leur faible taux de récurrence, ces événements s'évanouissent peu à peu dans la conscience collective au regard des bénéfices que procure l'activité volcanique sur le long terme.
>
> Jean-Christophe Komorowski, propos recueillis par Pierre Barthélémy, le 9 avril 2015 (passeur de science).

Exprimer le lieu et le temps

3 Lisez le texte suivant.
a. Transformez-le pour faire apparaître une proposition subordonnée temporelle.
b. Comment est exprimé le lieu dans cet extrait ? Remplacez les groupes de mots par une expression de sens voisin.

> Dimanche 6 janvier – 13 h 23 – Le volcan de l'île de la Réunion, le Piton de la Fournaise, est entré en éruption samedi vers 23 heures locales.   AFP, 2002.

4 **Dictée préparée**
a. Lisez le texte suivant attentivement puis soulignez tous les compléments circonstanciels de temps et de lieu.
b. Justifiez les accords de « parti », « nue », « enveloppées » et « pâles ».
c. Relisez le passage en vous concentrant sur l'orthographe des lieux cités, avant de réécrire ce texte sous la dictée de votre professeur.

> 5 janvier 1804
> Aujourd'hui 5 janvier, je suis parti de Naples à sept heures du matin ; me voilà à Portici. Le soleil est dégagé des nuages du levant, mais la tête du Vésuve est toujours dans le brouillard. Je fais marché avec un cicérone pour me conduire au cratère du volcan. Il me fournit deux mules, une pour lui, une pour moi : nous partons.
> J'arrive au premier plateau de la montagne. Une plaine nue s'étend devant moi. J'entrevois les deux têtes du Vésuve ; à gauche la Somma, à droite la bouche actuelle du volcan : ces deux têtes sont enveloppées de nuages pâles. Je m'avance.
>
> René de Chateaubriand, *Voyage en Italie*, 1804.

À vous d'écrire !

5 Décrivez ce tableau en employant les compléments circonstanciels de lieu et de temps. À l'aide de marques spatiales (adverbes, groupes prépositionnels...), indiquez les différents plans du tableau pour décrire les activités des personnages et la présence du Vésuve. À l'aide d'indices temporels exprimant la durée ou le moment précis, montrez l'action du volcan.

Paul Alfred de Curzon, *Un rêve dans les ruines de Pompéi*, 1866.

Présenter un reportage

En 2014 et 2015, des éruptions volcaniques ont eu lieu dans différents endroits du monde. Vous avez assisté à une de ces éruptions. Vous devez présenter un reportage sur ce que vous avez vu.

ÉTAPE 1 — S'inspirer de l'actualité

Le Cotopaxi, culminant à 5 897 mètres d'altitude, est considéré comme l'un des volcans les plus dangereux du monde en raison de la grande quantité de neige présente à son sommet et des populations vivant à proximité. Il a été secoué depuis vendredi par de nombreuses explosions, dégageant d'imposantes colonnes de cendres et des fragments solides et incandescents.

L'un des principaux risques est la formation de coulées de boue très denses formées par la fonte de la neige avec la chaleur de l'éruption, qui peuvent tout détruire sur leur passage. Le gouvernement a évacué 505 habitants des localités voisines.

Entretion avec Jean-Christophe Komorowski, propos recueillis par Pierre Barthélémy, Le Monde, le 9 avril 2015.

Andres Fernandez,
Nuages de fumée et de cendre lors de l'éruption du volcan équatorien Cotopaxi, 2015.

1 Lisez l'article ci-dessus. Quel est le sujet traité ?

2 Quels temps sont employés ? Pour quelles raisons ? Dans quel ordre les faits sont-ils rapportés ?

ÉTAPE 2 — Construire le reportage

3 Choisissez un sujet tiré de l'actualité et rassemblez de la documentation en recherchant des photographies et des articles de presse en ligne (par exemple sur le site suivant : www.nationalgeographic.fr) et/ou dans les archives du CDI.

4 Exploitez vos documents en vous interrogeant sur la nature de l'événement : ses causes, ses conséquences, la façon de présenter les faits…

5 Déterminez les questions que vous allez aborder dans votre reportage et rédigez une phrase au brouillon pour chacune d'elles : événement, lieu, moment, causes, conséquences…

ÉTAPE 3 — Présenter le reportage

6 Présentez devant la classe votre reportage en utilisant des outils numériques pour introduire des photographies, des vidéos, des cartes, des tableaux, des schémas explicatifs…

7 Exprimez-vous de façon maîtrisée face à vos camarades.
Utilisez toutes les ressources de votre voix : parlez haut et distinctement, variez les intonations.

8 Recueillez les réactions du public et répondez aux éventuelles questions.

> **Méthode**
> Vous pouvez utiliser un diaporama ou un logiciel de montage vidéo pour présenter votre reportage…

COMPÉTENCES

D1, D2, D3	S'exprimer de façon maîtrisée face à un auditoire.
D1, D2, D3	Participer de façon constructive à des échanges oraux.
D1, D2, D3	Comprendre et interpréter des messages.
D1, D2, D3	Exploiter les ressources de la voix.

Écrire un texte explicatif sur un phénomène naturel

Vous êtes soucieux de l'environnement et êtes particulièrement sensible aux phénomènes naturels qui constituent une menace pour la planète. Rendez compte d'un phénomène en écrivant un texte à la fois descriptif et explicatif.

ÉTAPE 1 Déterminer le cadre d'une explication

1 Choisissez un phénomène naturel : typhon, ouragan, tsunami, brouillard, givre, neige...

2 Documentez-vous sur le phénomène retenu, à l'aide de vos manuels de géographie, SVT et physique.

3 Notez les termes qui se rapportent au phénomène que vous avez choisi, en faisant une liste de vocabulaire.

Johnathan Ampersand Esper,
Vue aérienne du Holuhraun en Islande.

ÉTAPE 2 Établir le plan d'une explication

4 Identifiez la nature du phénomène : son lieu, sa durée, son intensité, sa fréquence...

5 Interrogez-vous sur les raisons scientifiques du phénomène et sur ses effets concernant la nature, les hommes...

Méthode

Vous pouvez consulter des magazines, des revues et des articles de presse au CDI du collège. Vous pouvez aussi consulter des sites Internet en tapant un mot-clé dans un moteur de recherche.

ÉTAPE 3 Rédiger une explication

6 Rédigez un texte explicatif d'une quinzaine de lignes pour présenter le phénomène retenu. Respectez les caractéristiques de ce type de texte et utilisez des images par le biais de comparaisons ou de métaphores.

7 Présentez les caractéristiques du phénomène naturel, développez ses causes et ses conséquences.

8 Pour nourrir votre réflexion et dégager les lignes du plan, interrogez-vous sur les causes du phénomène : sont-elles complètement naturelles ou l'homme a-t-il sa part de responsabilité ? Prenez en compte les effets du phénomène : comment peut-on y remédier dans le présent et les éviter à l'avenir ?

 Pour bien écrire

Veillez à bien utiliser le présent de l'indicatif pour décrire et expliquer le phénomène. Employez des connecteurs logiques pour relier les idées entre elles.

COMPÉTENCES

D1 Exploiter un vocabulaire spécifique lié à un phénomène naturel.

D1 Adopter des procédés d'écriture (comparaison, métaphore, personnification...).

D1 Produire un texte (descriptif et) explicatif cohérent.

Bilan de la séquence

La représentation des volcans en littérature

Des **descriptions de volcans réels**. Ex. : l'Etna, le Vésuve…	Des tableaux de **paysages naturels** époustouflants.	Des **démonstrations scientifiques** d'un phénomène naturel.	Les **réactions humaines** (étonnement, stupéfaction, effroi,…) face aux conséquences des éruptions volcaniques.

Une portée symbolique : l'homme face à la nature

Les **jeux d'images** sont très présents grâce aux personnifications et aux comparaisons. Les volcans sont tantôt des géants, des rapaces, des hommes ou des monstres.	À travers les volcans, les écrivains livrent une **vision du monde**. Souvent **un combat disproportionné entre la nature et l'homme**, les volcans peuvent aussi représenter **la diversité du caractère humain** entre soumission et révolte face à la nature.

Évaluation 1. Mobiliser les acquis de la séquence

1. Je sais situer les écrivains dans le temps et les placer sur une frise chronologique.

Alexandre Dumas • Aimé Césaire • Victor Hugo • Jules Verne

XIXᵉ siècle	XXᵉ siècle

2. Je peux expliquer l'étymologie du mot volcan.

3. Je sais nommer deux volcans en activité et les situer dans l'espace.

4. Je sais quel événement s'est produit en 79 de notre ère.

5. Je sais formuler deux caractéristiques d'un texte explicatif.

6. Je peux citer le nom d'un romancier qui s'est intéressé aux phénomènes des volcans.

les volcans

Au cœur du volcan

L'ingénieur Cyrus Smith et ses cinq compagnons ont fui leur pays en guerre ; pris dans un ouragan, ils échouent sur une île du Pacifique, aussi déserte que mystérieuse. Des faits inexplicables les amènent à croire à la présence d'une puissance étrange...

Cyrus Smith suivit le même chemin que la veille. On contourna le cône par le plateau qui formait épaulement[1], jusqu'à la gueule de l'énorme crevasse. Le temps était magnifique. Le soleil montait sur un ciel pur et couvrait de ses rayons tout le flanc oriental de la montagne.

5   Le cratère fut abordé. Il était bien tel que l'ingénieur l'avait reconnu dans l'ombre, c'est-à-dire un vaste entonnoir qui allait en s'évasant jusqu'à une hauteur de mille pieds[2] au-dessus du plateau. Au bas de la crevasse, de larges et épaisses coulées de laves serpentaient sur les flancs du mont et jalonnaient ainsi la route des matières éruptives jusqu'aux vallées inférieures qui sillonnaient la portion
10   septentrionale[3] de l'île.

L'intérieur du cratère, dont l'inclinaison ne dépassait pas trente-cinq à quarante degrés, ne présentait ni difficultés ni obstacles à l'ascension. On y remarquait les traces de laves très anciennes, qui probablement s'épanchaient par le sommet du cône, avant que cette crevasse latérale leur eût ouvert une voie nouvelle.

15   Quant à la cheminée volcanique qui établissait la communication entre les couches souterraines et le cratère, on ne pouvait en estimer la profondeur par le regard, car elle se perdait dans l'obscurité. Mais, quant à l'extinction complète du volcan, elle n'était pas douteuse.

Jules Verne, *L'Île mystérieuse*, chap. XI, 1874.

_____

1. **Épaulement** : rempart de terre. 2. **Pied** : unité de longueur équivalant à 0,304 mètre.
3. **Septentrional** : situé au Nord.

7. Qu'est-ce qui permet d'affirmer qu'il s'agit d'un extrait de roman ? Justifiez votre réponse.

8. Quel est le thème traité dans cette page ?

9. En vous appuyant sur des éléments précis, montrez comment progresse la description des lieux.

10. Quels indices permettent d'affirmer qu'il s'agit d'une explication d'un phénomène scientifique ? Justifiez votre réponse.

11. Les compagnons guidés par Cyrus Smith et poussés par la curiosité scientifique décident d'explorer le volcan, en dépit de signes néfastes (fumées, secousses, bruits soudains...). Le volcan, que l'on croyait éteint, se réveille et entre alors en éruption.
Décrivez le phénomène en lien avec le paysage et introduisez dans cette page de roman une explication scientifique de l'éruption en cours. Vous insisterez sur les impressions et réactions des personnages.

COMPÉTENCES ATTENDUES EN FIN DE 5e

D1, D5   Lire
– Lire des textes variés.
– Élaborer une interprétation des textes.

D1   Écrire
– Pratiquer l'écriture d'invention.
– Exploiter des lectures pour enrichir son texte.

Le Vésuve à traver

Thématiques

• Culture et création artistiques
• Information, communication, citoyenneté

Disciplines croisées

• Français : lire des témoignages et des récits descriptifs
• Langues et cultures de l'Antiquité : vie privée et vie publique à Pompéi
• SVT : les phénomènes géologiques et le globe terrestre

Projet

Réaliser une exposition

Le Vésuve est lié à l'histoire de l'Italie. Ses éruptions ont eu des effets sur les paysages, l'urbanisme, les modes de vie... De nombreux vestiges des cités antiques de Pompéi et d'Herculanum, des témoignages d'écrivains, des images (tableaux, photographies) et des textes de fiction montrent l'importance de ce volcan à travers les siècles.

▶ Quels sont les rapports entre le volcan et l'homme à travers les siècles ?

Pompéi et ses habitants face au Vésuve

La cité aux portes du volcan

Les volcans, nombreux en Italie, demeurent actifs pour la plupart d'entre eux. Le Vésuve, qui est entré en éruption à plusieurs reprises à travers les siècles, a détruit les cités voisines (Pompéi et Herculanum notamment) en 79 de notre ère. Il reste un danger actuel pour la ville de Naples et ses environs.

Doc 1 **Le site de Pompéi**

Doc 1 1. Repérez sur le plan les portes de Pompéi. Quelle idée de la cité donnent-elles ?
2. Situez le forum sur la carte et rappelez ses fonctions en vous aidant de la page **L'Antiquité et nous** p. 262.
3. Citez deux lieux consacrés aux divertissements et définissez-les.
4. Donnez un exemple d'habitation privée à partir du plan.

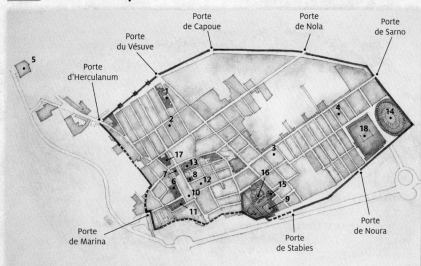

1 Maison de Vetii	7 Temple de Jupiter	14 Amphithéâtre
2 Maison du Faune	8 Temple de Vespasien	15 Odéon
3 Maison de Ménandre	9 Caserne des Gladiateurs	16 Grand Théâtre
4 Maison d'Octavius Quartos (Loreius)	10 Forum	17 Thermes du Forum
5 Villa des Mystères	11 Basilique	18 Grande Palestre
6 Temple d'Apollon	12 Édifice d'Eumachia	
	13 Marché	

Doc 2 **5.** Sur la fresque, les pentes du Vésuve sont couvertes de vignes. Observez Bacchus. Comment est-il représenté ? Quel est le rapport entre le dieu et le volcan dans cette fresque ?

6. Pourquoi un serpent est-il peint au premier plan ?

7. Par quels éléments cette fresque rend-elle compte du lien étroit entre le volcan et les habitants des villes environnantes ?

Doc 3 **8.** Repérez les différents lieux de Pompéi à travers cette description.

9. Quelles étaient les principales activités des Pompéiens le 24 août 79 ? Justifiez votre réponse.

10. Quelle image de la ville se dégage de cette description ?

Doc 2 **Fresque du Vésuve**

Cette fresque, retrouvée dans une maison de Pompéi, rappelle les liens étroits qui unissaient les habitants au volcan : on cultivait la vigne sur les pentes de la montagne.

Bacchus et le Vésuve, fresque provenant de la Maison du Centenaire, 1,40 x 1,01 m, Iᵉʳ siècle ap. J.-C., Pompéi.

Doc 3 **Les heures avant le désastre**

Rien ne laissait présager le désastre imminent[1]. À Pompéi, les hommes s'étaient rendus de bonne heure à leurs occupations quotidiennes, tandis qu'à l'intérieur des maisons, sur les braises de l'âtre[2], mijotaient déjà les plats qui devaient être servis le soir au dîner. Dans les fours des boulangers, des miches[3] rondes, fendues en rosace, achevaient de cuire, et dans les fermes des environs on entassait les amphores[4] et les jarres déjà prêtes à recueillir les fruits de la prochaine vendange.

Du parvis du temple de Vénus, on voyait dans le lointain des navires qui, à la faveur d'une légère brise d'été, s'apprêtaient à accoster avec leurs précieux chargements en provenance de l'Egypte.

Antonio Varone, *Pompéi,* trad. de l'italien par Françoise Lifran, Terrail, 1995.

1. **Imminent :** sur le point de se produire. 2. **Âtre :** feu. 3. **Miches :** boules de pain. 4. **Amphores :** grands vases où l'on conservait le vin.

Un témoignage de la catastrophe

Pline le Jeune expose dans une lettre adressée à son ami Tacite les circonstances de la mort de son oncle Pline l'Ancien, célèbre « naturaliste », lors de l'éruption de Vésuve en 79 ap. J.-C.

Andre Thevet, *Gaius Plinius Caecilius Secundus*, gravure, XVIe siècle.

 Doc 4

Pline le Jeune, « reporter » en 79 de notre ère

[Mon oncle] se lève, et monte en un lieu d'où il pouvait aisément observer ce prodige. Il était difficile de discerner de loin de quelle montagne ce nuage sortait. L'événement a découvert depuis
5 que c'était du mont Vésuve. Sa figure approchait de celle d'un arbre, et d'un pin plus que d'aucun autre ; car, après s'être élevé fort haut en forme de tronc, il étendait une espèce de branche. Je m'imagine qu'un vent souterrain le poussait
10 d'abord avec impétuosité, et le soutenait. Mais, soit que l'impression diminuât peu à peu, soit que ce nuage fût affaissé par son propre poids, on le voyait se dilater et se répandre. Il paraissait tantôt blanc, tantôt noirâtre, et tantôt de
15 diverses couleurs, selon qu'il était plus chargé ou de cendre ou de terre. Ce prodige surprit mon oncle, qui était très savant ; et il le crut digne d'être examiné de plus près.

Version originale en latin

Ascendit locum ex quo maxime miraculum illud conspici poterat. **Nubes** *(incertum procul intuentibus ex quo* **monte** *;* **Vesuvium** *fuisse postea cognitum est) oriebatur, cujus similitudinem et formam non alia*
5 *magis* **arbor quam pinus** *expresserit. Nam longissimo* **velut trunco** *elata in altum quibusdam* **ramis** *diffundebatur, credo quia recenti spiritu evecta, dein senescente eo destituta aut etiam pondere suo victa in latitudinem vanescebat, candida interdum,*
10 *interdum sordida et maculosa prout* **terram cineremve** *sustulerat. Magnum propiusque noscendum ut eruditissimo viro visum...*

Pline le Jeune, *Correspondance*, VI, 16, 5-7 [vers 100 ap. J.C.] trad. du latin par D. Nisard, 1865.

Fauster et Felice Niccolini, illustration extraite de *Maisons et monuments de Pompéi*, XIXe siècle.

Doc 4 **1.** Faites un dessin représentant ce que l'oncle de Pline le Jeune a vu en 79 ap. J.-C. Ce dessin sera légendé en latin avec les mots figurant en gras dans le texte.
2. Avec quels types de mots Pline décrit-il l'éruption volcanique ? Pourquoi ?
3. Comment l'oncle de Pline le Jeune réagit-il face à l'événement ?

L'engouement des artistes pour le Vésuve

Après sa destruction le 24 août 79, Pompéi est tombée dans l'oubli. Les habitants sont ensevelis sous les cendres (7 à 8 mètres). C'est en creusant un fossé que des paysans ont découvert des objets d'art, vers 1748. Les fouilles sont devenues officielles à partir de cette époque et ont suscité chez les artistes une fascination.

Sir William Hamilton, *Vue de l'Atrio di Cavallo entre le mont Somma et le Vésuve*, 1776.

Doc 5 L'ascension du Vésuve

En voyage en Italie, Charles de Brosses (1709-1777) écrit à un ami sa difficile ascension du Vésuve en novembre 1739.

Le Vésuve a deux sommets, l'un méridional, où est le volcan actuel et sur lequel j'étais ; l'autre septentrional[1], appelé Monte di Somma, où le volcan a certainement été. Il est roide et
5 perpendiculaire de son côté intérieur, assez semblable à une muraille brûlée et ruinée, enveloppant à demi-cintre le sommet précédent : ce qui me fit aussitôt conjecturer que le cintre[2], autrefois entier, s'était écrasé et ruiné à la longue, à force de feu et de mines ; que le Somma était le Vésuve des anciens [...],
10 dont le cratère avait un prodigieux diamètre.

Charles de Brosses, *Lettres familières écrites d'Italie*, lettre XXI, 1739.

———————

1. **Septentrional :** au nord. 2. **Cintre :** courbure intérieure d'un arc ou d'une voûte.

Doc 6 L'éruption du Vésuve

Pierre-Jacques Volaire représente l'éruption du Vésuve au sein d'une nature tourmentée.

Pierre-Jacques Volaire, *Éruption du Vésuve au clair de lune*, huile sur toile, 1774.

Doc 5 4. À quel genre littéraire appartient ce texte ?
5. Quels sont les temps verbaux dominants ? Justifiez leur emploi.
6. Quelle représentation du Vésuve l'auteur nous livre-t-il ?

Doc 6 7. Observez le tableau et écrivez vos impressions.
8. Comment le peintre a-t-il mis en scène l'éruption du Vésuve ?
9. Quelle vision du volcan donne-t-il au spectateur ?

Doc 7 L'exploration de Pompéi au début du XIXᵉ siècle

Christen Schjel
Købke, *Le Forum*, Por
XIXᵉ sɪ

Marie Éléonore Godefroid,
*Germaine Necker, baronne
de Staël-Holstein, dite Madame
de Staël*, XIXᵉ siècle.

La baronne de Staël (1766-1817) rapporte ses impressions de voyage en Italie. Elle visite la cité de Pompéi encore presque inexplorée.

À Pompéia[1] c'est la vie privée des anciens qui s'offre à vous telle qu'elle était. Le volcan qui a couvert cette ville de cendres l'a préservée des outrages du temps. Jamais des édifices expo-
5   sés à l'air ne se seraient ainsi maintenus, et ce souvenir enfoui s'est retrouvé tout entier. Les peintures, les bronzes étaient encore dans leur beauté première, et tout ce qui peut servir aux usages domestiques est conservé d'une manière effrayante. Les amphores sont encore préparées
10 pour le festin du jour suivant ; la farine qui allait être pétrie est encore là...

Madame de Staël, *Corinne ou l'Italie*, IX, 4, 1807.

————
1. **Pompéia**: Pompéi.

Doc 7 1. À quel genre littéraire appartient ce texte ?
2. Que décrit la narratrice ?
Justifiez votre réponse.
3. Quelles sensations ou quels sentiments éprouve-t-elle face aux découvertes qu'elle fait ? Donnez des exemples.

Créer une exposition

Vous êtes invité(e) à réaliser une exposition collective dans le collège. Il s'agit de proposer aux élèves d'autres classes et aux adultes une promenade dans Pompéi, de l'Antiquité à nos jours.

Étape 1 — Trouver un lieu d'exposition

• Commencez par déterminer le lieu d'exposition, car il conditionnera le format de votre travail.

• Veillez à disposer d'un espace suffisant pour l'accrochage des supports et éventuellement pour l'utilisation du matériel numérique (vidéoprojecteur pour diffuser un diaporama par exemple).

Étape 2 — Rassembler les documents

• Choisissez des documents variés : cartes, plans, images et textes. Effectuez des recherches numériques, en entrant des mots tels que « Vésuve » et « Pompéi » dans le moteur de recherche.

• Classez vos documents en fonction de leur nature (textes documentaires ou littéraires, peintures, photographies...), de leur époque, de leur rapport avec le sujet et de leur intérêt.

Étape 3 — Déterminer le parcours de l'exposition

• Exploitez vos documents à partir de questionnaires : interrogez les supports que vous avez sélectionnés afin de faire émerger le fil conducteur de votre exposition en vous demandant ce que vous voulez montrer.

• Découpez votre exposition en plusieurs parties afin de proposer un itinéraire de visite. Votre parcours d'exposition peut être chronologique (de l'Antiquité à nos jours) ou thématique (les relations complexes entre le volcan et l'homme, les conséquences de l'éruption...).

Méthode
Créer un sommaire en donnant des titres et des sous-titres à vos documents vous aidera à définir le plan de l'exposition.

Étape 4 — Mettre en scène les documents

• Présentez cette exposition à l'aide de panneaux sur lesquels vous fixerez vos documents. Vous pouvez introduire des éléments numériques, par exemple des projections d'images à l'aide d'un vidéoprojecteur.

• Faites suivre des textes et des images en justifiant vos choix. Jouez, par exemple, sur la grandeur des images en fonction de ce que vous voulez montrer (phénomène important, effet destructeur...). Créez des schémas si nécessaire.

Étape 5 — Écrire les légendes des documents

• Écrivez de petits textes ou des encadrés qui accompagneront les images et les textes. Introduisez les textes littéraires (auteur, époque, genre littéraire...) et tous les supports choisis. N'oubliez pas d'indiquer les sources des images (titre, auteur, date, provenance).

• Rédigez des textes qui développeront chaque partie. Les textes doivent être brefs, précis et correctement écrits. Pensez à vous relire.

J'ai réussi mon exposition si :

☐ j'ai montré les relations entre le volcan (Vésuve) et l'homme à différentes époques ;

☐ j'ai mis en valeur l'ambivalence du volcan, à la fois majestueux, dévastateur et constructeur pour l'homme ;

☐ j'ai utilisé des supports variés dans l'exposition (carte, plan, photos, peintures, textes documentaires et littéraires...) ;

☐ j'ai introduit des textes expliquant les documents que j'ai sélectionnés.

COMPÉTENCES

D1, D5 Lire
– Lire des images et des documents composites.

D1 Écrire
– Situer les œuvres dans leur contexte historique et culturel.
– Passer du recours intuitif à l'argumentation à un usage plus maitrisé.

Nausicaä de la Vallée du Vent

DOSSIER CINÉMA

OBJECTIFS
• Analyser une perception du rapport de l'homme avec la nature.
• Découvrir l'univers d'un réalisateur.

COMPÉTENCE
• Maîtriser des outils simples d'analyse cinématographique.

▶ Comment le rapport de l'homme à la nature est-il mis en question dans le film *Nausicaä de la Vallée du Vent* de Hayao Miyazaki ?

Fiche signalétique du film

Titre : *Nausicaä de la Vallée du Vent*

Genre : Long métrage d'animation

Durée : 1 h 56'

Pays : Japon

Réalisateur : Hayao Miyazaki

Musique : Joe Hisaishi

Date de sortie : 1984 au Japon et 2006 en France

Découvrir le film et son réalisateur

LE CHEF D'ŒUVRE DE HAYAO MIYAZAKI

POUR LA PREMIÈRE FOIS SUR GRAND ÉCRAN

NAUSICAÄ DE LA VALLÉE DU VENT

1. Quels sont les différents éléments qui composent l'affiche du film ? Expliquez comment sont opposés le premier plan et l'arrière-plan. Quelle impression cela donne-t-il du personnage ?
2. Le titre du film correspond au nom complet de Nausicaä. Que pouvez-vous déduire de sa position sociale ?
3. Quel personnage de la mythologie grecque a inspiré Miyazaki pour le titre de ce film ? Quel héros a bénéficié de l'aide de ce personnage ?
4. Relevez les deux phrases qui ont pour but d'inciter à aller voir le film ? Que mettent-elles en valeur ?
5. Faites des hypothèses sur l'histoire racontée dans le film, d'après votre analyse de l'affiche.

Activités

🅞 Cherchez la bande-annonce du film sur Internet et visionnez-la.
1. Qu'est-ce qu'une « œuvre culte » ? À quel mot de l'affiche ce terme renvoie-t-il ?
2. Faites la liste des éléments qui montrent qu'un monde paisible va être perturbé par des événements violents.
3. À quels genres de récits cette bande-annonce peut-elle faire penser ? Justifiez votre réponse en vous appuyant sur des images précises.

REPÈRES

Affiches de cinéma et bandes-annonces ont deux fonctions : une fonction informative (donner au spectateur des éléments sur l'histoire) et une fonction argumentative (accrocher le spectateur pour l'inciter à aller voir le film).

de Hayao Miyazaki (1984)  sorti en France en 2006

Hayao Miyazaki, un dessinateur et réalisateur d'animation

- Naissance à Tokyo en 1941
- Début de carrière au célèbre studio Toei : de simple intervalliste, il devient animateur-clé
- Réalisation du premier long métrage d'animation *Le Château de Cagliostro* en 1979 et rencontre du producteur Toshio Suzuki
- Publication du manga *Nausicaä de la Vallée du Vent*, sous l'impulsion de Suzuki, de 1979 à 1994, et projet d'un film autour de ce scénario
- Sortie au Japon de *Nausicaä de la Vallée du Vent* en 1984, qui marque le début d'une longue collaboration de Miyazaki avec le compositeur Joey Hisaishi
- Fondation du Studio Ghibli avec Suzuki en 1985, grâce au succès de *Nausicaä de la Vallée du Vent*. Les neufs films suivants de Miyazaki seront tous réalisés et produits par le studio Ghibli
- Reconnaissance internationale à partir de 1999
- Diffusion pour la première fois en France de *Nausicaä de la Vallée du Vent* en 2006, lors d'une séance spéciale au Festival de Cannes
- Sortie du dernier film, *Le vent se lève*, en 2013 : Miyazaki prend sa retraite

Logo du studio Ghibli

1. Pourquoi peut-on dire que Miyazaki a créé deux fois *Nausicaä de la Vallée du Vent* ?
2. Quelle importance a ce film dans le parcours du réalisateur ?
3. Faites une recherche sur Internet. Quel est le titre du film qui assure à Miyazaki en 1999 sa renommée internationale ?
4. Établissez la filmographie du réalisateur. Quels sont les films qui mettent en scène des héroïnes ? Que pouvez-vous en déduire sur les choix du réalisateur ?

REPÈRES

On appelle au Japon « **animés** » tous les films d'animation (séries télévisées, longs métrages). Ils peuvent être inspirés de **mangas**, bandes dessinées japonaises (souvent pré-publiées dans des revues spécialisées).

Le compositeur et chef d'orchestre, Joe Hisaishi.

Activités

Les métiers de l'animation

1. Faites une recherche sur les métiers du dessin animé : qu'est-ce qu'un intervalliste et un animateur clé ?
2. Consultez le site http://artludique.com/video.html et cherchez la vidéo consacrée à l'exposition « Les dessins du studio Ghibli ». Qu'est-ce qu'un « lay out » ? Expliquez ce que Miyazaki a introduit dans le dessin d'animation.

La musique du film

Cherchez sur YouTube « 1. Nausicaa of the Valley of the Wind », la version symphonique filmée de *Nausicaä de la Vallée du Vent*, orchestrée par Joe Hisaishi.

1. Identifiez le thème principal interprété au piano au début, puis repris par les cordes à la fin.
2. Repérez un mouvement particulièrement tragique, que le compositeur a nommé « Requiem », et un mouvement où l'insouciance de l'enfance est mise en valeur.

| Le scénario | I. Un monde en voie de disparition |

La vallée du Vent (3'57)

La cité industrielle de Pejite (1h14'47)

Liste des personnages

- **Jill**, roi du village de la Vallée du Vent, père de Nausicaä

- **Oh-Baba**, ancienne du village, aveugle, proche de Jill

- **Nausicaä**, princesse de la Vallée du Vent

- **Maître Yupa**, mentor de Nausicaä et ami du roi Jill

- **Mito**, oncle et protecteur de Nausicaä

- **Teto**, renard–écureuil compagnon de Nausicaä

- **Asbel**, prince de la cité industrielle de Pejite

- **Lastel**, princesse de Pejite, sœur d'Asbel

- **Kushana**, princesse de l'Empire militaire Tolmèque

- **Kurotowa**, lieutenant de Kushana

1. Observez la liste des personnages. Quels sont les trois peuples représentés dans le film ? Repérez les liens de parenté et les relations entre les personnages.
2. Décrivez avec précision les photogrammes 1 et 2 : que représentent-ils ? Qu'est-ce qui les oppose ?
3. Lisez le carton et associez les photogrammes au texte. Quel espace géographique présenté dans les photogrammes semble épargné par la catastrophe ?

Carton qui précède le générique

« Il y a mille ans, la terre fut anéantie par la pollution des civilisations industrielles. Une forêt toxique a recouvert toute la planète et menace les derniers survivants. »

Vocabulaire

- **Carton** : texte apparaissant à l'écran. Les cartons sont souvent utilisés dans les génériques pour donner des informations spatio-temporelles nécessaires à la compréhension du film. Ils étaient de règle entre deux images au temps du cinéma muet.

II. L'ancien monde ou les origines du chaos

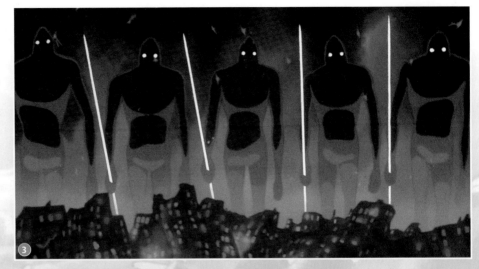

Les sept jours de feu, au cours desquels les guerriers géants, armes biotechnologiques, ont échappé aux hommes et ont anéanti le monde. (28'38)

3

4

Les Ômus, énormes insectes mutants, dévastent des cités humaines qui ont tenté de mettre le feu à la forêt toxique. (34'44)

REPÈRES

Un monde post-apocalyptique correspond à un monde imaginaire qui pourrait exister après une catastrophe ayant détruit la civilisation humaine. Un univers prisé des récits de science-fiction.

4. Qu'évoquent les photogrammes 3 et 4 ? En quoi le travail sur la couleur renforce-t-il le caractère apocalyptique des scènes représentées ?

5. Quand se situe l'histoire racontée dans le film par rapport aux photogrammes 3 et 4 ?

6. D'après la légende des photogrammes 3 et 4 et le carton, comment s'est adaptée la nature après ces événements ? Que cela nous apprend-il sur le rapport de l'homme à la nature ?

7. Pourquoi peut-on parler de catastrophe écologique survenue dans l'ancien monde ?

Activité

🖱 Créer une carte mentale des personnages

Cherchez sur Internet des sites consacrés au film de Miyazaki, dans lesquels vous trouverez des images des personnages et des informations sur leur rôle dans l'histoire.

1. Cherchez différents photogrammes représentant les trois personnages féminins : Nausicaä, Kushana et Lastel. Sur quels aspects de la personnalité de ces personnages ces images insistent-elles ?

2. Créez, à l'aide du logiciel gratuit FreeMind, un schéma construit autour de Nausicaä pour présenter les personnages et leur rôle par rapport à l'héroïne (qui sont ses alliés ? et ses ennemis ?).

L'homme et la nature, une harmonie perdue

I. L'impact de l'homme sur l'environnement

Espaces géographiques du film

• La mer de décomposition
Gigantesque forêt toxique, irrespirable, appelée aussi Fukaï, qui ne cesse de s'étendre sur la surface de la Terre, à cause de la dispersion de spores nocifs. Des insectes mutants y vivent et la protègent contre les hommes.

• La forêt pétrifiée
Arbres cristallisés, sous la mer de décomposition, qui se transforment en sable qui s'écoule et s'amasse en tas. L'air y est purifié.

• Le désert
Vaste zone désertique séparant la vallée du vent de la mer de décomposition. De grandes tours, produisant un son étrange, repoussent les insectes à l'écart de la vallée.

• Les lacs acides
Étendues d'eau, dans un coin du désert, contaminées par les miasmes au point d'être si corrosives qu'elles provoquent de douloureuses brûlures.

• La vallée du vent
Petit royaume protégé des poisons de la forêt toxique grâce au vent soufflant depuis l'océan, qui borde la vallée.

• La cité de Pejite
Cité industrielle, séparée de la mer de décomposition par une chaîne de montagnes immense.

1. Observez les noms donnés aux espaces géographiques. Quels sont les mots qui montrent que la nature a été modifiée ?
2. Relevez le champ lexical de la pollution. Quel espace semble épargné ? En quoi cela représente-t-il un espoir pour l'humanité ?

II. L'humanité en quête d'une survie

Maître Yupa, de retour dans la vallée du vent après un long périple, rend compte à son ami le roi Jill de son enquête sur l'extension de la forêt toxique dans les contrées du Sud.

MAÎTRE YUPA : « Ma seule quête, c'est percer les mystères de la fukaï, résoudre l'énigme de la forêt toxique. Je voudrais savoir si l'espèce humaine
5 est destinée à disparaître engloutie par la fukaï ou s'il lui reste un espoir de survie. Je veux connaître la vérité.

OH-BABA : – La réponse est ici sur cette tapisserie accrochée au mur.
10 mes yeux ne peuvent plus la voir, mais je m'en rappelle.
Après mille ans de ténèbres, un être vêtu de bleu descendra du firmament et marchera sur les champs tapissés

15 d'or pour renouer les liens entre la terre et les hommes que leur folie avait jadis coupés...

NAUSICAÄ : – ...et il guidera toutes les nations de cette planète vers une
20 terre bleue et pure. »

Dialogue du film correspondant aux photogrammes 1 à 4.

DOSSIER CINEMA

Séquence 18'04 - 19'38

III. Le rôle de Nausicaä

⑤

Nausicaä guide, avec son planeur, un insecte mutant pour qu'il retrouve le chemin de la forêt toxique. (25'44)

⑥

Nausicaä prête à faire face à des hordes d'ômus adultes, avec le bébé ômu qu'elle a sauvé. (1h46'05)

3. Dans le photogramme 2, quels sont les personnages réunis dans cette séquence ? Où sont-ils ?
4. Quel est l'enjeu de la quête de Yupa ? Comment la mène-t-il ?
5. Pourquoi le photogramme 4 est-il cadré en gros plan ? Quel rôle « l'être vêtu de bleu » doit-il jouer ?
6. Observez les photogrammes 5 et 6. À quoi voit-on que Nausicaä a un lien particulier avec la nature et les êtres vivants ?
7. En quoi l'attitude de l'héroïne renverse-t-elle les rapports entre l'homme et la nature ?

Activité

❶ Les sources d'inspiration du film

Miyazaki s'est inspiré pour créer le personnage de Nausicaä d'un conte médiéval japonais du XIIᵉ siècle *La princesse qui aimait les insectes*. L'atmosphère apocalyptique est quant à elle inspirée du roman de science-fiction *Dune*, de Frank Herbert, adapté en film par David Lynch en 1984.
1. Faites des recherches sur ces œuvres.
2. Présentez à l'oral, avec un diaporama, les liens que vous pouvez faire avec le film de Miyazaki.

REPÈRES

Les films de Miyazaki sont imprégnés de **shintoïsme**, c'est-à-dire de croyances japonaises très anciennes, basées sur un respect profond de la nature et sur l'idée qu'il existe un lien entre les esprits-divinités (les kami) et les hommes. Chaque élément de la nature est vénéré pour sa beauté et sa puissance car la nature est maître de tout.

L'exploration de la mer de décomposition

Nausicaä vient de se poser avec son planeur pour explorer la mer de décomposition.

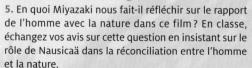

1. Observez les photogrammes 1 à 6. Montrez, en vous appuyant sur le cadrage des plans, comment le réalisateur réussit à nous faire découvrir progressivement la mer de décomposition.

2. Observez la faune et la flore représentées dans ces images et décrivez-les précisément. En quoi voit-on que l'homme a perdu le contrôle de la nature ?

3. Quelle est la démarche de Nausicaä ? Justifiez votre réponse avec un indice précis du photogramme 5.

4. À quoi voit-on que l'héroïne respecte le milieu qu'elle explore ?

Bilan **Mener un débat**

5. En quoi Miyazaki nous fait-il réfléchir sur le rapport de l'homme avec la nature dans ce film ? En classe, échangez vos avis sur cette question en insistant sur le rôle de Nausicaä dans la réconciliation entre l'homme et la nature.

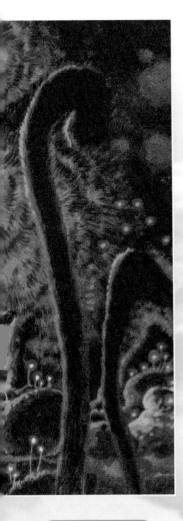

Photogrammes du film *Nausicaä de la Vallée du Vent* de Hayao Miyazaki, 1984, (séquence 4'08 à 4'38).

Activités

À vos carnets !

Faites des recherches sur le manga, *Nausicaä de la Vallée du Vent*, aux éditions Glénat, créé par Miyazaki en parallèle du film d'animation, et lisez-le.

1. En combien de tomes la publication s'est-elle faite en France ? Cherchez les éléments de l'histoire qui ne sont pas traités dans le film.

2. Comparez la page qui correspond à la séquence étudiée. Quelles sont les différences esthétiques entre cette page de manga et la séquence animée ?

3. Consultez, sur le site de Glénat, la page consacrée au manga *Les Enfants de la baleine* d'Abi Umeda, paru en 2016, qui présente un univers où la nature a aussi subi d'étranges transformations. Quel environnement est présenté dans ce début de récit ?

REPÈRES

Les mangas sont presque toujours en noir et blanc car il fallait publier à moindre coût, après la Seconde Guerre mondiale. Cette contrainte est devenue une exploration esthétique : le jeu sur les lignes, les points et les trames font la richesse graphique du manga.

Étude de la langue

Le verbe

L'orthographe

Analyser et produire un discours

Les registres

Vocabulaire pratique

Annexes

Mots hérités et empruntés

• Le français vient du latin, déformé au fil du temps et mélangé à des mots germaniques et quelques mots gaulois (aujourd'hui peu nombreux et très rares). Ce mélange a formé **l'ancien français**, parlé au Moyen Âge et qui a évolué en français moderne.

• On appelle **mots hérités** les mots présents dans la langue dès sa naissance.

• Au fil de l'histoire, des termes issus de langues étrangères ont été ajoutés au vocabulaire français, notamment pour désigner des objets ou des idées nouvelles. On les appelle des **mots empruntés**.

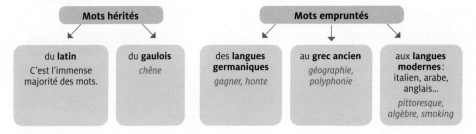

Mots hérités		Mots empruntés		
du **latin** C'est l'immense majorité des mots.	du **gaulois** *chêne*	des **langues germaniques** *gagner, honte*	au **grec ancien** *géographie, polyphonie*	aux **langues modernes** : italien, arabe, anglais… *pittoresque, algèbre, smoking*

Racines latines

• Le terme ancien dont vient un mot français est appelé **racine**. Un même mot peut être formé à partir de plusieurs racines.

• Les mots courants de même famille ont une racine latine commune.

œil → <u>oculiste</u> = *médecin spécialiste de l'œil*
↓
racine latine *oculus*, œil

• Les noms latins changeaient de forme selon leur fonction dans la phrase (on dit qu'ils se déclinent). Les mots français viennent souvent de la forme qui sert pour les compléments du nom (génitif).

latin : *sors sortis* → français : *sort*
↓ ↓
sujet c. du nom

• Quand un nom français descend d'un verbe latin, il vient souvent de son participe passé.

latin : *audire auditus* → français : *audition*
↓ ↓
infinitif part. passé

Racines grecques

• Les mots **scientifiques et techniques** sont souvent empruntés au grec, ou formés à partir d'une ou plusieurs **racines grecques**.

• En repérant leurs racines latines ou grecques, on peut deviner le sens de mots inconnus.

en céphalo gramme
↓ ↓ ↓
Mots grecs : *en képhalé gramma*

dans tête écrit

= relevé de l'activité du cerveau

↘ Tableaux des racines grecques et latines, p. 373

Identifier

1 Associez les mots français à leurs racines latines, puis cherchez leur définition dans un dictionnaire.

Mots français : équitation • magnanime • insolite • omnipotent • médiatrice • potable • perspective

Racines latines : *omnis* (tout) • *potare* (boire) • *magnus* (grand) • *medius* (milieu) • *solitus* (habitué) • *equitis* (cavalier) • *potens* (qui peut) • *anima* (âme) • *perspectare* (examiner attentivement)

2 Regroupez les mots de cette liste selon leurs racines communes.

Mots français : pathologique • bicyclette • incrédule • fusée • état • effusion • sympathie • statue • crédible • microbe • cyclone • pathogène • cycle • infuse • statique • station • micromètre

Racines : latin *credere, creditus* (croire) • latin *fundere, fusus* (se répandre, jaillir) • latin *sto, status* (être debout) • grec *kyklos* (rond) • grec *micros* (petit) • grec *pathos* (fait d'être atteint, touché)

3 a. Reliez les mots latins aux mots d'ancien français, puis aux mots français modernes.

b. En vous aidant des mots en gras et d'un dictionnaire, cherchez un autre mot français venant de chaque racine latine.

Latin	Ancien français	Français
vicinus, vicini •	• *seinur* •	• douter
senior, senioris •	• *cunter* •	• lion
*cor, **cordis*** •	• *duter* •	• cœur
*leo, **leonis*** •	• *cuers* •	• seigneur
***computare**, computatus* •	• *veisins* •	• voisin
*dubitare, **dubitatus*** •	• *leons* •	• compter

4 a. Repérez dans le texte ci-dessous les mots issus des racines latines et grecques suivantes.

b. Devinez le sens des mots que vous avez trouvés, puis vérifiez-le dans un dictionnaire.

mineralis (venant d'une mine) • *convenire* (se réunir, se mettre d'accord) • *recalcitrare* (résister) • *probare* (prouver) • *logos* (discours) • *monstrare* (montrer)

> Otto Lidenbrock n'était pas un méchant homme, j'en conviens volontiers ; mais, à moins de changements improbables, il mourra dans la peau d'un terrible original.

> Il était professeur au Johannæum, et faisait un cours de minéralogie pendant lequel il se mettait régulièrement en colère une fois ou deux. [...] En effet, dans ses démonstrations au Johannæum, souvent le professeur s'arrêtait court ; il luttait contre un mot récalcitrant qui ne voulait pas glisser entre ses lèvres, un de ces mots qui résistent, se gonflent et finissent par sortir sous la forme peu scientifique d'un juron.
>
> Jules Verne, *Voyage au centre de la terre*, 1867.

2 Manipuler

5 RÉÉCRITURE Les mots en gras sont empruntés aux langues modernes entre parenthèses. Réécrivez le texte en les remplaçant par des équivalents issus du latin ou du grec ancien.

Le **leader** (*anglais*) du **gang** (*anglais*) était grand comme un **troll** (*norvégien*) et faisait aussi peur qu'un **cannibale** (*langue des Caraïbes*). Ses **sbires** (*italien*) étaient de vraies **bourriques** (*espagnol*), ignorant tout de la littérature comme de l'**algèbre** (*arabe*), mais **braves** (*italien*) et qui n'avaient aucun **tabou** (*polynésien*).

6 a. Fabriquez le plus possible de termes en assemblant ces racines grecques. Attention, toutes les combinaisons ne sont pas possibles !

b. Employez sept des mots trouvés dans une phrase qui en illustrera le sens.

géo- (terre)   archéo- (ancien)   dino- (terrible)

kilo- (mille)   spéléo- (grotte)   -graphie (écriture)

tyranno- (seigneur)   -logie (discours)

-mètre (qui mesure)   éco- (maison, environnement)

-saure (reptile)   historio- (histoire)

3 S'exprimer

7 Otto Lidenbrock présente à son neveu ses collègues scientifiques. Vous rédigerez ses paroles, où vous utiliserez un maximum de mots appris dans cette page.

> **Méthode**
> Cherchez un maximum de noms de métiers issus de racines grecques.

Retenir

Les préfixes sont des éléments placés devant le radical d'un mot.

Ils permettent de modifier le sens d'un mot, mais pas sa classe grammaticale.

*charger / **dé**charger / **re**charger   **em**barquement / **dé**barquement*

Préfixes en français	Exemples	Origine du mot
ad- ou a- + consonne double	***ad**ministrer, **ad**verbe, **ac**clamer*	*ad* (vers, près de) → latin
a-, an-	***a**social, **an**alphabète*	*a-, an-* (absence de) → grec
anti-	***anti**gel*	*anti* (contre, en face de) → grec
co- (ou con-, com-, col-, cor-)	***com**pagnon, **col**laboration*	*cum* (avec, ensemble) → latin
dé-, des-, dés-	***dé**barquer, **dés**obéissant*	*des* (séparation, privation) → latin
ex-, extra-	***ex**patrié, **extra**scolaire*	*ex, extra* (hors de) → latin
hyper-	***hyper**marché*	*hyper* (au-dessus) → grec
in-/en-, im-/em-	***im**merger, **em**mener*	*in* (dans, à l'intérieur de) → latin
in-, im-, il-, ir-	***in**audible, **im**praticable, **il**lettré*	*in-* (contraire de) → latin
inter-	***inter**section*	*inter* (entre) → latin
pro-, pré-	***pro**clamation, **pré**destiner*	*pro* (pour, sur le devant) → latin
re-, ré-	***re**lire*	*re-* (à nouveau, en arrière) → latin
sous-, sou-, sub-	***sous**-titrer, **sou**tenir, **sub**stituer*	*sub* (en dessous, inférieur) → latin
syn-, sym-	***sym**pathie*	*syn* (avec) → grec
trans-, tra-, tré-	***trans**pirer, **tra**vestir, **tré**passer*	*trans* (à travers) → latin

S'exercer

1 Identifier

① **Dans cette liste, quels mots comportent un préfixe ?**
alouette • colocataire • colombe • interagir • iris • paresse • parler • périphrase • symphonie • transfigurer

② **Dans le texte suivant, repérez trois mots construits avec un préfixe et expliquez le sens de ces mots.**

Depuis, le grand théâtre endommagé avait été réparé et réaménagé. Un mur le séparait maintenant du portique transformé en caserne, doté de nouveaux bâtiments, avec une porte indépendante ouverte sur la rue.

Bertrand Solet, *Les Prisonniers de Pompéi*, Seuil, 2008.

2 Manipuler

③ **Regroupez les mots ci-dessous en plusieurs familles. Donnez le sens du radical de chaque famille et précisez le sens apporté au radical par les préfixes.**
ensoleillé • atterrir • rebord • déterrer • chargement • remplacer • parasol • placement • souterrain • déplacer • déborder • surcharger • aborder • décharger • solaire

④ **Ajoutez un préfixe à chacun de ces mots pour obtenir deux autres mots de la même classe grammaticale.**
tenir • prendre • mener • venir • ranger • couvrir • porter

⑤ **Dictée préparée**
Décomposez les mots en gras en isolant le préfixe du radical, puis écrivez ce texte sous la dictée de votre professeur.

Par malchance, deux passants **apparurent** dans la rue presque déserte et voulurent **s'interposer**. Gracchus les **repoussa**, cela lui fit perdre quelques secondes. Le marin, qui courait plus vite que les autres, en profita pour le **rattraper**. Gracchus s'en **débarrassa** en le jetant à terre.

Bertrand Solet, *Les Prisonniers de Pompéi*, Seuil, 2008.

Retenir

Le suffixe désigne l'élément que l'on ajoute au radical pour former un mot nouveau.

Quand on ajoute un suffixe, le mot devient un **dérivé** et peut changer de classe.

facile (adjectif), facilité (nom), facilement (adverbe)

▶ **Suffixes fréquents servant à former des adjectifs**

-ais, -ois, -ien	=	habitant d'un lieu	*lyonnais, amiénois, parisien*
-able, -ible	=	capacité	*buvable, lisible*
-ard, -aud	=	péjoratif	*pleurnichard, lourdaud*
-âtre	=	approximatif, péjoratif	*bleuâtre, bellâtre*
-eur, -eux, -if	=	caractéristique	*rieur, courageux, tardif*

▶ **Suffixes fréquents servant à former des noms**

-er/-ère, -iste, -eur, -ien	=	agent de l'action	*boulangère, artiste, instituteur, informaticien*
-ie, -té/-ité, -tion	=	qualité ou action	*tricherie, agilité, attention*
-et, -elet, -on, -eau, -iot	=	diminutif	*roitelet, caneton, chevreau, chiot*
-esse	=	qualité	*gentillesse*
-ée	=	contenu	*cuillerée*

▶ **Suffixes fréquents servant à former des verbes**

-ifier, -oyer	=	action	*intensifier, foudroyer*
-asser, -ailler	=	valeur péjorative	*rêvasser, piailler*

▶ **Suffixe servant à former des adverbes**

-ment	=	manière	*faiblement*

S'exercer

Identifier et manipuler

1 Recopiez les mots suivants et soulignez leurs suffixes.

inflammable • chanteur • facilement • lisible • peureux • blanchâtre • chargement • utilité • capable • criailler

2 Précisez la classe grammaticale de mots formés à l'aide des suffixes suivants et proposez un exemple pour justifier votre réponse.

-ment • -ifier • -able • -esse • -ée • -if

3 Lisez le texte suivant. Repérez trois mots formés à l'aide de suffixes et expliquez-en le sens.

Une reine magicienne parle à son amant.

Mais si toutes les marques d'amour que je vous ai données jusqu'à présent ne suffisent pas pour vous persuader de ma sincérité, je suis prête à vous en donner de plus éclatantes : vous n'avez qu'à commander ; vous savez quel est mon pouvoir. Je vais, si vous le souhaitez, avant que le soleil se lève, changer cette grande ville et ce beau palais en des ruines affreuses, qui ne seront habitées que par des loups, des hiboux et des corbeaux. Voulez-vous que je transporte toutes les pierres de ces murailles si solidement bâties, au-delà du mont Caucase, et hors des bornes du monde habitable ?

Antoine Galland, *Les Mille et Une Nuits*, 1704-1717.

4 Trouvez des mots de la famille des termes suivants en retirant leur suffixe.

mobilité • arbitrage • tapissier • impressionniste • honorifique • heureusement • partager

2 S'exprimer

5 Faites le portrait d'un ami ou d'une amie en utilisant au moins cinq suffixes que vous soulignerez dans votre texte.

Retenir

> **Les synonymes**
>
> • Les synonymes sont des mots de **sens très proche** et de **classe grammaticale identique** : *joie, bonheur, liesse.*
>
> • Les synonymes ne possèdent pas exactement le même sens. Quand on choisit un mot plutôt qu'un autre, on privilégie une **nuance**.

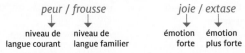

peur / frousse
↓ ↓
niveau de / niveau de
langue courant / langue familier

joie / extase
↓ ↓
émotion / émotion
forte / plus forte

> **Les antonymes**
>
> Les antonymes sont des mots de **sens contraire** et de **classe grammaticale identique**.
>
> *jeune ≠ vieux*

S'exercer

1 Identifier et manipuler

① **Cherchez l'intrus dans les listes de synonymes suivants. Justifiez votre réponse.**

1. rire • sourire • s'esclaffer • éclat • rigoler
2. agréable • captivant • charmant • désagréable • réjouissant
3. verre • vers • coupe • récipient • flûte
4. facile • aisé • simplicité • limpide • accessible
5. courage • force • vaillance • couardise • hardiesse

② **Reliez les antonymes entre eux.**

immense •   • toujours
facilement •   • facile
jamais •   • minuscule
clair •   • sombre
entrer •   • difficilement
difficile •   • sortir
force •   • faiblesse

③ **Complétez la grille de mots croisés à l'aide de synonymes. Vous pouvez vous aider d'un dictionnaire.**

Vertical
1. synonyme de maison
2. synonyme d'exploration
3. synonyme de voyage
4. synonyme de difficile
5. synonyme de maison
6. synonyme de peur

Horizontal
7. synonyme de gentil
8. synonyme de difficile
9. synonyme de peur

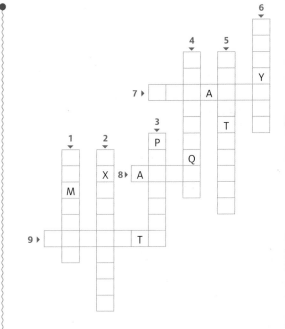

2 S'exprimer

④ **Gulliver, le voyageur, découvre deux îles, l'une peuplée de personnes minuscules et l'autre de géants. Rédigez les descriptions de leurs habitants en employant un maximum d'antonymes.**

Employer homonymes et paronymes

> ➤ **Les homonymes**
>
> Les homonymes sont des mots qui se **prononcent ou s'écrivent de la même manière**, mais qui n'ont **pas le même sens**.
>
> **Attention** : les homonymes n'appartiennent pas forcément à la même classe grammaticale.
>
> *mur* (nom) / *mûr* (adjectif)
>
> ➤ **Les paronymes**
>
> Les paronymes sont des mots dont la **prononciation** et l'**orthographe se ressemblent**. Les paronymes n'ont pas le même sens et il est important de les différencier.
>
> *braises / fraises*

S'exercer

1 Identifier et manipuler

① Dans ce texte, relevez les homonymes et précisez le sens de chacun. Justifiez leur orthographe.

Il y a le vert du cerfeuil
Et il y a le ver de terre,
Il y a l'endroit, et l'envers,
L'amoureux qui écrit en vers,
Le verre d'eau plein de lumière,
La fine pantoufle de vair
Et il y a moi, tête en l'air,
Qui dit toujours tout de travers.

Maurice Carême, *Le Mât de cocagne*,
Fondation Maurice Carême, 1963.

② Relevez les « mots tordus » de l'extrait suivant puis donnez leur paronyme.

Sa mère essaya de le convaincre :
– Si tu venais à tomber salade, lui dit-elle, qui donc te repasserait ton singe ? Sans compter qu'une épouse pourrait te raconter de belles lisses poires avant de t'endormir.
Le prince se montra sensible à ces arguments et prit la ferme résolution de se marier bientôt. Il ferma donc son chapeau à clé, rentra son troupeau de boutons dans les tables, puis monta dans sa toiture de course pour se mettre en quête d'une fiancée.

Pef, *La Belle Lisse Poire
du prince de Motordu*, Gallimard, 1980.

③ Complétez les phrases suivantes en choisissant la bonne orthographe.
1. J'aime lire et relire ce .... le soir avant de m'endormir (*conte/compte/comte*).
2. Je m'imagine dans cette .... de .... parée de mes plus beaux atours (*sale/salle*) (*bal/balle*).
3. Je .... avec allégresse et légèreté (*dense/danse*).
4. Je suis à présent à la recherche du trésor qui est caché dans la .... (*cours/cour/court*).
5. Nous pensons que le trésor est constitué de .... pièces d'or (*sang/sans/cent*).

④ Corrigez les phrases en remplaçant le mot en gras par le bon paronyme.
1. Les deux enfants **se discutent**.
2. Il porte toute son **intention** sur mon texte.
3. Le ciel se déchire sous l'orage, et on entend **sonner** dans le ciel.
4. Ils ont fait une **préposition** à leurs camarades.

2 S'exprimer

⑤ Choisissez deux couples de paronymes et deux couples d'homonymes dans les listes suivantes, et écrivez un poème où les mots choisis seront mis à la rime.

Paronymes	Homonymes
emporter/apporter	encre/ancre
gourmand/tourment	balade/ballade
bijou/bisou	cygne/signe
bise/brise	champ/chant

Retenir

**Un champ lexical est l'ensemble des mots d'un texte
qui se rapportent à un même domaine.**

• Ces mots peuvent appartenir à des **classes grammaticales différentes** et concernent tout aussi bien des objets, des lieux, des sentiments...
Les mots *peinture, sculpteur, musique, auteur, musée* appartiennent au champ lexical de l'art.
• Un champ lexical peut également rassembler :
– **des synonymes** : *dessin, illustration, esquisse, image, etc.*
– **des mots dérivés** : *composer, composition, compositeur, etc.*
• Relever un champ lexical permet de comprendre l'**intention d'un auteur** au sein d'un texte.

S'exercer

1 Identifier et manipuler

1 Indiquez à quel champ lexical correspond chacune de ces listes.
1. éclat • éclairage • brillant • soleil • flambeau • allumer • jour. **2.** donjon • tour • créneau • pont-levis • forteresse • cour • douve. **3.** courageux • audace • exploit • admiration • héroïque • honneur • combattant.

2 Complétez ces extraits à l'aide du mot manquant. Nommez à chaque fois le champ lexical que vous reconstituez.
feuilles • Rennes • artères • rouge • vache

1. Le lait tombe : adieu veau, ..., cochon, couvée (Jean de La Fontaine).
2. Voici des fruits, des fleurs, des .... et des branches (Paul Verlaine).
3. A noir, E blanc, I ...., E vert, O bleu : voyelles (Arthur Rimbaud).
4. Du cœur le sang roulait toujours dans ses .... (Guillaume Apollinaire).
5. Et .... répondit avec Quimper et Vannes (Guillaume Apollinaire).

3 Complétez le texte avec les mots du champ lexical de la violence : éclaté • culbutés • avait abattu • adversaire • s'élança • rage • brisée • la mêlée.

Monseigneur Yvain se jeta dans .... Il frappa son premier .... avec une telle .... que l'homme et le cheval, ..., ne firent plus, au sol, qu'un seul tas. Cœur ...., échine ...., l'homme ne devait plus jamais se relever. Bien protégé derrière son bouclier, Yvain ....

pour dégager le passage tenu par les pillards. Avant de pouvoir compter jusqu'à quatre, il .... un, deux, trois, quatre chevaliers !

D'après Chrétien de Troyes, *Yvain ou le Chevalier au lion*, trad. de l'ancien français par P.-M. Beaude, Gallimard, 2012.

4 a. Lisez attentivement le texte suivant.
b. Reproduisez puis complétez le tableau.
c. Quelle intention de l'auteur ces champs lexicaux expriment-ils ?

Champ lexical de la peur	Champ lexical des sensations

Oh ! personne ne peut comprendre, à moins de les avoir ressenties, ces épouvantables et stupides terreurs. L'âme se fond ; on ne sent plus son cœur ; le corps entier devient mou comme une éponge, on dirait que tout l'intérieur de nous s'écroule. Je ne crois pas aux fantômes ; eh bien ! j'ai défailli sous l'hideuse peur des morts, et j'ai souffert, oh ! souffert en quelques instants plus qu'en tout le reste de ma vie, dans l'angoisse irrésistible des épouvantes surnaturelles.

Guy de Maupassant, *Apparition*, 1883.

2 S'exprimer

5 Un chevalier participe à son premier tournoi. Faites la liste de tout ce qu'il doit emporter. Décrivez son arrivée en employant le champ lexical de l'armement.

Retenir

Les mots peuvent être regroupés selon différentes classes.

▶ **Mots variables**

- **Noms →** bases du groupe nominal, ils se divisent en **noms propres** et **noms communs**, qui varient en genre et en nombre.

- **Déterminants →** ils précèdent un nom, dont ils donnent le genre et nombre.
  – Articles : définis (*le, la, l', les*), indéfinis (*un, une, des*), partitifs (*du, de la*).
  – Déterminants : démonstratifs (*ce, cet, cette, ces*), possessifs (*mon, ton, ses, etc.*), indéfinis (*aucun, tout, etc.*), interrogatifs ou exclamatifs (*quel, quels, etc.*), numéraux (*un, deux, cent, premier, etc.*).

- **Adjectifs qualificatifs →** ils précisent un nom (*petit, franc, original, etc.*).

- **Pronoms →** ils représentent un nom ou un groupe nominal.
  – Personnels (*je, tu, il, etc.*), possessifs (*le mien, la mienne, etc.*), démonstratifs (*celui-ci, ce, ça, etc.*), indéfinis (*personne, rien, etc.*), interrogatifs (*qui, que, quoi, etc.*), relatifs (*qui, que, quoi, etc.*).

- **Verbes →** ils établissent une relation entre les constituants de la phrase (sujet/objet). Ils se conjuguent selon la **personne**, le **temps**, le **mode**, à l'**actif**, à la **forme pronominale** et au **passif**.

▶ **Mots invariables**

- **Adverbes →** ils apportent une précision à un mot ou à une phrase.
  Ils peuvent porter sur la phrase entière (*hier, là, sans doute, etc.*) ou accompagner un verbe (*il parle clairement ; ne... pas*), un adverbe (*assez clairement*), un adjectif (*plus clair*), une préposition (*très loin de*), une conjonction (*avant même que*) ou un nom (*les enfants aussi sont venus*).

- **Prépositions →** elles introduisent des compléments du nom, du verbe ou de la phrase : *à, de, en, pour, sans, chez, entre, jusque, hors, par, pour, vers, etc.*

- **Conjonctions →** elles relient des mots ou des ensembles de mots.
  – Conjonctions de coordination : *et, ou, ni, mais, or, car, donc.*
  – Conjonctions de subordination : *que, parce que, quoique, lorsque, quand, si, etc.*

- **Interjections →** elles expriment un sentiment du locuteur : *ah !, oh !, aïe !, hélas !, etc.*

- **Onomatopées →** elles reproduisent un son : *plouf, bing, bzzz, cocorico, etc.*

S'exercer

Identifier et manipuler

1 Classez les mots suivants selon qu'ils sont variables ou invariables. Justifiez votre réponse.

jusque • grand-père • roturier • avant • rosier • enfant • mais • admirable • sévère • pour • mannequin • pianiste • aussi • grand • arc-en-ciel • honnête • aïe • aigu • violet • secret • clairement • portemanteau • chef-d'œuvre

2 Classez les mots suivants dans un tableau. Plusieurs réponses sont parfois possibles.

Nom	Verbe	Adjectif

rentrer • saisonnier • boulanger • mensonger • réconcilier • infirmier • fruitier • pêcher • janvier • manger • accompagner • léger • passager • financier • printanier

3 Employez chaque mot de la liste suivante dans deux phrases, où ils appartiendront à une classe différente.
demeure • cause • traverse • être • porte • joue • marche • copie • neige • rose

2 S'exprimer

4 Trouvez cinq couples de mots qui s'écrivent ou se prononcent de la même façon mais appartiennent à des classes de mots différentes. Puis écrivez un texte où vous les emploierez.

Retenir

**Les déterminants sont placés avant le nom,
avec lequel ils s'accordent en genre et en nombre.**

1. Les déterminants les plus courants

	Nom singulier		Nom pluriel
	Masculin	**Féminin**	
Articles définis	le au (= à + le) du (= de + le)	la	les aux (= à + les) des (= de + les)
Articles indéfinis	un	une	des
Articles partitifs (précèdent un nom qui ne peut être compté)	du	de la	
Déterminants possessifs	mon, ton, son, notre, votre, leur	ma, ta, sa, notre, votre, leur	mes, tes, ses, nos, vos, leurs
Déterminants démonstratifs	devant consonne : ce devant voyelle : cet	cette	ces
Déterminants exclamatifs ou interrogatifs	quel	quelle	quels, quelles

2. Les déterminants numéraux

Les déterminants numéraux (*un, deux, trois,* etc.) permettent de quantifier le nom qu'ils précèdent par l'intermédiaire d'un nombre. Ils sont **invariables** (sauf *un, vingt* et *cent* dans certains cas).

3. Les déterminants indéfinis

Les déterminants indéfinis (*plusieurs, tout, chaque, quelques, certains, aucun,* etc.) précèdent un nom sur lequel on possède peu de renseignements.

S'exercer

1 Identifier et manipuler

❶ En vous aidant du tableau de la leçon, indiquez à quelle catégorie appartiennent les déterminants suivants.

certaine • mon • cette • trois • leur • ce • plusieurs • aucun • tes • ses • quatre-vingts • ces

❷ Relevez les articles des phrases suivantes. Donnez leur catégorie (défini, indéfini, partitif).
1. L'épreuve a été réussie avec brio. **2.** Les adversaires s'affrontèrent sur un terrain neutre. **3.** L'ogre exigea du vin avant de s'endormir. **4.** Quel est le héros connu pour sa force surhumaine ?

❸ Remplacez les articles en gras par des déterminants en respectant la catégorie donnée entre parenthèses.

1. J'ai adoré **le** dernier livre (*possessif*). **2.** Au son de l'alarme, **les** cambrioleurs s'enfuirent (*numéral*). **3. Les** animaux vivent en harmonie (*indéfini*). **4. Une** veste t'irait à merveille (*démonstratif*).

❹ Accordez correctement les déterminants entre parenthèses.
1. (*certain*) paysages reviennent dans ses toiles. **2.** (*quel*) amies allez-vous rencontrer aujourd'hui ? **3.** (*chaque*) année, il retourne sur sa tombe. **4.** (*quel*) sortilèges allez-vous encore inventer ?

2 S'exprimer

❺ Racontez les derniers instants d'une course automobile. Employez différentes catégories de déterminants.

9 / Identifier et employer les déterminants interrogatifs et exclamatifs

Observer et réfléchir

> – Quelles fleurs préfères-tu ?
> – Si tu savais combien d'espèces je cultive ! Cosmos, Belle de jour, Centaurée...
> – Quel jardinier !

1. Quels types de phrases dominent dans ce dialogue ?
2. Quels mots permettent d'introduire ces types de phrases ?

Retenir

Le déterminant *quel* peut servir de mot interrogatif ou exclamatif.

	Singulier	Pluriel
Masculin	quel	quels
Féminin	quelle	quelles

1. Dans une phrase interrogative

Le déterminant *quel* se trouve généralement devant le nom auquel il se rapporte et s'accorde en genre et en nombre avec lui.

Quelle heure est-il ? Quel livre lis-tu en ce moment ?

Attention : dans une **interrogation indirecte**, le déterminant interrogatif n'est plus en tête de phrase. Il peut être séparé du nom auquel il se rapporte, et précéder le verbe et le sujet inversé. Il s'accorde toujours avec le nom auquel il se rapporte.

Expliquez-moi quelles sont vos difficultés.

2. Dans une phrase exclamative

Le déterminant *quel* se trouve généralement devant le nom auquel il se rapporte et s'accorde en genre et en nombre avec lui.

Quelles magnifiques roses !

Attention : dans une **interrogation indirecte**, le déterminant exclamatif n'est plus en tête de phrase, mais il est toujours placé avant le nom auquel il se rapporte et s'accorde avec lui.

J'ai imaginé quel effort tu as dû faire pour réussir cette épreuve.

3. Devant un verbe d'état

Le déterminant *quel*, dans une phrase **interrogative**, peut aussi être placé devant un verbe d'état. Dans ce cas, il a la fonction d'attribut du sujet. Il s'accorde en genre et en nombre avec le nom ou groupe nominal sujet.

Quelle est ton histoire préférée dans ce recueil ?

S'exercer

1 Identifier

❶ Recopiez ces phrases, soulignez les déterminants interrogatifs ou exclamatifs et entourez le nom auquel ils se rapportent. Justifiez l'accord.
1. Quel discours mémorable ! **2.** Quelle carte postale choisis-tu ? **3.** Quels stylos as-tu dans ta trousse ? **4.** Quelles leçons tirez-vous de ce stage ? **5.** Quels animaux vivent en Amazonie ? **6.** Je te demande quel est ton secret.

❷ Classez chacune des phrases suivantes selon qu'elle comporte un déterminant interrogatif ou exclamatif. Puis justifiez l'accord du déterminant relevé.
1. Quelle aventure extraordinaire !
2. Il vous demande quel manteau vous prenez.
3. Quelle note as-tu obtenue ?
4. Quels exercices complexes !
5. Il imagine quelles actrices il pourrait rencontrer.

Déterminant interrogatif	Déterminant exclamatif

2 Manipuler

❸ Recopiez les questions suivantes en ajoutant le déterminant interrogatif qui convient. Respectez l'accord avec le nom auquel il se rapporte.
1. À .... date a eu lieu la découverte de l'Amérique ?
2. .... sont les professeurs qui vous accompagnent à cette sortie ? **3.** .... filière choisiras-tu après le brevet ?
4. Sur .... preuves t'appuies-tu pour accuser Tristan ?
5. .... destination préférerons-nous cet été ? **6.** .... films ont été récompensés ? **7.** Dans .... salle aura lieu l'examen ? **8.** .... seront les heureux élus ?

> **Méthode**
> Réfléchissez à la classe grammaticale du mot employé, et faites bien la différence entre un déterminant et un pronom.

❹ TOP CHRONO! **En trois minutes, ajoutez le déterminant interrogatif ou exclamatif qui convient et faites les accords nécessaires.**
1. .... enfant capricieux ! **2.** .... ville visiterez-vous ?
3. .... courage ! **4.** .... idées défendez-vous ? **5.** .... équipe ! **6.** .... décision pourrai-je prendre ? **7.** .... sottises ! **8.** .... est ton prochain voyage ?

❺ À partir des réponses suivantes, retrouvez et écrivez les questions correspondantes. Utilisez le déterminant interrogatif *quel* et faites les accords nécessaires.
1. Nous avons choisi de présenter les romans de Michel

Tournier. **2.** Cet ébéniste a employé le hêtre et le chêne pour fabriquer ses meubles. **3.** Elles cuisineront les topinambours ce soir. **4.** Vous avez appris l'espagnol. **5.** Mes loisirs sont la lecture, le bricolage et le jardinage. **6.** Ils visiteront le Mexique cette année.

❻ RÉÉCRITURE **Réécrivez les phrases exclamatives suivantes en employant le déterminant exclamatif *quel* et en faisant les accords nécessaires.**
Exemple : Comme ce livre est intéressant !
→ Quel livre intéressant !
1. Comme son humour est déplacé ! **2.** Comme ces élèves sont motivés ! **3.** Comme ce travail est remarquable ! **4.** Que cette robe est jolie ! **5.** Comme elles ont bien dansé !

❼ Dictée préparée

a. Complétez ce texte avec le déterminant interrogatif ou exclamatif qui convient. Attention aux accords.
b. Écrivez ce texte sous la dictée de votre professeur.

Le grizzly s'approcha du chasseur. .... bête superbe ! L'homme au fusil ne pouvait pas faire un mouvement, ... solution lui restait-il ? Tirer ? Fuir ? L'ours des montagnes ne semblait pas venir vers lui en ennemi. .... étrange rencontre au milieu de ce paysage de roches et de glace !

Nat Morley, *Ours qui pêche* [*Fishing Bear*], 2001, gravure sur bois.

3 S'exprimer

❽ TOP CHRONO ! **Perdu dans une forêt, vous rencontrez un promeneur et lui demandez votre chemin. Rédigez ce dialogue en quelques lignes, en employant des déterminants interrogatifs, que vous soulignerez.**

❾ Imaginez que vous êtes témoin d'une scène qui vous indigne. Écrivez un court texte de quatre à cinq lignes qui dénonce l'injustice. Utilisez des déterminants interrogatifs ou exclamatifs dans vos phrases.

> **Méthode**
> Relisez-vous et, pour chaque déterminant, trouvez le nom auquel il se rapporte pour vérifier l'accord.

Les pronoms remplacent ou désignent un mot ou un groupe de mots.

Les pronoms varient tous en genre et en nombre. Ils se divisent en plusieurs catégories.

Pronoms personnels	**Pronoms démonstratifs**	**Pronoms possessifs**
Ils remplacent un nom ou un groupe nominal, ou désignent une personne. *je, moi, tu, les, nous,* etc.	Ils remplacent un groupe contenant un déterminant démonstratif. *celui(-ci/là), celle, ceux, cela, ce, ça*	Ils remplacent un groupe contenant un déterminant possessif. *le mien, le tien, le sien,* etc.

Pronoms relatifs	**Pronoms interrogatifs**	**Pronoms indéfinis**
Ils introduisent une proposition subordonnée relative. *qui, que, quoi, dont, où*	Ils indiquent sur quoi porte une question. *qui, que, quoi, lequel, laquelle,* etc.	Ils apportent une idée d'indétermination. *certains, tout, quelqu'un,* etc.

▶ **Focus sur les pronoms personnels**

• Leur forme varie selon le **genre**, le **nombre**, la **personne**, la **fonction** et la **place par rapport au verbe**.

– Quand ils sont séparés d'un verbe par une préposition ou une virgule, les pronoms personnels sont : *moi, toi, soi, lui, elle, nous, vous, eux.*

– Quand ils sont placés juste avant le verbe, les pronoms peuvent être :

Sujet	COD	COI/COS	C. Circonstanciels
je, tu, il, elle, on, nous, vous, ils, elles	me, te, se, le, la, nous, vous, les, en	me, te, se, nous, vous, en, y	en, y

1 Identifier et manipuler

1 Identifiez les pronoms et dites à quelle catégorie ils appartiennent. Précisez, quand c'est possible, les mots ou groupes de mots qu'ils remplacent.
1. Émilie part en vacances ; sur le quai de la gare, elle dit au revoir à son père qui semble, malgré tout, un peu triste de la quitter. **2.** Pierre rentre mardi, je ne m'en souvenais pas. **3.** Il reste du pain, n'en achète pas. **4.** Nul n'est censé ignorer la loi ! **5.** Je préfère notre maison à la leur.

2 Remplacez les noms ou groupes nominaux en gras par le pronom qui convient. Indiquez à chaque fois à quelle catégorie appartient ce pronom.
1. J'ai retrouvé mon portable, mais qu'avez-vous fait **de votre portable** ? **2.** Paul a des opinions bien tranchées, mais **Paul** n'admet pas que l'on puisse avoir d'autres idées que **ses idées**. **3.** Si tu trouves de beaux fruits, achète **de beaux fruits**. **4.** Mon frère n'appréciait pas l'art, mais **mon frère** commence à s'intéresser **à l'art**.

2 S'exprimer

3 Réécrivez ce texte en employant des pronoms pour éviter les répétitions. Puis poursuivez-le. Vous soulignerez les pronoms employés.
C'est un châtelain. Ce châtelain a trois fils. Ces trois fils sont très paresseux. Le châtelain est exaspéré de voir ses fils ne rien faire. La châtelain propose à ses fils d'aller apprendre un métier. Le châtelain donne alors à chacun de ses fils une bourse d'or. Le châtelain demande à ses fils d'utiliser cet or pour aller apprendre un métier.

Identifier et employer les pronoms interrogatifs

> On m'a dérobé mon argent. **Qui** peut-ce être? **Qu'**est-il devenu? Où est-il? Où se cache-t-il? **Que** ferai-je pour le trouver? Où courir? Où ne pas courir? N'est-il point là? N'est-il point ici? **Qui** est-ce? [...] Hé! De **quoi** est-ce qu'on parle là? De celui qui m'a dérobé? Quel bruit fait-on là-haut? Est-ce mon voleur qui y est?
>
> Molière, *L'Avare*, acte IV, scène 7, 1668.

1. À quoi servent les mots en gras dans les phrases?
2. Ces mots incitent-ils à donner la même réponse?

Un pronom interrogatif sert à introduire une interrogation partielle, directe ou indirecte.

	Formes composées		Formes simples
	Singulier	**Pluriel**	
Masculin	lequel, duquel, auquel	lesquels, desquels, auxquels	qui, que, quoi
Féminin	laquelle, de laquelle, à laquelle	lesquelles, desquelles, auxquelles	

• Les pronoms interrogatifs **remplacent** un groupe nominal. Il ne faut pas les confondre avec les déterminants interrogatifs, qui sont toujours placés avant un nom.

Quel roi fut son protecteur? = déterminant interrogatif

Lequel fut son protecteur? = pronom interrogatif

• Les pronoms interrogatifs introduisent des **interrogations partielles** quand ils sont placés en tête de la phrase.

Un interrogation partielle demande une réponse plus complète qu'une interrogation totale, à laquelle on ne peut répondre que par oui ou par non. *Qui es-tu?*

• Les pronoms interrogatifs peuvent aussi introduire une **proposition subordonnée interrogative indirecte**. *Le professeur demande qui viendra au tableau.*

• Les pronoms interrogatifs peuvent être **précédés d'une préposition**: *à qui, de quoi, en qui, par quoi...*

Attention: les formes composées peuvent se contracter avec les prépositions *à* et *de*:

Tu penses voyager dans de nombreux pays. Auxquels penses-tu?

Tu cites un auteur peu connu. Duquel parles-tu?

• Les pronoms interrogatifs composés **s'accordent en genre et en nombre** avec le mot auquel ils se rapportent.

S'exercer

1 Identifier

1 Recopiez les pronoms interrogatifs et indiquez s'il s'agit de pronoms interrogatifs simples ou composés.
1. Qui a pris mon parapluie ? **2.** Il demande lequel d'entre vous décide de faire de l'escrime. **3.** À quoi pensez-vous ?
4. Il t'interroge sur ce que tu veux faire cet après-midi.
5. Laquelle de ces deux cravates peut aller avec ma veste ?
6. Quoi faire dans ce type de situation ?

2 Relevez les pronoms interrogatifs. Attention : certaines phrases contiennent des déterminants interrogatifs.
1. Qui a écrit *Le Bourgois Gentilhomme* ? **2.** Quel roi de France fut appelé le Roi-Soleil ? **3.** Dans quelle situation se trouve-t-il aujourd'hui ? **4.** J'ai choisi deux tenues pour la représentation. Laquelle préfères-tu ? **5.** Quels acteurs répètent leur pièce aujourd'hui ?

> **Méthode**
> Déterminez la classe grammaticale du mot qui suit : s'il s'agit d'un nom, le mot interrogatif est un déterminant.

2 Manipuler

3 Formulez les phrases interrogatives à l'origine des réponses en gras à l'aide de pronoms interrogatifs.
Exemple : *Jean Anouilh a écrit la pièce* Antigone. → *Qui a écrit la pièce* Antigone ?
1. Elle **vous** a annoncé son mariage.
2. Le suspect reçoit **une convocation du juge**.
3. Nous choisissons **ce meuble**.
4. Il veut **chanter**.
5. **Cet acteur** m'a adressé la parole dans les coulisses.

4 Utilisez un pronom interrogatif composé pour compléter les phrases suivantes.
1. J'ai le choix entre plusieurs lectures. .... me conseilles-tu ? **2.** De toutes les matières, ... préfères-tu ? **3.** Les spectateurs sont déçus, ... partira en premier ? **4.** Vous avez beaucoup d'amies, ... pensez-vous le plus ? **5.** .... parmi vous souhaiteraient participer à un concours ?

5 Dictée préparée
a. Utilisez un pronom interrogatif composé pour compléter les phrases suivantes.
b. Écrivez les phrases sous la dictée de votre professeur.
1. À .... de tes sœurs es-tu le plus attaché ?
2. .... de tes camarades de classe est le plus sérieux ?

3. Le roman d'aventures ou le roman courtois : .... préfères-tu ?
4. .... de vos amies sont allées à l'université ?
5. Parmi toutes tes activités, ... désires-tu poursuivre ?

6 Complétez les phrases avec les pronoms interrogatifs suivants : *lequel, qui, que, laquelle, lesquels, auxquels, auxquelles*. Plusieurs utilisations des pronoms sont possibles.
1. Alors, ... a cassé la vaisselle ?
2. Alors, ... d'entre vous a cassé la vaisselle ?
3. .... pensez-vous de ce nouveau roman ?
4. Le public, époustouflé, se demandait .... parmi les acteurs avaient eu une telle idée.
5. Personne ne savait .... des dix jeunes filles serait récompensée.
6. Le capitaine se demanda .... de ses hommes il allait confier cette mission.
7. Les organisateurs demandent à .... des trois chanteuses tu vas présenter le concours.

7 Complétez ces phrases avec le pronom interrogatif qui convient.
1. Expliquez-moi à .... je dois m'adresser pour trouver le bon formulaire.
2. Le professeur se demanda .... de ses élèves avait copié l'autre.
3. .... savez-vous de l'Antiquité romaine ?
4. Je veux savoir .... a cassé la poignée de la porte.
5. .... des dix candidates participeront à la finale ?
6. Je me demande bien par .... de ces trois chemins vous êtes arrivés.
7. Grâce à .... avez-vous trouvé la route ?

3 S'exprimer

8 Choisissez un texte étudié en classe et rédigez un quiz d'au moins cinq questions portant sur ce document. Utilisez des pronoms interrogatifs variés.
Exemple : *Qui a écrit la pièce* Les Fourberies de Scapin ?

Les Fourberies de Scapin, mise en scène de Jacques Bachelier, 2011, Vingtième Théâtre, Paris.

Observer et réfléchir

> Un frère, un de ceux qui se trouvaient à sa suite, menait, pour **son usage en d'autres occasions**, un des plus **beaux genets de race andalouse** [...].
>
> **La selle et la housse du superbe palefroi** étaient **abritées d'une longue couverture qui tombait presque jusqu'à terre, et sur laquelle étaient brodés des mitres splendides, de riches croix et d'autres emblèmes ecclésiastiques** [...].
>
> Walter Scott, Ivanhoé, trad. de l'anglais par A. Dumas, 1820.

1. Repérez le noyau des groupes nominaux en gras.

2. Supprimez le plus de mots possible dans ces groupes sans rendre la phrase incorrecte. Quelle version du texte est la plus précise? Pourquoi?

Retenir

Les expansions du nom désignent les éléments non obligatoires du groupe nominal.

Elles servent à préciser le nom-noyau et peuvent avoir deux fonctions dans la phrase: complément du nom ou épithète.

▶ **Le complément du nom**

Il **suit le nom** qu'il complète. Il peut se construire:

1. à l'aide d'une **préposition** (*à, dans, par, pour, en, vers, avec, de, sans, sous, etc.*) qui permet de former un **groupe prépositionnel**.

Le visage <u>de l'homme</u>.
↓
c. du nom «visage»

Le groupe prépositionnel peut être formé à partir d'un **nom** (exemple: *le mal **de mer***), d'un **pronom** (exemple: *une fleur **pour lui***), d'un **infinitif** (exemple: *une leçon **pour comprendre***).

Attention: il arrive que le groupe prépositionnel se construise sans préposition.
La tour <u>Eiffel</u>; le rayon <u>confiserie</u>.

2. à l'aide d'un **pronom relatif** (*qui, que, quoi, dont, où, lequel, auquel, etc.*) qui permet de former une **proposition subordonnée relative**. On dit que la subordonnée relative est **complément de l'antécédent** (le nom placé devant le pronom relatif).

Le <u>regard</u> que l'homme a lancé.
↓   ↓
antécédent   subordonnée relative
c. du nom «regard»

▶ **L'épithète**

C'est un **adjectif** placé juste avant ou juste après le nom qu'il qualifie directement.

Un regard <u>fascinant</u>.
↓
épithète de «regard»

1 Identifier

❶ Repérez les groupes nominaux dont le noyau est en gras.
1. Un membre de la **société** secrète que j'ai infiltrée s'est confié à moi. **2.** L'étonnante **histoire** qu'il m'a racontée vaut le détour ! **3.** Son **nez** rouge, truffe ronde et comique, trônait au milieu de son **visage** enfariné. **4.** Il avait l'**habitude** de passer sa main tremblante dans ses **cheveux** broussailleux, crinière indisciplinée et sale. **5.** La **silhouette** furtive que j'avais aperçue disparut à nouveau.

❷ a. Lisez le texte, recopiez les expansions des noms en gras, puis mettez chacune d'entre elles entre crochets.
b. Donnez leur classe grammaticale et leur fonction.

Entre ces deux personnages et les autres, Vautrin, l'**homme** de quarante ans, à favoris peints, servait de transition. [...] Il avait les **épaules** larges, le buste bien développé, les **muscles** apparents, des **mains** épaisses, carrées et fortement marquées aux phalanges par des bouquets de poils touffus et d'un roux ardent. Sa **figure**, rayée par des rides prématurées, offrait des **signes** de dureté que démentaient ses **manières** souples et liantes.

Honoré de Balzac, *Le Père Goriot*, 1842.

2 Manipuler

❸ a. Composez une phrase à partir de listes de mots suivantes.
1. bleu • salopette • que je portais. **2.** jeu • informatique • de mon adolescence. **3.** à rayures • costume • de carnaval. **4.** ami • d'enfance • aux yeux bleus. **5.** de mon oncle • à deux étages • maison.
b. Soulignez les expansions du nom.

❹ a. Utilisez chaque groupe de mots suivant dans une phrase où il sera une expansion du nom.
1. fragile et tremblant. **2.** en salopette. **3.** qui cherchait la sortie. **4.** en forme de poire. **5.** l'auteur du Père Goriot.
b. Précisez, pour chaque phrase, quelle impression vous avez ainsi cherché à donner.

❺ Choisissez un nom dans chacune de ces phrases puis complétez-le à l'aide d'au moins deux expansions de fonctions différentes.
1. Le clown jouait une sérénade sous la fenêtre. **2.** L'arbre trônait dans le parc depuis une éternité. **3.** Les manières de cet homme suscitaient le malaise. **4.** L'auteur a signé son roman. **5.** Une automobile a failli écraser ce chat. **6.** Ce film nous a enthousiasmés.

❻ Transformez les paires de phrases en une phrase unique à l'aide d'une proposition subordonnée relative.
1. Le comte voulait devenir un séducteur. Un séducteur qui pourrait conquérir maintes femmes. **2.** Un séducteur doit avoir une certaine éducation. Cette éducation lui permettra de séduire les femmes les plus inaccessibles. **3.** Bérénice refusait de céder à ses avances. Ses avances étaient maladroites. **4.** Aurélien ressentait davantage que de l'attirance. L'attirance est un sentiment superficiel.

3 S'exprimer

❼ TOP CHRONO ! Décrivez votre salle de classe en utilisant au moins deux compléments du nom (un groupe prépositionnel et une proposition subordonnée relative), ainsi que deux épithètes.

❽ a. Décrivez les personnages représentés sur le tableau ci-contre en au moins cinq phrases. Vous utiliserez des expansions du nom de fonctions diverses.
b. Soulignez de couleurs différentes les expansions selon leur fonction dans la phrase.

Pablo Picasso, *Le Mendiant et l'enfant*, 1903, huile sur toile, 125 x 92 cm, musée des Beaux-Arts Pouchkine, Moscou.

Retenir

> ### Un nom, un adjectif ou un pronom peut être apposé à un nom ou un pronom.
>
> • L'apposition est la fonction grammaticale d'un **mot** ou d'un **groupe de mots** donnant des **précisions** sur un **nom** ou un **pronom** de la phrase.
>
> • Elle est séparée par une **virgule** ou par **deux points** du nom ou du pronom auquel elle se rapporte et se trouve ainsi en **position détachée** dans la phrase.
>
> • L'apposition peut être composée de mots appartenant à des classes grammaticales différentes :
> – un **nom** ou un **groupe nominal** : *Michel Tournier, membre de l'Académie Française, a écrit une nouvelle version de Robinson Crusoé.*
> – un **pronom** : *Les Indiens, eux, savent respecter la nature.*
> – un **adjectif** ou un **groupe adjectival** : *Fière de sa réussite, elle a immédiatement appelé ses parents.*
> – un **participe** ou un **groupe participial** : *S'amusant sans faire attention, il n'a pas vu le danger.*
> – un **infinitif** ou un **groupe infinitif** : *Je ne devrais penser qu'à une chose : fuir cette île déserte.*

S'exercer

1 Identifier et manipuler

1 Dans les phrases suivantes, soulignez les appositions des mots en gras et indiquez leur classe grammaticale.
1. Habillé ainsi, **le jeune homme** est plus présentable.
2. Elle n'a qu'**une envie** : apprendre le latin et le grec.
3. **Beethoven**, un musicien célébré dans le monde entier, a composé l'*Hymne à la joie.*
4. Mystérieuse, **la Sphinge** pose de nombreuses énigmes à ceux qu'elle rencontre.

2 Supprimez toutes les appositions du nom dans ce texte. Quelle version préférez-vous ? Pourquoi ?

> L'après-midi déclinait et les animaux, nonchalants, sortaient de leurs retraites. Il y avait King, l'ami de Patricia, le grand lion du Kilimandjaro. Ses yeux, topazes étincelantes, ne se détachaient pas de la fillette. Les Masaï, peuple de vaillants guerriers, contemplaient toujours avec étonnement ce spectacle d'un lion et d'une fillette inséparables. Ils surveillaient le bétail, leur unique bien.

3 Complétez ces phrases avec des appositions dont la classe grammaticale est indiquée entre parenthèses.
1. ...... *(adjectif)*, ils sont arrivés à l'heure. 2. Dans un récit mythologique, le héros affronte souvent une épreuve, ... *(groupe nominal).* 3. Le soir, quand tu rentres, tu te livres à ton activité favorite : ...... *(groupe infinitif).* 4. ...... *(groupe participial)*, j'ai reconnu mes camarades.

4 Rendez à chaque nom ou groupe nominal l'apposition qui lui correspond.

Terre hostile, •	• New York est le lieu de toutes les aventures.
Trop sombre pour qu'on ose s'y aventurer, •	• la Grande-Bretagne attire de nombreux migrants.
Surnommée « la ville où l'on ne dort jamais », •	• cette île est restée déserte.
Terre d'espoir, •	• ce souterrain n'a pas encore reçu notre visite.

3 S'exprimer

5 Enrichissez ce récit en ajoutant aux groupes nominaux en gras des appositions de votre choix.
Quand apparaissait la lumière du soleil, ..., **tous les animaux de la savane** se rassemblaient : .... Autour du **point d'eau**, ... , on pouvait voir une multitude de prédateurs s'avancer d'un pas lent. Ils ne pensaient visiblement qu'à **une chose** : .... **Les zèbres**, ..., et les **gazelles**, ..., savaient qu'ils pouvaient tranquillement se désaltérer.

Comprendre la construction du verbe et identifier ses compléments

> Le père n'aidait pas **son fils**. Il ne parlait pas <u>de ses sentiments</u>. Au lieu d'épauler **son fils**, il **le** rudoyait. En retour, jamais le fils ne dit <u>à son père</u> **qu'il le respectait**.

1. Supprimez les groupes de mots en gras et les groupes de mots soulignés. Les phrases peuvent-elles exister sans ces compléments ?

2. Relevez le premier mot de chaque groupe souligné. Quelle est sa classe grammaticale ?

3. Les éléments en gras sont-ils introduits par des mots de la même classe ?

4. Donnez la classe grammaticale des groupes de mots en gras. Quelle est leur place dans la phrase par rapport aux verbes ?

5. Quel verbe a plusieurs compléments ?

Retenir

> **Les compléments du verbe sont des éléments essentiels de la phrase, ils ne peuvent être ni supprimés ni déplacés.**
>
> • Les verbes peuvent être divisés entre **verbes intransitifs**, que l'on peut employer sans compléments (*je tombe, je viens*) et **verbes transitifs**.
> • Les verbes transitifs doivent être suivis de compléments qui précisent l'objet de l'action : ce sont des **compléments d'objet**.

▶ Les compléments d'objet directs (COD)

> • Certains verbes sont suivis d'un complément directement, **sans préposition**.
> On peut trouver ces compléments en posant la question : « *que ?* » ou « *qui ?* » + verbe + sujet.
> *Elle choisit <u>sa place</u>.* → *Que choisit-elle ? Sa place.*
> • Ils se placent généralement **après le verbe** quand il s'agit :
> – d'un **nom** ou un **groupe nominal** : *Il prend <u>un sac</u>.*
> – d'un **verbe à l'infinitif** : *Nous ne pouvons pas <u>dormir</u>.*
> – d'une **proposition subordonnée conjonctive** : *Ils disent <u>qu'ils devront appeler le directeur</u>.*
> • Ils se placent généralement **avant le verbe** quand il s'agit d'un **pronom**.
> *Presque tous <u>l</u>'aiment.* → *Presque tous aiment [ce garçon].*

▶ Les compléments d'objet indirects (COI)

> • Certains verbes construisent leur complément **à l'aide d'une préposition** (*de, à, par, pour, en, vers, avec*, etc.). On peut trouver ces compléments en posant la question : « *à qui/à quoi ?* », « *de qui/de quoi ?* » + verbe + sujet.
> *Nous pensons (à) <u>nos parents</u>. À qui pensons-nous ? À nos parents.*

- Ils se placent généralement **après le verbe** quand il s'agit :
  – d'un **nom** ou d'un **groupe nominal** : *Elle ne parle jamais de son fils.*
  – d'un **verbe à l'infinitif** : *Il se plaît à songer.*
  – d'un **pronom** : *Elle ne parle jamais de lui.*
- Ils se placent parfois **avant** le verbe, quand il s'agit d'un **pronom personnel** qui n'est pas introduit par une préposition.

Elle ne lui parle jamais.

▶ **Les compléments d'objet seconds (COS)**

Certains verbes se construisent avec deux compléments, dont le second est toujours construit à l'aide d'une préposition. On l'appelle alors le complément d'objet second.

Elle parle à sa mère de son rendez-vous. (COI + COS)
Il écrit une lettre à sa tante. (COD + COS)

S'exercer

1 Identifier

1 **a. Pour chaque phrase, formez la ou les questions dont les mots en gras sont la réponse.**

b. Précisez si le groupe en gras est un COD, un COI ou un COS.

Exemple : *Le sultan décide d'épargner **Schéhérazade**.*
→ *Qui le sultan décide-t-il d'épargner ?* → COD.

1. Schéhérazade contait **l'histoire du pêcheur et du génie**. **2.** Le pêcheur trouve **un vase dans lequel est enfermé un génie**. **3.** Lorsqu'il libère le génie, celui-ci promet **au pêcheur** de le rendre riche. **4.** Il **lui** indique **le chemin d'un lac merveilleux**. **5.** Le pêcheur y pêche **quatre poissons enchantés** et **les** ramène au sultan. **6.** Le sultan **les lui** achète contre quatre cent pièces d'or.

2 **Dans les recettes suivantes, relevez les verbes puis leurs compléments d'objet.**

Recettes médiévales

Soupe improvisée
Faire chauffer le bouillon, battre les œufs, les mélanger au bouillon chaud, hors du feu, en battant au fouet. Ajouter la chapelure, puis les épices, délayer dans le verjus et le vinaigre. Cuire quelques minutes en remuant et servir.

Le potage au lait d'amandes
Peler les oignons et les faire cuire dans l'eau pendant 20 minutes. Ébouillanter les amandes, les peler et les passer au mixeur. Mélanger le verjus, le vin et l'eau. Ajouter les amandes broyées et le poisson émietté. Broyer le gingembre au mixeur, écraser le clou de girofle, ajouter ces deux épices au poisson, ainsi que le sel, le safran et la graine de paradis.

D'après www.histoire-pour-tous.fr,
dossier « Cuisine au Moyen Âge et recettes médiévales ».

3 **Indiquez la classe grammaticale des compléments du verbe en gras.**

1. Ils ont traversé **de belles villes**. **2.** Le souverain **nous** reçut avec faste. **3.** Il aime **découvrir de nouvelles saveurs**. **4.** Marco Polo souhaite **que nous comprenions les coutumes du pays**. **5.** Nous suivons **Marco Polo**. **6.** Marco Polo **leur** raconte **ses voyages**. **7.** Il préfère **ne pas rester sans rien faire**.

4 **Recopiez les phrases suivantes. Soulignez les COD en noir, les COI en rouge et les COS en bleu.**

1. Rustichello écrivit *Le Livre des merveilles* dans la prison de Gênes. **2.** Le marchand a découvert une nouvelle route vers les Indes. **3.** Marco Polo a parlé au Grand Khan. Il a apprécié la découverte de son palais. **4.** Les hommes du Moyen Âge aimaient voyager. **5.** Je cherchai à vendre les épices. **6.** Il offrit un présent à tous ses compagnons de route. **7.** Il présenta la merveille à son père.

> **Méthode**
> Pour repérer et différencier COD et COI, essayez de poser, juste après le verbe conjugué les questions « quoi ? », « qui ? », « à qui ? », « à quoi ? », « de qui ? », « de quoi ? ».

5 **Recopiez et complétez le tableau suivant selon l'exemple ci-dessous.**

Groupes de mots en gras	Fonctions	Classes grammaticales
Son fils	COD	Groupe nominal

1. Nicolo présenta **son fils** et l'empereur déclara **qu'il était le bienvenu**. Marco remit **la lettre du père de Jade** au majordome.

Ni Marco ni moi ne connaissions **le contenu de cette lettre**. J'avais cru **qu'elle renfermait des informations officielles** comme en transmettent les gouvernements de région, mais à bien y réfléchir, je crois tout simplement **qu'elle parlait de Marco**.

2. Le seigneur Kubilaï **m**'avait ignoré et j'**en** fus très blessé. J'enviais **Marco Polo** et je **lui** fis **quelques remarques sournoises**.

D'après *Le Livre des merveilles de Marco Polo*, raconté par P.-M. Beaude, Gallimard, 2015.

6 Dictée préparée

a. Relevez les verbes du texte suivant, conjugués ou non (infinitifs, participes), et justifiez leurs accords. Distinguez les verbes intransitifs et transitifs.

b. Relevez les compléments des verbes transitifs et classez-les en COD, COI et COS.

c. Écrivez ce texte sous la dictée de votre professeur.

Il n'était que trop vrai que les travaux du chemin de fer s'arrêtaient à ce point. [...]

« J'irai à pied », dit Phileas Fogg.

Passepartout qui rejoignait alors son maître, fit une grimace significative, en considérant ses magnifiques mais insuffisantes babouches. Fort heureusement il avait été de son côté à la découverte, et en hésitant un peu :

« Monsieur, dit-il, je crois que j'ai trouvé un moyen de transport.

– Lequel ?

– Un éléphant ! Un éléphant qui appartient à un Indien logé à cent pas d'ici.

– Allons voir l'éléphant », répondit Mr. Fogg.

Jules Verne, *Le Tour du monde en quatre-vingts jours*, 1873.

2 Manipuler

7 Complétez les phrases suivantes à l'aide de COD, dont la classe grammaticale est indiquée entre parenthèses.

1. Nous aimons .... *(infinitif)*. **2.** Il pense .... *(proposition subordonnée)*. **3.** Je .... rencontre *(pronom)*. **4.** Ils virent .... *(groupe nominal)*. **5.** Nous croyons .... *(nom propre)*. **6.** Ils aperçurent .... *(groupe nominal)*. **7.** Le souverain préfère .... *(infinitif)*.

8 Remplacez les compléments du verbe en gras par des pronoms, puis indiquez si chaque complément est un COD, un COI ou un COS.

1. Il s'adresse tous les matins **à ses sujets**. **2.** Ils découvrent **une ville**. **3.** Marco Polo raconte **ses aventures à messire Rustichello**. **4.** Le jeune explorateur accompagne **son père et son oncle**. **5.** Il parle **à ses amis**. **6.** Il décrit **la licorne**.

9 Remplacez les pronoms en gras par des groupes nominaux, puis indiquez de quels types de compléments d'objet il s'agit.

1. Il **le lui** a annoncé ce matin. **2.** Tous les matins, ils **les** cueillent. **3.** Ils **les** pêchaient tous les ans au printemps. **4.** Les sages **les** protègent. **5.** Le palais **l'**a ébloui. **6.** Le souverain **les** accueille à bras ouverts.

10 Répondez aux questions portant sur cette image, puis indiquez si vous avez utilisé des COD, des COI ou des COS.

Le Roi de Lar achetant des perles, miniature du *Livre des merveilles*, de Marco Polo et Rustichello, XIIIᵉ siècle.

1. Que représente cette image ?
2. Que fait le roi ?
3. D'après vous, qu'apporte le messager ?

11 Complétez le texte suivant à l'aide de compléments du verbe.

Un jour, sur un coup de tête, je décide .... Je fais ma valise. Je la remplis .... pour dessiner .... Le cœur léger, je ferme ...., pars à l'aéroport et prends .... Cette expédition que j'entreprends change ....

3 S'exprimer

12 Vous venez d'acheter de la cannelle et de la cardamone. Inventez une recette comprenant ces deux épices. Vous encadrerez les prépositions puis vous soulignerez les COD en rouge, et les COI et COS en vert.

La Cueillette du poivre ou récolte des épices, miniature du *Livre des merveilles*, de Marco Polo et Rustichello, XIIIᵉ siècle.

> Une veuve avait deux filles ; l'aînée devenait de plus en plus semblable à sa mère par l'humeur et le visage, si bien que qui la voyait, voyait la mère. Elles étaient toutes deux si désagréables qu'on ne pouvait vivre avec elles. La cadette était le vrai portrait de son père, pour la douceur et l'honnêteté, elle passait pour une des plus belles filles du royaume.
>
> Charles Perrault, « Les Fées », *Contes de ma mère l'Oye*, 1697.

1. Soulignez le sujet de chaque phrase.

2. Dans chaque phrase, relevez le mot ou le groupe de mots qui exprime une caractéristique ou une qualité du sujet.

3. Quels verbes se trouvent entre les sujets et les groupes de mots ?

L'attribut du sujet indique une propriété ou une qualité du sujet par l'intermédiaire d'un verbe attributif.

- C'est un élément essentiel du groupe verbal. Il ne peut pas être supprimé.

La terre est vaste.

    sujet   attribut du sujet

- Les **verbes attributifs** sont des **verbes d'état** : ils établissent un rapport d'identité entre le sujet et l'attribut. On peut les remplacer par un signe =.

Principaux verbes attributifs	*être • avoir l'air • devenir • paraître • apparaître • demeurer • rester • sembler • ressembler • se montrer • passer pour • se révéler • se nommer*

- Il ne faut pas confondre l'attribut du sujet avec les autres compléments du verbe (COD ou compléments circonstanciels).

Il est à la maison.   *Il est médecin.*

    C. C. de lieu   attribut du sujet

Seul l'attribut du sujet peut être remplacé par un adjectif.

Ainsi, dans la phrase *Il est médecin*, l'attribut du sujet *médecin* peut être remplacé par l'adjectif *calme*.

- L'attribut du sujet peut prendre la forme :

– d'un **adjectif** : *Ce voyageur est extraordinaire.*

– d'un **groupe nominal** : *Cet aventurier se révèle un gentleman.*

– d'un **pronom** : *Il reste lui-même.*

– d'un **verbe à l'infinitif** : *Rêver, c'est voyager.*

– d'une **proposition subordonnée** : *L'ordre est qu'il réponde immédiatement.*

Identifier

1 Soulignez les sujets et encadrez les attributs du sujet.
1. Ulysse est mon nom. **2.** Le Minotaure demeurait seul dans le labyrinthe. **3.** Les ondines ont l'air de fées mais elles sont diaboliques. **4.** Alice est restée prisonnière du miroir. **5.** La bergère semble amoureuse du berger. **6.** Les acteurs deviennent inquiets avant la représentation. **7.** Les héros des contes paraissent calmes face au danger. **8.** Alice se montre très surprise de rapetisser.

2 Indiquez la fonction des groupes de mots en gras : COD ou attributs du sujet.
1. Achille était **fier** car il avait remporté le combat. **2.** Il appelle **Poséidon** à son secours. **3.** La fille paraît **plus jolie que sa mère**. **4.** Le roi fit **un don** à son fils. **5.** On aperçoit **un cèdre noir** au fond du parc. **6.** Ces fleurs sont **des jonquilles**. **7.** As-tu reconnu **ces fleurs** ? **8.** Abel devient **un bon musicien**.

> **Méthode**
> Essayez de remplacer les mots en gras par un adjectif.

Manipuler

3 Complétez les phrases suivantes avec des verbes attributifs différents puis encadrez l'attribut du sujet.
1. Le jeune garçon craintif .... un argonaute courageux. **2.** Les Romains .... très respectueux des ancêtres. **3.** Tu ne .... pas en forme. **4.** Nous nous .... les gladiateurs. **5.** Le têtard .... une grenouille. **6.** Les nageuses .... fatiguées. **7.** Lise .... contente.

4 Complétez les phrases avec les attributs du sujet de la liste suivante. Veillez à les accorder correctement.
de plus en plus nerveux • vainqueur • redoutable • renfermé • impassible • de tuer le monstre

> Quand Thésée a vu le Minotaure, il est resté .... À l'extérieur du labyrinthe, Ariane devenait, au contraire, ... L'intention du courageux Grec était bien .... , mais le Minotaure passait pour .... La princesse crétoise avait peur que Thésée ne demeure .... dans les profondeurs du dédale et ne finisse par mourir ! Aussi, quand il est sorti .... du labyrinthe, elle a hurlé de joie.

5 Complétez ces phrases avec un attribut de la classe grammaticale indiquée entre parenthèses.
1. Ce héros se nomme .... (nom propre). **2.** Vous êtes devenus .... (adjectif). **3.** Leur livre préféré est .... (pronom démonstratif). **4.** Son activité favorite demeure .... (groupe nominal). **5.** Les lions du zoo ont l'air .... (adjectif). **6.** Homère est .... (groupe nominal). **7.** C'est ton stylo ? Non, c'est .... (pronom possessif). **8.** Ils semblent .... (adjectif) de leur séjour.

3 S'exprimer

6 Amusez-vous à inventer une série de définitions en utilisant des verbes attributifs. Soulignez les attributs que vous aurez trouvés.

7 Jouez par équipes de deux : un élève pense à un personnage célèbre, sans dévoiler son nom. L'autre élève doit deviner l'identité du personnage, en posant des questions dont les réponses sont des phrases complètes avec des attributs du sujet.
Attention ! Dans ses réponses, le premier élève ne doit jamais employer le verbe *être*, sous peine de gage.

8 Décrivez la scène de l'illustration suivante en employant essentiellement des verbes attributifs.

Arthur Rackham, *Hansel, Gretel et la sorcière*, illustration de *The Fairy Tales of the Brothers Grimm*, 1909.

> **Méthode**
> Observez bien les personnages et notez le plus possible de détails sur leur apparence.

16 / Maîtriser l'expression du temps et du lieu

> **Sur son île**, **à chaque printemps**, Robinson plante des graines **dans la terre**. Puis il vérifie **chaque jour** que les petites graines germent **dans les rangs de son potager**. Il pourra récolter les fruits de son travail **quand l'été sera arrivé**.

1. Essayez de déplacer les groupes de mots en gras, puis de les supprimer. Quelles remarques pouvez-vous faire ?

2. Quel est le sens de chacun de ces groupes de mots ? Classez-les en deux catégories, selon qu'ils expriment le lieu ou le temps

Retenir

Pour exprimer le temps ou le lieu dans une phrase, on utilise un complément circonstanciel.

Les compléments circonstanciels peuvent presque toujours être **supprimés** ou **déplacés**.

▶ **Les compléments circonstanciels de temps**

• Les compléments circonstanciels de temps permettent de **situer** les faits dans le temps (quand se passe l'action ?), d'indiquer **la durée** de l'action (pendant ou depuis combien de temps ?), d'indiquer **la fréquence** de l'action (combien de fois ?).

• Le complément circonstanciel de temps peut-être :

– un **groupe nominal** précédé ou pas d'une préposition : *Le lundi, il prend le bus.*

– un **adverbe** : *Parfois, nous vérifions si le jardin est bien arrosé.*

– un **groupe prépositionnel** (préposition + nom, groupe nominal ou infinitif) : *Après avoir accosté, il a exploré l'île.*

– un **gérondif** (*en* + participe présent) : *Tout en écoutant le cours, il prenait des notes.*

– une **proposition subordonnée conjonctive** : *Chaque fois qu'il part randonner, il prend son sac à dos.*

▶ **Les compléments circonstanciels de lieu**

• Les compléments circonstanciels de lieu peuvent répondre aux questions : *où ? d'où ? par où ?* Ils permettent de **situer** les faits, les êtres ou les choses **dans l'espace** ou **les uns par rapport aux autres**.

• Le complément circonstanciel de lieu peut être :

– un **groupe prépositionnel** (préposition + nom, groupe nominal ou infinitif) : *Dans ce pays, elle se sent bien.*

– un **adverbe** : *Là, tout n'est qu'ordre et beauté,/ Luxe, calme et volupté.*

– une **proposition subordonnée relative** : *J'irai où tu voudras.*

Attention : certains compléments exprimant le temps ou le lieu font partie du groupe verbal et ne peuvent être supprimés. *Je vais à Paris.*

Identifier

1 Relevez les compléments circonstanciels de lieu et identifiez leur classe grammaticale.

1. Le chat s'est caché dans la cave. **2.** Du haut de la falaise, on aperçoit la mer au loin. **3.** Chez toi, il a rencontré tes parents. **4.** En classe, elle s'est assise à côté de moi. **5.** Il ira où le hasard le mènera.

2 a. Relevez les compléments circonstanciels de temps et identifiez leur classe grammaticale.

b. Déterminez leur rôle dans la phrase (situer dans le temps, indiquer la durée ou la fréquence de l'action).

1. En arrivant chez moi, je goûte avant de faire mes devoirs. **2.** Chaque matin, avant que je ne parte, j'embrasse toujours mes enfants. **3.** Souvent, l'hiver, je dois aller couper du bois pour le feu. **4.** Il marche jusqu'en début d'après-midi.

3 Recopiez dans un tableau à deux colonnes les compléments circonstanciels de temps et de lieu du texte suivant.

> Les cathédrales sont, au Moyen Âge, les monuments les plus décorés. En particulier, il y a un aspect qui a disparu ou que nous ne voyons plus en regardant les cathédrales aujourd'hui : elles étaient peintes, donc chargées de couleurs. Dans la décoration entraient aussi des tapisseries, des fresques (des peintures directement sur les murs en plâtre), des sculptures. Les endroits les plus ornés de sculptures étaient, à l'intérieur, les chapiteaux (le haut) des colonnes et, à l'extérieur, le portail, la grande entrée.
>
> Jacques Le Goff et Jean-Louis Schlegel, *Le Moyen Âge expliqué aux enfants*, Le Seuil, 2006.

2 Manipuler

4 Complétez ces phrases avec des compléments circonstanciels de temps de la classe grammaticale indiquée.

1. .... (*groupe nominal*), nous allons à l'arrêt de bus. **2.** Il lit .... (*adverbe*) à ses enfants une histoire .... (*groupe nominal*). **3.** .... (*groupe prépositionnel*), elle vérifie que les portes sont fermées. **4.** Je promène .... (*adverbe*) mon chien. **5.** .... (*proposition subordonnée conjonctive*), il défait ses bagages.

5 Complétez ces phrases avec des compléments circonstanciels de lieu de la classe grammaticale indiquée.

1. Les enfants ont construit une cabane .... (*groupe prépositionnel*). **2.** Je vais .... (*proposition subordonnée relative*). **3.** Ce soir, je retourne .... (*groupe prépositionnel*). **4.** À .... (*nom propre*), il y a de nombreux musées. **5.** .... (*adverbe*), il existe encore des tribus indiennes.

6 Employez les mots *quand, lorsque, depuis que, dès que, aussitôt que, pendant que, chaque fois que* et construisez une proposition subordonnée conjonctive complément circonstanciel de temps.

Exemple : (s'ennuyer), je lis un roman d'aventures. → Quand je m'ennuie, je lis un roman d'aventures.

1. (*porter un chapeau*), je me protège du soleil. **2.** (*Roméo rencontrer Juliette*), il tomba passionnément amoureux. **3.** (*apprendre sa réussite à l'examen*), le candidat s'est illuminé. **4.** (*conduire*), il faut être prudent. **5.** (*partir loin*), ma fille me manque.

7 RÉÉCRITURE Réécrivez le texte suivant en ajoutant des compléments circonstanciels de temps et de lieu pour l'enrichir.

> *Le* Nautilus, *sous-marin dirigé par le capitaine Nemo, est prisonnier des glaces de l'Arctique. L'air vient à manquer.*

> Six mètres de glace avaient étés arrachés de l'alvéole. Quatre mètres seulement restaient à enlever. L'air ne pouvait plus être renouvelé. Aussi, cette journée alla-t-elle toujours en empirant.
>
> Une lourdeur intolérable m'accabla. Ce sentiment d'angoisse fut porté en moi à un degré violent. [...] Une torpeur morale s'empara de moi. J'étais étendu sans force, presque sans connaissance.
>
> D'après Jules Verne, *Vingt mille lieues sous les mers*, 1869.

3 S'exprimer

8 Rédigez le début d'un récit d'aventures en utilisant de nombreux compléments circonstanciels de temps et de lieu pour situer les faits.

Newell Convers Wyeth, illustration de *Robinson Crusoé* de Daniel Defoe, 1920.

17 / Maîtriser l'expression de la manière et du moyen

Observer et réfléchir

Sans peur, le prince abat le dragon **à l'aide de sa lance**. Puis, **avec sa dague**, il lui tranche **rapidement** une écaille pour prouver son exploit auprès des membres de la cour.

1. Essayer de déplacer les groupes de mots en gras puis de les supprimer. Quelles remarques pouvez-vous faire ?
2. Quel est le sens de chacun de ces groupes de mots ?

Retenir

La manière et le moyen sont souvent exprimés par des compléments circonstanciels.

▶ **Le complément circonstanciel de moyen**

- Il indique **avec quel objet** ou **quel instrument** l'action est réalisée. Il répond à la question : *Au moyen de quoi ?*
- Il s'agit d'un nom ou d'un groupe nominal généralement introduit par les **prépositions** *avec, à, en, au moyen de, à l'aide de, sans, etc.*

*Il termine les travaux **avec** ce nouveau marteau.*

préposition
C. C. de moyen

▶ **Le complément circonstanciel de manière**

- Il indique **de quelle façon** l'action est réalisée. Il répond à la question : *De quelle manière ?*
- Il est généralement constitué d'un **adverbe** ou introduit par les **prépositions** *avec, sans, à, en.*

*Cette mère parle fermement à son enfant mais **avec** bienveillance.*

adverbe   préposition
C. C. de manière   C. C. de manière

Attention

Pour différencier les compléments circonstanciels de moyen et les compléments circonstanciels de manière, on observe si le noyau du groupe nominal désigne un objet (C. C. de moyen) ou une manière de se comporter (C. C. de manière).

Il travaille avec un ordinateur.

C. C. de moyen

Il travaille avec sérieux.

C. C. de manière

310

Identifier

1 Dans les phrases suivantes, entourez les compléments circonstanciels de moyen et soulignez les compléments circonstanciels de manière.

1. J'ai construit ma cheminée avec mes propres outils.
2. Avec prudence, le spéléologue avance dans la grotte à l'aide de la lampe accrochée à son casque.
3. Avec des explications, il va réussir cet exercice.
4. Les pommes poussent en abondance dans un verger bien entretenu.
5. Avec son râteau, il a facilement ramassé les feuilles du jardin.

2 Entourez uniquement les compléments circonstanciels de manière.

1. Parle-lui avec fermeté !
2. Rejoins-nous dans une demi-heure.
3. Viens vite !
4. Elle a accepté très gentiment de nous raccompagner en voiture.
5. Il fait tout ce qu'on lui demande en râlant.
6. Nous nous sommes rencontrés par hasard.
7. Où êtes-vous ? Je ne vous vois pas.

Manipuler

3 Complétez ces phrases avec des prépositions différentes. Entourez les compléments circonstanciels de moyen.

1. Nous avons eu notre diplôme .... de nos professeurs.
2. Pour faire une tarte, on étale la pâte .... un rouleau.
3. Ces vêtements ont été confectionnés .... la main.
4. Tu ne peux y arriver .... son aide.

4 Complétez ces phrases avec des prépositions différentes. Soulignez les compléments circonstanciels de manière.

1. Nous avons réussi .... difficultés les épreuves du brevet.
2. Les élèves écrivent .... silence.
3. Tu sais répondre à ces questions .... intelligence.
4. Tu as fait la cuisine .... la bonne humeur.

5 Complétez les phrases suivantes par un complément circonstanciel selon les indications données entre parenthèses.

1. Montez les œufs en neige (*moyen*).
2. L'élève trace un cercle (*moyen*).
3. Entrons en classe (*manière*).
4. Je vais au collège (*moyen*).
5. L'escargot avance (*manière*).
6. Un skieur descend la piste (*manière*).

6 RÉÉCRITURE Les compléments circonstanciels de moyen se sont mélangés : réécrivez les textes en les ajoutant aux endroits qui conviennent.

1. Au campement, les spéléologues s'éclairent avec une fourchette et mangent leurs pâtes avec une lampe-torche.
2. J'ai pris des notes grâce au micro et, pour dicter mon compte rendu, je me suis fait entendre avec ma tablette.
3. Je trouverai facilement sa maison avec l'argent que tu m'as donné et j'achèterai des fleurs grâce au GPS.

7 Complétez le texte ci-dessous en employant les compléments circonstanciels de manière suivants.
ouvertement • avec timidité • sans ménagement • très fort • très poliment • méchamment

« Je m'appelle Alice, Votre Majesté », dit Alice à la reine .... La reine, qui était irascible, regarda .... Alice et lui demanda ce qu'elle faisait là. « Je n'en sais rien ! répondit la fillette .... J'ai suivi un lapin blanc... » La reine pensa qu'elle se moquait d'elle .... et s'énerva .... Elle hurla à ses gardes de l'arrêter ....

3 S'exprimer

8 Complétez le texte suivant par des compléments circonstanciels de manière et de moyen de votre choix.

Il y avait autrefois à Casgar, aux extrémités de la grande Tartarie, un tailleur qui avait une très belle femme qu'il aimait ...., et dont il était aimé .... Un jour qu'il travaillait, un petit bossu vint s'asseoir à l'entrée de sa boutique, et se mit à chanter .... Le tailleur prit plaisir à l'entendre, et résolut de l'emmener dans sa maison pour réjouir sa femme ; il se dit à lui-même : « .... il nous divertira tous deux ce soir. » Il lui en fit la proposition, et le bossu l'ayant acceptée, il ferma sa boutique .... et le mena chez lui.

Dès qu'ils y furent arrivés, la femme du tailleur, qui avait déjà mis le couvert, parce qu'il était temps de souper, servit un bon plat de poisson qu'elle avait préparé .... Ils se mirent tous trois à table ; mais en mangeant, le bossu avala .... une grosse arête ou un os, dont il mourut en peu de moments .... Ils furent l'un et l'autre d'autant plus effrayés de cet accident, qu'il était arrivé chez eux, et qu'ils avaient sujet de craindre que si la justice venait à le savoir ...., on ne les punît comme des assassins et ....

D'après Antoine Galland, « Histoire du bossu »,
Les Mille et Une Nuits, 1704-1717.

9 Vous devez expliquer à votre meilleur ami comment réparer un objet de votre choix : décrivez les actions à accomplir. Utilisez des compléments circonstanciels de moyen et de manière.

Retenir

Comparer consiste à mettre en relation plusieurs éléments pour souligner une ressemblance ou une différence.

La comparaison peut s'exprimer au moyen de :

- **groupes prépositionnels** (préposition + groupe nominal)
Ici, la mer est verte comme une émeraude.

- **mots dont le sens indique une comparaison**
– verbes (*ressembler à, différer de*, etc.) : *Tu ressembles à ta sœur !*
– adjectifs (*tel, semblable à, pareil à*) : *Je voudrais un ordinateur semblable au tien.*

- **propositions subordonnées conjonctives** (introduites par *comme, comme si, tel que*)
Comme un lion saute sur sa proie, le chevalier s'élance au devant de son adversaire.
J'ai vu le fantôme passer tout près de moi, tel que je te vois !
Il pleut comme si c'était le déluge !

S'exercer

1 Identifier et manipuler

1 Ces animaux sont associés à des comparaisons de connotation méliorative : retrouvez-les.
agneau • gardon • renard • singe • bœuf
1. Fort comme un .... **2.** Rusé comme un .... **3.** Doux comme un .... **4.** Malin comme un .... **5.** Frais comme un ....

2 D'autres comparaisons sont moins flatteuses... Associez chaque adjectif à l'animal qui lui correspond.

myope •   • paon
têtu •   • carpe
fier •   • taupe
muet •   • mule
rouge •   • écrevisse

3 Dans ces phrases, repérez l'expression de la comparaison et précisez par quel moyen elle est exprimée : groupe prépositionnel, verbe ou adjectif, proposition subordonnée conjonctive.
1. Il parle à son chien comme si c'était un être humain ! **2.** Je serai sage comme une image. **3.** Tel un animal féroce, il se bat avec vigueur. **4.** Ne trouvez-vous pas que je ressemble à une actrice célèbre ? **5.** L'histoire d'Hercule diffère beaucoup de celle de ce héros. **6.** Ces deux appareils sont très différents l'un de l'autre ! **7.** Il est propre comme un sou neuf !

4 Réécrivez ce texte en complétant les comparaisons à l'aide des mots suivants : un veau • des sardines • une baleine • un rat • un phoque

Quand nous sommes montés dans le bus, nous étions serrés comme .... Je n'ai pas eu de chance car mon voisin soufflait comme .... Cela amusait beaucoup ma cousine Sophie qui, en me voyant, riait comme .... En plus de cela, le voisin en question grondait avec virulence son petit garçon qui pleurait comme .... Je n'en pouvais plus ! À ce moment-là, je me suis dit : « Je suis fait comme .... ». Je me suis promis de ne plus jamais prendre ce bus !

2 S'exprimer

5 Faites le portrait d'une créature effrayante, en proposant cinq comparaisons.

Griffon enlevant un éléphant, miniature du XVIe siècle.

6 Décrivez un objet devant la classe sans dire son nom, et en utilisant des comparaisons avec d'autres objets pour faire deviner sa forme, sa taille, sa couleur et éventuellement son utilité.

Retenir

**Dans une comparaison, l'adjectif peut devenir
un comparatif ou un superlatif.**

• L'adjectif peut servir à exprimer une comparaison ou une relation entre deux éléments ;
on parlera alors de **comparatif**. Il pourra exprimer :
– **la supériorité** : *Il est plus sage que son frère.*
– **l'égalité** : *Il est aussi sage que son frère.*
– **l'infériorité** : *Il est moins sage que son frère.*

• L'adjectif peut exprimer une supériorité par rapport à tous les éléments d'un même ensemble ;
on parlera alors de **superlatif relatif**. Il pourra exprimer :
– **la supériorité** : *C'est le plus gentil des animaux.*
– **l'infériorité** : *C'est le moins craintif des animaux.*
On parle de **superlatif absolu** quand on désigne le degré maximal d'intensité : *Il est très joyeux !*
Attention : deux adjectifs possèdent des comparatifs et superlatifs irréguliers.
bon → meilleur → le meilleur : Il est meilleur que son frère.
mauvais → pire → le pire : Il est pire que son ennemi.

• Les degrés d'intensité peuvent également se marquer par :
– l'emploi de **préfixes** : *sous-développé, hypertendu*
– l'emploi de **suffixes** : *maigrelet, richissime*
– l'emploi **d'adverbes** : *légèrement, extrêmement* (et de nombreux adverbes en ment), *si* :
Elle était si jolie, la chèvre de monsieur Seguin !

S'exercer

Identifier et manipuler

1 Dans un tableau à deux colonnes, relevez les adjectifs au superlatif absolu et au superlatif relatif.
1. C'est l'hiver le plus chaud que nous ayons eu ! **2.** Le moindre souffle d'air fait frissonner les ailes du papillon. **3.** Ce parc est l'endroit le plus paisible de la ville. **4.** Cette cravate est fort jolie ! **5.** C'est un endroit extrêmement ensoleillé. **6.** C'est le film le moins captivant qui a reçu l'Oscar.

2 Pour chaque phrase, dites s'il s'agit d'un comparatif ou d'un superlatif. Précisez, quand c'est possible, s'il indique l'infériorité, l'égalité ou la supériorité.
1. Pierre est très grand, certes il est moins grand que son père mais il est malgré tout le plus grand de la classe. **2.** C'est cette voiture hybride qui est la plus économique du salon de l'automobile. **3.** Le cheval est le meilleur ami de l'homme. **4.** Bien dormir est très important : c'est aussi important que bien manger !

3 Dans les phrases suivantes, mettez l'adjectif au degré de comparaison approprié.
1. Bison Futé a annoncé un samedi noir sur les routes : notre retour de vacances ne sera pas (*rapide*) qu'à l'aller.
2. Martine s'est un peu calmée ; elle est (*turbulente*) qu'au début de l'année. Elle est (agitée) que son frère est calme.
3. Nous allons pouvoir rouler davantage maintenant que l'essence est (*chère*).
4. Émilie est toujours de bonne humeur, elle a un caractère (*enjoué*) que sa cousine.

3 S'exprimer

4 Comparez deux animaux domestiques en montrant votre préférence pour l'un d'eux. Vous utiliserez au moins trois comparatifs (de supériorité, d'infériorité et d'égalité), deux superlatifs relatifs et deux superlatifs absolus.

Un complément circonstanciel de but permet d'exprimer une intention ou un objectif à atteindre.

Le complément circonstanciel de but est un complément de phrase. Il peut généralement être supprimé ou déplacé. Il peut être composé de :

▶ **Une conjonction de subordination suivie d'un verbe au subjonctif**

• Pour exprimer un **but positif**, on emploiera les conjonctions de subordination *pour
que, afin que, dans l'espoir que…* : *Le capitaine autorise ses hommes à quitter le navire
pour qu'ils aient du temps libre.*

• Pour exprimer un **but négatif**, on emploiera les conjonctions de subordination
de peur que, de crainte que + ne (facultatif) : *Il accompagne ses enfants à l'école **de peur
qu**'ils **ne** se perdent.*

▶ **Une préposition ou locution prépositionnelle suivie d'un infinitif**

On emploie *pour, afin de, en vue de, dans l'intention de, dans l'espoir de, de peur de, de
crainte de + infinitif* : *Elle prend son agenda **afin de** noter les devoirs.*

▶ **Une préposition ou locution prépositionnelle suivie d'un groupe nominal**

On emploie *pour, en vue de, dans l'intention de, dans l'espoir de, de peur de + groupe
nominal* : *Il s'est documenté **pour** sa prochaine réunion.*

1 Identifier et manipuler

❶ Recopiez les compléments circonstanciels de but
des phrases suivantes, entourez les mots ou groupes
de mots qui les introduisent et donnez leur classe
grammaticale.
1. Il se couvre pour affronter le froid. **2.** Talia est prête à
t'aider pour que tu réussisses. **3.** De peur d'être recon-
nue, Sophie porte des lunettes noires. **4.** Ce problème de
mathématiques t'a été proposé afin que tu fasses preuve
de réflexion.

❷ Recopiez ces phrases en les complétant avec des
prépositions ou des locutions prépositionnelles variées
puis soulignez les compléments circonstanciels de but.
1. .... obtenir le fromage, le renard flatta le corbeau.
2. Les footballeurs s'entraînent .... remporter la coupe du
monde. **3.** Les habitants ont fui le village .... d'affronter
une inondation. **4.** Le principal demande des volontaires
.... ne pas avoir assez de monde.

❸ Recopiez ces phrases en les complétant avec des
conjonctions de subordination variées et mettez les
verbes entre parenthèses au présent du subjonctif.
1. Je te prête ma voiture .... tu (*aller*) chercher tes
parents. **2.** L'élève doit parler plus fort .... que toute la
classe (*entendre*). **3.** L'avocat prépare sa défense .... son
client (*être*) libéré. **4.** L'enfant s'est caché dans sa chambre
.... son père ne le (*gronder*). **5.** Il insiste beaucoup ....
tu nous (*accompagner*).

2 S'exprimer

❹ TOP CHRONO! **Citez cinq actions que vous accom-
plissez chaque jour. Expliquez dans quel but vous les
faites : utilisez des compléments circonstanciels de but
introduits par des conjonctions de subordination, des
prépositions ou des locutions prépositionnelles.**

La ponctuation apporte des informations sur la structure et le sens des phrases.

Une phrase commence toujours par une **majuscule** et **se termine par un point**.

▶ **Les signes de pause**

- Le **point** marque la fin d'une phrase. On distingue :
- – le point [.]
- – le point d'interrogation [?]
- – le point d'exclamation [!]

- Les **points de suspension** [...] permettent :
- – d'interrompre une phrase sans l'achever.
- – de signaler une énumération inachevée.

- **La virgule** [,] indique une pause dans le cours de la phrase.
Le **point-virgule** [;] sépare deux parties d'une phrase reliées entre elles par une faible relation logique.

- Le **deux-points** [:] signale l'introduction d'une explication ou annonce une énumération.

▶ **Les signes du dialogue**

- Employé dans un dialogue, le **tiret** [–] signale un changement d'énonciateur.

- Les **guillemets** [« ... »] encadrent une citation ou les paroles d'un personnage.

Identifier et manipuler

★
1 Relevez les signes de ponctuation et expliquez leur emploi.

Bientôt son regard tomba sur une petite boîte en verre qui était sous la table : elle l'ouvrit et trouva un tout petit gâteau sur lequel les mots « MANGEZ-MOI » avaient été joliment tracés à l'aide de raisins secs. « Ma foi, je vais le manger, dit Alice, et s'il me fait grandir, je pourrai atteindre la clef ; et s'il me fait encore rapetisser, je pourrai me glisser sous la porte ; ainsi, dans les deux cas, j'accéderai au jardin, et ça m'est bien égal que ce soit l'un ou l'autre ! »

Lewis Caroll, *Alice au pays des merveilles* [1865],
trad. de l'anglais par D. Bismuth, Hachette, 2009.

★★
2 Modifiez le sens de ces phrases en changeant la ponctuation.

1. Quel génie ! **2.** C'est toi le responsable ? **3.** Le directeur arrive, il a eu un accident. **4.** Lancelot, dit le chevalier de la charrette, remporte la victoire.

2 S'exprimer

★★★
3 Imaginez les paroles échangées entre ces personnages sous la forme d'un bref dialogue. Relisez attentivement la ponctuation de votre texte.

Le Caravage,
Les Tricheurs,
vers 1595,
musée d'art
Kimbell,
Fort Worth,
États-Unis.

22 / Distinguer et utiliser les phrases verbales et non verbales

> Octave. – Ah! fâcheuses nouvelles pour un cœur amoureux! Dures extrémités où je me vois réduit! Tu viens, Silvestre, d'apprendre au port, que mon père revient?
> Silvestre. – Oui.
> Octave. – Qu'il arrive ce matin même?
> Silvestre. – Ce matin même.
> Octave. – Et qu'il revient dans la résolution de me marier?
> Silvestre. – Oui.
> Octave. – Avec une fille du seigneur Géronte?
> Silvestre. – Du seigneur Géronte.
>
> Molière, *Les Fourberies de Scapin*, acte I, scène 1, 1671.

1. Soulignez les phrases qui ne possèdent pas de verbe.
2. Entourez le mot noyau de ces phrases et indiquez sa classe grammaticale.
3. Quel est le rythme de ce dialogue? Pourquoi, selon vous?
4. En quoi les phrases non verbales créent-elles ici un effet comique?

Retenir

▶ **La phrase verbale**
- Elle est organisée **autour d'un verbe** qui est le noyau de la phrase.

Tu me fais mourir par tes leçons hors de saison.
verbe noyau

▶ **La phrase non verbale**
- Elle est organisée **autour d'autres mots** qu'un verbe:
- d'un **nom**: *De votre oncle.* Dans ce cas, on appelle cette phrase **phrase nominale**.
- d'un **pronom**: *Et quoi?*
- d'un **adverbe**: *Doucement.*
- d'un **adjectif**: *Impossible!*
- d'une **interjection**: *Ah! Holà! Hep! Pst!*
- d'un **mot-phrase**: *Oui. Non. Soit. Bien.*

Attention: une phrase non verbale peut contenir une forme verbale, mais celle-ci ne constitue pas le noyau de la phrase.

Un poème lu à haute voix → phrase non verbale (phrase nominale)
nom   verbe
noyau

- On utilise la phrase non verbale:
- dans la **presse** ou la **publicité**, où elle **résume** de façon **percutante** une idée.
- dans un **texte littéraire**, où elle **dynamise** le **rythme** du récit ou d'un dialogue.

316

S'exercer

Identifier

1 Combien de phrases sont présentes dans ce texte ? Combien contiennent des verbes conjugués ? Combien n'en contiennent pas ?

– Quel coup vient de me porter Renart ! Faut-il donc qu'il me craigne bien peu pour me maltraiter de la sorte ! Je constate qu'il me tient pour peu de chose, et sans doute pour moins que rien ! Maintenant, messeigneurs, tous en selle ! Tous après lui ! Courez-lui sus ! Je vois bien par où il s'est enfui. Cœur de Dieu ! Si le brigand nous échappe, vous êtes tous morts, je vous fais pendre ! Mais celui de vous qui le prendra, j'anoblirai toute sa lignée… !

Ah ! Mes amis, quel spectacle ! Il faut voir s'ébranler la chasse !

Le Roman de Renart, trad. de l'ancien français
par P. Mezinski, Gallimard Jeunesse, 2010.

2 Après avoir lu le texte suivant, recopiez les phrases verbales et les phrases non verbales dans un tableau à deux colonnes.

Renart, Renart, tu parles en vain. Parjure à Dieu, vil renégat, tu ne changeras donc jamais, tu seras donc toujours aussi fourbe ! Malheureux ! Folle créature ! Faut-il que tu n'aies pas ton bon sens ! […] Allez, viens-t'en. Partons d'ici. Maudite, maudite soit l'heure où ta mère t'a donné le jour !

Le Roman de Renart, trad. de l'ancien français
par P. Mezinski, Gallimard Jeunesse, 2010.

3 Dans l'extrait suivant, relevez les phrases non verbales, puis indiquez la classe grammaticale de leur mot noyau.

1. – Joli travail, et fignolé ! Vous chantez mieux que d'habitude. Et encore, si vous le vouliez, vous pourriez prendre un ton plus haut.
2. – Renart, Renart ! Je suis mort ! Je voudrais bien qu'aujourd'hui il vous arrive malheur ! Je n'avais pas besoin d'une tonsure aussi grande !
3. – Holà ! C'est le loup ! À la rescousse ! […]
Il s'époumone.
– À l'avaler ! Allez ! Laissez les chiens aller.

Le Roman de Renart, trad. de l'ancien français
par P. Mezinski, Gallimard Jeunesse, 2010.

Manipuler

4 Transformez ces phrases en phrases non verbales.
Exemple : *Le Roman de Renart a été écrit à l'époque médiévale*
→ *Le Roman de Renart, écrit à l'époque médiévale.*
1. Renart a volé les bacons. **2.** Ysengrin visite la contrée.

3. Chanteclerc s'enfuit. **3.** Ysengrin est capturé par les pêcheurs. **4.** Ysengrin se venge de Renart.

5 Transformez les phrases non verbales en phrases verbales.
1. Colère d'Hersent suite au vol des bacons. **2.** Tibert pris au piège par son orgueil. **3.** Arrestation de Renart. **4.** Tenue du procès de Renart. **5.** Terrible combat entre Renart et Ysengrin. **6.** Descente d'Ysengrin dans le puits.

6 Complétez les phrases non verbales en gras de manière à les transformer en phrases verbales.
1. As-tu vu Chanteclerc ? **Non. 2. Comment ?** Les bacons ont disparu ! **3.** Il faut fuir. **Vite ! 4.** Renart a pu s'enfuir ! **Incroyable ! 5.** Hermeline, qui est votre mari ? **Renart.**

7 Relevez les phrases non verbales du texte suivant puis indiquez la raison de leur emploi.

Les villageois lurent la nouvelle : « Arrestation de Renart ».
Stupeur ! Incompréhension ! Tout le monde se regarda, s'interrogea.
– Qu'a-t-il fait ?
– Aucune idée.
Le village ne comprenait pas.

3 S'exprimer

8 Ysengrin demande à Renart s'il a volé les bacons. Renart répond pas des phrases non verbales sans jamais dire ni oui ni non. Complétez le dialogue suivant :

– Renart, es-tu venu chez nous hier soir ? – .... – Il pleuvait, tu n'es pas venu te mettre à l'abri ? – .... – Sais-tu que nos bacons ont disparu ? – .... – As-tu entendu parler de ce vol ? – .... – As-tu toi-même mangé nos bacons ? – .... – Serais-tu en train de me mentir ? – .... – Renart, tu es un voleur ! – .... – Quitte ces lieux avant que je ne te rattrape !

9 Écrivez un article à partir du fait divers suivant : Renart a volé des poissons.
Vous mêlerez phrases verbales et phrases non verbales.

Benjamin Rabier,
Renart et les anguilles,
illustration du *Roman de Renart*, 1909.

> Le paysage s'étend à perte de vue. Quelle immensité ! Quel silence ! Un homme a-t-il jamais assisté à pareil spectacle ? Je ne crois pas me tromper en affirmant qu'il est permis d'en douter. Lecteur, tais-toi, et goûte cette splendeur !

1. Soulignez la phrase négative.

2. Quelles phrases traduisent l'émotion du narrateur ? Quels indices vous ont permis de répondre ?

3. Quels sont les points communs entre les deuxième et troisième phrases ?

4. À quel mode sont les verbes de la dernière phrase ?

▶ **Les types de phrases**

Il existe **quatre grands types** de phrases :

• La phrase **déclarative** (ou assertive) sert à **affirmer** quelque chose, apporter des **informations**. Elle se termine par un **point**.
Il n'était pas facile d'aller à la Cayenne.

• La phrase **interrogative** sert à poser une **question**. Elle se termine par un **point d'interrogation**.
Mais comment se résoudre à quitter la partie du monde que mademoiselle Cunégonde habite ?

• La phrase **injonctive** sert à donner un **ordre**, un **conseil**, exprimer une **prière**, une **interdiction**, etc. Elle se termine par un **point** ou **un point d'exclamation**.
Cultivons notre jardin.

On utilise soit :
– **l'impératif** (le sujet du verbe n'est pas exprimé) : *Sortez !*
– **l'infinitif** : *Ne pas s'approcher.*
– **le futur de l'indicatif** : *Vous ne passerez pas !*
– **un groupe nominal** : *Défense de parler.*

• La phrase **exclamative** sert à exprimer les **sentiments** du locuteur. Elle peut être introduite par un **mot exclamatif** *(que, quel, etc.)* et se termine par un **point d'exclamation**.
Quel magnifique panorama !

Attention
Une phrase n'appartient qu'à un seul type. Elle ne peut pas être déclarative et interrogative, déclarative et injonctive, etc. Seul le **type exclamatif** se combine avec les autres.

▶ **Les formes de phrases**

Les phrases peuvent être à la forme affirmative ou négative.

1. La forme affirmative

Elle se caractérise par l'absence de négation.
Elles sont venues comme prévu.

2. La forme négative

- Elle se définit par la présence d'une **négation** et se forme à l'aide de **deux éléments** : la particule **ne**, placé devant le verbe, et **un autre mot** *(pas, rien, point, guère, jamais, plus)* situé derrière le verbe.
*Il **n'**est **pas** là. Ils **ne** se voient **jamais**.*

- Dans les phrases injonctives et interrogatives, la négation commence la phrase.
***Ne** voyez-vous **pas** qu'il pleut ?*

- Le passage à la forme négative nécessite certaines modifications (pronoms et adverbes).
*Il exige **quelque chose**. → Il **n'**exige **rien**.*
*Il a **toujours** raison. → Il **n'**a **jamais** raison.*

S'exercer

Identifier

1 Indiquez de quel type sont les phrases suivantes.

1. Par Dieu, ma Dame, ainsi sera-t-il ? **2.** Vous aurez le seigneur le plus gentil et le plus noble qui fût de la race d'Abel. **3.** Finis ton bavardage [...]. **4.** Fais de ton mieux et moi du mien. **5.** Paroles oiseuses me lassent ! **6.** Il faut plus de temps pour rechercher un chevalier. **7.** Donnons-lui jusqu'à quatorze heures pour défendre son droit devant toute la cour. **8.** Quand deux chevaliers sont venus aux armes en bataille, lequel croyez-vous qui mieux vaille lorsque l'un a vaincu l'autre ? **9.** Pour moi je donnerais le prix au vainqueur. **10.** Et vous, que feriez-vous ?

D'après Chrétien de Troyes, *Yvain ou le Chevalier au lion*, trad. de l'ancien français par J.-P. Foucher, Gallimard, 2008.

2 Indiquez la forme des phrases suivantes.
1. Il est temps de partir. **2.** Lancelot ne gagnera pas le tournoi. **3.** Le chevalier est aimé de la reine. **4.** Le tournoi aura lieu devant le château. **5.** Perceval n'est pas compris par sa mère.

3 Recopiez et complétez le tableau suivant selon l'exemple.
1. Le chevalier à l'écu rouge et or a gagné le tournoi. **2.** N'y a-t-il pas de tournoi pour la fête de Pentecôte ? **3.** Ne rappelez pas les chevaliers de la contrée voisine. **4.** La reine n'aime pas les tournois. **5.** Les joutes sont beaucoup trop violentes ! **6.** Le gagnant est-il désigné par le roi ?

Phrase	Type de phrase	Forme de phrase
Il n'est pas sûr de vouloir partir à l'aventure.	Phrase déclarative	Forme négative

Manipuler

4 Transformez les phrases suivantes en passant de la forme affirmative à la forme négative. Variez le plus possible les particules de négation.

1. Je souhaite devenir chevalier. **2.** Les chevaliers reviendront un jour. **3.** Il est déjà reparti au combat. **4.** Il aime l'aventure. **5.** Le chevalier va combattre un dragon. **6.** Tous les chevaliers repartent à la quête du Graal.

5 Complétez le dialogue suivant avec des types de phrases différents.
– *(phrase interrogative)* – C'est un chevalier errant qui cherche aventure. – *(phrase déclarative)* – Doit-on lui faire confiance ? – *(phrase exclamative)* – Je ne souhaite pas lui ouvrir la porte du château. – *(phrase injonctive)* – *(phrase interrogative)* – Je ne crois pas à sa sincérité. – *(phrase exclamative)*

3 S'exprimer

6 Écrivez la conversation de deux spectateurs assistant à la scène narrée dans le texte suivant.

Le chevalier Lancelot participe à un tournoi et répond aux attentes de la reine Guenièvre.

Tous s'empressent à demander : « Qui est donc celui qui combat si bien ? »

La reine attire à part une pucelle belle et sage et lui dit : « Il vous faut porter un message au plus tôt en quelques paroles brèves. Allez vite à ce chevalier qui porte écu vermeil et dites-lui en secret que je lui demande de faire "au pire" ».

La pucelle fait comme le veut la reine. Du chevalier elle s'approche tout près et lui dit avec gentillesse sans que l'entendent les voisins : « Sire, je viens de la part de la reine qui par moi vous mande et vous dis : "Au pire !" »

Il lui répond : « Très volontiers ».

Chrétien de Troyes, *Lancelot ou le Chevalier à la charrette* [vers 1170], trad. de l'ancien français par J.-P. Foucher, Gallimard Jeunesse, 2002.

7 Un chevalier a rencontré un dragon. Totalement bouleversé, il raconte cet épisode à un autre chevalier. Écrivez son récit en variant les types et formes de phrases.

Observer et réfléchir

> **1.** Les marins entendirent un chant, ils crurent à des sirènes.
>
> **2.** Christophe Colomb s'embarqua sur une caravelle, car celle-ci était le bateau le plus maniable de son temps.

1. Combien de verbes comporte la première phrase ? Soulignez les groupes de mots séparés par la virgule.

2. Recopiez la seconde phrase puis entourez les verbes. Délimitez les propositions (groupes de mots) qui composent la phrase, avant et après le mot *car*.

3. Les propositions des deux phrases constituent-elles à elles seules des phrases correctes ?

Retenir

Une phrase complexe comporte plusieurs propositions (juxtaposées, coordonnées ou subordonnées).

• Une **proposition** est **un ensemble de mots** réunissant un groupe nominal sujet et un groupe verbal.

• Une **phrase simple** ne contient qu'**un seul verbe conjugué** et donc qu'**une seule proposition**. Une **phrase complexe** contient **plusieurs verbes conjugués** et donc **plusieurs propositions**.

• La **juxtaposition**, la **coordination** et la **subordination** sont les trois manières de relier les propositions.

Phrase complexe (plusieurs propositions)

juxtaposées (, ; :)	**coordonnées** (*mais, ou, ainsi, etc.*)	**subordonnées** (*si, que, parce que...*)

▶ **Reconnaître la juxtaposition**

On parle de **juxtaposition** quand la phrase complexe est constituée de propositions **reliées** par une **virgule**, un **point-virgule** ou **deux points**.

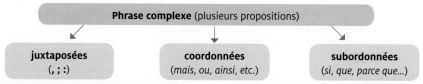

Le navire cinglait vers l'ouest : ils aperçurent la côte.

proposition 1   proposition 2

▶ **Reconnaître la coordination**

On parle de **coordination** quand la phrase complexe est formée de propositions reliées par une conjonction de coordination (*mais, ou, et, donc, or, ni, car*) ou un adverbe de liaison (*alors, puis, aussi, cependant, en effet, par conséquent, enfin, etc*).

Les marins mouraient de faim **mais** _ils voulurent économiser leurs dernières ressources._

↓ proposition 1   ↓ conjonction de coordination   ↓ proposition 2

Attention

• Le **sujet** ou le **verbe** de la deuxième proposition peuvent être **sous-entendus** :

Les marins étaient fatigués et cherchaient la côte du regard.

Les explorateurs désespéraient, et le capitaine aussi.

• Quand deux propositions sont reliées par un signe de ponctuation et un mot de liaison, on dit qu'elles sont **coordonnées**.

S'exercer

1 Identifier

❶ Dans le texte suivant, recopiez uniquement les phrases complexes.

Le Grand Montezuma avait environ quarante ans ; il était d'une stature au-dessus de la moyenne, élancé, un peu maigre, avec de l'harmonie dans les formes. Son teint n'était pas très foncé et ne s'éloignait nullement de la couleur habituelle de l'Indien. Il portait les cheveux un peu longs [...]. Il avait la barbe rare, noire et bien plantée. Son visage était gai et d'un ovale bien allongé. [...] Il était propre et bien mis ; il se baignait tous les jours une fois dans l'après-midi.

Bernal Diaz del Castillo, _La Conquête du Mexique_, trad. de l'espagnol par D. Jourdanet, Actes Sud, 2009.

❷ Soulignez les verbes et encadrez les différentes propositions.

1. Ils partent car ils pensent obtenir une vie meilleure. **2.** Le bateau a été réparé, les provisions sont chargées ; les marins peuvent à présent embarquer. **3.** Les hommes sont fatigués mais la terre est en vue. **4.** L'équipage essuya une grande tempête, les hommes se découragèrent : il fallait que le capitaine intervienne rapidement. **5.** La traversée est longue et les accidents sont fréquents. **6.** Ils ne connaissaient pas le territoire sur lequel ils venaient d'accoster, cependant, ils percevaient déjà tout le profit qu'ils pourraient en tirer.

❸ Indiquez, dans les phrases suivantes, si les propositions sont juxtaposées ou coordonnées. Relevez l'élément qui vous a permis de répondre.

1. Les marins sont affamés, or il n'y a plus de nourriture. **2.** Tout a été chargé : le bateau va pouvoir partir. **3.** Le nouveau continent les a subjugués ; ils ont découvert de nouveaux animaux, ont goûté de nouvelles saveurs et ont rencontré de nouveaux peuples. **4.** Ils n'ont pas rejoint les Indes, mais ils ont découvert un continent. **5.** La traversée est longue et les conditions de vie semblent difficiles. **6.** La forêt est luxuriante, elle offre une faune et une flore inconnues jusqu'à présent.

2 Manipuler

❹ Reliez les phrases simples suivantes en les coordonnant. Variez les conjonctions de coordination ou adverbes de liaison utilisés.

1. Ils étaient démoralisés. Leurs proches leur manquaient. **2.** Ils naviguaient depuis longtemps. Ils savaient que la terre était proche. **3.** Accoster ne fut pas une délivrance. Ils venaient d'arriver dans un lieu inconnu. **4.** Ils avaient soif. Ils avaient faim. **5.** Ces bêtes ont un pelage grisé. Elles ont également un museau allongé. **6.** Ils ne sont pas aptes à voyager. Ils resteront en Europe.

3 S'exprimer

❺ En vous inspirant du texte ci-dessous, décrivez un animal étrange à l'aide de propositions juxtaposées et coordonnées.

La première et la plus commune est une bête qu'ils appellent tapiroussou, qui ayant le poil rougeâtre et assez long est presque de la grandeur, grosseur et forme d'une vache ; toutefois comme elle ne porte point de cornes, qu'elle a le cou plus court, les oreilles plus longues et pendantes, les jambes plus sèches et délicates, le pied non fendu, au contraire de la forme même de celui de l'âne, on peut dire que participant de l'un et de l'autre elle est moitié vache et moitié âne.

Jean de Léry, _Histoire d'un voyage fait en la terre de Brésil_, 1578.

❻ Vous êtes matelot sur une caravelle de Christophe Colomb. Racontez une tempête dans une lettre, en utilisant des propositions juxtaposées et coordonnées.

Observer et réfléchir

1. Le chevalier arriva près d'une fontaine qui était cachée au milieu de la forêt.

2. Le chevalier comprend qu'il s'agit de la fontaine maudite.

3. Quand le chevalier verse de l'eau sur la pierre creuse, un cavalier en armure surgit au milieu des éclairs.

1. Recopiez les phrases et entourez les verbes conjugués. Combien y a-t-il de propositions dans chaque phrase ? Soulignez-les.

2. Quelle proposition de la phrase **1** apporte une information précisant le nom *fontaine* ? Par quel mot est-elle introduite ?

3. Quelle proposition de la phrase **2** complète le verbe *comprendre* ? Par quel mot est-elle introduite ?

4. Quelle proposition de la phrase **3** peut être déplacée sans changer le sens de la phrase ? Par quel mot est-elle introduite ?

Retenir

Dans une phrase complexe, la proposition subordonnée dépend toujours d'une proposition principale.

Une phrase complexe comporte **plusieurs verbes conjugués** et donc **plusieurs propositions**, qui peuvent être juxtaposées, coordonnées ou **subordonnées**.

➤ **La proposition principale et la proposition subordonnée**

• Une phrase complexe peut contenir plusieurs propositions qui ne peuvent pas exister indépendamment : ce sont des **propositions subordonnées**.

• Elles dépendent d'une autre proposition nommée **principale**.

Le chevalier qui avait découvert la fontaine était très vaillant.

subordonnée

• Le mot qui relie la proposition principale et la proposition subordonnée s'appelle un **subordonnant**. Le mot subordonnant peut être :
– un **pronom relatif** (*qui, que, dont, où, lequel...*),
– une **conjonction de subordination** (*quand, parce que, pour que...*),
– un **mot interrogatif** (*pourquoi, combien, quel...*).

*La servante [que **rencontre** Yvain dans le château] lui **offre** un anneau.*
*Yvain **déclare** [qu'il **est** amoureux de Laudine.]*
*Il **tire** son épée [lorsque le cavalier **arrive**.]*
*Elle se **demande** [pourquoi elle **a oublié** une chose aussi importante.]*

• Selon le mot subordonnant employé, la proposition sera soit une proposition relative, soit une proposition conjonctive, soit une proposition interrogative indirecte.

▶ Les différentes propositions subordonnées

1. La proposition subordonnée relative

• Il s'agit d'une **expansion du nom**. Le nom qu'elle complète s'appelle l'**antécédent**.

• Elle est introduite par un **pronom relatif simple** (*qui, que, quoi, dont, où*) ou **composé** (*lequel, laquelle, lesquels, lesquelles, auquel, auxquels, duquel...*). Le pronom relatif représente l'antécédent, dont il a le genre et le nombre.

• Le pronom relatif varie selon la fonction qu'il occupe dans la subordonnée relative : *qui* → sujet, *que* → COD, *à qui/à quoi* → COI, *dont* → COI ou c. du nom, *où* → C.C. de lieu/temps.

*Le chevalier **a** un bouclier [qui **peut** le protéger.]*

*Les rois [auxquels le seigneur **a envoyé** un message] **ont rappelé** leurs armées.*

2. La proposition subordonnée conjonctive complétive

• Elle **complète un verbe** de déclaration, d'opinion, de volonté, de sentiment.

• Elle est introduite par *que*.

• La complétive peut avoir pour fonction :

– complément d'objet direct : *Je **pense** [que ce roman **est** très bien **écrit**.]*

– sujet de la principale : *[Qu'il **soit** vaillant] ne **doit** pas l'empêcher d'être courtois.*

– attribut du sujet : *L'idéal **serait** [que tu **réussisses**.]*

3. La proposition subordonnée conjonctive circonstancielle

• Elle donne une indication sur les **circonstances** de l'action.

• Elle est introduite par une **conjonction de subordination** qui lui donne son sens (*afin que, pour que, puisque, quand...*).

• Comme les groupes nominaux compléments circonstanciels, elle peut souvent être déplacée ou supprimée.

*Il **rougit** [lorsqu'il la vit.]* = subordonnée conjonctive circonstancielle de temps

4. La proposition subordonnée interrogative indirecte

• Il s'agit d'une **question formulée indirectement** par l'intermédiaire d'un verbe que la subordonnée complète.

• Elle est introduite par un mot exprimant l'interrogation ;

– *si* (quand la question correspond à une interrogation totale) ;

– un **pronom interrogatif** (*qui, lequel, laquelle...*) ;

– un **déterminant interrogatif** (*quel, quels, quelle, quelles*) ;

– un **adverbe interrogatif** (*quand, où, pourquoi, comment, combien*).

*Il **demande** [où se **trouve** le grenier.]*

*Je **demande** [combien **coûte** cet ordinateur] et [si le magasin **pourra** nous le livrer.]*

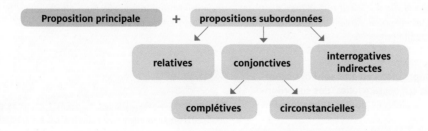

S'exercer

1 Identifier

① Recopiez le texte suivant, soulignez les verbes conjugués puis délimitez les différentes propositions par des crochets.

Il vit à quelques mètres de lui une demi-douzaine de vautours qui l'observaient de leurs petits yeux rouges et cruels. Robinson voulait mourir, les vautours l'avaient deviné, mais justement, il ne voulait pas que son corps fût déchiqueté par les charognards. Il se souvint du fond de la grotte où il avait passé de si bonnes heures.

Michel Tournier, *Vendredi ou la Vie sauvage*, Gallimard, 1971.

② a. Classez les mots subordonnants en gras dans trois catégories : pronoms relatifs, conjonctions de subordination et mots interrogatifs.

b. Délimitez chaque subordonnée et précisez s'il s'agit d'une relative, d'une complétive, d'une circonstancielle ou d'une interrogative indirecte.

Il voulut savoir **qui** demeurait en cette maison **qu'**il ne connaissait pas bien, **parce qu'**il n'avait pas eu occasion de passer souvent par cette rue. Pour satisfaire sa curiosité, il s'approcha de quelques domestiques **qu'**il vit à la porte, magnifiquement habillés, et demanda à l'un d'entre eux **comment** s'appelait le maître de cet hôtel. « Hé quoi, lui répondit le domestique, vous demeurez à Bagdad, et vous ignorez **que** c'est ici la demeure du seigneur Sindbad le marin, de ce fameux voyageur **qui** a parcouru toutes les mers **que** le soleil éclaire ? »

Antoine Galland, *Les Mille et Une Nuits*, 1704-1717.

③ Recopiez chacune des phrases suivantes, encadrez la proposition subordonnée, entourez le mot subordonnant et indiquez s'il s'agit d'une subordonnée relative, d'une subordonnée conjonctive complétive ou d'une interrogative indirecte.
1. Le spéléologue explore cette grotte qui s'enfonce très profondément dans la terre. **2.** Lise pense que Daphné est la plus gentille des petites filles. **3.** Tu te demandes quel est son nom. **4.** Ils ont voulu savoir comment j'avais cuisiné ce plat brésilien. **5.** On s'aperçut que la mer avait monté. **6.** Elle a reçu une réponse de son correspondant espagnol auquel elle avait écrit.

④ Indiquez si les propositions en gras sont des subordonnées conjonctives circonstancielles, des subordonnées conjonctives complétives ou des subordonnées relatives.
1. Les voisins doivent rentrer **parce que leurs volets sont ouverts**. **2.** Elle aimait **qu'on la laisse tranquillement jouer à la poupée**. **3.** Passe-moi la feuille **qui est posée là**.

4. Dès que nous aurons déjeuné, nous prendrons la route. **5.** L'amie **qui viendra demain** s'appelle Sandra. **6.** Nous attendons **que notre tour soit venu**. **7. Parce qu'il a beaucoup dormi**, il est en forme.

⑤ Relevez les propositions subordonnées relatives et indiquez leur antécédent.

Un ballon dirigeable perd de l'altitude et ses passagers sont inquiets.

En effet, ce n'était ni un continent, ni même une île, qui s'étendait au-dessous d'eux. C'était l'immense mer, dont les flots se heurtaient avec violence. C'était l'océan sans limites visibles, même pour eux qui le dominaient de haut et dont les regards s'étendaient alors sur un rayon de quarante milles ! À deux heures, l'aérostat était à peine à quatre cents pieds au-dessus des flots. À ce moment, une voix mâle – la voix d'un homme dont le cœur était inaccessible à la crainte – se fit entendre.

Jules Verne, *L'Île mystérieuse*, 1874.

Hokusai, *La Grande Vague de Kanagawa*, estampe, 1830.

⑥ Recopiez les phrases suivantes et soulignez les subordonnées conjonctives circonstancielles. Indiquez si elles sont compléments circonstanciels de temps, de cause ou de but.
1. Afin que ses amis ne l'oublient pas, elle leur écrit souvent. **2.** Elle ne t'aime plus parce que tu as été colérique et violent. **3.** Aussitôt qu'il fut parti, chacun a pu parler plus librement. **4.** Explique-moi maintenant le mode d'emploi de cet outil, pour que je l'utilise. **5.** Elle a étudié la physique quantique lorsqu'elle était en vacances. **6.** Puisque tu ne fais rien, tu ne progresseras pas.

2 Manipuler

⑦ TOP CHRONO ! Remplacez l'adjectif en gras par une proposition subordonnée relative de sens équivalent.
1. Il s'est abonné à cette revue **trimestrielle**. **2.** Le cheval est un animal **herbivore**. **3.** C'est un résultat **imprévu**. **4.** On a livré un colis **volumineux**.

Complétez ces phrases avec les pronoms relatifs qui conviennent.

1. Le fond marin .... nous atteindrons est à trente mètres de profondeur. **2.** Les berges le long .... ils se promènent sont celles de la Seine. **3.** Essayons de nous souvenir des événements .... nous avons été témoins. **4.** L'homme .... passe sur le trottoir d'en face est mon père. **5.** On aperçoit une île .... vivent des oiseaux.

9 **Transformez les phrases selon l'exemple proposé pour créer des propositions subordonnées complétives.**

Exemple : Le policier déclare : « Vous êtes condamnés ».
→ Le policier déclare que vous êtes condamnés.

1. Les journalises affirment : « Les réfugiés sont menacés ». **2.** Ma mère me murmure : « Ce comédien ne sait pas son texte ». **3.** Le capitaine du voilier hurle : « Un homme est tombé à la mer ! ». **4.** Le médecin dit : « Vous devez faire du sport ». **5.** Le facteur crie : « C'est le courrier ! ».

10 **Complétez ces phrases avec la conjonction de subordination qui convient :** *après que, avant que, quand.*

1. .... le soleil se lèvera, la chaleur sera étouffante. **2.** .... les ouvriers puissent rénover le grenier, ils doivent d'abord le débarrasser. **3.** .... tu auras pris ta décision, nous te rejoindrons. **4.** .... tu es parti, j'ai reçu un coup de téléphone de tes parents. **5.** .... elle n'arrive, préparons-lui une surprise.

11 **Complétez ces propositions principales avec une subordonnée interrogative indirecte. Tous les subordonnants devront être différents.**

1. Il a enfin compris .... **2.** Dites-moi .... **3.** Le professeur expliqua .... **4.** La jeune fille demandait sans cesse ....

12 **Construisez une phrase complexe à partir des deux propositions indépendantes. Vous transformerez la proposition en gras en subordonnée circonstancielle.**

1. Nous allions pêcher dans cet étang. **J'avais dix ans.**
2. L'un de nous doit rester présent. **Ils arrivent avec de l'avance.**
3. Ce disque sera terminé. Pourrai-je en choisir un autre ?
4. Daphné ouvre la porte. **L'air frais du matin peut entrer.**
5. Nous ne pourrons pas aller au cinéma. **Tu rentres à peine du travail.**

13 **Dictée préparée**

a. Relevez les deux propositions subordonnées relatives dont l'antécédent est *journée.*

b. Justifiez l'accord du verbe *inquiétèrent* **en précisant l'antécédent de la proposition subordonnée relative.**

c. Écrivez ce texte sous la dictée de votre professeur.

Martin, pendant ce temps, dévalait le coteau. Il ne ralentit sa course que lorsqu'il fut en terrain plat. Une belle journée commençait qui mûrissait les moissons du Languedoc, qui gonflerait les grappes pour la plus grande richesse du chevalier Guilem Arnal de Soupex [...].

À la lisière de ces forêts, il hésita. Il jeta un regard autour de lui, écouta la rumeur des champs, le long cri d'un geai quelque part dans les arbres. C'étaient là des bruits naturels qui ne l'inquiétèrent pas.

Jean-Côme Noguès, *Le Faucon déniché*, Le Livre de Poche, 1972.

3 S'exprimer

14 **À l'aide des phrases suivantes, imaginez un court récit de voyage où vous donnerez vos impressions.**

En arrivant sur ce continent, je fis la découverte que ....

Je remarquai très vite que ...., en observant le mode de vie des habitants.

Il me semblait que ....

Je comprenais enfin que ....

Pour qu'........, je décidai de m'adapter à leur façon de vivre.

Émerveillé par ces rencontres, je décidai que ....

15 **Rédigez un portrait à partir de l'image suivante. Utilisez des propositions subordonnées relatives introduits par des pronoms relatifs différents.**

Pablo Picasso, *Portrait de Marie-Thérèse Walter*, 1937, huile sur toile, 100 x 81 cm, musée Picasso, Paris.

> **1.** Les pirates abordèrent le navire anglais.
>
> **2.** Le navire anglais fut abordé par les pirates.

1. Soulignez les sujets des deux phrases. Lequel fait l'action d'*aborder* ?

2. Quelle est la fonction du groupe nominal *le navire anglais* dans chaque phrase ?

3. À quel temps est conjugué le verbe *aborder* dans la première phrase ? et l'auxiliaire *être* dans la seconde ?

4. Par quel terme le groupe nominal *les pirates* est-il introduit dans la seconde phrase ?

L'actif et le passif indiquent si le sujet fait ou subit l'action.

Pour savoir si un verbe est à l'actif ou au passif, il faut observer le sujet :
est-ce lui qui accomplit l'action exprimée ?

Le sujet accomplit l'action	Le sujet subit l'action
• Le verbe est à l'actif. • Il peut être suivi d'un COD.	• Le verbe est au passif. • Le verbe n'a pas de COD. • L'action est accomplie par le complément d'agent, introduit par *de* ou *par*.
Le capitaine a accompagné les voyageurs. → sujet verbe COD	*Les voyageurs ont été accompagnés par le capitaine.* → sujet verbe c. d'agent
Tout le monde apprécie cet homme. → sujet verbe COD	*Cet homme est apprécié de tout le monde.* → sujet verbe c. d'agent

▶ **Pour transformer un verbe à l'actif en verbe au passif**

• On conjugue l'auxiliaire *être* au même temps et au même mode que le verbe à l'actif.

• On ajoute le participe passé du verbe.

• Le COD du verbe à l'actif devient le **sujet** du verbe au passif, le sujet du verbe à l'actif devient le **complément d'agent** du verbe au passif.

> *Le pirate a perdu un sabre.* → *Un sabre a été perdu par le pirate.*
>
> passé composé   être au passé composé
> + participe passé de *perdre*

Attention

- Pour connaître le temps d'un verbe au passif, on regarde le temps de l'auxiliaire *être*.
- Au passif, le participe passé s'accorde toujours avec le sujet.
- **Seuls les verbes qui peuvent se construire avec un COD** (verbes transitifs directs) peuvent être mis au passif.

L'espion a délivré <u>un message</u>. → Un message a été délivré par l'espion.
COD

L'espion a parlé <u>à son contact</u>. → construction au passif impossible.
COI

- Quand le sujet du verbe à l'actif est *on*, le verbe au passif n'a **pas de complément d'agent**.

On a choisi l'équipage. → L'équipage a été choisi.

S'exercer

Identifier

① Recopiez en bleu les verbes à l'actif et en rouge ceux au passif.

1. Une houle calme parcourait la mer. Le capitaine observait ses hommes. Les pirates étaient occupés par la réparation de leur bateau. Le mât avait été endommagé par la tempête et les cales envahies par l'eau.

2. L'attelage avait été préparé. Vint le moment du départ vers l'aventure. Mais la route allait être longue. Les chiens de traîneau avançaient péniblement dans la neige. Ils étaient guidés par un maître peu expérimenté qui les faisait passer par des chemins dangereux.

② a. Recopiez les phrases suivantes, puis soulignez le verbe en rouge, le sujet en bleu et le complément d'agent en vert.

b. Indiquez le temps du verbe.

1. Vendredi sera sauvé par Robinson.
2. La grotte fut détruite par l'explosion.
3. Le chien de traîneau avait été mordu par un loup.
4. Le bateau est englouti par la mer.
5. Le révolté avait été étourdi par le coup.
6. La cargaison a été perdue par l'équipage.

③ Indiquez si les groupes de mots en gras sont des compléments d'agent et expliquez votre réponse, en complétant le tableau selon l'exemple.

Phrase	Complément d'agent ?		Explication
	Oui	Non	
Les pirates connaissent l'île par cœur.		x	*Le verbe n'est pas au passif.*

Ils sont passés **par le sud de l'île**.			
Le trésor a été trouvé **par l'équipage**.			
Il est rempli **de pièces d'or**.			
Les pirates avaient rêvé **de celui-ci** depuis bien longtemps.			
Il a toujours été attiré **par le Grand Nord**.			
Il a préféré découvrir cette contrée **par des chemins détournés**.			
Les explorateurs sont accueillis **par les habitants de la montagne sacrée**.			
Très vite, ce lieu fut apprécié **de tous les aventuriers**.			

2 Manipuler

④ a. Ces phrases contiennent des verbes au passif : réécrivez-les avec des verbes à l'actif. Veillez à conjuguer le verbe au temps qui convient.

b. Quel mot devez-vous ajouter pour transformer les phrases 5 et 6 ?

1. Ils ont été délivrés par les habitants de l'île.
2. La route à suivre a été choisie par le plus expérimenté.
3. Le froid était redouté de tous les aventuriers.
4. Quelques effets personnels ont été abandonnés par les explorateurs.
5. Le trésor a été enterré.
6. Une nouvelle route fut ouverte.

5 Réécrivez les verbes suivants en remplaçant le sujet par le mot ou groupe entre parenthèses, et accordez les verbes.

1. La région fut explorée (*le pays*).

2. Il fut décidé que le camp serait érigé au bord de la plage (*les tentes*).

3. Les chiens de traîneau ont été libérés cette nuit par des braconniers (*Nous*).

4. Cette nuit, les réserves du bateau ont été visitées (*la réserve*), la nourriture a été mangée cette nuit (*les boîtes de conserve*).

5. Le trésor a été volé (*les pièces d'or*).

6. Le traîneau a été préparé avec soin (*le véhicule*), les chiens attelés (*l'équipage*), l'ensemble vérifié (*la totalité*).

6 Ces phrases contiennent des verbes à l'actif : réécrivez-les avec des verbes au passif. Veillez à conjuguer le verbe au temps qui convient.

1. Les boucaniers perdirent le trésor.

2. Le jeune mousse mène la révolte.

3. La population encourageait les aventuriers.

4. Le chien tuera l'assaillant.

5. Jim avait pris une partie du trésor.

6. Ils ont découvert un monde perdu.

7 Dictée préparée

a. Relevez les formes verbales au passif et observez attentivement leurs marques de temps et de personne.

b. Relevez les sujets avec lesquels s'accordent leurs participes passés et donnez leur genre et leur nombre.

c. Sous la dictée de votre professeur, écrivez ce texte en veillant à bien conjuguer les verbes et à bien accorder les participes.

Tout l'horizon du nord et de l'est était couvert par cette immense courtine semi-circulaire, qui forme la portion septentrionale des Rocky Mountains, dominés par le pic de Laramie.

[...] Encore quelques heures, et la traversée des montagnes serait accomplie. On pouvait donc espérer qu'aucun accident ne signalerait le passage du train à travers cette difficile région. La neige avait cessé de tomber. Le temps se mettait au froid. De grands oiseaux, effrayés par la locomotive, s'enfuyaient au loin.

Jules Verne, *Le Tour du monde en quatre-vingts jours*, 1873.

8 RÉÉCRITURE Lisez l'extrait suivant et mettez au passif les verbes en gras.

Les gens **fréquentent** des temples et **font** des offrandes aux idoles. Ils **mangent** du cheval et du chien ; ils **boivent** un fort vin fait à partir du riz et d'une série de plantes cueillies dans la campagne. Et leurs coutumes nous sont apparues bien étranges.

Par exemple, on **porte** ici une grande attention aux mouvements des astres. Lorsqu'un enfant naît, on **observe** son horoscope et l'on **note** avec précision l'heure et le jour de sa venue ainsi que le nom et les qualités de la planète qui prédomine dans le ciel à cet instant.

Le Livre des Merveilles de Marco Polo, trad. et adapté par P.-M. Beaude, Gallimard Jeunesse, 2015.

> **Méthode**
> Avant de transformer les verbes, repérez bien leurs sujets et leurs COD.

3 S'exprimer

9 TOP CHRONO! Vous êtes capturé par des pirates. Imaginez, dans un paragraphe de cinq lignes, ce qu'ils vous font subir. Vous emploierez des verbes au passif et à la 1re personne.

10 Décrivez cette affiche de film en imaginant ce qui va arriver à chacun des personnages. Utilisez pour cela des verbes au passif.

Cyclone à la Jamaïque, film d'Alexander MacKendrick avec Anthony Quinn et James Coburn, 1965.

11 Vous allez entamer une expédition dans le Grand Nord. Racontez vos préparatifs en utilisant des verbes au passif.

Observer et réfléchir

CLÉANTE. – Je vous demande pardon, mon père [...].

HARPAGON. – Cela n'est rien.

CLÉANTE. – Je vous assure que j'en ai tous les regrets du monde.

HARPAGON. – Et moi, j'ai toutes les joies du monde de te voir raisonnable.

CLÉANTE. – Quelle bonté à vous d'oublier si vite ma faute !

HARPAGON. – On oublie aisément les fautes des enfants, lorsqu'ils rentrent dans leur devoir.

Molière, L'Avare, acte IV, scène 5, 1668.

1. Soulignez tous les verbes conjugués du texte. Quel est le temps utilisé ?

2. Cherchez leur sujet. Par quelle lettre se termine le verbe à chaque personne ?

3. Donnez les infinitifs de chaque verbe et regroupez ceux qui se ressemblent. Deux verbes sont à part : lesquels ?

Retenir

On forme le présent en ajoutant au radical du verbe des marques de personne.

nous appren- **ons**		elles croi- **ent**	
radical	personne	radical	personne

▶ Les marques de personne au présent

Les marques de personne changent selon les verbes concernés.

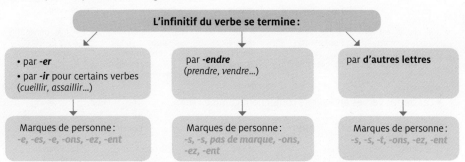

L'infinitif du verbe se termine :

• par **-er** • par **-ir** pour certains verbes (*cueillir, assaillir...*)	par **-endre** (*prendre, vendre...*)	par **d'autres lettres**
Marques de personne : *-e, -es, -e, -ons, -ez, -ent*	Marques de personne : *-s, -s, pas de marque, -ons, -ez, -ent*	Marques de personne : *-s, -s, -t, -ons, -ez, -ent*

penser	prendre	agir	croire
je pens**e**	je prend**s**	j'agi**s**	je croi**s**
tu pens**es**	tu prend**s**	tu agi**s**	tu croi**s**
il, elle, on pens**e**	il, elle, on prend	il, elle, on agi**t**	il, elle, on croi**t**
nous pens**ons**	nous pren**ons**	nous agiss**ons**	nous croy**ons**
vous pens**ez**	vous pren**ez**	vous agiss**ez**	vous croy**ez**
ils, elles pens**ent**	ils, elles prenn**ent**	ils, elles agiss**ent**	ils, elles croi**ent**

▶ Le radical du verbe au présent

1. Les verbes en -er, certains verbes en -ir et certains verbes en -re n'ont qu'un seul radical pour toutes les personnes.

• Pour connaître le radical, il suffit de prendre l'infinitif du verbe et d'enlever les deux dernières lettres : *chanter → chant- ; penser → pens- ; offrir → offr- ; conclure → conclu-...*

Attention

L'orthographe du radical peut être modifiée pour respecter la prononciation :

• **verbes en -cer :** le *c* devient *ç* devant *-ons* : *je commence, nous commençons.*

• **verbes en -ger :** il faut ajouter un *-e* devant *-ons* : *je partage, nous partageons.*

• **verbes en -yer :** le *-y* devient *-i* devant un *-e* : *j'envoie, tu envoies, il envoie, nous envoyons, vous envoyez, ils envoient.*

2. De nombreux autres verbes ont plusieurs radicaux différents qui alternent selon les personnes.

• Les verbes à **l'infinitif en -ir** et au **participe en -issant** suivent un modèle régulier : au singulier, le radical correspond à l'infinitif sans *-r*, au pluriel, le radical correspond au participe présent sans *-ant*.

*finir, participe présent **finiss**ant*

radical 1   radical 2

Personne	Verbe au présent
je	finis
tu	finis
il, elle, on	finit
nous	**finiss**ons
vous	**finiss**ez
ils, elles	**finiss**ent

• Pour les autres verbes, le radical peut changer sans suivre de modèle : *je crains, nous craignons ; je prends, nous prenons, ils prennent ; je tiens, nous tenons, ils tiennent ; je sais, nous savons...*

▶ Quelques verbes importants à retenir

Être	Avoir	Aller	Voir	Venir
je suis	j'ai	je **vais**	je vois	je viens
tu es	tu as	tu **vas**	tu vois	tu viens
il, elle, on est	il, elle, on a	il, elle, on va	il, elle, on voit	il, elle, on vient
nous sommes	nous avons	nous allons	nous voyons	nous venons
vous êtes	vous avez	vous allez	vous voyez	vous venez
ils, elles sont	ils, elles ont	ils, elles vont	ils, elles voient	ils, elles viennent

Attention

• Les autres verbes en *-enir* se conjuguent comme *venir*.

Pouvoir	Dire	Faire	Courir	Résoudre
je **peux**	je dis	je fais	je cours	je résous
tu **peux**	tu dis	tu fais	tu cours	tu résous
il, elle, on peut	il, elle, on dit	il, elle, on fait	il, elle, on court	il, elle, on résou**t**
nous pouvons	nous disons	nous faisons	nous courons	nous résolvons
vous pouvez	vous **dites**	vous **faites**	vous courez	vous résolvez
ils, elles peuvent	ils, elles disent	ils, elles font	ils, elles courent	ils, elles résolvent

Attention

• *Pouvoir, savoir* et *vouloir* prennent un *-x* aux deux premières personnes du singulier.

• *Mourir* et plusieurs verbes en *-ire* se conjuguent comme *courir*.

Identifier

1 a. Cherchez l'infinitif des verbes. Quelle différence remarquez-vous entre ces deux listes ?

b. Relevez uniquement les verbes conjugués au présent de l'indicatif.

1. il tressaillit • nous cueillons • elle parle • nous avancions • elles partagent • je me rappelle.

2. il finit • tu veux • nous tendions • il apparaît • vous couriez • vous devenez.

2 Relevez, dans la grille suivante, douze verbes conjugués au présent de l'indicatif.

V	A	S	O	R	T	A	B	A	T
I	L	A	E	S	E	R	E	V	E
E	L	I	S	O	N	T	R	A	C
N	O	U	E	Z	D	O	N	N	E
T	N	O	U	E	S	A	S	C	T
A	S	C	U	E	I	L	L	E	S

3 Dans le texte suivant, relevez les verbes conjugués au présent de l'indicatif, puis indiquez leur infinitif.

CARLE. – Monsieur, je vous apporte une nouvelle qui est fâcheuse pour votre amour.

LÉANDRE. – Comment ?

CARLE. – Vos Égyptiens sont sur le point de vous enlever Zerbinette, et elle-même, les larmes aux yeux, m'a chargé de venir promptement vous dire que, si dans deux heures vous ne songez à leur porter l'argent qu'ils vous ont demandé pour elle, vous l'allez perdre pour jamais.

LÉANDRE. – Dans deux heures ?

CARLE. – Dans deux heures. (*Il sort.*)

LÉANDRE. – Ah ! mon pauvre Scapin, j'implore ton secours.

Molière, *Les Fourberies de Scapin*, acte II, scène 4, 1671.

4 Relevez dans ce poème tous les verbes conjugués au présent de l'indicatif.

Pantomime

Pierrot, qui n'a rien d'un Clitandre,
Vide un flacon sans plus attendre,
Et, pratique, entame un pâté.

Cassandre, au fond de l'avenue,
Verse une larme méconnue
Sur son neveu déshérité.

Ce faquin d'Arlequin combine
L'enlèvement de Colombine
Et pirouette quatre fois.

Colombine rêve, surprise
De sentir un cœur dans la brise
Et d'entendre en son cœur des voix.

Paul Verlaine, *Pantomime*, Fêtes galantes, 1869.

2 Manipuler

5 Conjuguez les verbes suivants selon les indications.

1. 1re personne du singulier et 1re personne du pluriel : venir • partager • pouvoir • commencer • mettre • agir.

2. 2^e personne du singulier et 2^e personne du pluriel : vouloir • faire • offrir • dire • adoucir • trembler.

3. 3^e personne du singulier et 3^e personne du pluriel : craindre • tenir • envoyer • appeler • peindre • ouvrir.

6 Ces tableaux de conjugaison sont incomplets : remplissez-les.

Cueillir	Retenir	
		Je perds
Tu cueilles		
Il cueille		
	Nous retenons	
	Vous retenez	
Ils cueillent		Ils perdent

Craindre		
		J'approfondis
Tu crains		
	Il façonne	
Nous craignons		
	Vous façonnez	

7 Complétez les phrases suivantes en conjuguant correctement les verbes entre parenthèses.

1. Les comédiens (*commencer*) la répétition.

2. Le décor (*tomber*) sur eux.

3. Le machiniste (*déployer*) le rideau rouge.

4. Le metteur en scène lui (*offrir*) le plus beau rôle.

5. Nous (*peindre*) les décors.

6. Dans la pièce, les enfants (*trahir*) leurs parents.

7. Vous (*refaire*) exactement ce que le metteur en scène (*exiger*).

8 Réécrivez ces phrases en conjuguant les verbes selon l'indication entre parenthèses.

1. Il arrive toujours en retard aux répétitions (3e personne du pluriel).

2. Tu joues dans *Le Malade imaginaire* (1re personne du pluriel).

3. Ils sont satisfaits du spectacle terminé (1re personne du singulier).

4. Nous envoyons les invitations (2e personne du singulier).

5. Nous offrons des billets (3e personne du singulier).

6. Il commence à jouer (2e personne du pluriel).

7. Tu partages ces moments avec les amis (1re personne du pluriel).

9 Complétez les phrases en ajoutant un verbe au présent de l'indicatif.

1. Je ...... jouer le rôle principal.
2. La troupe ...... en tournée à travers les routes de France.
3. Nous ...... ces moments partagés avec le public.
4. Ils ...... chaleureusement à la fin de la représentation.
5. Nous ...... très fiers de notre prestation.
6. Vous ...... demain les répétitions.

10 Reconstituez le texte de Molière en conjuguant les verbes entre parenthèses au présent de l'indicatif.

ZERBINETTE. – Je ne m'y (*fier*) encore que de la bonne sorte ; et ce n'(*être*) pas assez pour m'assurer entièrement que ce qu'il (*venir*) de faire. J'(*avoir*) l'humeur enjouée, et sans cesse je (*rire*) ; mais tout en riant, je (*être*) sérieuse sur de certains chapitres ; et ton maître s'abusera, s'il (*croire*) qu'il lui suffise de m'avoir achetée pour me voir toute à lui. Il (*devoir*) lui en coûter autre chose que de l'argent [...].

SCAPIN. – C'est là aussi comme il l'(*entendre*). Il ne (*prétendre*) à vous qu'en tout bien et en tout honneur ; et je n'aurais pas été homme à me mêler de cette affaire, s'il avait une autre pensée.

ZERBINETTE. – C'est ce que je (*vouloir*) croire, puisque vous me le (*dire*) ; mais, du côté du père, j'y (*prévoir*) des empêchements.

Molière, *Les Fourberies de Scapin*, acte III, scène 1, 1671.

> **Méthode**
> Repérez d'abord le sujet du verbe et cherchez la marque de personne correspondante.

11 RÉÉCRITURE **a.** Relevez tous les verbes conjugués au présent de l'indicatif dans ces vers.

b. Réécrivez le texte en remplaçant *on* par *je* et en effectuant toutes les modifications nécessaires.

Roman

On n'est pas sérieux, quand on a dix-sept ans.
– Un beau soir, foin[1] des bocks[2] et de la limonade,
Des cafés tapageurs aux lustres éclatants !
– On va sous les tilleuls verts de la promenade.

Les tilleuls sentent bon dans les bons soirs de juin !
L'air est parfois si doux, qu'on ferme la paupière ;
Le vent chargé de bruits, – la ville n'est pas loin, –
A des parfums de vigne et des parfums de bière... [...]

Arthur Rimbaud, « Roman », *Poésies*, 1870.

1. **Foin** : assez.
2. **Bocks** : verres de bière.

> **Méthode**
> Rappelez-vous que les verbes *être*, *avoir* et *aller* suivent une conjugaison particulière.

12 RÉÉCRITURE **Réécrivez le texte suivant en conjuguant les verbes en gras au présent de l'indicatif.**

Il **prit** la décision de s'inscrire au club théâtre du collège. Il **pensait** ainsi se faire de nouveaux amis. L'accueil ne **fut** pas très chaleureux. Personne **n'osa** lui adresser la parole. Il se **rendit** compte à quel point **c'était** difficile d'être nouveau dans une école. Les autres élèves ne l'**aidaient** nullement à s'intégrer. Je me **mis** alors à sa place et **décidai** de prendre les devants.

13 RÉÉCRITURE **Réécrivez le texte en conjuguant les verbes au présent de l'indicatif.**

Le trou. Le vide total. Je ne me souvenais pas d'un seul mot de mon texte. J'avais même oublié qui j'étais, ce que je faisais là. [...] Œdipe me faisait des grimaces terribles, il transpirait à grosses gouttes. Je l'ai vu inspirer un grand coup et se ressaisir.

Les copains se mettaient en ligne. Un à un, ils montaient sur scène et ils se pliaient en deux devant le public, même les loups. Nicolas m'avait oublié, dans un sens, ça m'arrangeait.

Sophie Dieuaide, *Œdipe, shlac ! schlac !*,
Casterman poche, 2010.

3 S'exprimer

14 Imaginez dix questions que vous auriez pu poser à Molière, au présent de l'indicatif.

> **Méthode**
> • Veillez à inverser sujet et verbe dans vos questions, ou à insérer après le verbe *il* ou *elle* précédé d'un trait d'union.
> • Veillez à l'accord entre sujet et verbe.

15 Imaginez un dialogue de théâtre, au présent, à partir du texte suivant.

Marie, Antoine et Cécile étaient réunis autour de la table. La conversation sur le nouvel arrivant à la pension allait bon train. Certains se demandaient d'où il venait, d'autres pourquoi il avait choisi ce lieu. De nombreuses hypothèses furent élaborées.

16 **a.** Une jeune fille, Lucile, demande de l'aide à sa servante. Elle souhaite que celle-ci aille distraire son père afin d'aller retrouver un ami. Vous écrirez ce dialogue au présent.

b. Soulignez les verbes conjugués et donnez leurs infinitifs.

Observer et réfléchir

Chaque soir, Lancelot **se rend** auprès de Guenièvre, épouse du roi Arthur. Avant de parvenir auprès d'elle, il **s'adresse** au garde devant sa chambre. Complice de sa trahison, le garde **annonce** à la reine que le chevalier **est** là : « Le preux Lancelot **arrive** auprès de vous dans quelques instants. Il **vérifie** que personne ne le **suit** ». Des pas se **font** entendre ! Lancelot se **réfugie** derrière une porte lorsqu'Arthur **apparaît**.

1. Dans la première phrase, sur quoi le présent permet-il d'insister ? Par quel autre groupe de mots pouvez-vous remplacer *Chaque soir* ?

2. Par quel autre temps peut-on remplacer le temps du verbe *arrive* ? Quel est donc l'emploi du présent dans la phrase ?

Retenir

Le présent de l'indicatif peut avoir plusieurs emplois selon le contexte.

Action qui se déroule ou continue à se dérouler au moment où l'on parle

Présent d'énonciation ou d'actualité

Il correspond au moment où l'on parle, surtout dans les dialogues.

*En ce moment, je **lis** une fiche de grammaire.*

Présent duratif

Il exprime une action commencée qui n'est pas terminée.

*Le public **continue** à applaudir.*

Présent d'habitude ou itératif

Il insiste sur la répétition d'une action.

*Tous les soirs, le chat **sort**.*

Action toujours vraie

Présent de vérité générale

Il décrit des faits toujours valables (proverbes, propriétés scientifiques, morales).

*Qui **vole** un œuf **vole** un bœuf.*

Action qui s'est déjà déroulée

Passé proche

Il décrit une action qui vient de se passer.

*Il **part** à l'instant.*

Présent de narration

Il s'utilise dans un texte au passé pour rendre une scène plus vivante. On peut le remplacer par un temps du passé.

*Un Loup **survient**, qui cherchait aventure (= Un Loup survint)*

Action qui ne s'est pas encore déroulée

Futur proche

Il exprime une action qui va se passer très bientôt. Dans ce cas, on emploie souvent le verbe aller suivi de l'infinitif du verbe.

*Il **va** venir.*
*Il **arrive** dans cinq minutes.*

Hypothèse

Il exprime une condition, dans une subordonnée commençant par si.

*S'il **révise**, il aura son examen.*

S'exercer

1 Identifier

1 a. Dans l'extrait suivant, relevez les verbes au présent de l'indicatif.

b. Précisez quels sont les verbes au présent de vérité générale.

**Le bœuf qui veut se faire
aussi petit que la grenouille**

Un bœuf voit une grenouille
Qui, bondissant des roseaux,
Où la gent¹ craintive grouille,
Va s'ébattre sur les eaux.
[...]
Envieux, il retient son souffle et se travaille
Pour égaler en petitesse l'animal.
[...]
Le monde est plein de gens qui,
Marchant sur ses traces,
Rêvent d'être légers malgré leur épaisseur.
[...].

Charles Clerc, *Fables à l'envers*, 1923.

1. **Gent** : espèce.

2 Dans les phrases suivantes, relevez le verbe au présent de l'indicatif et indiquez son emploi.
1. L'horloge de la mairie sonne chaque demi-heure.
2. Vous auriez dû arriver plus tôt, elle nous quitte à l'instant.
3. Les jours rallongent au printemps.
4. Si tu viens à mon anniversaire, tu rencontreras mon frère.
5. Le vent n'arrête pas de souffler depuis ce matin.
6. Auguste et Madame de Nucingen se retournent. Madame Jules arrivait vêtue de blanc.
7. L'orchestre se met en place dans quelques minutes.
8. Il se fait toujours remarquer.

2 Manipuler

3 Réécrivez ce texte au présent de l'indicatif. Indiquez quel est l'emploi du présent.

Persée descendit avec précaution sans cesser de fixer l'image dans l'acier poli. À mesure qu'il s'approchait de cette face hérissée de serpents, son horreur et son dégoût augmentaient. Il leva enfin le bras... les serpents se redressèrent... les paupières de Méduse s'agitèrent... mais le glaive retomba et la tête de la Gorgone roula sur le sable.

Nathaniel Hawthorne, « La Tête de la Gorgone »,
Le Premier Livre des merveilles [1852],
trad. par P. Leyris, Pocket Jeunesse, 1999.

4 Conjuguez les verbes entre parenthèses au présent de l'indicatif et indiquez leur emploi.

Le Loup et le Chien

Un Loup n'avait que les os et la peau ;
Tant les Chiens faisaient bonne garde.
Ce Loup (*rencontrer*) un Dogue aussi puissant que beau,
Gras, poli, qui s'était fourvoyé par mégarde.
[...]
Le Loup donc l'(*aborder*) humblement,
(*Entrer*) en propos, et lui (*faire*) compliment
Sur son embonpoint, qu'il (*admirer*). [...]

Jean de La Fontaine, *Fables*, livre I, fable 5, 1668.

5 RÉÉCRITURE a. Réécrivez ce texte au présent afin de retrouver le texte d'origine.

b. Indiquez quel est l'emploi du présent.

Mercure chaussa ses sandales ailées, mit sa coiffure, prit sa baguette, qui faisait dormir ceux qu'elle touchait. Il sauta sur la terre, se déchaussa, se découvrit la tête, ne gardant à la main que sa baguette. Il s'en servit, comme un berger de son bâton, pour pousser le troupeau de chèvres, qu'il avait prises au passage, et il jouait de la flûte.

C'était une flûte de Pan, faite de roseaux de longueur inégale, assemblés avec de la cire : on l'appelait aussi une syrinx.

D'après Françoise Rachmuhl,
16 métamorphoses d'Ovide, Flammarion, 2003.

3 S'exprimer

6 TOP CHRONO ! Rédigez cinq phrases au présent de vérité générale.

7 Écrivez un court paragraphe en employant des verbes au présent à partir des débuts de phrase suivants. Essayez de varier les emplois.
1. Chaque matin, quand je me lève...
2. Tout à coup, une idée lui traverse l'esprit...

Le Caravage, *Méduse*,
1596-1598, huile sur toile, 60 cm de diamètre,
galerie des Offices, Florence.

Retenir

L'imparfait est un temps employé dans un récit au passé.

▶ **La construction de l'imparfait**

elle donn- *-ai-* *t*   *nous donn-* *-i-* *ons*

| radical | marque de temps | marque de personne | | radical | marque de temps | marque de personne |

- Les **marques de temps** de l'imparfait sont : **-ai** et **-i** (1re et 2e personnes du pluriel). Les **marques de personne** sont identiques pour tous les verbes.

je	tu	il, elle, on	nous	vous	ils, elles
-ais	-ais	-ait	-ions	-iez	-aient

- Le **radical** du verbe se construit à partir de la 1re personne du pluriel du verbe conjugué au présent de l'indicatif : *nous finissons* (présent) / *je finissais* (imparfait)

▶ **Quelques radicaux particuliers**

- **Verbes en -ier ou -yer** : aux 1re et 2e personnes du pluriel, on ajoute la marque de temps *-i-* même si le radical du verbe se termine déjà par un *-i* ou un *-y* → *nous balayions, nous priions.*

- **Verbes en -cer** : on ajoute une **cédille** au *-c* aux trois personnes du singulier et à la 3e personne du pluriel → *j'effaçais, tu effaçais, il effaçait, ils effaçaient.*

- **Verbes en -ger** : on ajoute un *-e* après le *-g* aux trois personnes du singulier et à la 3e personne du pluriel → *je voyageais, tu voyageais, il voyageait, ils voyageaient.*

- **Verbe être** : à l'imparfait, on emploie un radical différent de celui du présent → *nous sommes / j'étais, tu étais, il était, nous étions, vous étiez, ils étaient.*

S'exercer

1 Identifier et manipuler

① Dans chacune de ces paires, relevez le verbe conjugué à l'imparfait.
avons/avions • essaies/essayais • voyiez/voyez • paraît/paraissait • faisions/faisons • osent/osaient • criiez/criez • mettaient/mettent

② Conjuguez les verbes suivants aux personnes demandées à l'imparfait.
vouloir (*il*) • foncer (*nous*) • être (*tu*) • réussir (*vous*) • venir (*ils*) • croire (*nous*) • manger (*tu*) • faire (*je*) • boire (*vous*) • lire (*ils*)

③ RÉÉCRITURE **Réécrivez ce texte en mettant les verbes conjugués à l'imparfait.**

Il mérite bien en effet d'être appelé Soleil, celui qui illumine la chevalerie comme le soleil éclaire le monde. Et celle que j'appelle Petite Lune ou Lunette, c'est la jeune fille, la demoiselle, la confidente de la dame. Elle est brune, intelligente, vive et aimable.

Chrétien de Troyes, *Yvain ou le Chevalier au lion*, trad. par P.-M. Beaude, Gallimard, 2010.

2 S'exprimer

④ **Un journaliste vous contacte pour rédiger le portrait physique d'un chevalier en armure des temps modernes. Utilisez l'imparfait.**

> Passepartout entra en scène, et vint se ranger avec ceux de ses collègues qui devaient figurer la base du Char de Jaggernaut. Tous s'étendirent à terre, le nez dressé vers le ciel.
>
> Jules Verne, *Le Tour du monde en quatre-vingts jours*, 1873.

1. À quel temps ce texte est-il ?

2. Observez les verbes surlignés et classez-les selon la dernière voyelle du verbe.

3. Donnez leur infinitif.

Retenir

Le passé simple exprime une action qui a eu lieu dans le passé.

• On le conjugue en ajoutant au **radical** du verbe une terminaison qu'on peut décomposer en **marque de temps** et **marque de personne**.

▶ **La marque de temps du passé simple**

• Celle-ci change selon les verbes.

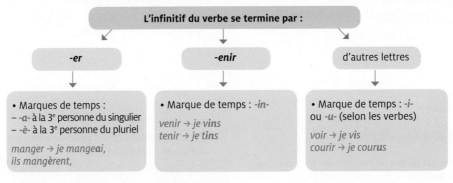

L'infinitif du verbe se termine par :

-er

• Marques de temps :
– *-a-* à la 3ᵉ personne du singulier
– *-è-* à la 3ᵉ personne du pluriel

manger → je mangeai,
ils mangèrent,

-enir

• Marque de temps : *-in-*

venir → je vins
tenir → je tins

d'autres lettres

• Marque de temps : *-i-*
ou *-u-* (selon les verbes)

voir → je vis
courir → je courus

▶ **Les marques de personne du passé simple**

	Je	Tu	Il, elle, on	Nous	Vous	Ils, elles
Verbes en -*er*	-i	-s		-^mes	-^tes	-rent
Autres verbes	-s	-s	-t	-^mes	-^tes	-rent

Attention

Il y a toujours un accent circonflexe à la 1ʳᵉ et à la 2ᵉ personne du pluriel.
Manger = je mangeai, tu mangeas, il mangea, nous mangeâmes, vous mangeâtes, ils mangèrent.
Recevoir = je reçus, tu reçus, il reçut, nous reçûmes, vous reçûtes, ils reçurent.

Attention

Certains verbes, au passé simple, ont un radical différent de celui du présent :

Verbes à marque de temps en *-u-*	Verbes à marque de temps en *-i-*
• **être** → je fus • **avoir** → j'eus • **devoir** → je dus • **pouvoir** → je pus • **savoir** → je sus • **vivre** → je vécus	• **conquérir** → je conquis • **craindre** → je craignis • **écrire** → j'écrivis • **naître** → je naquis • **peindre** → je peignis

S'exercer

Identifier

1 Relevez, dans l'extrait suivant, les verbes conjugués au passé simple.

À son extrême surprise, il reconnut Passepartout sous son costume de héraut. Il se cacha aussitôt dans sa cabine, afin d'éviter une explication qui pouvait tout compromettre – et, grâce au nombre de passagers, il comptait bien n'être point aperçu de son ennemi, lorsque ce jour-là précisément, il se trouva face à face avec lui sur l'avant du navire.

Passepartout sauta à la gorge de Fix, sans autre explication, et, au grand plaisir de certains Américains qui parièrent immédiatement pour lui, il administra au malheureux inspecteur une volée superbe qui démontra la supériorité de la boxe française sur la boxe anglaise.

Jules Verne, *Le Tour du monde en quatre-vingts jours*, 1873.

2 Dans les listes suivantes, quels verbes ne sont pas au passé simple ?
1. agit • finit • agi • fini • fuit • accompli.
2. relevais • allai • allait • releva • poserai • posai.
3. partirent • fuient • fuirent • finissent • finirent • firent.

3 Classez les verbes conjugués en fonction de leur marque de temps au passé simple. Donnez aussi leur infinitif.
1. Tu vins lui prêter main forte. **2.** Je ne lui expliquai pas mon plan. **3.** Ils vécurent heureux. **4.** Ils agirent très rapidement afin de ne pas éveiller les soupçons. **5.** Nous ne pûmes pas partir. **6.** Vous poursuivîtes votre adversaire à travers les ruelles. **7.** Il ne retint pas ses coups. **8.** Nous suivîmes les traces du voleur.

-a-	-i-	-u-	-in-

2 Manipuler

4 Conjuguez les verbes suivants au passé simple de l'indicatif selon les indications entre parenthèses.
tenir (*3ᵉ personne du singulier*) • aller (*2ᵉ personne du pluriel*) • faire (*1ʳᵉ personne du singulier*) • prendre (*1ʳᵉ personne du pluriel*) • achever (*2ᵉ personne du singulier*) • revenir (*1ʳᵉ personne du pluriel*) • pouvoir (*3ᵉ personne du pluriel*)

5 Complétez les phrases suivantes en conjuguant le verbe entre parenthèses au passé simple de l'indicatif. **1.** Nous .... (*partir*) très rapidement. **2.** J'....... (*avoir*) des frissons à l'idée de devoir traverser ces lieux. **3.** Il .... (*décider*) de faire le tour du monde. **4.** Nous .... (*entreprendre*) le voyage tous ensemble. **5.** Ils .... (*faire*) demi-tour. **6.** Nous .... (*être*) ravis de découvrir les nouvelles inventions. **7.** Il .... (*vouloir*) conquérir la lune.

6 RÉÉCRITURE **Récrivez ce texte en mettant les verbes au passé simple.**

Il entre dans le sous-marin et découvre différentes pièces très confortables : bibliothèque, salon, salle à manger, cuisine. Il n'est pas convié dans la chambre du capitaine, mais cela lui importe peu. En effet, ce qui l'intéresse le plus, c'est la salle des machines. Il y remarque des innovations technologiques impressionnantes. C'est l'un des plus beaux jours de sa vie.

3 S'exprimer

7 Deux personnages doivent s'enfuir en montgolfière. Imaginez leur aventure en une vingtaine de lignes environ, en employant le passé simple.

8 Imaginez une aventure d'une trentaine de lignes, dont le titre sera «Où l'aventurier Passepartout tenta de sortir du train en marche». Vous conjuguerez au passé simple de l'indicatif les verbes qui font progresser l'action.

Alors chante-nous l'histoire du cheval de Troie, celui qu'Ulysse **a fait pénétrer par ruse dans la cité** et qui était rempli de guerriers **qui allaient piller Troie** [...].

L'aède[1] commence l'histoire au moment où les Grecs, **après avoir brûlé leurs tentes, se sont embarqués sur leur flotte.**

D'après Homère, *L'Odyssée*, trad. du grec ancien par I. Pandazopoulos, Gallimard Jeunesse, 2009.

1. **Aède**: en Grèce antique, poète récitant des épopées.

1. Quels sont les temps utilisés dans cet extrait? Quel est le temps principal?
2. Sur une frise chronologique, où situez-vous les actions en gras?

Retenir

L'antériorité consiste à présenter dans une phrase des faits se déroulant avant l'action principale.

L'action principale peut être au passé, au présent ou au futur.

antériorité   action principale

▶ **L'antériorité dans le temps des verbes**

Action principale	Faits se déroulant avant l'action principale
Présent de l'indicatif *Les compagnons se retirent*	Passé composé *après que le chef a parlé.*
Passé simple ou imparfait *Pénélope déchirait la nuit la toile*	Plus-que-parfait *qu'elle avait tissée le jour.*
Passé simple *Il quitta l'île*	Passé antérieur *dès qu'il eut fini son combat.*
Futur simple *Il partira*	Futur antérieur *dès que tout le monde l'aura salué.*

▶ **L'antériorité dans les propositions subordonnées circonstancielles de temps**

- Certaines propositions subordonnées circonstancielles de temps expriment l'antériorité.
- Elles sont introduites par *après que, dès que, quand, aussitôt que, sitôt que, depuis que.*
- Elles se conjuguent à **l'indicatif.**

*Les compagnons se retirent / **après que** le chef a parlé.*

S'exercer

1 Identifier

1 Relevez uniquement les phrases où une antériorité est exprimée.

1. C'est Cerbère ! Il garde l'entrée des Enfers afin que ceux qui ont franchi le Styx ne se sauvent pas.
2. – Qu'ont-ils donc fait ceux qui se trouvent là ? Quel supplice subissent-ils et pourquoi cette horrible plainte, derrière les murs ?
– Ce sont ceux qui ont haï leurs frères toute leur vie ou maltraité leur père.
3. Dans sa haute demeure, mon père Anchise adresse ses prières aux dieux qui nous ont apporté la paix.

D'après Virgile, *L'Énéide*, trad. du latin par M. Laffon, Hatier, 2014.

2 Recopiez les phrases suivantes, puis soulignez en rouge l'action antérieure et en vert l'action principale.
1. Après qu'il vit la blessure de son ami, il décida de le venger.
2. Énée pourra fonder une nouvelle ville quand il aura rejoint le Latium.
3. Comme il avait fini son combat, il put regagner son campement.
4. Après qu'il eut reçu un coup violent, il se retrouva à terre inanimé.
5. Dès qu'il apercevait la terre de ses ancêtres, il pleurait.
6. Aussitôt qu'il comprit sa mission, il prit la route.

3 Recopiez le tableau et classez les verbes des phrases suivantes.
1. Il savait qu'il avait voulu rejoindre l'arrière-garde.
2. Il pense à tous ces moments qu'il a passés avec sa famille.
3. Les combattants virent que l'un des leurs avait déjà péri.
4. Il partira dès qu'il aura obtenu l'approbation de l'empereur.
5. Quand il eut découvert son ami mort, il hurla sa peine.

Verbes et temps de l'action antérieure	Verbes et temps de l'action principale

2 Manipuler

4 Conjuguez les verbes en gras selon les indications données et effectuez toutes les modifications nécessaires dans la phrase.
1. Depuis qu'il a vu son avenir, le héros n'**a** plus qu'une idée en tête (*passé simple*).
2. Il **part** quand il a fini son apprentissage (*futur simple*).
3. Dès qu'il eut fui les sirènes, il **reprit** la mer (*présent de l'indicatif*).
4. Comme il n'avait pas vu son adversaire, il ne se **montrait** pas inquiet (*présent de l'indicatif*).

5. Dès qu'il aura trouvé la clef, il **sortira** de prison (*passé simple*).
6. Après qu'il a rejoint l'arrière-garde, il **reprend** le commandement (*imparfait*).

5 Complétez les phrases suivantes en utilisant le temps approprié.
1. Dès qu'il .... (*voir*) Olivier, il vint lui prêter main-forte.
2. Quand il .... (*finir*) son combat, il rejoindra le roi.
3. La jeune fille raconte ce qu'elle .... (*comprendre*) des intentions des envahisseurs.
4. Après qu'elle .... (*vaincre*) la brute, elle s'attaqua à Madjestoet.
5. J'........ (*rejoindre*) l'avant-garde, je pouvais montrer toute ma bravoure.

6 Complétez les phrases suivantes en utilisant le mot subordonnant entre parenthèses afin d'exprimer une antériorité.
1. Il courut le plus vite possible (*dès que*) ....
2. Elle fondit en larmes (*aussitôt que*) ....
3. Ils reprennent la route (*après que*) ....
4. Elle voulut se venger (*quand*) ....
5. Ils aperçurent leurs ennemis (*comme*) ....
6. Ils se sentaient mieux (*depuis que*) ....

3 S'exprimer

7 Vous avez trouvé un manuscrit médiéval dans un grenier. Racontez, dans une lettre, les circonstances de votre découverte grâce à l'antériorité.

Manuscrit enluminé du XIVᵉ siècle, Bibliothèque nationale de Russie, Saint-Pétersbourg.

8 Un vaillant chevalier, Eudes, pleure son fidèle écuyer, Garin, et évoque les heureux moments passés ensemble. Imaginez ses pensées et employez l'antériorité. Votre récit commencera ainsi :
Le combat venait de s'arrêter. Garin avait reçu un coup de lance dans le dos. Eudes vit le casque de son écuyer à ses pieds. Son fidèle compagnon venait de perdre la vie.

32 Identifier les emplois d'un temps : les aspects du verbe

> Depuis quelque temps, le boulevard s'était vidé. Nous n'y avions pas fait atten-
> tion ; mais maintenant ces grandes plaques de bitume nu nous glaçaient les joues.
> [...] Soudain, voilà comme une pochetée de gens qui s'éparpille sur le boulevard.
>
> Jules Romains, *Le Vin blanc de la Villette*, Gallimard, 2000.

1. Quels verbes expriment une action en cours de déroulement ?

2. Quels verbes expriment une action achevée ? Quel temps est utilisé ?

3. Pourquoi peut-on dire que l'action exprimée par le verbe *glaçaient* n'a pas de fin ?

Retenir

Un verbe varie non seulement en fonction du temps mais aussi de l'aspect.

- Le **temps** permet de situer l'action sur un axe passé/présent/futur.

Je marche / je marchai / je marcherai

- L'**aspect** retranscrit la façon dont on ressent la durée de l'action : il crée une différence entre imparfait et passé simple, temps simples et temps composés.

Je marchai / je marchais, je marcherai / j'aurai marché

▶ **Passé simple ou imparfait : aspect borné ou non borné**

- Pour choisir entre l'imparfait et le passé simple, on se demande si l'action est envisagée comme limitée ou si on voit l'action « de l'intérieur », comme si sa fin n'était pas encore arrivée.

Aspect	L'action envisagée...	Temps de l'indicatif
non borné	n'a pas de limite précise	**imparfait** *Il pleuvait sur la ville.*
borné	est enfermée dans des limites précises	**passé simple** *L'homme s'engouffra dans la rue.*

Attention

Aux temps du passé, connaître l'aspect d'un verbe permet de savoir s'il faut un *-s* à la 1re personne du singulier.

– **Action bornée** → passé simple → ne pas mettre de *-s* → *Je m'arrêtai de déambuler à deux heures.*

– **Action non bornée** → imparfait → mettre un *-s* → *Je ne m'arrêtais plus de déambuler.*

Temps composés ou temps simples : aspect accompli ou non accompli

• Pour choisir entre les temps simples et composés, on se demande si l'action est considérée comme déjà finie, ou si on la montre en train de se réaliser.

Aspect	L'action envisagée...	Temps de l'indicatif
accompli	est achevée, réalisée	**Temps composés :** passé composé, plus-que-parfait, passé antérieur, futur antérieur *Elle s'est fondue dans la foule.*
non accompli	est en cours de déroulement	**Temps simples :** présent, imparfait, passé simple, futur *Elle se fond dans la foule.*

S'exercer

Identifier

① **Relevez les verbes, puis indiquez s'ils décrivent une action bornée ou non bornée.**
1. Quand il desserra son étreinte, l'enfant avait les yeux mouillés. **2.** Les animaux dormaient tranquillement lorsque le loup entra dans la chambre. **3.** Le vent soufflait, la pluie tombait. Soudain, un éclair déchira le ciel. **4.** Comme le soir tombait, les habitants regagnèrent leurs maisons. **5.** Quand il rentra dans la pièce, tout le monde remarqua qu'il était préoccupé.

② **Identifiez l'aspect du verbe ou des verbes en choisissant l'une des propositions entre parenthèses.**
1. Le château se reflétait dans l'eau (*borné/non borné*). **2.** Il sortit son épée, mit le traître en fuite et prit le pouvoir (*borné/non borné*). **3.** Ils restèrent silencieux très longtemps (*borné/non borné*). **4.** Son cœur se mit à battre très vite (*borné/non borné*). **5.** Sa peine restait immense (*borné/non borné*).

③ **Identifiez l'aspect du verbe dans les phrases suivantes en choisissant l'une des propositions entre parenthèses.**
1. Le jeune apprenti était en train de préparer un fer pour le cheval de la reine (*accompli/non accompli*). **2.** Il s'était déjà occupé de la monture d'un chevalier (*accompli/non accompli*). **3.** Le roi observe l'horizon, cherchant l'ennemi (*accompli/non accompli*). **4.** Il cesse de se battre contre le royaume voisin (*accompli/non accompli*). **5.** Le troubadour est parti (*accompli/non accompli*).

④ **Recopiez et complétez le tableau avec les verbes en gras.**

Action bornée ou non bornée	Action accomplie ou inaccomplie

1. Le banquet **s'est déroulé** sans heurts. **2.** Le jeune troubadour **jouera** devant la cour. **3.** Il **avait cherché** à attirer l'attention de la jeune héritière. **4.** Il **mit** fin à la prestation après l'arrivée du deuxième plat. **5.** Il **aura cessé** de jouer mais il **continuera** tout de même à attirer l'attention de la jeune fille.

Manipuler

⑤ **Changez le temps des verbes pour respecter l'aspect indiqué.**
1. J'appris le maniement des armes (*non borné*). **2.** La pluie tomba (*non borné*). **3.** J'allais chez le tailleur de pierre (*borné*). **4.** Il a rendu visite aux paysans de sa contrée (*non accompli*). **5.** Tu quittes ton village (*accompli*). **6.** Les deux silhouettes sont passées devant elle (*non accompli*).

S'exprimer

⑥ **Racontez, aux temps du passé, la scène illustrée par cette image, et imaginez les pensées de l'un des deux personnages. Vous soulignerez les verbes et donnerez leur aspect.**

Les Joueurs d'échec, vitrail du XVe siècle, hôtel de la Bessée, Villefranche-sur-Saône.

> – [...] Ce **sera** lundi prochain.
> – Oh ! alors nous avons encore trois jours, dit Holmes. [...] Votre Majesté, bien entendu, va maintenant rester à Londres ?
> – Certainement. Vous me **trouverez** au Langham, sous le nom du comte von Kramm.
> – Alors, je vous **enverrai** deux mots pour vous informer de nos progrès.
> – Faites-le, je vous en prie, je **serai** tout anxiété.
>
> D'après Arthur Conan Doyle, « Un Scandale en Bohème » [1891],
> *Trois Aventures de Sherlock Holmes*, Magnard, 2003.

1. Observez les verbes en gras. Situez-les sur un axe temporel.

2. Que permettent d'exprimer ces verbes ?

Le futur simple de l'indicatif exprime un fait qui se situe dans l'avenir.

▶ **La construction du futur simple de l'indicatif**

• On forme le futur de l'indicatif en ajoutant au radical les marques de temps et de personne.

je chant	*-er-*	*ai*	*elle fini*	*-r-*	*a*	*nous prend*	*-r-*	*ons*
radical	temps	personne	radical	temps	personne	radical	temps	personne

• Les **marques de temps** du futur simple de l'indicatif sont : *-er-* (pour les verbes en *-er*) et *-r-* (pour tous les autres verbes).

• Les **marques de personne** du futur simple de l'indicatif sont identiques pour tous les verbes.

Je	Tu	Il, elle, on	Nous	Vous	Ils, elles
-ai	-as	-a	-ons	-ez	-ont

• On peut **s'aider de l'infinitif** du verbe pour construire sa forme au futur, pour la plupart des verbes.

> *je chanter-ai*   *elle finir-a*   *nous croir-ons*

• Certains verbes font appel à un **radical spécifique** :

– *être → je serai, aller → j'irai, faire → je ferai, savoir → je saurai, voir → je verrai, venir → je viendrai,* etc.

– pour les verbes en *-yer* : le *-y* devient *-i* : *payer → je paierai*

– *appeler* et *jeter* doublent leur consonne à toutes les personnes : *j'appellerai, ils jetteront*

▶ **Les emplois du futur simple de l'indicatif**

• Le futur permet le plus souvent d'exprimer **une action ou un fait qui ne s'est pas encore produit au moment où l'on parle.** Mais il a d'autres emplois :

- pour exprimer un **ordre** ou un **conseil** *Vous me suivrez.*
- pour exprimer une **intention**, *Si vous me donnez un indice, je retrouverai le coupable.*
une **promesse**, ou une **hypothèse**
- pour énoncer une **habitude** *Il se lèvera à la même heure tous les matins.*

S'exercer

1 Identifier

1 Relevez les verbes conjugués au futur et justifiez vos choix.

je jouerais • nous viendrons • ils iraient • nous verrons • ils finissent • ils marcheront • vous travailliez • je ferai • nous faisons • tu joueras • il sera

2 Relevez les verbes conjugués au futur dans les extraits suivants.

1. – Je suis votre voisin d'en face, dis-je en faisant un signe de tête vers ma maison. Je vois que vous venez seulement d'emménager, et je pensais que si je pouvais vous être d'une aide quelconque...
– Ah bon, on vous appellera quand on aura besoin de vous », fit-elle en me claquant la porte au visage.

Sir Arthur Conan Doyle, *La Figure jaune*, 1893.

2. – Mais je sais que mon esprit ne connaîtra pas le repos tant que j'ignorerai ce qu'est devenu ce pauvre homme au visage couvert de sparadrap.

Sir Arthur Conan Doyle, *L'Interprète grec*, 1893.

3 Relevez les verbes au futur et expliquez pourquoi ils sont utilisés.
1. Aurez-vous l'obligeance de répondre à mes questions ? **2.** Cet après-midi, vous arrêterez le suspect. **3.** J'arrêterai le coupable très prochainement. **4.** Je le promets, je reviendrai vers vous très rapidement.

2 Manipuler

4 RÉÉCRITURE **Réécrivez cet extrait au futur.**

Avec une rapidité presque incroyable, Poirot arracha le tiroir de la coiffeuse, empoigna le coffret à bijoux, enfonça la clef dans la serrure, ouvrit le coffret, choisit un collier, referma le coffret à clé et le replaça dans le tiroir qu'il repoussa.

Agatha Christie, « Vol de bijoux à l'Hôtel Métropole »
[1924], *Nouvelles policières*, Hachette, 2000.

5 Remplissez cette grille de mots croisés en conjuguant tous les verbes au futur.

Horizontalement
1. Initier (3e pers. sing.)
2. Ouvrir (3e pers. pl.)
3. Tirer (3e pers. sing.)
4. Perdre (3e pers. sing.)
5. Scier (1re pers. sing.)

Verticalement
a. Aller (3e pers. pl.)
b. Errer (3e pers. sing.)
c. Taper (2e pers. pl.)
d. Faire (3e pers. sing.)
e. Avoir (3e pers. pl.)

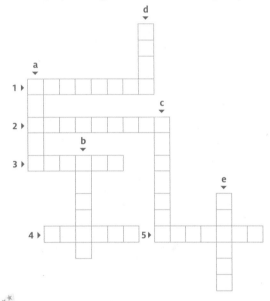

6 Dictée préparée

a. Relevez les verbes conjugués au futur.

b. Écrivez ce texte sous la dictée de votre professeur.

– Il nous faut un plan pour approcher la jeune héritière. Comment procéderons-nous ?
– Nous connaissons ses habitudes. Nous l'aborderons demain et lui parlerons de sa famille.
– Bonne idée. Mais ensuite, nous n'aurons pas la possibilité d'improviser ! Il nous faudra être très convaincants !
– Nous le serons. Tu les veux, ces bijoux ?

3 S'exprimer

7 Sherlock Holmes donne ses instructions aux policiers pour qu'ils récupèrent un collier volé. Insérez des verbes au futur dans ce dialogue.

34 Savoir conjuguer et employer le conditionnel présent

Observer et réfléchir

> En arrivant sur la porte de notre maison, ma tante me recommanda – à voix basse – de ne parler jamais à personne de cette rencontre. Elle m'apprit que ce monsieur était le propriétaire du parc Borély, que si nous disions un seul mot de lui, il le saurait certainement, et qu'il nous défendrait d'y retourner. Comme je lui demandais pourquoi, elle me répondit que c'était un « secret ». Je fus charmé de connaître, sinon un secret, du moins son existence. Je promis, et je tins parole.
>
> Nos promenades au parc devinrent de plus en plus fréquentes, et l'aimable « propriétaire » nous attendait toujours sur notre banc.
>
> Marcel Pagnol, *La Gloire de mon père* [1957], Éditions de Fallois, 2004.

1. Que se passera-t-il si le narrateur parle de la rencontre de sa tante ?

2. Quels sont les deux verbes qui évoquent l'avenir ? Comment justifiez-vous le fait que l'auteur n'ait pas employé le passé ?

Retenir

Le conditionnel présent permet de situer un fait postérieur à un moment donné du passé.

▶ La construction du conditionnel présent

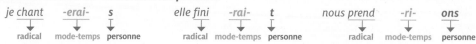

je chant	-erai-	s	elle fini	-rai-	t	nous prend	-ri-	ons
radical	mode-temps	personne	radical	mode-temps	personne	radical	mode-temps	personne

• Tous les verbes ont les mêmes terminaisons au conditionnel simple.

	je	tu	il, elle, on	nous	vous	ils, elles
verbes en *-er*	-erais	-erais	-erait	-erions	-eriez	-eraient
autres verbes	-rais	-rais	-rait	-rions	-riez	-raient

• Pour la plupart des verbes, on peut **s'aider de l'infinitif** du verbe pour construire sa forme au conditionnel. On lui ajoute les terminaisons de l'imparfait.

*je chanter-**ais***   *elle finir-**ait***

• Les autres verbes font appel à un **radical spécifique**, que l'on retrouve aussi au futur : *être, aller, faire, savoir, voir, venir...*

je serais, tu irais, nous ferions, vous sauriez, ils verraient, elles viendraient...

▶ Un emploi du conditionnel présent : le futur dans le passé

Le conditionnel permet d'exprimer un événement à venir, postérieur à un fait du passé : il s'agit donc d'une sorte de « futur dans le passé ».

moment du récit au passé	conditionnel
Elle m'apprit que ce monsieur était le propriétaire du parc.	*Il nous **défendrait** d'y retourner.*

344

1 Identifier

① Relevez uniquement les verbes conjugués au conditionnel.

tu chanterais • tu iras • je chasserai • il voudrait • ils pourront • ils seraient • nous irions • j'enseignais • ils seront • ils auraient • vous pourriez • vous verrez

② Classez dans le tableau les verbes conjugués des phrases suivantes.

Événement passé	Événement postérieur, à venir

1. Il pensa qu'il partirait tout l'été.
2. Il voyait déjà les perdrix qu'il pourrait chasser avec son oncle.
3. Il se dit qu'il reviendrait l'an prochain.
4. Les enfants préparaient les pièges qu'ils poseraient dans la montagne.
5. Il écrivit à son ami ce qui se passait à Marseille et ce qu'il ferait à la bastide bleue lors de son retour.

2 Manipuler

③ Dictée préparée

a. Dans les phrases suivantes, relevez uniquement les verbes conjugués au conditionnel. Observez attentivement leurs terminaisons.

b. Écrivez ce texte sous la dictée de votre professeur.

Et surtout, je voulais aider mon père dans son épreuve : je me glisserais dans les broussailles, et je rabattrais le gibier sur lui. S'il manquait un perdreau, je dirais : « Je l'ai vu tomber ! », et je rapporterais triomphalement quelques plumes que j'avais ramassées dans le poulailler, afin de lui donner confiance.

Marcel Pagnol, *La Gloire de mon père*, Éditions de Fallois, 2004.

PHILIPPE CAUBÈRE · NATHALIE ROUSSEL · DIDIER PAIN · THÉRÈSE LIOTARD
UN FILM DE YVES ROBERT — D'APRÈS L'ŒUVRE DE MARCEL PAGNOL

La Gloire de mon père,
film d'Yves Robert, 1990.

④ Recopiez et complétez le tableau suivant.

Faire		Prendre		
Je	Je poursuivrais	Je	Je	Je
Tu	Tu	Tu	Tu viendrais	Tu
Il ferait	Il	Il	Il	Il
Nous	Nous	Nous	Nous	Nous courrions
Vous	Vous	Vous prendriez	Vous	Vous
Ils	Ils	Ils	Ils	Ils

⑤ Complétez les phrases selon les indications entre parenthèses.

1. Il termina vite son travail car il savait qu'il .... (*aller*) au parc rejoindre sa tante ensuite. Il .... (*nourrir*) les cygnes et les canards, ... (*jouer*) avec son nouveau cerceau et se .... (*faire*) payer une friandise.

2. Le trajet jusqu'à la bastide leur paraissait très long. Chacun s'imaginait son activité à leur arrivée. Le père .... (*observer*) la faune et la flore locales, la mère .... (*profiter*) du calme de la terrasse pour lire, les enfants .... (*construire*) une cabane. Tout le monde .... (*se retrouver*) le soir pour partager un délicieux repas. Le temps des vacances .... (*être*) l'occasion de se retrouver et de profiter les uns des autres.

⑥ RÉÉCRITURE Réécrivez ces phrases en les mettant au passé.

1. C'est l'heure du goûter de quatre heures. Grand frère Félix aura une tartine de beurre ou de confitures, et Poil de Carotte une tartine de rien.
2. Poil de Carotte ne boira plus à table. Il perd l'habitude de boire.
3. « Si tu veux ta timbale, tu iras la chercher dans le placard. »
4. La rentrée est fixée au lundi matin, 2 octobre ; on commencera par la messe du Saint-Esprit.
5. « Je te promets que tu viendras avec nous dans deux ou trois jours, quand je serai mieux entraîné, et que nous n'irons pas si loin. »
6. « Je sais comment il faut faire : je me coucherai à plat ventre – et je glisserai comme un serpent, sans respirer ! »

D'après Jules Renard, *Poil de Carotte*, 1894.

3 S'exprimer

⑦ Imaginez-vous quelques années en arrière et racontez dans un texte au passé votre façon d'envisager l'avenir. Vous utiliserez le conditionnel présent.

> *Ulysse s'adresse à son fils Télémaque.*
>
> **Tais**-toi ! **bride** ton cœur ! et ne **demande** rien ! C'est la façon des dieux, des maîtres de l'Olympe... Mais **rentrons** ! **va** dormir ! je veux rester ici pour éprouver encor les femmes et ta mère ; en pleurant, elle va m'interroger sur tout.
>
> Homère, *Voyages et aventures d'Ulysse*, trad. du grec ancien par V. Bérard, Gallimard Jeunesse, 2002.

1. Que fait Ulysse dans ce dialogue avec Télémaque ? Répondez en nommant le type de phrases majoritairement utilisés.

2. Observez les verbes en gras et donnez leur infinitif. Trouvez-vous leurs sujets dans la phrase ?

3. Conjuguez-les à la même personne au présent de l'indicatif. Que constatez-vous ?

L'impératif présent permet d'exprimer un ordre, une interdiction, un conseil ou une prière.

• L'impératif présent ne se conjugue qu'à trois personnes : la 2e personne du singulier, la 1re et la 2e personne du pluriel.

• À l'impératif, le sujet du verbe n'est pas exprimé dans la phrase.

• Les marques de personne sont le plus souvent **identiques à celle du présent de l'indicatif** (*-s, -ons, -ez*).

Fuir →   *fui -s*   *fuy -ons*   *fuy -ez*

         radical personne :   radical personne :   radical personne :
               2e pers. sing.   1re pers. plur.   2e pers. plur.

• **Les verbes en -er** et les verbes *cueillir, assaillir, tressaillir, offrir, souffrir, ouvrir, couvrir* ne prennent **pas de -s final à la 2e personne du singulier**.

Rester → reste, rest**ons**, rest**ez**

Aller → va, all**ons**, all**ez**

Ouvrir → ouvr**e**, ouvr**ons**, ouvr**ez**

• Certains verbes ont un radical différent à l'impératif présent :

Être → sois, soy**ons**, soy**ez**

Avoir → ai**e**, ay**ons**, ay**ez**

Savoir → sach**e**, sach**ons**, sach**ez**

Attention
Devant les pronoms **en** et **y**, on ajoute un **-s** avec un trait d'union pour faire la liaison.
Vas-y.

Identifier

1 Dans cette liste, relevez les verbes conjugués à l'impératif présent.

va • resté • vous partez • allons • restez • tu prends • choisissons • souris • souri • pars • abandonné • abandonnons

2 Relevez uniquement les verbes conjugués à l'impératif présent.

– Tiens, Cyclope, bois ça pour arroser ces chairs humaines et tu sauras quelle boisson transportait mon navire ! [...]
Je dis ; il prend la jatte, la vide et le doux nectar lui plaît à tel point qu'il en redemande :
– Sois gentil, donne-m'en encore et puis dis-moi ton nom pour que je fasse à mon tour un cadeau qui te plaise.

D'après Homère, *L'Odyssée*, trad. et adapté du grec ancien par I. Pandazopoulos, Gallimard Jeunesse, 2009.

3 Relevez les verbes à l'impératif présent et dites pourquoi ils sont utilisés (ordre ou défense, conseil ou prière).

1. Gardez-vous de vous rendre sur cette île. **2.** Ne suivez pas les sirènes. **3.** Attachez-moi au mât. **4.** N'oubliez pas de me surveiller. **5.** Reviens vite parmi les tiens !

2 Manipuler

4 Conjuguez les verbes à l'impératif présent selon les indications données.

2ᵉ pers. du singulier → boire • offrir • venger • aller • défendre

1ʳᵉ pers. du pluriel → partir • ruser • partager • désarmer • lancer

2ᵉ pers. du pluriel → résister • vouloir • promettre • savoir • tenir

5 Complétez les phrases avec le verbe entre parenthèses, conjugué à l'impératif et à la personne indiquée.

1. ....- moi de ce mauvais pas *(sortir, 2ᵉ pers. sing.)*.
2. Ne .... pas au cyclope *(parler, 1ʳᵉ pers. plur.)*.
3. .... la mer ! *(prendre, 2ᵉ pers. plur.)*. .... retrouver les vôtres ! *(aller, 2ᵉ pers. plur.)*.
4. .... mes conseils *(écouter, 2ᵉ pers. sing.)*.
5. ....-y *(aller, 2ᵉ pers. sing.)*.
6. .... vous montrer forts *(savoir, 2ᵉ pers. plur.)*.
7. .... cette cité *(envahir, 1ʳᵉ pers. plur.)*.

6 Complétez les extraits suivants en conjuguant les verbes entre parenthèses à l'impératif présent. Aidez-vous du contexte pour savoir à quelle personne conjuguer le verbe.

– Chevalier, cria-t-il, ... *(tenir)* bon !
Ses mains engourdies par le froid avaient du mal à fixer la corde aux bottes.
– .... *(aller)*-t'en ! répondit Haute-Terre d'une voix étouffée. Tu vas te noyer !
– Vous aussi, répliqua Garin. .... *(relever)* bien la tête pour ne pas avaler d'eau.
– Chevalier, souffla-t-il, ... *(écouter)*-moi vite. Surtout, n'........ *(ouvrir)* pas la bouche. Ne .... *(répondre)* rien à ce que je vous dirai, même si j'ai l'air de vous adresser la parole.

D'après Évelyne Brisou-Pellen, *Le Chevalier de Haute-Terre*, Gallimard Jeunesse, 2001.

7 Transformez ces phrases afin de donner des ordres à l'impératif présent.

1. Vous devez me prouver votre loyauté.
2. Il faut que nous organisions un combat.
3. Tu dois suivre ton destin.
4. Il ne faut pas fuir devant l'ennemi.
5. Nous devons avoir recours à la ruse.
6. Tu ne dois pas faire confiance aux autres rois.
7. Vous n'avez pas le droit de rentrer chez vous.

3 S'exprimer

8 Circé a conseillé à Ulysse de se méfier des sirènes et lui a expliqué quels étaient les dangers. Il va à son tour prévenir ses compagnons et leur ordonner de l'attacher au mât du navire.

Imaginez le discours qu'il tient en deux parties.

Dans un premier temps, il met en garde ses compagnons et, dans un second temps, il leur ordonne de l'attacher. Il utilise, dans les deux cas, l'impératif présent.

Gustave Moreau, *Ulysse et les Sirènes*, 1875-1880, huile sur toile, 90,3 x 117 cm, musée Gustave Moreau, Paris.

Observer et réfléchir

> Un « *vilain* » *(paysan) vient de mourir, mais ni les anges ni les démons ne s'en sont aperçus. Son âme se faufile alors au paradis.*
>
> Mais saint Pierre l'avait <u>vue</u>, cette âme qui était **entrée** toute seule. Dès qu'il a reçu et inscrit l'âme qui était **amenée** par saint Michel, il revient vers le paysan : « Dis donc, qui est-ce qui t'a <u>amené</u>, toi ? Personne n'est **hébergé** ici sans passer par le tribunal. »
>
> Anonyme, « Du vilain qui conquit le paradis par plaid », Les Fabliaux du Moyen Âge, trad. et adapté de l'ancien français par P. Gaillard et F. Rachmuhl, Hatier, 2014.

1. Relevez les auxiliaires situés à gauche des participes passés en gras.

2. Quels sont les sujets des verbes ainsi formés ? Donnez-en le genre et le nombre.

3. Avec quel auxiliaire les participes passés soulignés sont-ils employés ? Expliquez les terminaisons.

Retenir

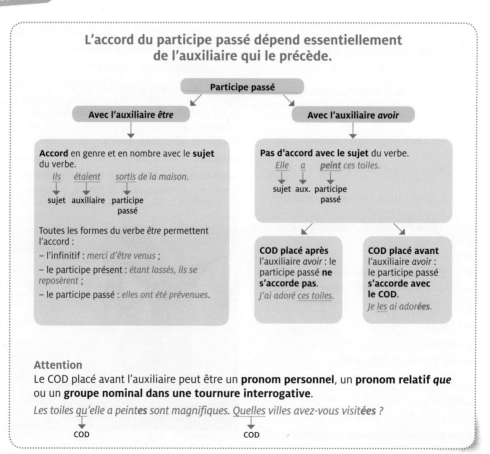

Attention

Le COD placé avant l'auxiliaire peut être un **pronom personnel**, un **pronom relatif** *que* ou un **groupe nominal dans une tournure interrogative**.

*Les toiles <u>qu'</u>elle a peint**es** sont magnifiques. <u>Quelles</u> villes avez-vous visit**ées** ?*
          ↓   ↓
       COD   COD

Identifier

1 Déposez ces participes passés dans la boîte correspondant à la terminaison de leur infinitif.

tenu • répondu • assis • cessé • découvert • eu • nagé • rendu • fourni • perdu • pu • glissé • appris • allé • pâli • vu

 -IR   -ER   -DRE   -OIR

2 Dans chaque couple de phrases, dites si le mot en gras est un nom ou un participe passé. Expliquez votre réponse.

1. Ces valeureux combattants ont été **vaincus** par la ruse d'un seul homme. / Les **vaincus** ont regagné leur patrie.
2. Y est-elle **allée** seule ? / Nous devrons emprunter cette **allée** sombre et inquiétante.
3. Le tyran a **cru** que son peuple lui obéirait sans réagir. / La **crue** du fleuve a tout emporté sur son passage.
4. L'**arrivée** de leur chef les poussa dans la bataille. / Quand elle est **arrivée**, il se mit à sourire.
5. Pour parvenir à ce résultat, il a **dû** travailler toute la nuit. / Cesse de te plaindre, tu as reçu ton **dû** !

3 Recopiez les phrases et identifiez les auxiliaires *être* et *avoir*. Soulignez les participes passés. Justifiez les accords.

1. Elle a reçu la visite de sa sœur. **2.** Tu es resté toute la nuit à ses côtés. **3.** Nous les avions rencontrés l'été dernier. **4.** Cette aventure les aura transformés. **5.** La lecture nous avait rapprochés.

4 Expliquez les accords des participes passés en gras.

Quand ses deux sœurs revinrent du bal, Cendrillon leur demanda si elles s'étaient encore bien **diverties**, et si la belle dame y avait **été**. Elles lui dirent que oui, mais qu'elle s'était **enfuie** lorsque minuit avait **sonné**, et si promptement qu'elle avait **laissé** tomber une de ses petites pantoufles de verre, la plus jolie du monde ; que le fils du roi l'avait **ramassée**, et qu'il n'avait **fait** que la regarder pendant tout le reste du bal, et qu'assurément il était fort amoureux de la belle personne à qui appartenait la petite pantoufle.

Charles Perrault, « Cendrillon », *Contes de ma mère l'Oye*, 1697.

Manipuler

5 Complétez ces phrases à l'aide du bon auxiliaire.
1. Nous .... quitté le port à l'aube. **2.** Ils .... pris nos valises et .... laissé les sacs. **3.** Vous lui .... pourtant demandé la permission. **4.** Quelle attitude ....-ils adoptée ? **5.** Cette bataille .... restée dans l'histoire.

6 Accordez correctement les participes passés entre parenthèses.
1. Le professeur et son conseiller sont *(monter)* à bord. **2.** Sa volonté a *(être)* plus forte que la maladie. **3.** La direction qu'il nous a *(indiquer)* nous conduit droit sur cette île. **4.** Personne n'avait *(oublier)* son intervention. **5.** Sa fiancée est *(arriver)* ce matin. **6.** Les preuves furent *(remis)* au juge.

7 TOP CHRONO! **Complétez chaque phrase avec un pronom ou groupe nominal de votre choix, en respectant les accords.**
1. ...., son grand-père l'a achetée pour mon anniversaire. **2.** .... est survenu durant sa jeunesse. **3.** .... sont arrivées plus tôt dans la soirée. **4.** .... avez-vous croisées au concert ? **5.** .... sommes partis à cause de son comportement.

8 Réécrivez les phrases en remplaçant les COD par des pronoms personnels (*le*, *la* ou *les*). Attention aux accords.

Exemple : Stevenson a écrit cette nouvelle. → Stevenson l'a écrite.

1. Les soldats ont rendu leurs armes. **2.** Le gouverneur a remis les clés de la ville aux ennemis. **3.** Les pirates auraient attaqué tous ces navires. **4.** Les survivants avaient raconté une histoire effrayante. **5.** Pour quelle raison aurait-elle raconté une telle aventure ?

9 RÉÉCRITURE **Réécrivez ce texte en mettant les verbes en gras au passé composé.**

Le curé, sous sa cape, a montré discrètement une bourse. L'évêque la **prend** discrètement, il la **soupèse** et il la **tâte** tout aussi discrètement. De sa main libre, déjà, il **fait** le geste qui pardonne.

Rutebeuf, « Le testament de l'âne », *Les Fabliaux du Moyen Âge*, trad. et adapté de l'ancien français par P. Gaillard et F. Rachmuhl, Hatier, 2014.

3 S'exprimer

10 **Résumez, au passé composé et en quelques phrases, la journée d'un chevalier exceptionnel.**

Charles de Maine, *Lancelot du Lac combattant les chevaliers*, XVe siècle, miniature, musée Condé, Chantilly.

Retenir

Certains mots se prononcent de la même manière mais s'écrivent différemment.

leur (pronom personnel COI)	**leur, leurs (déterminant possessif)**
• Quand *leur* est un pronom personnel, il est **invariable** : il ne prend jamais de -*s*. • C'est un complément du verbe qui se place devant le verbe, ou juste derrière (avec un trait d'union) dans le cas des phrases à l'impératif. *Je **leur** offre de m'accompagner* = COI *Donne-**leur** de quoi patienter* = COI	• Quand *leur* est un déterminant possessif, il **varie en genre et en nombre**. • Il accompagne toujours un nom. *Il a emprunté **leur** voiture. = Il y a plusieurs propriétaires mais une seule voiture.* *Il a dérobé **leurs** bijoux. = Il y a plusieurs propriétaires et plusieurs bijoux.*

• **Pour les différencier :** cherchez si *leur* accompagne un nom ou s'il complète un verbe. Pour savoir si *leur* doit être mis au pluriel, essayez de le remplacer par *ses*.

S'exercer

1 Identifier

❶ Donnez la classe grammaticale de *leur* ou *leurs* dans chaque phrase. Justifiez votre réponse.

1. Toutes les portes bâillent, tournent sur *leurs* gonds. **2.** Les marabouts prêtent à *leur* toilette un flou qui leur manque. **3.** Ses fils, par *leurs* alliances, arrivèrent à la cour. **4.** La monarchie pouvait être sauvée par *leur* retraite. **5.** Toute *leur* supériorité consiste à faire croire aux hommes qu'ils *leur* sont inférieurs en amour.

D'après Honoré de Balzac, *Ferragus*, 1833.

2 Manipuler

❷ Complétez les phrases avec le bon homophone *leur* ou *leurs*, en faisant attention à l'orthographe. Justifiez votre réponse.

1. Ils lui enfonçaient .... deux pouces dans les deux yeux. **2.** Il .... avait suffi pour cela de prêter au roi le serment d'allégeance. **3.** Ils avaient été justement récompensés de .... loyauté et de .... zèle. **4.** Les joueurs avaient, pour abriter .... yeux, de larges chapeaux de paille couverts de fleurs. **5.** Il faisait gambader les manants en .... lardant les mollets de son épée.

D'après Victor Hugo, *L'Homme qui rit*, 1869.

❸ Mettez les mots en italique au pluriel et modifiez tous les éléments nécessaires dans la phrase. Faites attention à l'orthographe de *leur*.

1. L'homme *lui* apparut comme une brute épaisse. **2.** Les traits de *son* visage étaient déformés par les ombres vacillantes. **3.** *Ses* babines étaient retroussées comme s'il s'apprêtait à mordre. **4.** *Ses* bras semblaient l'encombrer. **5.** Il *lui* déroba son portefeuille.

❹ Dictée préparée

a. Donnez la classe grammaticale de *leur* ou *leurs* et justifiez l'orthographe utilisée.

b. Écrivez ce texte sous la dictée de votre professeur en faisant attention aux accords.

Je constate que, parmi vous, ceux qui ont des souliers à travers lesquels passent leurs orteils en profitent pour poser leurs pieds sur les épaules des spectateurs qui sont devant eux [...]. J'aperçois d'ici des fripons qui plongent leurs griffes ingénieuses dans les goussets de leurs voisins imbéciles. Chers *pickpockets*, de la pudeur ! Boxez le prochain, si vous voulez, ne le dévalisez pas. Vous fâcherez moins les gens en leur pochant un œil qu'en leur chipant un sou.

Victor Hugo, *L'Homme qui rit*, 1869.

Retenir

Certains mots se prononcent de la même manière mais s'écrivent différemment.

peu

- *Peu* est un **adverbe**, il est donc **invariable**. Il indique une faible quantité, une faible intensité ou importance.
- Il apparaît dans des expressions figées : *un peu de, peu importe, depuis peu, à peu près, peu à peu, si peu que ce soit...*
*Je veux **un peu de** gâteau.*
*Il est **peu** coopératif.*

peux, peut

- *Peux* et *peut* correspondent au **verbe pouvoir** conjugué au présent de l'indicatif aux 1re, 2e et 3e personnes du singulier (*je, tu* et *il/elle/on*).
*Elle **peut** venir chez nous.*
*Tu **peux** apprendre à nager.*
- *Peut* est aussi présent dans la **locution adverbiale** *peut-être.*

- **Pour les différencier :** cherchez s'il s'agit d'un verbe en changeant le temps de la phrase. Vous pouvez également essayer de remplacer le mot par *pas beaucoup* pour vérifier votre réponse.

S'exercer

Identifier et manipuler

1 Dans chaque phrase, justifiez l'orthographe du mot en gras.

1. Il se **peut** qu'il neige demain. **2.** Nous serons tous heureux s'il y a un **peu** de neige dans le jardin. **3. Peux**-tu me donner cette luge ? **4.** Je **peux** descendre toute cette pente sur ma luge sans freiner ! **5.** Tu es fou, tu **peux** te faire très mal. **6.** Il faut en profiter, la neige **peut** fondre demain. **7. Peu** importe, aujourd'hui on en aura bien profité.

2 Constituez des groupes de trois. Attribuez à chaque membre son mot : *peu, peux* ou *peut*. En équipe, décidez pour chaque phrase quelle est l'orthographe qui convient et désignez l'élève qui doit alors se lever.
1. Veux-tu aller à la piscine demain ? Non, merci, je ne .... pas. **2.** Veux-tu un .... de chocolat ? **3.** Il est en retard ce matin, il se .... qu'il soit malade. **4.** .... importe le temps qu'il fera, nous partirons quand même. **5.** Tu vois bien qu'elle .... se charger de ce travail. **6.** Je pense qu'il veut un .... d'aide. **7.** Il n'assume pas ses erreurs, il est .... courageux.

3 RÉÉCRITURE **Tous les homophones** *peu, peut* **et** *peux* **se sont effacés. Recopiez ce texte en rétablissant la bonne orthographe.**

Je ne .... pas m'empêcher de la regarder. Elle a peu de cils, très clairs, ou ....-être roux, des yeux bleus, des cheveux courts. Elle parle trop fort, avec un .... d'accent, comme si elle était arrivée dans ce pays il y a .... de temps. On sait tout de suite que c'est une fille sur laquelle on .... compter, et elle dégage un je ne sais quoi de .... commun, d'original, d'intrigant. Elle ne .... que vous surprendre.

2 S'exprimer

4 Écrivez trois phrases avec *peu*, trois autres avec *peut* et enfin trois phrases avec *peux*.

Étape 1 – Rédigez individuellement vos phrases en vérifiant attentivement l'orthographe employée.

Étape 2 – Recopiez vos phrases en laissant un espace vide à la place de *peu, peut* et *peux*, et échangez votre feuille avec un camarade.

Étape 3 – Complétez chacun les phrases de votre camarade et faites la correction ensemble.

Retenir

Certains mots se prononcent de la même manière mais s'écrivent différemment.

qui l'

Il s'agit du **pronom relatif *qui*** + **pronom personnel complément *l'*** (forme élidée des pronoms *le* ou *la*).

Devant le monument, il se demande qui l'a fait. → *Il se demande qui a fait le monument.*

qu'il(s)

• Il peut s'agir de la **conjonction de subordination *que*** élidée + du **pronom personnel sujet *il(s)***.
Il se dit qu'il pourra chercher sur Internet.

• Il peut s'agir du **pronom relatif complément *que*** élidé + **pronom personnel sujet *il(s)***.
Les possibilités qu'il a sont nombreuses.

• **Pour les différencier :** pour vérifier que le son « il » correspond bien au pronom personnel sujet *il(s)*, on peut essayer de remplacer *qu'il(s)* par *qu'elle(s)*.

S'exercer

1 Identifier

1 TOP CHRONO! **Dans chaque phrase, justifiez l'orthographe de *qui l'* ou *qu'il(s)*.**
1. Octave raconte à Scapin **qu'il** s'est marié à Hyacinte.
2. Octave et Léandre implorent Scapin pour **qu'il** leur vienne en aide.
3. Scapin annonce à Géronte, **qui l'**a bien mérité, que son fils a été enlevé par les Turcs.
4. Ce sont souvent les valets **qui l'**emportent dans les comédies de Molière.
5. La ruse est un art qu'ils possèdent à la perfection.

2 **Transformez les phrases suivantes selon l'exemple.**
Exemple : Le poète s'adresse à une femme qui l'a aimé.
→ La femme a aimé le poète.
Le poète s'adresse à une femme qu'il a aimée. → Le poète a aimé cette femme.
1. Le maître qu'il a recruté est doué. / Le maître qui l'a recruté est tyrannique.
2. Les personnes qu'il a connues sont toutes présentes. / Les personnes qui l'ont connu sont toutes présentes.
3. La chanson qu'il a écrite a rendu ce chanteur célèbre. / La chanson qui l'a rendu célèbre est magnifique.

2 Manipuler

3 **Sélectionnez la bonne orthographe : *qui l'* ou *qu'il*.**
1. *Les Fourberies de Scapin* est une belle pièce de théâtre, ... a déjà lue ?
2. Géronte a un valet .... a menacé de battre.
3. La pièce, c'est Molière .... a écrite.
4. Scapin veut se venger de Géronte .... a maltraité.

4 **Dictée préparée**
a. Observez l'orthographe de *qui l'* ou *qu'il(s)* et justifiez-la.
b. Écrivez ce texte sous la dictée de votre professeur.

> *Octave apprend à Scapin que Léandre est amoureux de Zerbinette.*
>
> Il me fit aussitôt confidence de son amour, et me mena voir cette fille, **qui l'**avait ensorcelé et que je trouvai belle à la vérité, mais non pas tant **qu'il** voulait. Il ne m'entretenait que d'elle chaque jour, m'exagérait à tous moments sa beauté, me louait sa conversation, dont il me rapportait jusqu'aux moindres paroles, **qu'il** s'efforçait toujours de me faire trouver les plus spirituelles du monde. Il me querellait parfois de n'être pas assez sensible aux choses **qu'il** me venait dire et **qui l'**intéressaient particulièrement.
>
> Molière, *Les Fourberies de Scapin*, acte I, scène 2, 1671.

Retenir

Certains mots se prononcent de la même manière mais s'écrivent différemment.

ni

- *Ni* est une **conjonction de coordination**. On peut la remplacer par *pas* ou *non plus*.
- Cette conjonction est souvent répétée ou accompagnée d'une autre négation.
*Pierre ne veut **ni** s'amuser **ni** voyager.*

n'y

- *N'y* est composé de *n'*, **particule de négation** élidée, et du **pronom** *y*.
- On peut remplacer *y* par *à cela*.
*Je **n'y** ai pas pensé.*

- **Pour les différencier :** essayez de remplacer le mot par *non plus*.

si

- La **conjonction** *si* exprime la **condition**.
Si tu le souhaites, nous nous rendrons à Paris.
- L'**adverbe** *si* marque l'**intensité**. Il peut être remplacé par *aussi, tellement*.
*Il est **si** gentil !*

s'y

- *S'y* est composé de **deux pronoms** (*s'* et *y*). On trouvera *s'y* dans les verbes pronominaux (*se rendre* par exemple) employés avec le pronom *y*.
*Il voulait visiter Paris, il **s'y** est rendu dimanche dernier.*

ci

- *Ci* est un **adverbe**, c'est l'abréviation d'*ici*.
ci-joint
- On le trouve après un nom ou un pronom.
*cet homme-**ci**, celle-**ci***
- On le retrouve dans des locutions adverbiales.
*par-**ci** par-là ; **ci**-contre*

- **Pour les différencier :** réfléchissez au sens du mot et à sa classe grammaticale.

S'exercer

Identifier

1 Dans chaque phrase, justifiez l'orthographe des mots en gras.
1. S'il persévère, il pourra **s'y** rendre dans quelques mois. **2.** Il **n'y** croit pas suffisamment pour mener à bien son projet. **3. Si** j'avais su, je ne serais pas venu. **4. N'y**-a-t-il rien que je puisse faire ? **5.** Il ne faut pas sortir à cette heure-**ci**.

Manipuler

2 Sélectionnez la bonne orthographe : *ni/n'y*. Justifiez votre réponse.
1. Il n'a .... le temps .... l'argent. **2.** Je .... suis pas allée. **3.** Il .... a pas de raison pour qu'il .... aille pas. **4.** Vous .... échapperez pas.

3 Dictée préparée
Relevez les homophones étudiés et justifiez leur orthographe, puis écrivez ce texte sous la dictée.

Lali et Pedro se promenaient dans la campagne ; ils s'y rendaient chaque fois qu'ils le pouvaient : ils s'y ressourçaient. C'était plaisant, surtout si le soleil s'y montrait également. Ils observaient les alentours, regardant par-ci par-là. Ces jours-ci, ni l'un ni l'autre n'avait pris de repos. Soudain, ils aperçurent un troupeau d'animaux si élégants qu'ils n'y crurent d'abord pas.

Distinguer et employer les homophones mais/mes/m'est/met(s)

Certains mots se prononcent de la même manière mais s'écrivent différemment.

mais	*mes*	*m'est*	*met / mets*
• *Mais* est une **conjonction de coordination**. • On l'emploie pour apporter une précision ou une modification. *Tu pourras partir, **mais** quand tu auras terminé.*	• *Mes* est un **déterminant possessif**. Il est suivi d'un nom. • Il exprime l'idée que quelque chose nous appartient. *Regarde, ce sont **mes** cadeaux d'anniversaire !*	*M'est* se compose du **pronom *me* élidé** et du **verbe *être*** conjugué au présent à la 3e personne du singulier. *Il **m'est** difficile de travailler.* *Un fantôme **m'est** apparu.*	*Met* et *mets* sont deux formes du **verbe *mettre***, conjugué au présent de l'indicatif ou de l'impératif. *Il **met** ses chaussettes.* ***Mets** tes chaussures !*

• **Pour les différencier** :

– Transformez le temps de la phrase pour vérifier s'il s'agit d'une forme verbale ; cela vous permettra aussi de déterminer s'il s'agit du verbe *mettre* ou du verbe *être*.

– Réfléchissez au sens du mot dans la phrase.

1 Identifier et manipuler

❶ Sélectionnez la bonne orthographe : *mais, mes, m'est, met* ou *mets*.

1. Tu as gagné, ... on t'a beaucoup aidé ! **2.** J'ai donné .... vieux jouets à ma petite sœur. **3.** Les affaires qu'il .... dans son sac sont les miennes. **4.** Devine ce qui .... arrivé ! **5.** .... les assiettes sur la table ! **6.** Tu .... toujours des fleurs sur ce meuble.

❷ Complétez les phrases avec l'orthographe qui convient : *mais, mes, met, mets, m'est*.

1. .... livres se trouvent sur le bureau. **2.** Il a caché son argent .... il ne le trouve plus ! **3.** Ce qu'il .... au four va être délicieux. **4.** .... ta gomme dans ta trousse pour ne pas la perdre. **5.** Quand je cuisine, j'en .... toujours partout ! **6.** Réussir cette épreuve .... facile.

❸ Remplacez le mot en gras par *mais, mes, met, mets,* **ou** *m'est*.

1. Tu **poses** tes affaires sur ton lit. **2.** Ce sont **ses** crayons ! **3.** Il réussira, **néanmoins** il doit encore travailler. **4.** Ce que tu racontes **me semble** difficile à croire. **5. Plonge** les pâtes dans la casserole ! **6.** Les gants que je **dépose** sur le meuble sont pour toi.

❹ Dictée préparée

a. Indiquez la classe grammaticale de chaque mot souligné et justifiez son emploi.

b. Écrivez ce texte sous la dictée de votre professeur.

– Pardon, monsieur, continua-t-elle en se retournant de mon côté, de ne pas avoir su réprimer devant vous **mes** inquiétudes maternelles : c'est que non seulement Louis et Lucien sont mes fils, **mais** encore ce sont les derniers de notre nom... Veuillez vous asseoir à ma droite... Lucien, **mets**-toi là.

Alexandre Dumas, *Les Frères corses*, 1844.

2 S'exprimer

❺ On a volé les armes d'un chevalier, qui s'en plaint au roi Arthur. Rédigez son discours. Vous emploierez dans votre texte les quatre homophones, que vous soulignerez.

42 Distinguer et employer les homophones sais/sait/c'est/s'est/ces/ses

Retenir

Certains mots se prononcent de la même manière mais s'écrivent différemment

sais – sait	ces – ses	c'est – s'est
• Il s'agit dans les deux cas du verbe ***savoir***. La marque de personne **-s** désigne la 1re et la 2e personne du singulier. La marque de personne **-t** désigne la 3e personne du singulier. *je sais, tu sais, il sait*	• *Ces* est un **déterminant démonstratif**. Il sert à désigner, à montrer. *Regardez* ***ces*** *beaux oiseaux.* *→ Regardez ces beaux oiseaux-là (ou ceux-là).* • *Ses* est un **déterminant possessif**. Il indique l'appartenance. *Il range* ***ses*** *affaires.* *→ Il range les siennes.*	• *C'est* est le **pronom démonstratif** c' suivi du **verbe *être***. ***C'est*** *lui qui arrive.* • *S'est* est le **pronom réfléchi** suivi du **verbe *être***. *Il* ***s'est*** *blessé.*

• **Pour les différencier** : il faut identifier s'il s'agit d'un déterminant ou d'un verbe.
– S'il s'agit d'un déterminant, on peut le mettre au singulier : *ces → ce / cette, ses → son / sa.*
– S'il s'agit d'un verbe, il faut déterminer quel est son infinitif. On peut faire varier le temps de la phrase ou la personne.
Je sais qu'il ***s'est*** *appliqué → Nous* ***savons*** *(= verbe savoir) qu'ils* ***se sont*** *appliqués (= verbe s'appliquer au passé composé).*

S'exercer

1 Identifier et manipuler

1 Choisissez la bonne orthographe parmi tous les homophones étudiés.

1. Il .... que .... dans ce château qu'est Guenièvre. Pourtant, ... compagnons refusent d'y aller. Il faudra qu'il motive davantage .... hommes. **2.** Émilie .... abondamment documentée sur .... îles du bout du monde. Ce voyage, ... un rêve qu'elle va bientôt réaliser ! **3.** Les vacances arrivent : .... une bonne nouvelle ! .... quelques jours de repos, chacun le ...., seront salutaires. **4.** Il .... amusé tout l'après-midi avec Hugo ; .... deux copains-là sont inséparables.

2 Dictée préparée

a. Relevez tous les verbes conjugués et indiquez leur infinitif, leur temps et leur sujet.

b. Relevez les homophones et justifiez leur orthographe.

c. Écrivez ce texte sous la dictée de votre professeur.

Il s'est pris à rêver d'un monde étrange. C'est d'abord un personnage aux ailes de papillon qu'il a croisé. Puis c'est un perroquet qui bégayait qui lui a conseillé de retirer ses souliers. À son réveil, il s'est malgré tout demandé si ces choses-là lui étaient bien arrivées… Qui sait ?

2 S'exprimer

3 Poursuivez le texte ci-dessous, en utilisant au moins une fois chacun des homophones étudiés. Justifiez l'orthographe employé.

Christophe Colomb **s'est cru** *(verbe se croire au passé composé)* aux Indes. À son arrivée, ...

> **1.** – Qu'est-ce que tu fais là ?
>
> **2.** C'est un de ces après-midi-là qu'il avait fait la connaissance de Giordan le Pêcheur. Mondo avait entendu à travers le ciment le bruit de pas de quelqu'un qui marchait sur les brise-lames. [...] L'homme était venu jusqu'à la dalle voisine et il avait fait un petit signe amical avec la main.
>
> J.M.G. Le Clézio, « Mondo », *Mondo et autres nouvelles*, Gallimard, 1978.

1. Pouvez-vous connaître la situation dans laquelle les paroles du texte **1** sont prononcées ?

2. Lisez maintenant le texte **2**, le paragraphe qui précède cette réplique, et décrivez la situation d'énonciation.

La situation d'énonciation est la situation dans laquelle un énoncé est produit.

L'énoncé désigne le **message** adressé par un **énonciateur** à un **destinataire**.

➤ Les énoncés ancrés dans la situation d'énonciation

• Certains énoncés ne peuvent être compris qu'à l'aide de la **situation d'énonciation** dans laquelle ils sont **ancrés**. Ce sont les informations données par le contexte qui permettent de préciser la situation d'énonciation : qui parle ? À qui ? De quoi ? Où ? Quand ?

• Caractéristique de l'**échange oral,** ce type dénoncé se trouve, à l'écrit, dans les **lettres** et **dialogues**.

➤ Les énoncés coupés de la situation d'énonciation

• D'autres énoncés sont **coupés de la situation d'énonciation** et **dissociés** de l'**énonciateur**. Ils donnent toutes les indications nécessaires pour être **compris seuls**.

• Ce type d'énoncé est caractéristique des **récits écrits**.

	Énoncé ancré	Énoncé coupé
Pronoms personnels, adjectifs et pronoms possessifs	1re et 2e personnes : *je, tu, mon, le tien...*	3e personne : *il, eux, on, ses, la sienne...*
Indicateurs de temps et de lieu	*Aujourd'hui, maintenant, hier, demain, ici,* etc.	Noms de lieux, dates, heures... *ce jour-là, la veille, le lendemain...*
Temps de référence	Présent de l'indicatif	Passé simple, imparfait
Antériorité	Imparfait et passé composé	Plus-que-parfait, passé antérieur
Postériorité	Futur	Conditionnel présent

1 Identifier

1 Les énoncés suivants sont-ils ancrés ou coupés de la situation d'énonciation ? Justifiez votre réponse en soulignant les indices qui vous ont permis de répondre.

1. Il y avait à Montmartre, au troisième étage du 75 bis de la rue d'Orchampt, un excellent homme nommé Dutilleul qui possédait le don singulier de passer à travers les murs sans en être incommodé. Il portait un binocle, une petite barbiche noire, et il était employé de troisième classe au ministère de l'Enregistrement.

Marcel Aymé, *Le Passe-muraille* [1943], Gallimard Jeunesse, 2009.

2. 25 août
Cher journal,
On est le deuxième jour de notre arrivée à Momo (Maurice-Ravel), un dimanche, et il est six heures du soir. J'ai passé la journée à explorer « Les Jardins de Chevreuse » et surtout notre square. J'ai noté les noms qui sont inscrits sur les boîtes aux lettres pour m'y retrouver quand les voisins commenceront à rentrer de vacances.

Mikaël Ollivier, *Tu sais quoi ?*, Thierry Magnier, 2006.

2 Manipuler

2 Complétez les phrases suivantes en choisissant le mot qui convient à la situation d'énonciation.
1. (*Le lendemain/demain*), il alla trouver un médecin pour lui exposer son cas. **2.** Cette lettre, je te la remettrai (*le lendemain/demain*) en mains propres. **3.** Je n'arrive pas à croire que (*cette nuit-là/cette nuit*) je dormirai dans un autre lit que le mien. **4.** Il se détourna, abandonnant (*là/ici*) son précieux paquet. **5.** J'ai fait mes devoirs (*hier/la veille*) en rentrant du collège. **6.** Il installa le camp de la même façon que (*la veille/hier*). **7.** La pluie tombe sans arrêt depuis (*aujourd'hui/ce jour-là*). **8.** Vous n'avez rien à faire (*là-bas/ici*).

3 a. Dans les énoncés suivants, relevez les mots que l'absence de situation d'énonciation empêche de comprendre précisément.
b. Imaginez une situation d'énonciation pour chacun des énoncés.

1. J'essaie de ne pas me faire du souci pour toi, mais j'avoue que j'ai un peu de mal. J'ai si peur que tu souffres et que tu sois malheureuse.

Yaël Hassan, *Lettres à Dolly*, 2002.

2. À force de pleurer, j'ai fini par m'endormir. C'est maman qui m'a réveillée. Elle m'apportait un bol de soupe et une tartine.

Gudule, *L'Amour en chaussettes*, Thierry Magnier, 1999.

3. Un jour, je t'accompagnerai et on fera des milliers de kilomètres ensemble.

Xavier-Laurent Petit, *153 jours en hiver*, Flammarion, 2002.

4. « Tu crois qu'il est arrivé maintenant ? »
« Tu crois ? Pas encore, c'est loin, tu sais… »

J.M.G. Le Clézio, « Celui qui n'avait jamais vu la mer », *Mondo et autres nouvelles*, Gallimard, 1978.

4 RÉÉCRITURE a. Relevez les éléments qui montrent que l'énoncé est coupé de la situation d'énonciation.
b. Réécrivez cet énoncé en l'ancrant dans la situation d'énonciation : Dutilleul, au café du Rêve, juste avant son arrestation, fait à ses amis le récit des événements.

Malgré l'étroite surveillance dont il fut l'objet cette nuit-là, Dutilleul s'évada à onze heures trente. Connue du public le lendemain matin, la nouvelle souleva partout un enthousiasme magnifique. Cependant, ayant effectué un nouveau cambriolage qui mit le comble à sa popularité, Dutilleul semblait peu soucieux de se cacher et circulait à travers Montmartre sans aucune précaution. Trois jours après son évasion, il fut arrêté rue Caulaincourt au café du Rêve, un peu avant midi, alors qu'il buvait un vin blanc citron avec des amis.

Marcel Aymé, *Le Passe-muraille* [1943], Gallimard Jeunesse, 2009.

3 S'exprimer

5 a. Dans le texte ci-dessous, l'énoncé est-il ancré ou coupé ? Justifiez votre réponse.

b. Imaginez la suite du texte en quelques phrases qui respecteront la situation d'énonciation.

Je me détends un peu sur le refrain. J'ose enfin regarder les spectateurs en face. […] Je m'habitue à cette pénombre sur la salle. J'aperçois les autres de la classe et du lycée. Tassés au deuxième rang, à droite de la scène, Louise, Marie, Cathy, Steve, Florian… Ils sont tous venus pour nous encourager. Ils connaissent déjà les quelques titres de notre répertoire et, solidaires, ils nous ont accompagnés en chantant sur le refrain. Le public bouge de mieux en mieux.
Le jury est de l'autre côté de la salle, à gauche.

Hubert Ben Kemoun, *Blues en noir*, Flammarion, 2001.

6 Imaginez, en quelques lignes, le texte de la lettre écrite par Lullaby, qui décide de fuguer. Vous choisirez un destinataire et vous respecterez les règles d'un énoncé ancré dans la situation d'énonciation.

Elle retourna vers le centre de la chambre, elle s'assit devant sa table, et sans allumer la lumière elle commença à écrire une lettre.

J.M.G. Le Clézio, « Lullaby », *Mondo et autres nouvelles*, Gallimard, 1978.

44 Rapporter des paroles : le discours direct

Observer et réfléchir

> Le marchand était encore à genoux quand il vit paraître un génie tout blanc de vieillesse, et d'une grandeur énorme, qui, s'avançant jusqu'à lui le sabre à la main, lui dit d'un ton de voix terrible : « Lève-toi, que je te tue avec ce sabre, comme tu as tué mon fils. »
>
> Il accompagna ces mots d'un cri effroyable. Le marchand, autant effrayé de la hideuse figure du monstre, que des paroles qu'il lui avait adressées, lui répondit en tremblant : « Hélas ! mon bon seigneur, de quel crime puis-je être coupable envers vous, pour mériter que vous m'ôtiez la vie ?
>
> – Je veux, reprit le génie, te tuer de même que tu as tué mon fils.
>
> – Hé ! bon Dieu, repartit le marchand, comment pourrais-je avoir tué votre fils ? Je ne le connais point, et je ne l'ai jamais vu. »
>
> Antoine Galland, « Le Marchand et le Génie », *Les Mille et Une Nuits*, 1704-1717.

1. Distinguez les phrases qui relèvent du récit des paroles prononcées par les personnages.
2. Identifiez les différents interlocuteurs et quelles répliques chacun d'entre eux prononce.
3. Par quels signes de ponctuation sont précédées les paroles prononcées ?
4. À quels temps sont les verbes dans le récit ? Et dans les dialogues ?
5. Quels pronoms personnels sont utilisés dans le dialogue ?
6. Qu'apportent les dialogues à la scène ?

Retenir

Le discours direct consiste, dans un récit, à rapporter des paroles telles qu'elles ont été prononcées.

Le porteur leva les yeux au ciel, et dit assez haut pour être entendu :

↓ Récit

« *Qu'a fait Sindbad pour obtenir de vous une destinée si agréable ?* »

↓ Discours direct

▶ **Les règles de ponctuation du discours direct**
- Le discours direct est souvent précédé par **deux points** [:].
- Les paroles rapportées sont **encadrées** par des **guillemets** [« … »].
- Le changement d'interlocuteur, dans un dialogue, est marqué par un **tiret** [–].
- Les paroles rapportées débutent par une **majuscule**.
- On utilise souvent une **ponctuation expressive** [?], [!], [...]

Le calife se mit en colère : « Ne t'ai-je pas commandé, lui dit-il, de couper la tête à dix voleurs ? Pourquoi ne la coupes-tu qu'à neuf ?

– Commandeur des croyants, répondit le bourreau, Dieu me garde de n'avoir pas exécuté l'ordre de votre Majesté ! »

Quelques règles de construction du discours direct

• Le discours direct est un énoncé ancré dans la situation d'énonciation : le temps de référence est le **présent**, on emploie le **passé composé** et l'**imparfait** pour exprimer l'antériorité et le **futur** pour exprimer la postériorité.

• Un **verbe de parole** introduit le discours direct. Il n'est pas obligatoire. Il peut figurer :

– **devant** les paroles rapportées. Il est alors **suivi de deux points**.

Il dit : « Qu'on coupe la tête à ces dix voleurs ! »
↓
verbe de parole

– en incise, **à l'intérieur** du dialogue. Il est alors **encadré par des virgules**.

« Qu'on coupe, dit-il, la tête à ces dix voleurs ! »
↓
verbe de parole

– en incise, **après** les paroles rapportées. Il est alors placé **après les guillemets**.

« Qu'on coupe la tête à ces dix voleurs ! » dit-il.
↓
verbe de parole

• Il existe de nombreux verbes de parole, qui peuvent introduire :
– la plupart des répliques : *dire, préciser, suggérer, ajouter, exposer, expliquer, raconter,* etc.
– les questions : *demander, interroger, questionner,* etc.
– les réponses : *répondre, répliquer, rétorquer, riposter, acquiescer, nier,* etc.
– les répliques dites avec une émotion ou une prononciation particulière : *crier, hurler, marmonner, murmurer, chuchoter, s'exclamer, bégayer,* etc.

Le rôle du discours direct dans un récit

• Dans un récit, le discours direct permet de rendre les personnages plus présents, plus vivants, par l'utilisation des **1re et 2e personnes** du singulier ou du pluriel.

• Le discours direct permet également de **changer le rythme** du récit pour le rendre moins monotone.

• Il crée un **effet de réel** en donnant au lecteur l'impression d'entendre les personnages. L'auteur peut employer de nombreuses **marques d'oralité**, informer le lecteur sur le caractère et les émotions des personnages, reproduire leurs défauts de prononciation, etc.

S'exercer

1 Identifier

❶ Recopiez les passages de ce texte qui sont au discours direct.

Un frisson léger courut dans la crinière de King. Ses pesantes babines frémirent, s'étirèrent. La gueule s'entrouvrit et les terribles crocs brillèrent doucement. « Regardez, regardez bien, dit Patricia, il vous sourit. » Comment ne l'aurais-je pas cru ? N'avais-je pas, du ravin, entendu le rire de King ?

« J'ai choisi le meilleur moment pour vous faire rencontrer, dit Patricia. Il a bien mangé, il est repu. (Elle tapota le ventre puissant.) C'est l'heure la plus chaude. Il y a beaucoup d'ombre ici. Il est heureux. »

Patricia se glissa entre les pattes de devant, mêla ses cheveux en boule à la toison énorme et dit :
« Vous le voyez, ce n'était pas terrible du tout. Ni difficile.
– À condition d'être avec vous. »

Joseph Kessel, *Le Lion*, Gallimard, 1958.

❷ Identifiez les différents personnages en relevant dans un tableau les paroles de chacun d'eux.

« À moi ! » crie-t-elle à pleins poumons.
Les vilains étaient au jeu de soule. Ils entendent crier la fermière, et se précipitent de son côté. [...]
« Pauvre de moi ! Il m'arrive malheur !
– Comment ça ? demandent-ils tous.

– Hélas ! c'est que j'ai perdu mon coq ! Le goupil est venu et l'emporte !

– Que ne l'avez-vous pas frappé, bon sang ! lui dit Constant. Que n'avez-vous pas tapé dessus !

– Messire, je n'avais rien pour cela ...

– Et ce bâton ?

– Pas eu moyen : il galope à une telle vitesse qu'il sèmerait deux chiens bretons ! »

Le Roman de Renart, trad. de l'ancien français par P.-M. Beaude, Gallimard Jeunesse, 2010.

3 TOP CHRONO! **En trois minutes, relevez les marques du discours direct, ponctuation et verbes de parole, dans l'extrait suivant.**

« Sire, d'où venez-vous ? Pourquoi personne ne vous accompagne ?

– Reine Iseut, je viens vous parler en privé et vous demander quelque chose. Ne me cachez pas la vérité, car je veux savoir.

– Mais, Sire, je ne vous ai jamais menti. Même si je devais mourir maintenant, je ne vous dirais que la stricte vérité. »

Béroul, *Tristan et Iseut*, trad. et adapté de l'ancien français par S. Jolivet, Gallimard Jeunesse, 2006.

2 Manipuler

4 Dictée préparée

a. Distinguez dans ce texte le récit et les paroles des personnages.

b. Repérez les endroits où ont été oubliés les signes de ponctuation et ajoutez-les.

c. Écrivez ce texte sous la dictée de votre professeur.

Le gamin le laissa à son somme et s'absenta de nouveau. Quand il revint, le vieux dormait toujours.

Réveille-toi, grand-père, dit le gamin en posant la main sur le genou du vieux.

Le vieux ouvrit les paupières et mit un bon moment à sortir des profondeurs de son rêve. Puis il sourit.

Qu'est-ce que t'as là ? demanda-t-il.

Le dîner, dit le gamin. On va dîner.

J'ai pas bien faim.

D'après Ernest Hemingway, *Le Vieil Homme et la mer* [1952], trad. par Jean Dutourd, Gallimard Jeunesse, 2013.

5 **Remettez le dialogue dans l'ordre et ajoutez les signes de ponctuation qui conviennent.**

1. Quelle effronterie ! s'exclama-t-il. **2.** Mais vous ne pouvez circuler sans danger ! s'exclama un garde. **3.** Je vais me rendre auprès des lions, annonça la jeune fille. **4.** Je n'ai rien entendu, ajouta la petite fille, espiègle. **5.** Je ne le peux pas, répondit le garde. Je commettrais une grave faute. **6.** Vous ne le direz pas à mon père, tout simplement, rétorqua-t-elle.

6 RÉÉCRITURE **Réécrivez ce dialogue en ajoutant des verbes de paroles variés et leurs sujets.**

« Aujourd'hui, nous allons explorer le nord de la réserve, ...

– Quels animaux allons-nous découvrir ? ....

– Normalement, des lions et des buffles .... Il est important de bien écouter les consignes de sécurité.

– Est-ce dangereux ? ....

– Non, si vous ne commettez pas d'imprudence ....

– Quelle joie de découvrir tous ces animaux dans leur milieu naturel ! .... J'ai hâte.

– Alors, allons-y ! » ....

3 S'exprimer

7 **Complétez ce texte en écrivant au discours direct la conversation qui a pu se dérouler entre le narrateur et ses parents.**

De trop lourds souvenirs m'empêchaient d'avancer. Ma décision était prise. J'allai quitter la réserve. Il fallait à présent expliquer mon choix à mes parents. Je me doutais que cette conversation allait bouleverser. J'attendis la fin du repas du soir, pendant le thé sur la terrasse.

....

Je m'imaginais une réaction vive, mais nullement d'une telle violence. Ce fut un épisode douloureux, mais nécessaire. J'allais prendre un nouveau départ, voler de mes propres ailes.

8 **Continuez le dialogue suivant.**

« Renart s'approche de plus en plus de nos maisons, constata le fermier.

– Que doit-on faire ? demanda une villageoise.

– Proposez vos idées, répondit le fermier.

– ....

9 **Imaginez un dialogue à partir de l'image suivante.**

Renart et Tibert le chat, miniature du *Roman de Renart*, XIIIᵉ siècle, BnF, Paris.

Employer un vocabulaire péjoratif et mélioratif

Retenir

Le vocabulaire employé permet de transmettre une opinion ou un jugement.

• On peut utiliser différents types de vocabulaire pour décrire un lieu, un personnage ou une situation :
– un vocabulaire **neutre** qui n'exprime aucun jugement ;
– un vocabulaire **péjoratif** (du verbe latin *pejor*, « pire ») qui crée une **image dégradée** de ce que l'on décrit ;
– un vocabulaire **mélioratif** (du verbe latin *melior*, « meilleur ») qui crée une **image valorisante** de ce que l'on décrit.

• On peut employer un vocabulaire mélioratif ou péjoratif à l'aide de mots de classes grammaticales différentes :
– des **noms** : *le maître incontesté de son équipage* (mélioratif) ; *les couards ont quitté le navire* (péjoratif) ;
– des **adjectifs** : *le valeureux capitaine* (mélioratif), *le misérable pirate* (péjoratif) ;
– des **adverbes** : *les hommes ont attaqué vaillamment le navire* (mélioratif) ; *les hommes se sont lâchement enfuis* (péjoratif).

• Certains **suffixes** peuvent transformer un terme neutre en terme péjoratif :
vert → verdâtre

S'exercer

1 Identifier

① a. Recopiez les expressions suivantes, puis entourez le vocabulaire péjoratif et soulignez le vocabulaire mélioratif.

b. Indiquez la classe grammaticale des mots repérés.
1. Un loup d'une force extraordinaire. **2.** L'obscurité de la forêt effrayait les moins courageux. **3.** Le palais du grand empereur de Chine est somptueux. **4.** Christophe Colomb fait partie des grands navigateurs. **5.** Le misérable traître a lâchement emporté avec lui la carte de l'île. **6.** Le chevalier a dû affronter un lion féroce pour prouver sa bravoure. **7.** Le renard est un animal malin et rusé. **8.** Les marins ont craintivement suivi leur capitaine vers l'île du Crâne. **9.** C'était un jardin monstrueux où les malheureux voyageurs pouvaient être blessés par les épines acérées des ronces. **10.** Jack London a travaillé durement avant d'être un écrivain reconnu.

2 Manipuler

② Complétez les phrases suivantes en suivant les indications entre parenthèses.
1. Un homme .... (adjectif, péjoratif) est entré dans l'auberge. **2.** Les chiens de traîneau ont .... (adverbe, mélioratif) gagné la course. **3.** Les .... (nom, péjoratif) sont parvenus à avoir les honneurs du roi. **4.** Le .... (adjectif, mélioratif) château du Roi pêcheur est caché dans la forêt. **5.** Le prince a .... (adverbe, péjoratif) donné un coup d'épée à son serviteur.

3 S'exprimer

③ a. Décrivez un lieu terrifiant (une île, un château, etc.) en utilisant un vocabulaire péjoratif.

b. Réécrivez votre description en rendant ce lieu paradisiaque à l'aide d'un vocabulaire mélioratif.

46 Connaître les particularités du registre merveilleux

Observer et réfléchir

Candide et son valet Cacambo découvrent le pays d'Eldorado.

Après cette longue conversation, le bon vieillard fit atteler un carrosse à six moutons, et donna douze de ses domestiques aux deux voyageurs pour les conduire à la cour. « Excusez-moi, leur dit-il, si mon âge[1] me prive de l'honneur de vous accompagner. Le roi vous recevra d'une manière dont vous ne serez pas mécontents, et vous pardonnerez sans doute aux usages du pays, s'il y en a quelques-uns qui vous déplaisent. »

Candide et Cacambo montent en carrosse ; les six moutons volaient, et en moins de quatre heures on arriva au palais du roi, situé à un bout de la capitale. Le portail était de deux cent vingt pieds[2] de haut, et de cent[3] de large ; il est impossible d'exprimer quelle en était la matière. On voit assez quelle supériorité prodigieuse elle devait avoir sur ces cailloux et sur ce sable que nous nommons or et pierreries.

Voltaire, *Candide ou l'optimisme*, 1759.

1. Le vieillard est âgé de cent soixante-douze ans.
2. **Deux cent vingt pieds** : environ soixante-sept mètres.
3. **Cent pieds** : environ trente mètres.

1. Soulignez, dans le texte ci-dessus, les expressions qui décrivent un monde extraordinaire.
2. Quel détail vous surprend en particulier ? Candide et Cacambo en paraissent-ils étonnés ?

Retenir

▶ Le registre merveilleux

- Un texte situé dans un univers merveilleux contient des **éléments surnaturels** présentés comme réels, **allant de soi** (contrairement à un texte fantastique).
- Les personnages acceptent la présence de la magie sans chercher de justification rationnelle.

▶ Les procédés du registre merveilleux

- Le décor ou le climat sont souvent **éloignés du réel** (le portail du palais est d'une taille gigantesque et d'une matière inconnue), situés dans un monde indéterminé (le palais est situé « à un bout de la capitale »).
- Les personnages peuvent être **hors du commun** (le « bon vieillard » est âgé de cent soixante-douze ans), magiques (les moutons volent) ou féeriques, des animaux parlent…
- Le lecteur assiste à des **actions extraordinaires ou surprenantes**, comme des métamorphoses.
- Des animaux ou des objets se comportent comme des humains (le Chat botté dans le conte de Perrault).
- Les personnages sont souvent **entièrement bons** ou **entièrement méchants**.

47 Connaître les particularités du registre épique

Observer et réfléchir

> Redoutable est la bataille, elle se fait générale.
> Le comte Roland ne se met pas à l'abri du danger,
> Frappe de l'épieu tant que la hampe[1] reste entière,
> Au quinzième coup, il l'a brisé et rompu ;
> Il met à nu Durendal, sa bonne épée,
> Il pique des deux[2], va frapper Chernuble[3] :
> Lui brise le heaume où brillent des escarboucles[4],
> Lui fend le crâne et la chevelure,
> Lui fend les yeux et le visage,
> Et le haubert qui brille, aux fines mailles,
> Et tout le corps jusqu'à l'enfourchure.
>
> *La Chanson de Roland* [XIIe siècle], trad. de l'ancien français par I. Short, Le Livre de poche, 1997.

1. **Hampe :** manche de l'épée. 2. **Pique des deux :** donne de vifs coups d'éperon à son cheval. 3. **Chernuble :** chevalier sarrasin. 4. **Escarboucles :** pierres précieuses.

1. Relevez les verbes d'action et les expressions révélant l'héroïsme de Roland.

2. Où commence et finit la seconde phrase ?

Retenir

▶ **Le registre épique**
- Il donne aux choses, aux êtres et à leurs actions une **dimension héroïque** qui les dépasse.
- Il attise l'intérêt du lecteur par une **situation exceptionnelle**.
- Il suscite l'**admiration** et l'**enthousiasme** du lecteur.

▶ **Les procédés du registre épique**
- **Champs lexicaux** de la **guerre** (« bataille », « danger », « frappe », « coup », etc.), de l'**héroïsme**, du **merveilleux**.
- **Vocabulaire mélioratif** : « sa bonne épée », « des escarboucles ».
- Évocation de **qualités morales** et **physiques du héros** : Roland fait preuve d'un courage et d'une ténacité exceptionnels.
- **Verbes d'action** : « frappe », « pique », « brise », « fend », etc.
- **Phrases amples et complexes** : la seconde phrase est constituée de nombreux verbes.
- Présence du **manichéisme**, opposition du **bien** et du **mal**.
- Figures d'**amplification** : emploi du pluriel, **répétitions** (« frappe », « frapper »), **gradations**, **accumulations** (« Lui fend le crâne et la chevelure / Lui fend les yeux et le visage »), superlatifs, **hyperboles** (« tout le corps jusqu'à l'enfourchure »).
- Figures de remplacement : **personnification**, **allégorie**.

> *Argan se croit toujours malade. Pour lui donner une leçon, sa servante Toinette se déguise en médecin.*
>
> TOINETTE. – De quoi dit-il que vous êtes malade ?
>
> ARGAN. – Il dit que c'est du foie, et d'autres disent que c'est de la rate.
>
> TOINETTE. – Ce sont tous des ignorants, c'est du poumon que vous êtes malade.
>
> ARGAN. – Du poumon ?
>
> TOINETTE. – Oui. Que sentez-vous ?
>
> ARGAN. – Je sens de temps en temps des douleurs de tête.
>
> TOINETTE. – Justement, le poumon. [...] Vous avez appétit à ce que vous mangez ?
>
> ARGAN. – Oui, Monsieur.
>
> TOINETTE. – Le poumon.
>
> Molière, *Le Malade imaginaire*, acte II, scène 10.

1. Quelle phrase Toinette répète-t-elle ? En quoi est-ce comique ?

2. Qu'y a-t-il d'amusant dans la conduite d'Argan ?

▶ **Le registre comique**

Son but premier est de **faire rire** et de **divertir**. Il peut aussi avoir une **fonction critique**, en soulignant les défauts des hommes pour **s'en moquer** et **les corriger**.

▶ **Les procédés du registre comique**

• Le **comique de mots** : répétitions (« Le poumon »), jeux de mots, jurons, insultes, onomatopées, interjections, opposition des niveaux de langue, etc.

• Le **comique de gestes** : coups, gesticulations, grimaces, etc.

• Le **comique de caractère** : peinture des défauts et vices (Argan se croit toujours malade), des comportements excessifs, à travers la caricature...

• Le **comique de situation** (ici, la servante travestie en médecin) : quiproquos, retournements de situation...

▶ **Quelques formes du registre comique**

• La **satire** : on se moque des mœurs et comportements.

• La **parodie** : on se moque d'un genre ou d'un texte en l'imitant.

• L'**absurde** : il repose sur l'absence de logique.

• L'**humour noir** : on exprime avec détachement des faits graves ou horribles.

Le vocabulaire du théâtre

Le théâtre est le genre où l'on représente un texte sur scène.

- Le texte est écrit par un auteur appelé **dramaturge** pour être joué par des **comédiens**.
- Un **metteur en scène** dirige la représentation. Selon son interprétation du texte, il choisit **décors** et **costumes** et fait répéter les comédiens en leur indiquant comment prononcer les répliques et se déplacer sur scène.

▶ La parole au théâtre

- Le texte d'une pièce de théâtre comprend :
- – les **répliques** : ce sont les paroles prononcées par les personnages sur scène. Une réplique largement plus longue que les autres est une **tirade** ;
- – les **didascalies** : ce sont des précisions données par l'auteur sur la façon dont le texte doit être joué, sur les décors, etc. Elles ne sont jamais prononcées par les comédiens.

- Les personnages peuvent parler entre eux ou au public :
- – plusieurs personnages parlent entre eux → c'est un **dialogue** ;
- – un personnage prononce une réplique que seul le public entend → c'est un **aparté** ;
- – un personnage seul en scène prononce une tirade → c'est un **monologue**.

- Au théâtre, le texte est prononcé par les personnages à destination des autres personnages, mais aussi à destination du public. Il y a donc deux destinataires aux paroles énoncées. On appelle ce phénomène la **double énonciation**.

- Parfois, un ou plusieurs personnages prennent une personne ou une situation pour une autre, alors que le public le sait : on parle alors de **quiproquo**.

▶ L'action au théâtre

- Une pièce est divisée en **actes**, qui correspondent souvent à une étape de l'action. Les actes sont divisés en **scènes** : traditionnellement, on change de scène à chaque entrée ou sortie d'un personnage.

- Une pièce de théâtre raconte une histoire nommée **intrigue**. Celle-ci peut être découpée en trois moments :
- – l'**exposition**, où on présente l'intrigue ;
- – le **nœud**, moment où se déroulent les péripéties ;
- – le **dénouement**, où l'intrigue est résolue.

- Quand l'intrigue se finit bien et que la pièce est surtout destinée à faire rire, la pièce est une **comédie**.

- Quand l'intrigue contient des événements **douloureux** auxquels les personnages ne peuvent pas échapper, la pièce est une **tragédie**.

▶ Le monde du théâtre

Le théâtre est aussi le lieu où sont représentées les pièces. Une salle de théâtre contient habituellement :

- la **scène**, le plateau où jouent les comédiens. Le côté droit de la scène, vu de la salle, est le **côté cour**, l'autre le **côté jardin** ;
- le **rideau**, qui sert à masquer la scène ;

> • les **coulisses**, la partie du théâtre située derrière la scène, où les comédiens se préparent ;
>
> • une **fosse d'orchestre** où peuvent jouer des musiciens ;
>
> • la **rampe**, qui sépare la scène des spectateurs ;
>
> • des places où s'assied le public, réparties en **loges d'avant-scène** (places sur les côtés de la scène), **parterre** ou **orchestre** (places situées au niveau de la scène), **corbeille** ou **premier balcon** (fauteuils du premier étage), **poulailler** ou **paradis** (places les plus hautes de la salle).

S'exercer

1 Identifier et manipuler

① Complétez ce dialogue en remplaçant les points de suspension par des mots de votre choix.

MONSIEUR A, *avec chaleur.* – Oh ! Chère amie. Quelle chance de vous ....
MADAME B, *ravie.* – Très heureuse, moi aussi. Très heureuse de .... vraiment oui !
MONSIEUR A – Comment allez-vous depuis que .... ?
MADAME B, *très naturelle.* – Depuis que .... ? Eh ! Bien ! J'ai continué, vous savez, j'ai continué à ....
MONSIEUR A, *avec chaleur.* – Comme c'est .... ! Enfin, oui vraiment, je trouve que c'est ....
MADAME B, *modeste.* – Oh, n'exagérons rien ! C'est seulement, c'est seulement, c'est uniquement .... Je veux dire : ce n'est pas tellement, tellement ....

D'après Jean Tardieu, *Finissez vos phrases*, Gallimard, 2011.

> **Méthode**
> Aidez-vous des didascalies.

② a. Relevez les didascalies présentes dans cet extrait et classez-les dans le tableau suivant.

Gestes à accomplir	Intonations à prendre

b. Par quel terme de théâtre désigne-t-on les répliques précédées de l'indication *à part* ?

MAJORIN, *sèchement.* – Allons ! c'est six cents francs que je te dois... Adieu ! *(à part)* Que d'histoires ! pour six cents francs !... et ça va en Suisse !... Carrossier !...
Il disparaît par la droite.
PERRICHON. – Eh bien, il part ! il ne m'a pas seulement dit merci ! mais, au fond, je crois qu'il m'aime ! *(Apercevant le guichet ouvert.)* Ah ! sapristi ! on distribue les billets !....

Il se précipite vers la balustrade et bouscule cinq ou six personnes qui font la queue.
UN VOYAGEUR. – Faites donc attention, monsieur !
L'EMPLOYÉ, *à Perrichon.* – Prenez votre tour, vous, là-bas !
PERRICHON, *à part.* – Et mes bagages !... et ma femme !... *Il se met à la queue.*

Eugène Labiche, *Le Voyage de monsieur Perrichon*, acte I, scène 6, 1860.

2 S'exprimer

③ TOP CHRONO! **Cette jeune femme va au théâtre avec un membre de sa famille. Imaginez un dialogue de six ou sept lignes entre eux, que vous présenterez comme un texte de théâtre. Vous ajouterez des didascalies et intégrerez au moins un aparté.**

Mary Cassatt, *Femme au collier de perles dans une loge*, huile sur toile, 1879, 81 x 60 cm, Museum of Art, Philadelphie.

④ **Rédigez la présentation d'une salle de théâtre proche de chez vous. Vous devrez employer le plus grand nombre de mots en rapport avec le théâtre.**

Retenir

Un poème se distingue par sa mise en page et sa musicalité.

> **Le vers et la strophe**

- Un poème peut être écrit **en prose** (sans règles rythmiques) ou **en vers**.
- Le **vers** se définit généralement par le retour à la ligne, la longueur et la rime.
- La longueur du vers, appelée le **mètre**, est défini par le nombre de **syllabes** du vers. Les mètres les plus fréquents sont :

– **l'alexandrin**, vers de **douze** syllabes : *Heu/reux/ qui/ comm(e)/ U/lyss(e)/ a/ fait/ un/ beau/ vo/yag(e)* (Joachim du Bellay).

– le **décasyllabe**, vers de **dix** syllabes : *Vo/tr(e) âm(e)/ est/ un/ pa/y/sa/ge/ choi/si* (Paul Verlaine).

– l'**octosyllabe**, vers de **huit** syllabes : *Sa/ gran/deur/ é/blou/it/ l'his/toir(e)* (Victor Hugo).

Attention

Il ne faut pas oublier de prononcer les **-e** s'ils sont suivis d'une consonne. Le *-e* devant une voyelle ou en fin de vers ne se prononce pas.

- Si l'ensemble du poème utilise des mètres identiques, on dit qu'il est **régulier**, sinon le poème est **irrégulier**.
- Le **vers libre** est un vers sans nombre de syllabes fixes et parfois sans rime.
- La **strophe** est un groupe de vers séparés des autres par un blanc. Le **quatrain** est une strophe de **quatre vers** et le **tercet** un groupe de trois vers.

> **Les rimes et la musicalité**

- La **rime** est le retour d'un son identique en fin de vers.
- Les rimes terminées par un *-e* muet sont dites **féminines** (par exemple, quand *grises* rime avec *églises*). Les autres sont dites **masculines**. Traditionnellement, les poètes font alterner rimes féminines et masculines.
- Les rimes peuvent se suivre selon différents schémas.

Structure	Rimes
AABB : *lampe / tempe / aimés / fermés*	plates ou suivies
ABAB : *bois/ tours/ hautbois / toujours*	croisées
ABBA : *cœur / tournois / sournois / vainqueur*	embrassées

- Les répétitions d'un même son à l'intérieur d'un vers ou d'une strophe renforcent la **musicalité** du poème. Ce son peut être :

– une voyelle ; on parlera alors d'**assonance** : *Îles tapies, îles immobiles, îles inoubliables* (Blaise Cendrars).

– une consonne ; on parlera alors d'**allitération** : *Miroir, mondain, Madame, magnifique* (Théodore de Banville).

> ► **Les genres de la poésie**
>
> • L'**épopée** est un long poème qui raconte les exploits d'un héros. La **chanson de geste** est une forme de l'épopée au Moyen Âge en France.
>
> • Le **lai** est un poème en octosyllabes qui raconte une histoire merveilleuse ou sentimentale.
>
> • L'**ode** est un long poème qui célèbre une personne, un objet ou une idée.
>
> ► **Les formes de la poésie**
>
> • Le **sonnet** est un poème de quatorze vers répartis en deux quatrains et deux tercets.
>
> • Le **calligramme** est un poème, souvent en vers libres, où les vers sont disposés de façon à créer un dessin.

S'exercer

1 Identifier

❶ Comptez le nombre de syllabes dans chacun de ces vers, puis donnez leur nom.
1. Et près des flots chéris qu'elle devait revoir (Alphonse de Lamartine). **2.** Je ne sais plus quand, je ne sais plus où (Victor Hugo). **3.** Les hauts talons luttaient avec les hautes jupes (Paul Verlaine). **4.** Dis, qu'as-tu fait, toi que voilà (Paul Verlaine).

2 Manipuler

❷ Les vers de ces quatrains ont été mis à la suite les uns des autres. Réécrivez-les correctement en vous aidant des majuscules, des rimes et de la ponctuation.

1. Et la mer et l'amour ont l'amour pour partage, Et la mer est amère, et l'amour est amer, L'on s'abîme en l'amour aussi bien qu'en la mer, Car la mer et l'amour ne sont point sans orage.

Pierre de Marbeuf, « À Philis », *Recueil de vers*, 1628.

2. L'haleine d'une fleur sauvage, En passant tout près de mon cœur, Vient de m'emporter au rivage Où naguère aussi j'étais fleur.

Marceline Desbordes-Valmore, « Fleur d'enfance », *Pauvres fleurs*, 1839.

3. Ô bruit doux de la pluie Par terre et sur les toits ! Pour un cœur qui s'ennuie Ô le chant de la pluie !

Paul Verlaine, « Il pleure dans mon cœur », *Romances sans paroles*, 1874.

❸ Tous ces vers sont des alexandrins. Précisez si les -*e* en gras doivent être prononcés.
1. Comm**e** on voit sur la branch**e** au mois de mai la ros**e** (Pierre de Ronsard). **2.** Et ros**e** ell**e** a vécu ce que viv**e**nt les ros**e**s (François de Malherbe). **3.** La vagu**e** en a paru rouge et comm**e** enflammée (Marceline Desbordes-Valmore). **4.** Mais je demand**e** en vain quelqu**e**s moments encor**e** (Alphonse de Lamartine).

❹ TOP CHRONO! **En deux minutes, et en vous aidant de l'indication entre parenthèses, remettez les mots au bon endroit du poème.**

1. clair • tiède • cède • l'air (rimes croisées)
L'hiver a cessé : la lumière est ....
Et danse, du sol au firmament ....
Il faut que le cœur le plus triste ....
À l'immense joie éparse dans ....

D'après Paul Verlaine, *La Bonne Chanson*, 1871.

2. immense • rocher • romance • cacher (rimes plates)
Une biche attentive, au lieu de se ....
Se suspend immobile au sommet du .... ,
Et la cascade unit, dans une chute .... ,
Son éternelle plainte au chant de la ....

D'après Alfred de Vigny, « Le Cor », *Poèmes antiques et modernes*, 1826.

3. obscurément • solennelle • moments • aile (rimes embrassées)
L'ombre était nuptiale, auguste et .... ;
Les anges y volaient sans doute .... ,
Car on voyait passer dans la nuit, par .... ,
Quelque chose de bleu qui paraissait une ....

D'après Victor Hugo, « Booz endormi », *La Légende des siècles*, 1859.

3 S'exprimer

❺ a. Pierre de Marbeuf associe dans son poème les mots *mer*, *amour* et *amer*. À votre tour, cherchez des mots très proches de ceux de la liste suivante.
monde • tendre • beau • nuit • cœur • ombre • pris

b. Composez un poème de quatre vers, en plaçant les mots trouvés à la rime.

▶ **Identifier une image**

Pour identifier une image, il convient de définir sa nature, son auteur, son titre et sa date de réalisation.

1. Pour définir la **nature** d'une image, on décrit :
– son **type** → tableau, bande dessinée, mosaïque, affiche, céramique, vitrail, photographie, etc. ;
– son **support** → toile, verre, pierre, papier, écran, etc. ;
– la **technique** utilisée → peinture, impression, gravure, photographie, prise de vue (film, représentation), etc.

2. Pour présenter les **références** d'une image, on donne :
– le nom de son auteur ;
– le titre de l'œuvre (en italique) ;
– l'époque de sa réalisation.

On peut également préciser le lieu de conservation, la technique utilisée, les dimensions, la durée de l'œuvre (cinéma, représentation), etc.

Paolo Uccello, *Saint Georges et le dragon*, vers 1470, huile sur toile, 55,6 x 74,2 cm, National Gallery, Londres.

▶ **Analyser un tableau**

Pour analyser une image, il est nécessaire de décrire son **sujet**, sa **composition**, la palette de **couleurs** utilisée et l'**effet de sens** recherché.
En fonction du sujet traité, l'artiste s'inscrit dans un **genre** précis.

1. Pour identifier le **genre** retenu, on dit s'il s'agit :
– d'un **paysage** → villes, plages, mers, campagnes, montagnes, etc.
– d'un **portrait** (et **autoportrait**) → personnages historiques, anonymes, l'artiste lui-même, sa famille, etc.
– d'une **nature morte** → bouquets, tables dressées, vases, animaux morts, objets, etc.
– d'une **scène** → **de genre** (vie quotidienne, rue, intérieur), **mythologique**, **religieuse** ou **historique**.

Le tableau *Saint Georges et le dragon* représente une scène religieuse, tirée de *La Légende dorée* de Jacques de Voragine : le combat du chevalier saint Georges, envoyé par Dieu pour libérer la princesse de Trébizonde.

2. Pour décrire la **composition** d'une image, on s'appuie sur plusieurs éléments.

• **Le plan**.
– **Le premier plan** 1 se situe sur le devant de la scène.
– **Le second plan** 2 crée un effet de profondeur.
– **L'arrière-plan** 3 est constitué par le fond de la scène.

Le premier plan du tableau montre le combat du chevalier et du monstre, sous les yeux de la princesse prisonnière. Le second plan donne à voir la grotte de la bête. L'arrière-plan s'ouvre sur l'horizon d'une plaine où se dresse une montagne.

• **Les lignes de force** (diagonales, verticales, horizontales ou courbes) structurent l'image et peuvent attirer le regard sur un élément précis.

La composition du tableau fait clairement apparaître la séparation entre le chevalier et la bête. Situés d'un côté et de l'autre des diagonales, les personnages occupent un même espace. La lance du chevalier transperçant le monstre marque l'une des diagonales.

• **La perspective** crée l'illusion d'une profondeur dans l'image. Elle est créée à partir des **lignes de fuite** qui se dirigent et se retrouvent vers un point situé au fond de l'image (le point de fuite). Ces **lignes** guident le regard de l'observateur vers des masses et des objets précis.

Dans *Saint Georges et le dragon*, les plaques végétales du sol, tout comme certains jeux de couleurs, servent à créer un effet de profondeur.

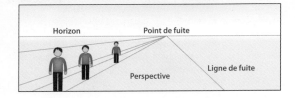

3. Pour analyser le choix des **couleurs**, on décrit :
• **la palette** utilisée et les choix qui dominent parmi les couleurs **froides** (bleu, vert et violet) ; les couleurs **chaudes** (rouge, orange et jaune) ; les teintes **claires** ; les teintes **sombres** ;

• **les jeux de lumière** → l'endroit d'où vient la lumière ; les éléments qu'elle met en valeur ; les contrastes entre les éléments de l'image.

Dans *Saint Georges et le dragon*, les couleurs accentuent la dimension symbolique du combat. Le sol clair, le cheval blanc et le visage de la princesse s'opposent aux ténèbres de la grotte. Les trois personnages, eux, sont reliés par la couleur rouge : le sang qui coule de la gueule du dragon rappelle la couleur de la tunique de la princesse et la selle du chevalier.

▶ Analyser une photographie ou un photogramme

• **Le champ** est la partie de la scène visible dans l'image.

– On parle de **hors-champ** pour les éléments qu'on ne peut pas voir. De nombreux auteurs aiment jouer avec l'espace hors-champ en nous faisant imaginer ou deviner ce qu'on ne voit pas ou en faisant dépasser des morceaux d'éléments invisibles par ailleurs.

– On parle de **contre-champ** pour désigner

ce que le personnage représenté dans l'image peut voir. On utilise beaucoup au cinéma l'alternance de champ et contre-champ pour montrer chaque personnage dans une conversation.

• **L'angle de vue** est l'angle à partir duquel le sujet est représenté.

– Le regard peut se poser **face** à la scène et se situer à son niveau.

– La **plongée** invite à contempler le sujet à partir d'une position surélevée et crée un effet de domination.

– La **contre-plongée** invite à lever le regard vers le sujet et crée un effet d'écrasement.

Plongée.

• **Le cadrage** désigne le champ visible d'une scène. Il s'appuie sur une **échelle des plans**.

– Le **plan d'ensemble** fait découvrir un lieu, une scène ou un groupe identifiable.

– Le **plan moyen** cadre un personnage de la tête aux pieds.

– Le **plan américain** coupe les personnages à mi-cuisse.

– Le **gros plan** se rapproche au plus près de l'objet cadré pour en souligner les détails.

Contre-plongée.

• **Du texte** peut se trouver sur l'image. C'est le cas dans les affiches, par exemple. Il faudra alors préciser l'emplacement de ce texte, son sens, et le lien qu'il entretient avec les autres éléments de l'image.

Plan d'ensemble Plan moyen Plan américain Gros plan

▶ Interpréter une image

Pour expliquer l'**effet de sens** recherché, on s'intéresse :

• aux **impressions** suscitées par l'image → harmonie, désordre, violence, calme, réalité…

• aux **symboles** → les éléments de l'image représentent-ils également des concepts, des idées, des sentiments ?

• au **contexte de création** de l'image :

– le contexte historique → l'œuvre est-elle engagée, a-t-elle un message politique ?

– le contexte artistique → l'œuvre est-elle conforme au style des œuvres d'art de la même époque ou cherche-t-elle à créer une rupture ?

▶ **Figures par ressemblance**

- **Allégorie** : on représente de façon imagée une **idée abstraite**, comme un **personnage** ou un **objet**. Marianne est l'allégorie de la République française.

- **Comparaison** : deux éléments, comparé et comparant, sont rapprochés grâce à un **outil grammatical** (comme, ainsi que, tel que, pareil à, etc.).

Il avait la bouche **comme** un fer à cheval.

comparé   comparant

- **Métaphore** : deux éléments, comparé et comparant, sont rassemblés dans un même énoncé sans mot de comparaison. Un gros serpent de fumée noire.

comparant   comparé

- **Personnification** : on représente une chose ou un être inanimé **sous les traits d'une personne**. Le cactus semblait tendre ses bras vers moi.

▶ **Figures par remplacement**

- **Antiphrase** : on énonce le **contraire de ce que l'on pense**, de façon moqueuse. Quel temps magnifique ! (alors que le locuteur est déçu qu'il pleuve autant).

- **Métonymie** : on remplace un mot par un autre qui entretient avec le premier un **rapport logique** : le contenu par le contenant (boire un verre), l'objet par son origine (du bordeaux), un objet par sa couleur (l'azur = le ciel), etc.

- **Périphrase** : on remplace un mot par une **expression de sens équivalent**.

J'ai dit au long fruit d'or : Mais tu n'es qu'une **poire** ! (Victor Hugo).

▶ **Figures par opposition**

- **Antithèse** : **on oppose fortement deux termes** ou ensemble de termes. Ce garçon et cette fille, c'est le jour et la nuit.

- **Oxymore** : on réunit **dans une seule et même expression deux termes contradictoires**. Un silencieux tintement de clochette (Alain Robbe-Grillet).

▶ **Figures par amplification**

- **Accumulation** : on énumère des termes de même classe grammaticale pour créer un effet d'amplification. Comme tout est pauvre, mesquin, misérable ! (Guy de Maupassant).

- **Anaphore** : on répète **les mêmes mots en début de vers ou de phrase**. Il n'y a pas d'amour dont on ne soit meurtri/ Il n'y a pas d'amour dont on ne soit flétri (Louis Aragon).

- **Gradation** : on ordonne les termes d'un énoncé selon une **progression croissante ou décroissante**. C'est un roc, c'est un pic, c'est un cap (Edmond Rostand).

- **Hyperbole** : on **exagère** certains traits pour mettre en valeur une idée ou un objet. Dans des ruisseaux de sang Troie ardente plongée (Jean Racine).

▶ **Figures par atténuation**

- **Euphémisme** : on **atténue** l'expression d'une idée ou d'un sentiment **pour en voiler le caractère déplaisant**. Il est parti (= il est mort).

Tableaux des racines grecques et latines

Racines grecques	Sens	Mots français issus du grec
arch-/-arque	commandement	monarque : à la tête d'une monarchie, roi
auto-	soi-même	autonome : qui se gère, qui agit seul
bio-/-bie	vie	biologie : étude des êtres vivants
caco-	mauvais	cacophonie : sons désagréables
call-	beau	calligraphie : art de former de belles lettres
crat-	dominer	démocratie : système où le peuple a le pouvoir
dém-	peuple	démographie : étude des populations
gam-	mariage	polygame : qui a plusieurs époux(ses)
gé-	terre	géologie : étude de la terre
graph-/gramm-	écriture, lettre	graphologie : étude de l'écriture
gyn-	femme	misogyne : qui hait les femmes
hélio-	soleil	héliotrope : plante qui se tourne vers le soleil
hétéro-	autre, divers	hétéroclite : de nature différente
homo-	même, semblable	homophones : mots de même prononciation
iatr-	médecin	pédiatre : médecin pour les enfants
log-	parole, discours	prologue : discours avant un texte
méga-	grand	mégalopole : très grande ville
micro-	petit	microbe : petit organisme vivant
mis-	détester	misanthrope : qui hait le genre humain
mon-	seul	monarchie : régime avec un seul souverain
néo-	nouveau	néologisme : nouveau mot
onoma-/onym-	nom, mot	synonymes : mots de même sens
opt-/ophtalmo-	œil, vision	ophtalmologue : médecin pour les yeux
ortho-	droit, correct	orthographe
path-	fait d'être touché	pathologie : maladie
péd-	enfant	pédagogue : qui conduit les enfants à l'école
phag-	manger	anthropophage : qui mange des hommes
phil-	aimer	cinéphile : qui aime le cinéma

phob-	crainte	agoraphobe : qui a peur de la foule
phon-	voix	aphone : sans voix
poly-	plusieurs	polythéiste : qui croit en plusieurs dieux
pseudo-	mensonger, faux	pseudonyme : faux nom
psych-	esprit, âme	psychique : qui concerne l'âme
pyro-	feu	pyromane : qui a l'obsession du feu
théo-	dieu	théologie : étude concernant la religion
therm-	chaud	thermomètre : qui mesure la chaleur
xéno-	étranger	xénophobe : qui hait les étrangers

Racines latines	Sens	Mots français issus du latin
ambulo, ambulatum	marcher	ambulance, ambulatoire, funambule
aqua	eau	aquarium, aqueduc
anima	souffle de vie	âme, animal, animer
audio, auditum	entendre	auditif, audience, auditoire
caleo	être chaud	chauffer, calorie, chaleur
dico, dictum	dire	dicter, dictaphone, diction
domus	maison	domicile, domestique
fabula	histoire	fable, fabuleux, affabuler
labor	travail	laborieux, laboratoire
littera	lettre	littéraire, littérature
locus	lieu	local, localité, localiser
manus	main	manuel, manucure
mare	mer	mare, marée, marin, marinière
mater, matris	mère	maternité, maternel
monstro	montrer	démonstration, monstre
nox, noctis	nuit	nocturne, noctambule
occido	tuer	homicide, insecticide
pax, pacis	paix	pacifique, pacifier, pacifiste
somnus	sommeil	somnifère, somnambule
rapio, raptum	prendre	rapt, rapace
scio, scitum	savoir	science, omniscient
scribo, scriptum	écrire	scribe, script, écriture
sto, statum	être debout	station, état
tango, tactum	toucher	tact, contact, contagion
urbs	ville	urbain, urbanisme
video, visum	voir	vision, visage, envisager

Tableaux de conjugaison

Être

Indicatif

Présent	Passé composé
je suis	j'ai été
tu es	tu as été
il est	il a été
nous sommes	nous avons été
vous êtes	vous avez été
ils sont	ils ont été

Futur	Futur antérieur
je serai	j'aurai été
tu seras	tu auras été
il sera	il aura été
nous serons	nous aurons été
vous serez	vous aurez été
ils seront	ils auront été

Imparfait	Plus-que-parfait
j'étais	j'avais été
tu étais	tu avais été
il était	il avait été
nous étions	nous avions été
vous étiez	vous aviez été
ils étaient	ils avaient été

Passé simple	Passé antérieur
je fus	j'eus été
tu fus	tu eus été
il fut	il eut été
nous fûmes	nous eûmes été
vous fûtes	vous eûtes été
ils furent	ils eurent été

Conditionnel / Subjonctif

Conditionnel Présent	Subjonctif Présent
je serais	que je sois
tu serais	que tu sois
il serait	qu'il soit
nous serions	que nous soyons
vous seriez	que vous soyez
ils seraient	qu'ils soient

Impératif

Présent	Passé
sois	aie été
soyons	ayons été
soyez	ayez été

Infinitif

Présent	Passé
être	avoir été

Participe

Présent	Passé
étant	été, ayant été

Avoir

Indicatif

Présent	Passé composé
j'ai	j'ai eu
tu as	tu as eu
il a	il a eu
nous avons	nous avons eu
vous avez	vous avez eu
ils ont	ils ont eu

Futur	Futur antérieur
j'aurai	j'aurai eu
tu auras	tu auras eu
il aura	il aura eu
nous aurons	nous aurons eu
vous aurez	vous aurez eu
ils auront	ils auront eu

Imparfait	Plus-que-parfait
j'avais	j'avais eu
tu avais	tu avais eu
il avait	il avait eu
nous avions	nous avions eu
vous aviez	vous aviez eu
ils avaient	ils avaient eu

Passé simple	Passé antérieur
j'eus	j'eus eu
tu eus	tu eus eu
il eut	il eut eu
nous eûmes	nous eûmes eu
vous eûtes	vous eûtes eu
ils eurent	ils eurent eu

Conditionnel / Subjonctif

Conditionnel Présent	Subjonctif Présent
j'aurais	que j'aie
tu aurais	que tu aies
il aurait	qu'il ait
nous aurions	que nous ayons
vous auriez	que vous ayez
ils auraient	qu'ils aient

Impératif

Présent	Passé
aie	aie eu
ayons	ayons eu
ayez	ayez eu

Infinitif

Présent	Passé
avoir	avoir eu

Participe

Présent	Passé
ayant	eu, ayant eu

Aller

Indicatif

Présent	Passé composé
je vais	je suis allé
tu vas	tu es allé
il va	il est allé
nous allons	nous sommes allés
vous allez	vous êtes allés
ils vont	ils sont allés

Futur	Futur antérieur
j'irai	je serai allé
tu iras	tu seras allé
il ira	il sera allé
nous irons	nous serons allés
vous irez	vous serez allés
ils iront	ils seront allés

Imparfait	Plus-que-parfait
j'allais	j'étais allé
tu allais	tu étais allé
il allait	il était allé
nous allions	nous étions allés
vous alliez	vous étiez allés
ils allaient	ils étaient allés

Passé simple	Passé antérieur
j'allai	je fus allé
tu allas	tu fus allé
il alla	il fut allé
nous allâmes	nous fûmes allés
vous allâtes	vous fûtes allés
ils allèrent	ils furent allés

Conditionnel / Subjonctif

Conditionnel Présent	Subjonctif Présent
j'irais	que j'aille
tu irais	que tu ailles
il irait	qu'il aille
nous irions	que nous allions
vous iriez	que vous alliez
ils iraient	qu'ils aillent

Impératif

Présent	Passé
va	sois allé
allons	soyons allés
allez	soyez allés

Infinitif

Présent	Passé
aller	être allé

Participe

Présent	Passé
allant	allé, étant allé

Arriver			Appeler			Cueillir		

Arriver — Indicatif

Présent	Passé composé
j'arrive	je suis arrivé
tu arrives	tu es arrivé
il arrive	il est arrivé
nous arrivons	nous sommes arrivés
vous arrivez	vous êtes arrivés
ils arrivent	ils sont arrivés

Futur	Futur antérieur
j'arriverai	je serai arrivé
tu arriveras	tu seras arrivé
il arrivera	il sera arrivé
nous arriverons	nous serons arrivés
vous arriverez	vous serez arrivés
ils arriveront	ils seront arrivés

Imparfait	Plus-que-parfait
j'arrivais	j'étais arrivé
tu arrivais	tu étais arrivé
il arrivait	il était arrivé
nous arrivions	nous étions arrivés
vous arriviez	vous étiez arrivés
ils arrivaient	ils étaient arrivés

Passé simple	Passé antérieur
j'arrivai	je fus arrivé
tu arrivas	tu fus arrivé
il arriva	il fut arrivé
nous arrivâmes	nous fûmes arrivés
vous arrivâtes	vous fûtes arrivés
ils arrivèrent	ils furent arrivés

Arriver — Conditionnel / Subjonctif

Conditionnel Présent	Subjonctif Présent
j'arriverais	que j'arrive
tu arriverais	que tu arrives
il arriverait	qu'il arrive
nous arriverions	que nous arrivions
vous arriveriez	que vous arriviez
ils arriveraient	qu'ils arrivent

Arriver — Impératif

Présent	Passé
arrive	sois arrivé
arrivons	soyons arrivés
arrivez	soyez arrivés

Arriver — Infinitif

Présent	Passé
arriver	être arrivé

Arriver — Participe

Présent	Passé
arrivant	arrivé, étant arrivé

Appeler — Indicatif

Présent	Passé composé
j'appelle	j'ai appelé
tu appelles	tu as appelé
il appelle	il a appelé
nous appelons	nous avons appelé
vous appelez	vous avez appelé
ils appellent	ils ont appelé

Futur	Futur antérieur
j'appellerai	j'aurai appelé
tu appelleras	tu auras appelé
il appellera	il aura appelé
nous appellerons	nous aurons appelé
vous appellerez	vous aurez appelé
ils appelleront	ils auront appelé

Imparfait	Plus-que-parfait
j'appelais	j'avais appelé
tu appelais	tu avais appelé
il appelait	il avait appelé
nous appelions	nous avions appelé
vous appeliez	vous aviez appelé
ils appelaient	ils avaient appelé

Passé simple	Passé antérieur
j'appelai	j'eus appelé
tu appelas	tu eus appelé
il appela	il eut appelé
nous appelâmes	nous eûmes appelé
vous appelâtes	vous eûtes appelé
ils appelèrent	ils eurent appelé

Appeler — Conditionnel / Subjonctif

Conditionnel Présent	Subjonctif Présent
j'appellerais	que j'appelle
tu appellerais	que tu appelles
il appellerait	qu'il appelle
nous appellerions	que nous appelions
vous appelleriez	que vous appeliez
ils appelleraient	qu'ils appellent

Appeler — Impératif

Présent	Passé
appelle	aie appelé
appelons	ayons appelé
appelez	ayez appelé

Appeler — Infinitif

Présent	Passé
appeler	avoir appelé

Appeler — Participe

Présent	Passé
appelant	appelé, ayant appelé

Cueillir — Indicatif

Présent	Passé composé
je cueille	j'ai cueilli
tu cueilles	tu as cueilli
il cueille	il a cueilli
nous cueillons	nous avons cueilli
vous cueillez	vous avez cueilli
ils cueillent	ils ont cueilli

Futur	Futur antérieur
je cueillerai	j'aurai cueilli
tu cueilleras	tu auras cueilli
il cueillera	il aura cueilli
nous cueillerons	nous aurons cueilli
vous cueillerez	vous aurez cueilli
ils cueilleront	ils auront cueilli

Imparfait	Plus-que-parfait
je cueillais	j'avais cueilli
tu cueillais	tu avais cueilli
il cueillait	il avait cueilli
nous cueillions	nous avions cueilli
vous cueilliez	vous aviez cueilli
ils cueillaient	ils avaient cueilli

Passé simple	Passé antérieur
je cueillis	j'eus cueilli
tu cueillis	tu eus cueilli
il cueillit	il eut cueilli
nous cueillîmes	nous eûmes cueilli
vous cueillîtes	vous eûtes cueilli
ils cueillirent	ils eurent cueilli

Cueillir — Conditionnel / Subjonctif

Conditionnel Présent	Subjonctif Présent
je cueillerais	que je cueille
tu cueillerais	que tu cueilles
il cueillerait	qu'il cueille
nous cueillerions	que nous cueillions
vous cueilleriez	que vous cueilliez
ils cueilleraient	qu'ils cueillent

Cueillir — Impératif

Présent	Passé
cueille	aie cueilli
cueillons	ayons cueilli
cueillez	ayez cueilli

Cueillir — Infinitif

Présent	Passé
cueillir	avoir cueilli

Cueillir — Participe

Présent	Passé
cueillant	cueilli, ayant cueilli

Tableaux de conjugaison

Finir

Indicatif

Présent	Passé composé
je finis	j'ai fini
tu finis	tu as fini
il finit	il a fini
nous finissons	nous avons fini
vous finissez	vous avez fini
ils finissent	ils ont fini

Futur	Futur antérieur
je finirai	j'aurai fini
tu finiras	tu auras fini
il finira	il aura fini
nous finirons	nous aurons fini
vous finirez	vous aurez fini
ils finiront	ils auront fini

Imparfait	Plus-que-parfait
je finissais	j'avais fini
tu finissais	tu avais fini
il finissait	il avait fini
nous finissions	nous avions fini
vous finissiez	vous aviez fini
ils finissaient	ils avaient fini

Passé simple	Passé antérieur
je finis	j'eus fini
tu finis	tu eus fini
il finit	il eut fini
nous finîmes	nous eûmes fini
vous finîtes	vous eûtes fini
ils finirent	ils eurent fini

Conditionnel / Subjonctif

Présent	Présent
je finirais	que je finisse
tu finirais	que tu finisses
il finirait	qu'il finisse
nous finirions	que nous finissions
vous finiriez	que vous finissiez
ils finiraient	qu'ils finissent

Impératif

Présent	Passé
finis	aie fini
finissons	ayons fini
finissez	ayez fini

Infinitif

Présent	Passé
finir	avoir fini

Participe

Présent	Passé
finissant	fini, ayant fini

Venir

Indicatif

Présent	Passé composé
je viens	je suis venu
tu viens	tu es venu
il vient	il est venu
nous venons	nous sommes venus
vous venez	vous êtes venus
ils viennent	ils sont venus

Futur	Futur antérieur
je viendrai	je serai venu
tu viendras	tu seras venu
il viendra	il sera venu
nous viendrons	nous serons venus
vous viendrez	vous serez venus
ils viendront	ils seront venus

Imparfait	Plus-que-parfait
je venais	j'étais venu
tu venais	tu étais venu
il venait	il était venu
nous venions	nous étions venus
vous veniez	vous étiez venus
ils venaient	ils étaient venus

Passé simple	Passé antérieur
je vins	je fus venu
tu vins	tu fus venu
il vint	il fut venu
nous vînmes	nous fûmes venus
vous vîntes	vous fûtes venus
ils vinrent	ils furent venus

Conditionnel / Subjonctif

Présent	Présent
je viendrais	que je vienne
tu viendrais	que tu viennes
il viendrait	qu'il vienne
nous viendrions	que nous venions
vous viendriez	que vous veniez
ils viendraient	qu'ils viennent

Impératif

Présent	Passé
viens	sois venu
venons	soyons venus
venez	soyez venus

Infinitif

Présent	Passé
venir	être venu

Participe

Présent	Passé
venant	venu, étant venu

Dire

Indicatif

Présent	Passé composé
je dis	j'ai dit
tu dis	tu as dit
il dit	il a dit
nous disons	nous avons dit
vous dites	vous avez dit
ils disent	ils ont dit

Futur	Futur antérieur
je dirai	j'aurai dit
tu diras	tu auras dit
il dira	il aura dit
nous dirons	nous aurons dit
vous direz	vous aurez dit
ils diront	ils auront dit

Imparfait	Plus-que-parfait
je disais	j'avais dit
tu disais	tu avais dit
il disait	il avait dit
nous disions	nous avions dit
vous disiez	vous aviez dit
ils disaient	ils avaient dit

Passé simple	Passé antérieur
je dis	j'eus dit
tu dis	tu eus dit
il dit	il eut dit
nous dîmes	nous eûmes dit
vous dîtes	vous eûtes dit
ils dirent	ils eurent dit

Conditionnel / Subjonctif

Présent	Présent
je dirais	que je dise
tu dirais	que tu dises
il dirait	qu'il dise
nous dirions	que nous disions
vous diriez	que vous disiez
ils diraient	qu'ils disent

Impératif

Présent	Passé
dis	aie dit
disons	ayons dit
dites	ayez dit

Infinitif

Présent	Passé
dire	avoir dit

Participe

Présent	Passé
disant	dit, ayant dit

Voir

Indicatif

Présent	Passé composé
je vois	j'ai vu
tu vois	tu as vu
il voit	il a vu
nous voyons	nous avons vu
vous voyez	vous avez vu
ils voient	ils ont vu

Futur	Futur antérieur
je verrai	j'aurai vu
tu verras	tu auras vu
il verra	il aura vu
nous verrons	nous aurons vu
vous verrez	vous aurez vu
ils verront	ils auront vu

Imparfait	Plus-que-parfait
je voyais	j'avais vu
tu voyais	tu avais vu
il voyait	il avait vu
nous voyions	nous avions vu
vous voyiez	vous aviez vu
ils voyaient	ils avaient vu

Passé simple	Passé antérieur
je vis	j'eus vu
tu vis	tu eus vu
il vit	il eut vu
nous vîmes	nous eûmes vu
vous vîtes	vous eûtes vu
ils virent	ils eurent vu

Conditionnel / Subjonctif

Présent	Présent
je verrais	que je voie
tu verrais	que tu voies
il verrait	qu'il voie
nous verrions	que nous voyions
vous verriez	que vous voyiez
ils verraient	qu'ils voient

Impératif

Présent	Passé
vois	aie vu
voyons	ayons vu
voyez	ayez vu

Infinitif

Présent	Passé
voir	avoir vu

Participe

Présent	Passé
voyant	vu, ayant vu

Pouvoir

Indicatif

Présent	Passé composé
je peux	j'ai pu
tu peux	tu as pu
il peut	il a pu
nous pouvons	nous avons pu
vous pouvez	vous avez pu
ils peuvent	ils ont pu

Futur	Futur antérieur
je pourrai	j'aurai pu
tu pourras	tu auras pu
il pourra	il aura pu
nous pourrons	nous aurons pu
vous pourrez	vous aurez pu
ils pourront	ils auront pu

Imparfait	Plus-que-parfait
je pouvais	j'avais pu
tu pouvais	tu avais pu
il pouvait	il avait pu
nous pouvions	nous avions pu
vous pouviez	vous aviez pu
ils pouvaient	ils avaient pu

Passé simple	Passé antérieur
je pus	j'eus pu
tu pus	tu eus pu
il put	il eut pu
nous pûmes	nous eûmes pu
vous pûtes	vous eûtes pu
ils purent	ils eurent pu

Conditionnel / Subjonctif

Présent	Présent
je pourrais	que je puisse
tu pourrais	que tu puisses
il pourrait	qu'il puisse
nous pourrions	que nous puissions
vous pourriez	que vous puissiez
ils pourraient	qu'ils puissent

Impératif

Présent	Passé
inusité	*inusité*

Infinitif

Présent	Passé
pouvoir	avoir pu

Participe

Présent	Passé
pouvant	pu, ayant pu

Vouloir

Indicatif

Présent	Passé composé
je veux	j'ai voulu
tu veux	tu as voulu
il veut	il a voulu
nous voulons	nous avons voulu
vous voulez	vous avez voulu
ils veulent	ils ont voulu

Futur	Futur antérieur
je voudrai	j'aurai voulu
tu voudras	tu auras voulu
il voudra	il aura voulu
nous voudrons	nous aurons voulu
vous voudrez	vous aurez voulu
ils voudront	ils auront voulu

Imparfait	Plus-que-parfait
je voulais	j'avais voulu
tu voulais	tu avais voulu
il voulait	il avait voulu
nous voulions	nous avions voulu
vous vouliez	vous aviez voulu
ils voulaient	ils avaient voulu

Passé simple	Passé antérieur
je voulus	j'eus voulu
tu voulus	tu eus voulu
il voulut	il eut voulu
nous voulûmes	nous eûmes voulu
vous voulûtes	vous eûtes voulu
ils voulurent	ils eurent voulu

Conditionnel / Subjonctif

Présent	Présent
je voudrais	que je veuille
tu voudrais	que tu veuilles
il voudrait	qu'il veuille
nous voudrions	que nous voulions
vous voudriez	que vous vouliez
ils voudraient	qu'ils veuillent

Impératif

Présent	Passé
veuille	aie voulu
veuillons	ayons voulu
veuillez	ayez voulu

Infinitif

Présent	Passé
vouloir	avoir voulu

Participe

Présent	Passé
voulant	voulu, ayant voulu

Devoir

Indicatif

Présent	Passé composé
je dois	j'ai dû
tu dois	tu as dû
il doit	il a dû
nous devons	nous avons dû
vous devez	vous avez dû
ils doivent	ils ont dû

Futur	Futur antérieur
je devrai	j'aurai dû
tu devras	tu auras dû
il devra	il aura dû
nous devrons	nous aurons dû
vous devrez	vous aurez dû
ils devront	ils auront dû

Imparfait	Plus-que-parfait
je devais	j'avais dû
tu devais	tu avais dû
il devait	il avait dû
nous devions	nous avions dû
vous deviez	vous aviez dû
ils devaient	ils avaient dû

Passé simple	Passé antérieur
je dus	j'eus dû
tu dus	tu eus dû
il dut	il eut dû
nous dûmes	nous eûmes dû
vous dûtes	vous eûtes dû
ils durent	ils eurent dû

Conditionnel / Subjonctif

Présent	Présent
je devrais	que je doive
tu devrais	que tu doives
il devrait	qu'il doive
nous devrions	que nous devions
vous devriez	que vous deviez
ils devraient	qu'ils doivent

Impératif

Présent	Passé
inusité	*inusité*

Infinitif

Présent	Passé
devoir	avoir dû

Participe

Présent	Passé
devant	dû, ayant dû

Savoir

Indicatif

Présent	Passé composé
je sais	j'ai su
tu sais	tu as su
il sait	il a su
nous savons	nous avons su
vous savez	vous avez su
ils savent	ils ont su

Futur	Futur antérieur
je saurai	j'aurai su
tu sauras	tu auras su
il saura	il aura su
nous saurons	nous aurons su
vous saurez	vous aurez su
ils sauront	ils auront su

Imparfait	Plus-que-parfait
je savais	j'avais su
tu savais	tu avais su
il savait	il avait su
nous savions	nous avions su
vous saviez	vous aviez su
ils savaient	ils avaient su

Passé simple	Passé antérieur
je sus	j'eus su
tu sus	tu eus su
il sut	il eut su
nous sûmes	nous eûmes su
vous sûtes	vous eûtes su
ils surent	ils eurent su

Conditionnel / Subjonctif

Présent	Présent
je saurais	que je sache
tu saurais	que tu saches
il saurait	qu'il sache
nous saurions	que nous sachions
vous sauriez	que vous sachiez
ils sauraient	qu'ils sachent

Impératif

Présent	Passé
sache	aie su
sachons	ayons su
sachez	ayez su

Infinitif

Présent	Passé
savoir	avoir su

Participe

Présent	Passé
sachant	su, ayant su

Faire

Indicatif

Présent	Passé composé
je fais	j'ai fait
tu fais	tu as fait
il fait	il a fait
nous faisons	nous avons fait
vous faites	vous avez fait
ils font	ils ont fait

Futur	Futur antérieur
je ferai	j'aurai fait
tu feras	tu auras fait
il fera	il aura fait
nous ferons	nous aurons fait
vous ferez	vous aurez fait
ils feront	ils auront fait

Imparfait	Plus-que-parfait
je faisais	j'avais fait
tu faisais	tu avais fait
il faisait	il avait fait
nous faisions	nous avions fait
vous faisiez	vous aviez fait
ils faisaient	ils avaient fait

Passé simple	Passé antérieur
je fis	j'eus fait
tu fis	tu eus fait
il fit	il eut fait
nous fîmes	nous eûmes fait
vous fîtes	vous eûtes fait
ils firent	ils eurent fait

Conditionnel / Subjonctif

Présent	Présent
je ferais	que je fasse
tu ferais	que tu fasses
il ferait	qu'il fasse
nous ferions	que nous fassions
vous feriez	que vous fassiez
ils feraient	qu'ils fassent

Impératif

Présent	Passé
fais	aie fait
faisons	ayons fait
faites	ayez fait

Infinitif

Présent	Passé
faire	avoir fait

Participe

Présent	Passé
faisant	fait, ayant fait

Prendre			Mettre			Peindre	
Indicatif			**Indicatif**			**Indicatif**	

Prendre

Indicatif

Présent	**Passé composé**
je prends	j'ai pris
tu prends	tu as pris
il prend	il a pris
nous prenons	nous avons pris
vous prenez	vous avez pris
ils prennent	ils ont pris

Futur	**Futur antérieur**
je prendrai	j'aurai pris
tu prendras	tu auras pris
il prendra	il aura pris
nous prendrons	nous aurons pris
vous prendrez	vous aurez pris
ils prendront	ils auront pris

Imparfait	**Plus-que-parfait**
je prenais	j'avais pris
tu prenais	tu avais pris
il prenait	il avait pris
nous prenions	nous avions pris
vous preniez	vous aviez pris
ils prenaient	ils avaient pris

Passé simple	**Passé antérieur**
je pris	j'eus pris
tu pris	tu eus pris
il prit	il eut pris
nous prîmes	nous eûmes pris
vous prîtes	vous eûtes pris
ils prirent	ils eurent pris

Conditionnel	**Subjonctif**
Présent	**Présent**
je prendrais	que je prenne
tu prendrais	que tu prennes
il prendrait	qu'il prenne
nous prendrions	que nous prenions
vous prendriez	que vous preniez
ils prendraient	qu'ils prennent

Impératif

Présent	**Passé**
prends	aie pris
prenons	ayons pris
prenez	ayez pris

Infinitif

Présent	**Passé**
prendre	avoir pris

Participe

Présent	**Passé**
prenant	pris, ayant pris

Mettre

Indicatif

Présent	**Passé composé**
je mets	j'ai mis
tu mets	tu as mis
il met	il a mis
nous mettons	nous avons mis
vous mettez	vous avez mis
ils mettent	ils ont mis

Futur	**Futur antérieur**
je mettrai	j'aurai mis
tu mettras	tu auras mis
il mettra	il aura mis
nous mettrons	nous aurons mis
vous mettrez	vous aurez mis
ils mettront	ils auront mis

Imparfait	**Plus-que-parfait**
je mettais	j'avais mis
tu mettais	tu avais mis
il mettait	il avait mis
nous mettions	nous avions mis
vous mettiez	vous aviez mis
ils mettaient	ils avaient mis

Passé simple	**Passé antérieur**
je mis	j'eus mis
tu mis	tu eus mis
il mit	il eut mis
nous mîmes	nous eûmes mis
vous mîtes	vous eûtes mis
ils mirent	ils eurent mis

Conditionnel	**Subjonctif**
Présent	**Présent**
je mettrais	que je mette
tu mettrais	que tu mettes
il mettrait	qu'il mette
nous mettrions	que nous mettions
vous mettriez	que vous mettiez
ils mettraient	qu'ils mettent

Impératif

Présent	**Passé**
mets	aie mis
mettons	ayons mis
mettez	ayez mis

Infinitif

Présent	**Passé**
mettre	avoir mis

Participe

Présent	**Passé**
mettant	mis, ayant mis

Peindre

Indicatif

Présent	**Passé composé**
je peins	j'ai peint
tu peins	tu as peint
il peint	il a peint
nous peignons	nous avons peint
vous peignez	vous avez peint
ils peignent	ils ont peint

Futur	**Futur antérieur**
je peindrai	j'aurai peint
tu peindras	tu auras peint
il peindra	il aura peint
nous peindrons	nous aurons peint
vous peindrez	vous aurez peint
ils peindront	ils auront peint

Imparfait	**Plus-que-parfait**
je peignais	j'avais peint
tu peignais	tu avais peint
il peignait	il avait peint
nous peignions	nous avions peint
vous peigniez	vous aviez peint
ils peignaient	ils avaient peint

Passé simple	**Passé antérieur**
je peignis	j'eus peint
tu peignis	tu eus peint
il peignit	il eut peint
nous peignîmes	nous eûmes peint
vous peignîtes	vous eûtes peint
ils peignirent	ils eurent peint

Conditionnel	**Subjonctif**
Présent	**Présent**
je peindrais	que je peigne
tu peindrais	que tu peignes
il peindrait	qu'il peigne
nous peindrions	que nous peignions
vous peindriez	que vous peigniez
ils peindraient	qu'ils peignent

Impératif

Présent	**Passé**
peins	aie peint
peignons	ayons peint
peignez	ayez peint

Infinitif

Présent	**Passé**
peindre	avoir peint

Participe

Présent	**Passé**
peignant	peint, ayant peint

Glossaire

A

Abstrait : qui renvoie à une réalité perçue par la pensée ou le sentiment (opposé à ce qui est concret : perçu par un des cinq sens).

Accumulation : figure de style qui consiste en une succession de mots ou de groupes de mots de même nature et de même fonction.

Alexandrin : vers de douze syllabes.

Allégorie : représentation concrète d'une idée abstraite (par un personnage ou un objet). *Exemple : Marianne, coiffée du bonnet phrygien est l'allégorie de la République française.*

Allitération : répétition d'un même son consonne.

Anachronisme : fait de mentionner dans une œuvre un élément (un objet, une manière de penser ou de parler) qui n'appartient pas à l'époque évoquée.

Anaphore : figure de style qui consiste à reprendre un même mot ou groupe de mots en début de proposition, de phrase, de vers ou de paragraphe.

Antiphrase : figure de style qui consiste à dire le contraire de ce que l'on veut exprimer réellement. Elle est un des procédés de l'ironie. À l'oral, l'intonation choisie est très importante.

Antithèse : figure de style qui consiste à opposer deux idées ou deux mots dans une même phrase ou un même texte.

Antonyme : mot de signification contraire, opposée.

Aparté : réplique d'un personnage entendue seulement du spectateur.

Assonance : répétition d'un même son voyelle.

Autobiographie : genre littéraire qui consiste pour un écrivain à raconter sa propre vie.

C

Champ lexical : ensemble de mots appartenant à un même thème ou domaine.

Champ sémantique : ensemble des sens possibles d'un mot.

Chute : dénouement inattendu d'une nouvelle.

Comédie : genre théâtral qui vise à distraire, à faire rire en recourant au registre comique. L'intrigue est légère et les personnages sont des gens simples ou des bourgeois.

Comique : registre comprenant des éléments propres à faire rire.

Comparaison : figure de style qui rapproche au moyen d'un outil de comparaison deux éléments (idées ou objets) qui partagent une caractéristique.

Connecteur : mot ou expression assurant la liaison entre les propositions, les phrases ou les idées d'un texte. Il y a des connecteurs spatiaux, temporels et logiques.

Connotation : ensemble des sens seconds, subjectifs, attachés à un mot ou une expression.

D

Décasyllabe : vers de dix syllabes.

Dénotation : sens premier d'un mot ou d'une expression.

Destinataire : 1. personne à qui l'on destine le contenu d'un énoncé. 2. personnage de récit bénéficiant de l'objet de la quête du héros.

Didascalie : indication scénique écrite en italique, elle donne des informations sur les gestes, les costumes, l'intonation des personnages.

Diérèse : prononciation en deux syllabes distinctes de deux voyelles successives dans un même mot. *Exemple : Hi /er.*

D

Dramatique : 1. propre au théâtre. 2. qui comporte un danger ou qui émeut.

Drame : 1. genre théâtral qui s'oppose aux règles traditionnelles des comédies et tragédies classiques. 2. pièce tragique qui comporte des éléments comiques.

E

Ellipse : procédé narratif qui consiste à passer sous silence certains passages d'une histoire.

Enjambement : dans un poème en vers, rejet d'une partie de la phrase (un mot ou une expression) au vers suivant. La pause ne s'effectue pas à la fin du vers.

Énoncé : réalisation d'un acte de parole, message produit par un seul locuteur, dans une situation déterminée.

Énonciation : moment durant lequel un énoncé est produit. La situation d'énonciation met en jeu un locuteur, un destinataire du discours, un cadre spatio-temporel.

Épopée : long poème vantant les exploits mythiques ou historiques de héros.

Euphémisme : figure de style qui consiste à adoucir le caractère déplaisant, désagréable d'une idée.

F

Fable : court récit en vers ou en prose qui vise à démontrer une leçon de vie, à amener une morale.

Fantastique : registre littéraire qui consiste à faire survenir des éléments surnaturels dans un cadre réaliste, et à ne jamais dire les choses de façon définitive, si bien qu'il y a constamment hésitation entre une explication rationnelle et surnaturelle.

Figuratif : qui s'efforce de donner à la représentation, à l'objet, au texte, une apparence fidèle. L'art figuratif s'oppose à l'art abstrait.

G

Genre littéraire : catégorie d'œuvres définie par une forme (le roman, le théâtre, la poésie...).

Gradation : figure consistant à disposer mots ou idées par degrés d'intensité croissants ou décroissants.

H

Hémistiche : moitié d'un vers, et notamment d'un alexandrin.

Homonyme : mot dont la prononciation est identique à celle d'un autre mot, mais avec un sens différent.

Hymne : poème lyrique, chargé d'une puissante émotion, célébrant un dieu, une personne, une idée, un sentiment.

Hyperbole : figure d'exagération qui consiste à amplifier ou dramatiser une situation.

I

Incipit : début d'un récit comprenant la situation initiale.

Ironie : registre qui use de l'antiphrase pour suggérer le contraire de ce que l'on dit, dans le but de discréditer le point de vue adverse.

L

Litote : figure de style qui consiste à dire peu pour faire entendre plus.

Locuteur : personne qui émet un énoncé pour un destinataire.

Lyrisme : expression artistique basée sur la mise en valeur des émotions, des sentiments, des passions.

M

Mélioratif : qui présente quelque chose ou quelqu'un d'une façon favorable, positive.

Merveilleux : registre caractérisé par la survenue d'éléments surnaturels, avec l'intervention de la magie ou de divinités.

Métaphore : figure de style consistant à employer une image pour évoquer quelque chose, sans utiliser d'outil de comparaison.

Métonymie : figure de style consistant à exprimer quelque chose par une autre, liée par un rapport de sens.

Mise en scène : manière d'adapter une œuvre littéraire en spectacle vivant.

Modalisateur : mot ou procédé qui indique des sentiments ou une opinion et permet de repérer la subjectivité d'un énoncé.

Monologue : au théâtre, discours d'un personnage seul en scène.

Mythe : récit fondateur imaginaire qui vise à expliquer certains aspects du monde.

N

Narrateur : dans un récit, celui qui raconte l'histoire.

Néologisme : mot nouveau, inventé.

Nouvelle : récit bref, centré sur une action et avec peu de personnages, qui se termine en général par une chute.

O

Objectif : qui présente les faits de façon neutre, sans parti pris.

Octosyllabe : vers de huit syllabes.

Omniscient : point de vue de narration dans lequel le narrateur sait tout de l'histoire qu'il raconte, jusqu'aux pensées et émotions des personnages.

P

Paratexte : toutes les informations qui accompagnent un texte et l'éclairent. *Exemple : situation dans l'œuvre, données biographiques sur l'auteur, éléments de contexte historique.*

Parodie : réécriture d'un texte ou d'une œuvre qui détourne ou accentue les procédés d'écriture pour amuser le lecteur.

Paronyme : mot qui a une prononciation très proche d'un autre, mais un sens différent. *Exemple : allocution, allocation.*

Péjoratif : qui donne une idée, une connotation négative, dépréciative (s'oppose à mélioratif).

Périphrase : figure de style qui consiste à remplacer un mot par plusieurs autres. *Exemple : Victor Hugo peut être remplacé par « L'auteur des* Misérables *».*

Personnification : figure de style qui attribue des propriétés humaines à des animaux ou des choses. *Exemple : la colère du volcan.*

Photogramme : image d'un film.

Point de vue : perspective adoptée par le narrateur pour raconter. On peut aussi parler de « focalisation ».

Polémique : registre d'un texte qui combat des idées ou des personnes.

Polysémie : propriété d'un mot qui a plusieurs sens.

Préfixe : élément lexical qui, placé devant le radical, sert à la formation d'un mot. *Exemple : invisible.*

Propos : ce que l'on dit du thème, le thème étant le sujet sur lequel porte l'énoncé.

Prose : tout texte qui n'est pas écrit en vers.

Q

Quatrain : strophe de quatre vers dont les rimes peuvent être plates (AABB), embrassées (ABBA) ou croisées (ABAB).

Quiproquo : situation qui résulte d'une méprise ou d'un malentendu, portant par exemple sur l'identité d'un personnage.

R

Rejet : en poésie, il y a rejet quand un élément de la phrase est placé dans le vers suivant. *Exemple :*
Demain, dès l'aube, à l'heure où blanchit
*   la campagne,*
Je partirai.

(Victor Hugo, *Les Contemplations*)

S

Satire : critique qui vise à se moquer d'une personne, des mœurs d'une époque ou d'un fait de société.

Scénographie : art de la composition de l'espace scénique. C'est un travail sur le décor, les objets, les matières, les couleurs mis au service du propos du metteur en scène de la pièce qui est jouée.

Schéma narratif : construction d'un récit en cinq étapes : la situation initiale, l'événement déclencheur, les péripéties ou les épreuves du héros, le dénouement, la situation finale.

Sens figuré / sens propre : le sens propre d'un mot est son sens premier, habituel. Le sens figuré est celui qui en dérive, souvent abstrait ou imagé dans une expression. *Exemple : le cadre (d'un tableau) a comme sens figuré les limites à ne pas dépasser.*

Sonnet : poème constitué de deux quatrains et deux tercets. Le vers est le plus souvent un alexandrin. Le schéma des rimes est également codifié dans ses variations. Le schéma appelé « français » est : ABBA ABBA CCD EDE.

Stichomythie : succession de répliques brèves (quelques mots). Le rythme ainsi accéléré intensifie le comique ou la tension de la scène.

Strophe : ensemble de vers. Dans un poème, les strophes sont séparées les unes des autres et peuvent reposer sur des systèmes de rimes variées.

Subjectif : qui est personnel, qui varie selon les individus, qui traduit l'opinion. S'oppose à objectif.
Exemple : Un jugement subjectif.

Symbole : représentation concrète d'une réalité abstraite.
Exemple : La colombe est le symbole de la paix ; la couleur rouge est le symbole de la passion ou de la violence.

Synérèse : en versification, prononciation en une syllabe d'une succession de deux voyelles habituellement prononcées en deux syllabes.
Exemple : Hi/er se prononce hier (en une seule syllabe).

Synonyme : mot de même sens.
Exemple : Craintif est synonyme de pusillanime.

T

Tercet : strophe de trois vers.

Thème : sujet sur lequel porte l'énoncé ; ce dont on parle.

Tragédie : œuvre théâtrale, en vers, dont le but est d'inspirer la terreur et la pitié. Les sujets sont souvent mythologiques ou historiques. Les personnages, nobles, sont voués au malheur.

Tragique : registre reposant sur une situation douloureuse, conflictuelle qui est subie par un personnage sans qu'il puisse y échapper.

V

Vers libres : vers souples, souvent non rimés, qui s'affranchissent des règles de la poésie classique. Ils restent marqués par un retour à la ligne.

Visée : intention, but, poursuivi par l'auteur d'un texte qui prend les dispositions nécessaires pour l'atteindre.

Index des auteurs et des œuvres

Crédits

Couverture : De gauche à droite : Edmund Dulac illustration : Bridgeman ; caravelle, gravure : ©North Wind Pictures/Leemage ; mousse, photographie : collection particulière ; Yvain, miniature : © BnF, Paris.

Garde avant : Rimbaud : © Leemage/Bianchetti ; *Infographie* : Jean-Pierre Crivellari.

p.12-13 : Bridgeman/National Geographic Creative ; p.14 (h) Carte de Ptolémée : UIG/Bridgeman/UIG/Universal History Archive ; p.14 (hg) : Bridgeman ; p.15 (h) Le Douanier Rousseau : Leemage/FineArtImages ; p.15 (b) : Bridgeman/Look and Learn ; p.16 : Bridgeman/Christie's Images ; p.18 : Leemage/Selva ; p.19 : akg-images ; p.20 : Alain Thomas ; p.21 : Bridgeman ; p.22 : Leemage/Photo Josse ; p.23 : Bridgeman/Look and Learn ; p.24 (hg) : L'École des Loisirs ; p.24 (hd) : L'École des Loisirs ; p.24 (m) : Flammarion ; p.24 (b) : Gallimard Jeunesse ; p.26 (h) : Getty Images/LightRocket/Wolfgang Kaehler ; p.26 (m) : iStock/Mumukung ; p.26 (b) : Getty Images/George Grall ; p.28-29 : Leemage/Luisa Ricciarini ; p.30 (h) : Burian Zdenek ; p.30 (mg) : Alamy/Stéphane Groleau ; p.30 (md) : Collection Christophel © National Broadcasting Company/DR ; p.30 (bg) : Sipa/Mary Evans/Ronaldgrant ; p.30 (bd) : hemis.fr/Jean Du Boisberranger ; p.30 (b1) : Leemage/Bianchetti ; p.30 (b2) : Leemage/Aisa ; p.30 (b3) : Bridgeman/Charles Jervas © Philip Mould Ltd, London ; p.30 (b4) : DR ; p.30 (b5) : Rue des Archives/Everett/CSU ; p.30 (b6) : Leemage/Opale – Photo Jacques Sassier © Gallimard ; p.31 : hemis.fr/Christophe Lepetit ; p.32 : Fotolia/Marion Gib ; p.33 : Sipa/Mary Evans/Ronaldgrant ; p.34 : Corbis/Leonard de Selva ; p.35 : akg-images/Interfoto/Sammlung Rauch ; p.36 : akg-images/picture-alliance/dpa ; p.37 : Bridgeman/Peter Newark Western Americana ; p.38 : Leemage/Lee ; p.40 : © Musée McCord ; p.41 : Leemage/Gusman ; p.42 (hg) : Gallimard Jeunesse ; p.42 (hd) : Le Livre de Poche ; p.42 (m) : Gallimard Jeunesse ; p.42 (b) : Gallimard Jeunesse ; p.44 : Corbis/M. Dillon ; p.46 : Leemage/Lee ; p.47 : hemis.fr/René Mattes ; p.50 (h) : Corbis ; p.50 (b) : akg-images ; p.51 (h) : Leemage/The British Library Board ; p.51 (b) : akg-images/British Library ; p.52 : Leemage/National Maritime Museum, Greenwich ; p.53 (h) : Bridgeman/National Library of Australia, Canberra, Australia ; p.53 (b) : Scoop/Paris Match/Philippe Petit ; p.54 (h) : Thomas Goisque ; p.54 (b) : Thomas Goisque ; p.56-57 : Casterman ; p.58 (hg) : Catherine HELIE © Gallimard via Opale/Leemage ; p.58 (hm) : Bridgeman/Archives Charmet ; p.58 (hd) : DR ; p.58 (bg) : Bridgeman/Photo © PVDE ; p.58 (bd) : Leemage/Photo Josse ; p.59 (d) : Casterman ; p.70-71 : Prod DB © 2013 EPITHETE FILMS/TAPIOCA FILMS/FILMARTO INC./GAUMONT/FRANCE 2 CINEMA ; p.73 : Casterman ; p.74 : Éditions Albin Michel ; p.76-77 : Prod DB © Metro-Goldwyn-Mayer–New Line Cinema–3Foot7–WingNut Films/DR ; p.77 (b) : Fred © DARGAUD, 2016 ; p.78 : Prod DB © Warner Bros–Berlanti Productions/DR ; p.79 (h) : Prod DB © New Line/DR ; p.79 (b) : Prod DB © Warner Bros/DR ; p.80 : Prod DB © Warner Bros–Heyday Films/DR ; p.81 : Prod DB © Metro-Goldwyn-Mayer–New Line Cinema–3Foot7–WingNut Films/DR ; p.82-83 : Prod DB © Walt Disney Pictures/DR ; p.84-85 : Bridgeman ; p.86 (h) : Bridgeman/Christie's Images ; p.86 (hg) : Getty Images/Archives Photo/Kean Collection ; p.86 (b) Dulac : akg-images ; p.87 : BnF, Paris ; p.88 : Leemage/Isadora ; p.89 : Bridgeman/Look and Learn ; p.90-91 : Bridgeman ; p.92 : Bridgeman/Look and Learn ; p.93 : akg-images ; p.95 : akg-images ; p.96 (g) : Leemage/Photo Josse ; p.96 (d) : Leemage/Photo Josse ; p.97 (g) : Bridgeman/UIG/Godong ; p.97 (d) : Bridgeman/G. Dagli Orti/De Agostini Picture Library ; p.97 (b) : Bridgeman/Raffaello Bencini ; p.100 : BnF, Paris ; p.102-103 : Bridgeman/Archives Charmet ; p.104 (h) : BnF, Paris ; p.104 (hd) : Leemage/Aisa ; p.105 : akg-images ; p.106 : Bridgeman ; p.107 : Bridgeman - Photo © Tarker ; p.108 : Bibliothèque municipale de Besançon, Ms 138, f50 ; p.109 : Leemage/The British Library Board ; p.110 : akg-images ; p.111 : BnF, Paris ; p.112 : Bridgeman © The British Library Board. All Rights Reserved ; p.113 (h) : Bridgeman/Archives Depart. des Pyrenees-Orientales, Perpignan, France ; p.113 (b) : DR ; p.114-115 : © Folimage Studio ; p.116 : akg-images ; p.118 : Bridgeman © Lady Lever Art Gallery, National Museums Liverpool ; p.120 : BnF, Paris ; p.121 : Photo © The Morgan Library and Museum, Dist. RMN-Grand Palais/image Pierpont Morgan Library ; p.122 (h) : Leemage/DeAgostini ; p.122 (m) : BnF, Paris ; p.122 (bg) : Bridgeman © The British Library Board. All Rights Reserved ; p.123 (h) : akg-images/Schütze/Rodemann ; p.123 (mg) : Trinity College Dublin ; p.123 (md) : Leemage/Luisa Ricciarini ; p.123 (b) : DR ; p.124 (h) : © The British Library Board ; p.124 (b) : BnF, Paris ; p.125 : BnF, Paris ; p.126 : Éditions Plume de carotte ; p.128-129 : akg-images © Adagp, Paris, 2016 ; p.130 (hg) Popowa : akg-images ; p.130 (hd) : Bridgeman/Tallandier ; p.130 (mg) Alvarado : Bridgeman/Christie's Images © Adagp, Paris, 2016 ; p.130 (md) Camejo : Bridgeman ; p.130 (b1) : Leemage/Archives-Zephyr ; p.130 (b2) : akg-images/ullstein bild ; p.130 (b3) : Bridgeman/Louis Monier ; p.130 (b4) : akg-images/Marion Kalter ; p.130 (b5) : Bridgeman/Louis Monier ; p.131 : Bridgeman ; p.132 : Leemage/Aisa ; p.133 : Leemage/Electa ; p.134 : Bridgeman ; p.135 : Photo Attilio Maranzano © 1988, Claes Oldenburg and Coosje van Bruggen ; p.136 : Leemage/Artedia © Adagp, Paris, 2016 ; p.137 : akg-images © Adagp, Paris, 2016 ; p.138 : Bridgeman/Tallandier ; p.139 : Laurent Meynier ; p.140 : Bridgeman/Museumslandschaft Hessen Kassel ; p.141 (h) : Bridgeman/Mondadori Portfolio/Walter Mori © Adagp, Paris, 2016 ; p.141 (b) : Leemage/Aisa © Adagp, Paris, 2016 ; p.142 (hg) : Actes Sud ; p.142 (hd) : Flammarion ; p.142 (m) : Gallimard ; p.142 (b) : Bordas ; p.145 : Scala © 2016 Digital image, The Museum of Modern Art, New York © Adagp, Paris, 2016 ; p.146 : Leemage/Artedia/Francois-Xavier Bouchart © Adagp, Paris, 2016 ; p.147 : Polis Art/Colarusso Giuseppe ; p.150-151 : Prod DB © Lionsgate-Color Force/DR ; p.152 (hg) : akg-images/Nimatallah ; p.152 (hd) : Leemage/Photo Josse ; p.152 (mg) : © Éditions Delcourt – 2001 ; p.152 (md) : Prod DB © Lionsgate-Larger Than Life Productions/DR ; p.152 (b1) : akg-images/Science Photo Library ; p.152 (b2) : Getty Images/FilmMagic/Axelle/Bauer-Griffin ; p.152 (b3) : Olivier Roller ; p.152 (b4) : Olivier Roller ; p.153 (hg) : Prod DB © Warner Bros-Village Roadshow/DR ; p.153 (hd) : Photo12 © Archives du 7e Art/New Line Productions/DR ; p.153 (bg) : Prod DB © Warner Bros-Legendary Pictures-DC Entertainment-Syncopy/DR ; p.153 (bd) : Photo12 © Archives du 7e Art/Lucasfilm/DR ; p.154 : © The British Museum, Londres, Dist. RMN-Grand Palais/The Trustees of the British Museum ; p.155 : Bridgeman ; p.156 : Leemage/DeAgostini ; p.158-159 : © Éditions Delcourt – 2001 ; p.161 : Prod DB © Lionsgate-Larger Than Life Productions/DR ; p.162-163 : Prod DB © Salkind-DC Comics/DR ; p.163 (b) : Prod DB © Warner Bros-Legendary Pictures-DC Entertainment/DR ; p.164 : Leemage/SuperStock ; p.166 : RMN-Grand Palais (musée du Louvre)/Les frères Chuzeville ; p.167 : Collection particulière/DR ; p.168 : Leemage/Youngtae ; p.169 : Getty Images/Kauko Helavuo ; p.171 : Prod DB © Warner Bros-Legendary Pictures-DC Entertainment/DR ; p.172-173 : Leemage/The British Library Board ; p.174 : Bridgeman ; p.175 : RMN-Grand Palais (musée de Cluny)/Michel Urtado ; p.175 (b) : Leemage/DeAgostini ; p.177 : Leemage/SuperStock ; p.178 : Leemage/Photo Josse ; p.180 : Bridgeman/Tallandier ; p.181 : Leemage/The British Library Board ; p.182 : Bridgeman/The British Library Board ; p.183 : © BnF, Paris ; p.184 : Bridgeman ; p.186 (g) : Bridgeman/British Library ; p.186 (d) : Leemage/The British Library Board ; p.187 (hg) : akg-images ; p.187 (hd) : Bridgeman/Archives Charmet ; p.187 (b) : Bridgeman/Archives Charmet ; p.188 (hg) : Gallimard ; p.188 (hd) : Le Livre de Poche Jeunesse ; p.188 (m) : Belin-Gallimard ; p.188 (b) : Le Livre de Poche Jeunesse ; p.190 (g) : Leemage/Photo Josse ; p.190 (d) : Leemage/Luisa Ricciarini ; p.192 : Leemage/Aisa ; p193g : Leemage/Photo Josse ; p.193 (d) : Leemage/Aisa ; p.196-197 : Leemage/FineArtImages ; p.198 (hg) : Leemage/Selva ; p.198 (hd) : Prod DB © Gaumont/DR ; p.198 (mg) : Bridgeman/Collection Bourgeron ; p.198 (md) : ArtComArt/Pascal Victor ; p.198 (b1) : akg-images ; p.198 (b2) : Photo12/Ullstein Bild ; p.198 (b3) : Gamma-Rapho/Gamma/Louis Monier ; p.198 (b4) : AFP/Pierre Verdy ; p.198 (b5) : Leemage/Opale/Thibault Stipal ; p.199 : Anny Duperey, *Le Voile noir* © Éditions du Seuil, « Biographies – témoignages », 1992. ; p.200 : Leemage/Gusman ; p.201 : Leemage/FineArtImages ; p.202 : Prod DB © Gaumont/DR ; p.203 : Prod DB © Gaumont/DR ; p.204 : Succession Nathalie Sarraute ; p.205 : Bridgeman ; p.206 : Arthur Bramao ; p.207 : Bridgeman/Christie's Images ; p.208 (h) : Leemage © Succession Picasso 2016 ; p.208 (b) : Leemage/Aisa © 2016 Banco de México Diego Rivera Frida Kahlo Museums Trust, Mexico, D.F. / Adagp, Paris ; p.209 (h) : © Succession H. Matisse ; p.209 (b) : RMN-Grand Palais (musée Fernand Léger)/Gérard Blot © Adagp, Paris, 2016 ; p.210 (hg) : Larousse ; p.210 (hd) : Éditions de Fallois ; p.210 (m) : Gallimard ; p.210 (b) : Éditions Glénat/Vents d'Ouest 2014 ; p.212 : Bridgeman ; p.213 : Bridgeman ; p.214 : Corbis/Hill Street Studios/Blend Images ; p.215 : Gamma-Rapho/Rapho/Robert Doisneau ; p.218-219 : Laurencine Lot ; p.220 (h) : Leemage/North Wind Pictures ; p.220 (hg) : Leemage/Photo Josse ; p.220 (d) : Bridgeman/Look and Learn/Elgar Collection ; p.221 : Bridgeman/De Agostini Picture Library/L. Romano ; p.223 : Benoît Bremer ; p.224 : Les Malins Plaisirs ; p.225 : Pascal Gely ; p.226 : Leemage/MP ; p.227 : Leemage/Photo Josse ; p.228 : Sipa/Delalande Raymond ; p.229 : AFP/Pierre Verdy ; p.230-231 : ArtComArt/Arnold Jerocki ; p.232 : Benoît Bremer ; p.234 (h) : Sipa/Delalande Raymond ; p.234 (b) : Benoît Bremer ; p.235 (h) : Laurencine Lot ; p.235 (b) : ArtComArt/Pascal Victor ; p.236 : Benoît Bremer ; p.237 : Roger-Viollet ; p.238 : Benoît Bremer ; p.240 : Clemi Dijon/Thibault Roy ; p.241 : Croix-Rouge française ; p.242 : Getty Images/Brendan O'Sullivan ; p.243 : www.1jour1actu.com/faut-il raconter toute sa vie sur internet ?/Jacques Azam © Milan Presse ; p.244 (h) : Getty Images/Donald Iain Smith ; p.244 (b) : Antoine Moreau-Dusault ; p.246 : Getty Images/Chris Schmidt ; p.247 (h) : Getty Images/RBFried ; p.247 (m) : Getty Images/Clarissa Leahy ; p.248-249 : Leemage/FineArtImages ; p.250 (hd) : hemis.fr/imageBROKER ; p.250 (hg) : hemis.fr/Pacific_Stock ; p.250 (mg) : Getty Images/G. Brad Lewis ; p.250 (md) : akg-images ; p.250 (b1) : Leemage/Aisa ; p.250 (b2) : Leemage/Costa ; p.250 (b3) : Leemage/FSN ; p.250 (b4) : Leemage/Opale/Sandrine Roudeix ; p.251 : Bridgeman ; p.252 : hemis.fr/Tuul et Bruno Morandi ; p.253 : akg-images ; p.254 : Getty Images/ullstein bild/Raimund Franken ; p.255 : © Groupe Fleurus, Paris, 2012, Voyage au bout de la terre, Jules Verne, ill. Fabien Montès ; p.256 : © Herbert K. Kane, LLC ; p.257 : Bridgeman ; p.258-259 : Michel Guyot ; p.260 : Prod DB © Berit Films-RKO/DR ; p.261 : Prod DB © Constantin Film Produktion-Don Carmody Productions-FilmDistrict-Impact Pictures/DR ; p.262 (hg) : akg-images/Bildarchiv Steffens ; p.262 (hm) : Bridgeman/G. Dagli Orti/De Agostini Picture Library ; p.262 (hd) : akg-images/Robert O'Dea ; p.262 (bg) : akg-images/Bildarchiv Monheim/Achim Bednorz ; p.262 (bd) : akg-images/De Agostini Picture Lib./L. Romano ; p.263 : DR ; p.264 (h) : Leemage/Aisa ; p.264 (b) : Sipa/AP/Carlos F. Gutierrez ; p.265 : akg-images/De Agostini Picture Lib./L. O'rain ; p.266 : Citizenside/Andres Fernandez ; p.267 : Getty Images/Johnathan Ampersand Esper ; p.270 : Bridgeman/De Agostini Picture Library ; p.271 : Bridgeman ; p.272 (h) : Bridgeman/Elgar Collection/Look and Learn ; p.272 (b) : Leemage/DeAgostini ; p.273 (h) : Brdigeman/The Stapleton Collection ; p.273 (b) : Leemage/Electa ; p.274 (h) : akg-images/Quint & Lox ; p.274(b) : Leemage/MP ; p.276 : Prod DB © Studio Ghibli/DR ; p.277 (h) : Corbis/Armando Gallo ; p.277(m) : © Studio Ghibli ; p.277 (b) : DR ; p.278-283 : Prod DB © Studio Ghibli/DR ; p.296 : Bridgeman ; p.299 : Sipa/Delalande Raymond ; p.301 : Bridgeman © Succession Picasso 2016 ; p.305 (h) : Getty Image/De Agostini Picture Library ; p.305 (b) : Getty Image/De Agostini Picture Library/J.E. Bulloz ; p.307 : Bridgeman ; p.309 : Bridgeman ; p.312 : BnF, Paris ; p.315 : Leemage/Electa ; p.317 : Bridgeman ; p.324 : Leemage/FineArtImages ; p.325 : Bridgeman © Succession Picasso 2016 ; p.328 : Photo12 © Archives du 7e Art/20th Century Fox/DR ; p.334 : Leemage /Electa ; p.339 : akg-images/Joseph Martin ; p.341 : RMN-Grand Palais (musée de Cluny)/Jean-Gilles Berizzi ; p.345 : Collection Christophel © Gaumont/DR ; p.347 : Leemage/Selva ; p.349 : Leemage/Luisa Ricciarini ; p.360 : Bridgeman ; p.366 : Bridgeman ; p.369-370 : Leemage/FineArtImages ; p.371 : Prod DB © Salkind-DC Comics/DR.

Crédits textes

pp.16-23 Christophe Colomb, La Découverte de l'Amérique [1492], trad. De l'espagnol par J.-P. Clément et J.-M. Saint-Lu, abrégé par Marie-Hélène Sabard, L'École des loisirs, « Classiques abrégés », 1999 ; p.31 Blaise Cendrars, Îles, in « Feuilles de route » © 1947, 1963, 2001, 2005 Éditions Denoël. Extrait tiré du volume 1 de « Tout autour d'aujourd'hui », Nouvelle édition des œuvres complètes de Blaise Cendrars dirigée par Claude Leroy ; pp. 60-69, 71, 73, 76 Jean-Claude Mourlevat, La rivière à l'envers, tome 1©Pocket Jeunesse, un département d'Univers Poche, 2000 ; p.105 © Librairie Générale Française - Le Livre de Poche.

Malgré tous les efforts de l'éditeur, il nous a été impossible d'identifier certains auteurs ou ayants droit. Quelques demandes n'ont à ce jour pas reçu de réponses. Les droits de reproduction sont réservés.

Illustrations

Couverture : Hélène Swynghedauw ; *Garde avant* : Béatrice Rodriguez ; *Intérieur du manuel* : Delphine Renon p. 60 à 69 ; J.-P. Crivellari p. 370 à 371.

Cartographie : Jean-Pierre Crivellari, Corédoc.

Mise en page : Aude Gertou, Marina Smid avec l'aide de Stéphanie Hamel.

Iconographie : Cécile Meissonnier/Studio Lino.

Toutes les références à des sites Internet présentées dans cet ouvrage ont été vérifiées attentivement à la date d'impression. Compte tenu de la volatilité des sites et du détournement possible de leur adresse, les éditions Belin ne peuvent en aucun cas être tenues pour responsables de leur évolution. Nous appelons donc chaque utilisateur à rester vigilant quant à leur utilisation.

Le code de la propriété intellectuelle n'autorise que « les copies ou reproductions strictement réservées à l'usage privé du copiste et non destinées à une utilisation collective » [article L. 122-5] ; il autorise également les courtes citations effectuées dans un but d'exemple ou d'illustration. En revanche « toute représentation ou reproduction intégrale ou partielle, sans le consentement de l'auteur ou de ses ayants droit ou ayants cause, est illicite » [article L. 122-4]. La loi 95-4 du 3 janvier 1994 a confié au C.F.C. (Centre français de l'exploitation du droit de copie, 20, rue des Grands-Augustins, 75006 Paris), l'exclusivité de la gestion du droit de reprographie. Toute photocopie d'œuvres protégées, exécutée sans son accord préalable, constitue une contrefaçon sanctionnée par les articles 425 et suivants du Code pénal.

La pâte à papier utilisée pour la fabrication du papier de cet ouvrage provient de forêts certifiées et gérées durablement.

Imprimé en Espagne par Indice S.L.
N° d'édition : 70119845-05/Mai2021 - Dépôt légal : août 2016

L'histoire des arts dans le manuel

1000 av. J.-C.

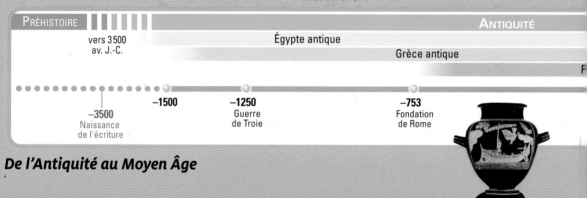

PRÉHISTOIRE | ANTIQUITÉ

vers 3 500
av. J.-C.

Égypte antique

Grèce antique

−3500
Naissance
de l'écriture

−1500

−1250
Guerre
de Troie

−753
Fondation
de Rome

De l'Antiquité au Moyen Âge

p. 123

Les Temps modernes

| XVᵉ siècle | 1500 | XVIᵉ siècle | | XVIIᵉ siècle |

ÉPOQUE MODERNE

Grandes Découvertes

François Iᵉʳ
(1515-1547)

Henri IV
(1589-1610)

Louis
(1643-

Renaissance

Guerres de religion

1450
Découverte
de l'imprimerie

1492
Christophe Colomb
découvre l'Amérique

1572
Massacre
de la
Saint-Barthélemy

Claesz ⟩ p. 140

Vermeer ⟩ p.

L'Époque contemporaine

1900

XXᵉ siècle

ÉPOQUE CONTEMPO

1914-1918
Première
Guerre mondiale

1939-1945
Seconde
Guerre mondiale

Décolonisation

IVᵉ République

1900
Téléphone,
avion, cinéma

1905
Séparation
des Églises
et de l'État

1917
Révolution
russe

1930
Télévision

1936
Front
populaire

1945
Bombe
atomique

1946
Ordinateur

Dulac ⟩ p. 95

Frida Kahlo ⟩ p. 208

Fernand Léger ⟩ p. 209